集団的自衛権とその適用問題

—「穏健派」ダレスの関与と同盟への適用批判—

肥田　進 著

成　文　堂

はしがき

本書は、このところ我が国の外交・安全保障問題の主要な論点の一つとして俎上に乗せられている集団的自衛権について、一般に行われている議論とは異なる問題に焦点を当てて論じようとしたものである。今日我が国では、日米安全保障体制を与件として、もっぱら集団的自衛権の行使の是非や行使の具体的ケースを巡って議論が行われていると言ってよいが、筆者の関心は、そうした言わば政策論以前の問題として、集団的自衛権に関して自明のこととされている、その概念や適用対象の再検討が必要ではないかという点にあった。筆者の知る限り、我が国では、その点に関する議論はほとんど行われていないように思われる。

筆者は集団的自衛権について専門的に研究をしてきたわけではないが、それは、一般に、国際連盟や国際連合が拠って立つ基本理念たる集団安全保障という二十世紀に導入された安全保障の枠組みの例外規定として、文字通り戦後初めて創設された権利であったと言われている。しかしそれは、やや大げさに言えば、二つの世界大戦を経て人類が生み出した理念を否定し、再びウィーン体制的、乃至十九世紀的世界に戻ることを積極的に認めるための選択であったのであろうか。

このような問題意識から、筆者は集団的自衛権の原点に立ち返って、その創設過程を検証することとした。その結果、集団的自衛権は集団安全保障体制の正に例外として、ある地域機構の加盟国が他国から侵略を受けた場合には、それを他のすべての加盟国に対する攻撃とみなして、当該地域機構のすべての国が協力して侵略国に武力をもって対抗することを正当化するための権利であった。それは決して同盟乃至その軍事行動を正当化するためのものではなかった。

なお、それにさらに付言すれば、このようにして、改めて集団的自衛権の創設過程を検証すると、そこには、意外なことに一九五三年に始まる共和党のアイゼンハワー（Dwight D. Eisenhower）政権の国務長官を務め、対ソ強硬外交の推進者としてのイメージが強いダレス（John Foster Dulles）が深く関わっていたことが確認された。筆者は、冷戦研究の一環として、ダレスに焦点を当てて研究をしてきたつもりであるが、遅々とした研究の道半ばながら、彼の国務長官時代の「タカ派的イメージ」がどこから来るのかについて関心があり、その実相を解明するためにも、通常の政治家としては珍しく、国務長官就任以前にはいわゆる政治家としての活動経験がほとんどなかったダレスの民主党政権下における対日講和政策や国連の創設政策への超党派的関与に関するいくつかの論稿を発表してきた。ここで結論のみを先取りすれば、彼は後に、特にアジアにおいて対ソ同盟網を構築することになるが、特にその中核となる共同防衛の法的根拠として集団的自衛権には言及されていない。実はダレスは、国連創設時には、集団的自衛権の同盟への適用には否定的であったのである。

本書は、これまでに発表した「国際連合とダレスの関係」に関するいくつかの論稿を集団的自衛権の創設過程を軸にして再構成しようとしたものである。ただそれらの論稿は、独立したものとして発表したものでもあり、且つ本書を脱稿するまでの時間や体調、それに能力の問題から、論稿間の重複や一貫性の維持のための調整が不十分であったことは否めず、読み難いものになってしまったことをお詫びかたがたお断りしたい。そうした不備を承知の上で、ささやかな本書が集団的自衛権、ひいては我が国の安全保障に関する認識の一助になることを期待したい。

二〇一四年十一月

肥田　進

目次

序章

本書は、その表題からある程度類推できるように、このところ我が国で議論が活発に行われている集団的自衛権問題に関するものである。より具体的には、本書では、それに関連する二つの問題に焦点を当て、それらを集団的自衛権規定が創設された言わば原点に立ち返って検討することにより、わが国における議論において看過されている問題を指摘することを目的としたい。

第一の問題は、集団的自衛権の適用範囲、乃至適用対象に関する問題である。我が国では、集団的自衛権は、あたかも二国間同盟を強化するために、或いはそれによる武力の行使を正当化するために設定されているということは自明なことであるとの前提に立って議論が行われていると言ってよいと思われるが、実はその前提は、当該権利が創設される過程を検証する時、必ずしも正しくないことが判明するのである。詳細については後に述べることとし、ここでは結論のみを記しておきたい。すなわち、集団的自衛権は地域機構への適用を想定したものであって、同盟への適用は否定的に論じられたのである。

第二の問題、と言うよりも、注目すべき点と言うべきであるが、この集団的自衛権の設定には、一九五三年に始まる共和党のアイゼンハワー政権の国務長官ダレスの果たした役割を明らかにすることである。ダレスは、国連創設に当たっては民主党政権の超党派政策に協力し、一九四五年にサンフランシスコで開催された国連創設のための国際会議には米国代表団の顧問、それも首席顧問格として参加し、集団的自衛権の設定などのために大きな役割を果たしたのである。因みに、彼は一九五〇年台の初めに、日米安全保障条約などの二国間同盟の結成に主要な役割を果たすが、後述のように、一九四五年には、そのような同盟への集団的自衛権の適用に批判的であった。

さて、一九四五年十二月、「国際連合の父」と呼ばれる米国の元国務長官コーデル・ハル（Cordell Hull）[1]は、国際連合創設の功によってノーベル平和賞を受賞した。この受賞は、ちょうどその四半世紀前に創設された国際連盟の提唱者で、ハルが心から崇拝し、[2]同じくその創設の功によってノーベル平和賞を受賞したウッドロー・ウィルソン（Woodrow Wilson）大統領を想起する時、彼にとって大変感慨深いものであったに違いない。しかしそれにもかかわらず、ハルにとってこの受賞は、必ずしも心から喜べるものではなかった。なぜなら、彼がウィルソン主義者として、[3]国務省を中心に三年近くに亘って検討してきた理想主義的な戦後構想、すなわち、集団安全保障[4]という基本理念を基に普遍的国際機構を創設するという構想（筆者注：それはよく知られているように、一九四四年十月にダンバートン・オークス提案として結実し、いわゆる国連憲章草案となった）は、一九四五年の四月から六月にかけて開催された国連創設のためのサンフランシスコ国際会議において、ある論点に関し現実との妥協を余儀なくされてしまったためである。その論点こそ、憲章草案作成の過程で克服されたはずの地域主義との妥協であり、具体的には、本書のテーマとして取り上げることになる国連憲章第五十一条の集団的自衛権規定の創設であった。[5]ついでに言えば、この集団的自衛権は、国連憲章において初めて登場する概念であり、従来の国際法では認識されていなかったものであった。

実はハル元国務長官は、上記の通り、国務長官として戦後構想について鋭意検討を進め、一九四四年十月には、米国側の責任者として、他の主要連合国である英国、ソ連、中国（筆者注、中華民国）とともに、後の国際連合憲章の草案となるダンバートン・オークス（Dumbarton Oaks）[6]提案を作成するが、その目指すところは、平和と安全に関して言えば、ウィルソン的理想主義を反映させた国際機構を構築することであった。このようにしてハルは、安全保障理事会における拒否権の問題等、上記四か国の間で合意が得られなかった問題[7]の決定を先送りしながら、理想主義的な国際機構の創設に一歩でも近づこうとしたのである。しかしながら彼は、その年の十一月には、健康上の理由のために国務長官を辞職せざるを得なくなる。すなわち彼は、一九四四年十一月七日に行われた米国大統領選挙において、フランクリン・ローズヴェルト（Franklin D. Roosevelt）大統領が四期目の当選を果たしたのを見届けると、月末には、ローズヴェルトの慰留にもかかわらず、新国際機構の誕生を見ることなく国務長官職を辞することとなったのである。そのため彼は、翌一九四五年の四月二十五日に始まる前記サンフランシスコ国際会議にも出席することができず、四期目の大統領に就任したばかりのローズヴェルトの計らいで、同会議における米国代表団の一員、及び同代表団の最高顧問としての地位を与えられたものの、実際には、サンフランシスコに赴くことはなく、首都のワシントンD・C・で会議の行方を見守ることとなったのである。こうして彼は、自ら指導的役割を果たして、ダンバートン・オークス提案の作成に関与しながら、国際連合創設の最終局面においては、その決定に直接関わることができなかったのである。なお、サンフランシスコ会議における米国代表団の団長には、ハルと戦後構想を共有し、彼の後任として新たに国務長官に抜擢されたエドワード・ステティニアス（Edward R. Stettinius, Jr.）が就くことになるが、彼は国務長官に就任する前の一年余り、ハル国務長官の下で国務次官を務める傍ら、ダンバートン・オークス会議においては、その議長としてダンバートン・オークス提案の作成に実質的に関与していた。ステティニアスはそうした事情もあって、サンフランシスコ会議の状況を適宜ハルに報告し、ハルも時に自らの見解を彼に表明することもあったが、同会議における約二か月にわたる議論の過程で、ダンバートン・オークス提案は、上記の通り、一部修正を余儀なくされたのである。

特に、ハルにとって、ダンバートン・オークス提案は、「国連憲章からそれを取ってしまうと、残るのは、幹や根のない木に過ぎない[8]」と、彼が後の回顧録（筆者注：ハルは国務長官辞任後一年余り後の一九四六年一月に回顧録の執筆に着手し、それから二年余り費やして一九四八年に浩瀚な回顧録を完成した）で記したように、数年間にわたる戦後構想研究の「集大成」とも言うべきものであった。それだけに、決定を先送りされた論点はともかく、同提案の作成過程においてすでに一応合意された問題の修正、具体的には国際連合の普遍主義的理念の例外として、上記地域主義の復活が認められたことは、ワシントンからサンフランシスコ国際会議の成り行きを見守っていた彼にとって大きな衝撃であったと言っても過言ではなかった。と言うのも、上述の通り、彼は、特に戦後構想については理想主義的な立場に立っていたが、その一方で、新国際機構は人間が創造するものであるだけに、完璧なものではあり得ず、現実との妥協も止むを得ないとの認識をもっていた。それにもかかわらず、彼は、特に地域主義に関しては、後に本文でも検討するように、それが新国際機構の基本理念である普遍主義的集団安全保障体制という枠組みを危うくする恐れがあるために、否定的な見解をもっていた。ただ、地域主義に対するそのような懸念故に、彼は、ステティニアス団長との電話会談で「各国が地域的な自己防衛手段に訴えることを抑止できないならば、国連は徐々に衰退してしまうだろう(9)」と述べたのである。換言するなら、彼にとってそれは、第一次大戦や第二次大戦を惹起した十九世紀的な勢力均衡体系の世界へ回帰してしまうのではないかとの懸念であったと言ってよいであろう。もっとも、憲章第五十一条に規定された集団的自衛権は、上で示唆したように、もっぱら地域機構による自主的な紛争の解決、具体的には武力の行使を正当化することを想定して設定された権利であって、十九世紀の勢力均衡体系的世界で頻繁に形成された二国間、乃至三国間の同盟、特に赤裸々な軍事同盟に適用されることは想定されていなかった。その点は本書の主要なテーマであり、後に詳しく検討する。

ところでこれまでに何回か言及した地域主義については、力点の置き方によっていろいろな概念化が可能であるが、一般的には、経済や安全保障上の利益を共有する特定地域の国々が地域機構を組織し、当該地域に発生する紛争を普遍主義に基礎を置く国際機構によってではなく、地域機構自身によって解決しようとする考え方であると定義することができるであろう。こうした地域主義に関連して国連憲章草案たるダンバートン・オークス提案では、地域機構の活動を積極的に奨励しつつも、それは新国際機構の目的と原則に沿って、すなわちその枠組みの範囲内で認められるものとされた。すなわち、そうした地域機構の行動は、事前に、あるいは事後的に国際連合の安全保障理事会の承認が必要とされたのである。

ところがサンフランシスコ会議において、このダンバートン・オークス提案に強く反対した国々があった。それは一九三〇年前後から米国、特にローズヴェルト政権のリーダーシップのもとで善隣友好関係を深めつつあった米州諸国であった。米国がそれを主導した理由は、それまで中南米諸国に対して米国がとってきた半ば介入主義的、乃至帝国主義的政策に対するそれら諸国の反発を和らげる必要性があったことに加えて、同時期にヨーロッパにおいて台頭しつつあったファシズムの影響が米州諸国にも及ぶ恐れがあったからであるが、これら米州諸国は、サンフランシスコ会議直前の一九四五年二月から三月にかけてメキシコ・シティーで開催された米州諸国特別会議においてチャプルテペック（Chapultepec）協定と呼ばれる相互防衛的な協定（筆者注：後の一九四七年に締結される全米相互援助条約、すなわちリオ条約の基礎となった協定であり、第四章で詳述する）を結び、米州諸国に対する外部からの武力攻撃が行われた場合には、独自に共同防衛行動を取ることに合意した。ただその一方で、協定では、それらの行動は新しく構築される普遍的国際機構の目的や原則と矛盾しないようにすべきであると謳われ、あくまでも、新国際機構の枠組みの範囲内で行われるべきこととされたのである。

しかし問題は、ダンバートン・オークス提案では決定が先延ばしされた大国の投票行動に関し、同じ一九四五年二月に開催されたヤルタ会談において、安全保障理事会の常任理事国に対し、いわゆる拒否権が認められたことにあった。これは、端的に言えば、地域機構が独自に自主的な強制行動をとることを拒否権によって阻止される場合が生ずる可能性があることを意味しており、自主的な紛争の解決のメカニズムを模索しつつあった米州諸国には受け入れ難いことであった。サンフランシスコ会議は、こうした言わば矛盾した問題を抱えた状況の中で開催されることになったが、これらの問題について、同会議に参集した連合国約五〇か国のうち約二〇か国の米州諸国が異を唱えることとなり、ダンバートン・オークス提案が修正されない限り、全体の約四割を占める米州諸国が国連憲章に調印しない恐れまで出て来た。そうした事態を回避するためにも、最終的には、そのような地域機構による紛争の解決のための自主的な行動を認める妥協案として憲章第五十一条の集団的自衛権規定が新たに創設されることとなったのである。

すなわち国連憲章第五十一条は「この憲章のいかなる規定も、国際連合加盟国に対して武力攻撃が発生した場合には、安全保障理事会が国際の平和及び安全の維持に必要な措置をとるまでの間、個別的又は集団的自衛の固有の権利を害するものではない。この自衛権の行使に当たって加盟国がとった措置は、直ちに安全保障理事会に報告しなければならない。また、この措置は、安全保障理事会が国際の平和及び安全の維持又は回復のために必要と認める行動をいつでもとるこの憲章に基づく権能及び責任に対しては、いかなる影響も及ぼすものではない。」と定め、加盟国に対し、一般に国内法上の正当防衛の権利に相当すると解される個別的自衛権とともに、従来の国際法にはなかった新しい権利、すなわち集団的自衛権を認め、これら自衛権に基づく武力行使の合法性を認めた[10]。その際、特に集団的自衛権が具体的に何を意味するのか、またそれは、国連加盟国すべてに認められる権利だとしても、国連加盟国のどのような行動について認められるのか、すなわちその適用対象等については、憲章上どこにも言及されることはなかった。したがってそれらは、憲章第五十一条の創設過程において展開された様々な議論を検証することによってのみ推定が可能であるが、本書の主要な目的は正にその点を明らかにすることである。

とは言え、すでに言及してきたように、集団的自衛権は元来、地域機構に適用される権利として認められたものであったし、その意味乃至概念については、サンフランシスコでは、この地域機構に属するどの一国に対する武力攻撃も他のすべての加盟国に対する攻撃とみなし、地域機構加盟国がそれに対して共同で、乃至集団的に対処する権利であるとのコンセンサスがあったと言ってよいと思われる。

これらの点について、米国の国際法学者で、一九四七年に国連憲章第五十一条の集団的自衛権に関する論文を書いたジョセフ・クンツ（Joseph L. Kunz）は、憲章第五十一条には三つの論点、すなわち、個別的、集団的自衛権の概念の問題、憲章の他の条項との関連の問題、及び集団的自衛権の適用範囲の問題があるとした上で、特に集団的自衛権について、「それは米州諸国の相対的な独立を守るための手段であった。……それは地域機構、特に米州体制を普遍的な国際機構に適合させることが目的であった。……そのことはサンフランシスコ会議の歴史に明確に示されている(11)」と述べるとともに、「サンフランシスコ会議では、地域機構について検討を行った第Ⅲ／4専門委員会(12)が憲章第五十一条を創り出した(13)」と、より具体的に言及し、集団的自衛権が地域機構への適用を想定したものであったことを明確に示している。

しかしながら、今日我が国において行われている集団的自衛権の行使容認を巡る議論では、その論点、すなわち、集団的自衛権の適用が認められる対象は、元来は地域機構であったという点がまったく看過されていることを指摘しなければならない。我が国では、それは「集団的自衛権の行使の容認は日米同盟の強化につながる」とか、より直接的に「集団的自衛権は同盟を前提にしたものである」というような議論に示されているように、もっぱら日米安保条約との関連で議論されていることは周知の通りである。換言すれば、我が国における集団的自衛権に関する議論は、集団的自衛権が十九世紀的ないわゆる軍事的攻守同盟に当然適用されるとの前提の下に行われていると言ってよいであろう。

それは、集団的自衛権とは何かについての我が国政府の見解を見ても明らかかと思われる。すなわち、それに関する政府の統一見解は、最近では、しばしばマスメディアでも紹介されているので、比較的よく知られていると思われるが、それは、上に示したような地域機構を前提にした概念とは異なり、「自国と密接な関係にある外国に対する武力攻撃を、自国が直接攻撃されていないにもかかわらず、実力をもって阻止する権利(14)」であると説明されている。

この概念規定からも、我が国においては、集団的自衛権はまさに二国間同盟関係にある国家に対して認められた権利であると認識されていると言ってよいと思われる。現に、現行法上も、例えば日米安全保障条約の前文において、この集団的自衛権は、「両国が国際連合憲章に定める個別的又は集団的自衛の固有の権利を有していることを確認し」と言及され（筆者注：これは現行安保条約前文中の文言であるが、旧安保条約の前文においてもほぼ同じように言及されている）、日米安全保障条約の存立の国際法上の根拠の一つとして認識されていると言うことができる。しかしながら、次の第一章で検討するように、もし集団的自衛権が二国間乃至三国間同盟に適用されることが妥当であるとすれば、集団的自衛権の現実の行使形態として想定される共同軍事行動に関する条項、すなわち「共同防衛」条項には、共同防衛の正当性の根拠として、例えば「国連憲章第五十一条の集団的自衛権に基づいて共同の軍事行動をとる」というような文言があってしかるべきであるが、実際には、日米安保条約を含め、一九五〇年前後に締結されたほとんどすべての同盟条約において、共同防衛行動の法的根拠としての集団的自衛権には何らの言及も行われていないことを指摘しておきたい。因みに、ほぼ同じ時期に結成されたＮＡＴＯなど地域機構（筆者注：実態的には、脚注4で言及したように、地域的集団防衛機構である）を定めた地域的取極めの場合には、逆にほとんどすべてにおいて、共同防衛の法的根拠として集団的自衛権が直接言及されているのである。このことは、集団的自衛権の創設過程において、二国間乃至三国間同盟ではなく、地域機構こそがその適用対象であるとの認識が共有されていたことを物語っていると言うべきであると思われる。

本書の目的の一つは、以上略述したように、憲章第五十一条の適用対象は、元々二国間同盟や三国間同盟ではなく地域機構であったことを論証することである。

本書の第二の目的は、あまり知られていないことであるが、前述のように、この国連憲章第五十一条、特にその中の集団的自衛権の創設には、後の一九五三年に始まる共和党アイゼンハワー政権において国務長官に抜擢されるジョン・フォスター・ダレスが大いに関わっていたことに鑑み、その事実関係、及び、一般に大量報復政策や瀬戸際政策の提唱者として知られ、反共主義的、且つタカ派的イメージの強いダレスが、なぜ、民主党政権の、どちらかと言うと理想主義的な政策に協力することになったのか、或いはそれが可能となったのか等を明らかにすることである。

ダレスは、一八八八年にニューヨーク州ウォータータウンの第一長老教会牧師で神学博士のアレン・メイシー・ダレス（Allen M. Dulles）の長男として生まれた。母方の祖父ジョン・ワトソン・フォスター（John Watson Foster）は弁護士出身の外交官で第二十三代大統領ハリソン（Benjamin Harrison）の下で、一時、八か月ほどであったが国務長官を務め、また同じく母方の叔父のロバート・ランシング（Robert Lansing）も弁護士出身で、改めて述べるまでもなくウィルソン政権の国務長官であった。

ダレスはそうした家族関係の中にあって、父の下で厳格な宗教的教養を身に着ける一方、祖父や叔父の影響で法律の道に進むとともに国際政治にも大きな関心を持つようになった。彼がプリンストン大学の第三学年になった一九〇七年、祖父に随行して第二回ハーグ平和国際会議に参加した経験⒂や第一次大戦後、一九一九年二月に始まったパリ講和会議に若干三十一歳の若さで出席し、賠償委員会米国代表団の法律顧問として活躍した経験⒃等により、彼は、国務長官に就任するかなり以前から戦争や平和の問題に大きな関心をもつこととなったと言ってよいであろう。その後特に戦間期から戦後にかけて展開された国際平和秩序の形成に関する米国の努力に対しては、彼は、当初は、将来に国際平和機構の創設を見据えながらも、キリスト教会における活動を通して、個々の人間の精神的、倫理的改革の必要性を積極的に説くなど、間接的ではあったがそれに深く関与した。しかし一九四四年に入って、国際機構の創設の問題が現実的な目標として具体的な日程に上ってくると、それまでの活動実績が評価されたこと、さらには、後述するような、共和党のデューイ（Thomas Dewey）大統領候補やヴァンデンバーグ（Arthur H. Vandenberg）上院議員との関係から、彼は、民主党政権の超党派的アプローチに協力するとともに、国際連合の設立、さらには国連憲章第五十一条、すなわち集団的自衛権の設定に大きな役割を果たすことになるのである。

ところで、二〇一二年末に発足した我が国の第二次安倍政権は、六年ほど前に短命に終わった第一次政権に引き続き、戦後レジームからの脱却と日米同盟のいっそうの強化を外交・安全保障政策の基軸としてきたと言ってよい。そして同政権は、その一環として、一九七二年に示されて以降、今日まで歴代政府によって踏襲されてきた集団的自衛権に関する我が国政府の公式見解、すなわち、「我が国は国際法上、集団的自衛権を有していることは、主権国家である以上当然であるが、国権の発動としてこれを行使することは、憲法の容認する自衛の措置の限界を超えるものであって、憲法上許されない」との見解(17)を、憲法解釈の変更によって集団的自衛権の行使を容認すべく、自民党と公明党の間でいわゆる与党協議を行い、去る二〇一四年七月一日には、閣議決定によって上記の憲法解釈を変更してしまった。そしてそれにより、政府は極めて限定的と説明するものの、これまで禁じられてきた集団的自衛権の行使に道を開くこととなった。この問題を巡っては、閣議決定後の国会で七月十四、十五両日にそれぞれ一日ずつ開かれた衆参両院の予算委員会において集中審議が行われたが、審議時間の短さもあり、決定の手続き的な問題や新たに付け加えられた「武力行使の新三要件」、さらには集団的自衛権の行使の具体的な内容、効果、及びそれらの憲法との関連等に関する議論が十分に行われたとは言えず、そのため閣議決定の内容が、その段階で、国民の間で十分に理解されたとは言い難い状況にあると言ってよいであろう。ただここでは、それらの問題についてこれ以上言及することは避け、集団的自衛権を巡る議論が、すでに指摘したように、依然として、日米同盟などの同盟への適用を前提として行われていることを指摘するにとどめたい。

そのように指摘した上で、ここで改めて注意を喚起しておかねばならないことは、国連憲章第五十一条に規定された集団的自衛権は、後に本書で詳しく検討するように、その創設過程から判断する限り、主としてドイツや日本などのいわゆる旧敵国に対する同盟を除いて、仮想敵国の設定を前提とする二国間同盟の結成やその軍事行動を認めることを意図したものではなかったことである。すなわちそれは、元来は、地域の紛争を、安全保障理事会への報告義務を課しながら、事実上、安全保障理事会の承認なしに、地域機構を通して解決することを容認する規定であったのである。第二次大戦後、特に冷戦時代に結成されたＮＡＴＯ（北大西洋条約機構）をはじめとする多くの地域機構は、米ソの対立が反映され、地域的集団防衛機構としての性格が強いが、それら地域機構には、当該地域機構のどの加盟国に対する武力攻撃も他のすべての加盟国に対する攻撃とみなし、それに共同で反撃することを正当化するいわゆる共同防衛条項が設定され、その法的根拠として第五十一条が適用されたのである。

国際連合は、改めて述べるまでもなく、伝統的、且つ十九世紀的な「勢力均衡による平和」に代わる新しい考え方、すなわち「集団安全保障」方式によって国際の平和と安全を実現することを目的として、第一次大戦後に創設された国際連盟に引き続き、その欠点を修正し、補強することによって創設されたものである。しかし国連憲章には、国際政治の現実、直接的には大国の拒否権問題を反映して、国連の創設理念とは相容れなくなる恐れのある例外規定として第五十一条が盛り込まれ、集団的自衛権という新しい概念を含んだ権利が認められることとなった。そのため、すでに言及してきたように、元来、国連の原則と目的に沿って、国連の枠組みの中で地域の問題の解決を図ることが期待された地域機構は、憲章第五十一条によって、国連と独立した自主的な活動の余地を与えられただけでなく、冷戦の進行とともに、対立する地域機構、乃至陣営からの自己防衛的色彩の強い地域的集団防衛機構としての性格を強め、国連の創設理念と相容れない、対立する陣営間のイデオロギー・パワーポリティクス[18]の渦に巻き込まれることとなったのである。それと同時に、他方で憲章第五十一条は、その創設過程においては必ずしも正式の議題として議論の対象にはならなかったにもかかわらず、冷戦の深刻化とともに、地域機構における共同防衛条項のように直接的な法的根拠とされなかったものの、同盟条約の前文でそれが言及されることによって、特にアジアでは、米国を扇の要とする二国間乃至三国間の軍事同盟（ハブ・アンド・スポーク・システム）結成の間接的な根拠として利用されてきたと言ってよいであろう。このように憲章第五十一条は、国際政治の現実に対応した規定であったとは言え、国際の平和と安全の維持に一定の役割を果たしたことを認めつつ、他方で、第二次大戦後の冷戦状況の中で、東西対立を助長するとともに、軍事力の拡大競争を惹起し、しばしば、世界をいわゆる安全保障のジレンマに陥らせてきたことも否定できないであろう。

本書の目的は、正にこの憲章第五十一条に定められた集団的自衛権の元来の目的と意味をその創設過程を検証することによって明らかにし、且つダレスがそれにどう関わったかを明らかにすることである。

本書では、まず序章で本書の目的、問題意識乃至関心の所在等について論じた後、第一章で、国連憲章第五十一条で認められた集団的自衛権が実定法上、国家のどのような行動に適用されているか（筆者注：クンツの適用対象の問題）、より具体的には、第五十一条は二国間、乃至三国間同盟における軍事力の行使を伴う共同防衛行動の正当性の根拠規定とされているのか、それとも地域的集団防衛機構による共同防衛行動の正当性の根拠規定とされているのか、或いは両者の正当性の根拠規定とされているのかを、国連創設後に締結された地域的集団防衛条約、及び二国間、乃至三国間の同盟条約を実際に検証することによって確認する。この作業によって、国連創設直後から数年間における関係国の政策決定者が集団的自衛権の特に適用対象について、どのような認識を持っていたのかが明らかになるであろう。その際、特にダレスが締結に関わった二国間同盟、乃至三国同盟における共同防衛条項、すなわち、武力の行使の正当性の根拠は何に求められているのかを明らかにする。

第二章では、普遍的国際機構創設への布石と課題と題して、米国、特に国務省が新国際機構創設構想を進めるに当たって、組織上、どのような体制が整えられたのか、また、構想の中心的推進者であったハルが克服しなければならない理念上、乃至方法論上の課題は何であったか等について検討する。

第三章では、戦後構想に向けた各種草案とダンバートン・オークス提案と題して、国連憲章草案と言われるダンバートン・オークス提案が作成されるまでの過程を、特に普遍主義と地域主義との相克という観点から検証する。さらにそうした過程を経て生まれたダンバートン・オークス提案は、特に地域機構との関係についてどのように結論付けたのかについて検討を行う。

第四章では、チャプルテペック協定と地域主義：中南米諸国の挑戦と題し、ローズヴェルト政権の発足以来、米国主導の下に結束を強めつつあった米州諸国による地域機構の結成を目指す地域主義的な動きを検証し、それと並行して進められてきた新国際機構の枠組みとの関係で、同協定はどのような権限関係を想定していたのか等について検討する。

第五章では、ダレスの基本的世界観と国際平和秩序構想と題し、ダレスが国連創設のために民主党政権に対し超党派的協力を行うに至ったダレスの基本的な世界観や政治的背景等について検討する。

第六章では、ダレスと教会活動による平和：「公正かつ永続的な平和」の実現を目指してと題し、ダレスの思想及び行動の原点にあると思われるキリスト者ダレスの穏健リベラルな人間観を検証し、併せて教会活動を通して展開されるダレスの特徴的な平和追求の活動を検証する。

第七章では、ダレスの集団安全保障観とその軌跡と題し、国際平和の実現には集団安全保障体制の構築が必要であるとの認識を持ちながら、それが最終的には軍事力に依存するとしてその限界にも気づいており、再び人間自身の道徳的な改革の必要性を説く彼のやや複雑な安全保障観について検討を行う。

第八章では、ダンバートン・オークス提案の第八章関連条項の修正：憲章第五十一条の創設と二国間同盟の行方と題し、第八章C節の地域的取極と安全保障理事会の権限関係に関する議論の過程で憲章第五十一条が創設される一方、二国間同盟については、旧敵国条項として処理される過程を検証する。

第九章では、サンフランシスコ国際会議におけるダレスと題し、ダレスの役割、特に集団的自衛権の設定に果たしたダレスの役割について検証する。

終章では、これまでの検討結果を集約する。

最後に補遺として、本問題の実現のために採用され、米国外交の伝統的特徴の一つとされる超党派外交に関する小論を「アメリカの超党派外交に関する若干の考察」と題して添付した。

第一章　国連創設後に締結された各種安全保障関連条約とその共同防衛条項の二類型
――正当性の根拠としての集団的自衛権――

国際連合創設後の一九四〇年代半ばから一九五〇年代にかけて、国際政治情勢は必ずしも安定化しなかった。それは、戦後復興の問題を多くの国が抱えていたことに加え、第二次世界大戦終結前後から米ソの対立が徐々に表面化し、その後ほどなくしていわゆる東西冷戦の時代を迎えたことによる。

こうした状況、特に冷戦が激化していく状況の下で、国際の平和と安全を維持するために創設された国際連合の安全保障機能は当初想定されたようには発揮されず、加盟国の多くは、自国の安全を建前上は国際連合のいわゆる集団安全保障体制に託しながらも、それと併せて、個々に軍事力を増強したり、或いは、一定数の非同盟諸国は別として、地域機構(1)や同盟(2)を結成することによって実質的な安全を確保しようとした。

このようにして、国連創設直後の一九四五年からほぼ一〇年の間の冷戦激化の過程において、多くの地域機構や同盟が結成されたが、それらは当然ながら、その目的や枠組みを定めた基本条約によって締約国の安全をどのようにして守るのかを定めており、具体的には、対立関係にある陣営に属する第三国による武力攻撃が発生する場合を想定し、最終的には武力の行使（筆者注：それはほとんどの場合、共同防衛条項として規定化されている）によってそれらの国の安全を守ると謳ったのである。しかしながら、序章ですでに言及したように、新しい国連の安全保障体制、すなわち集団安全保障体制の下においては、原則として、安全保障理事会が憲章違反の侵略行為と認めた場合以外、換言すれば、安保理事会の承認なしに加盟国が武力を行使することは禁じられており、それが安保理事会の承認なしに正当化されるのは、憲章第五十一条の個別的自衛権、或いは集団的自衛権に基づく場合か、憲章第百七条及び第五十三条に規定されたいわゆる旧敵国に対する場合（条文については序章の脚注に引用した）の三つのケースのみである。

本章では、こうして国連創設後ほぼ一〇年の間に主として安全保障を目的として結成された地域機構や二国間乃至三国間同盟が、その基本条約において、武力の行使をどのようにして正当化しようとしているのか、特にそれぞれの条約において、いわゆる共同防衛条項の法的根拠を何に求めているかについてそれぞれの基本条約を検証することによって明らかにしたい。それにより、特に、本書の主要テーマである集団的自衛権の適用問題、すなわち武力行使の合法性を認めた憲章第五十一条が実定法上どのようなケースにどのような方法で適用されているかが、少なくとも条約上明らかになり、且つ、その適用は、地域機構と二国間乃至三国間同盟の間で違いがあるのかどうかも明らかになるであろう。なお、ここで条約等の検証対象期間を戦後のほぼ一〇年に限定したのは、安全保障を目的として結成された主だった地域機構や同盟には当該期間中に結成されたものが多かったことによる。

そこで以下では、まず上記一〇年の間に結成された合計一二の地域機構と同盟をそれぞれ時系列的に列挙し、それらの基本条約に示されたa．概要（目的、条約締結の根拠等）、及びb．共同防衛条項の本文或いはその要旨、さらにはそれに対して適用された憲章上の根拠を順次個別的に検証することとする。地域機構と同盟を別個にグループ化して検証するのは、両者の基本条約中の共同防衛条項に関する憲章上の根拠に違いがあるとの想定からである。また、米国が地域機構や同盟の当事国として参加している場合、米国側の基本条約の署名者を記すこととした。と言うのは、これらの地域機構や同盟の結成に主導的役割を果たした国は、冷戦の一方の当事者である米国であり、それと同時に署名者は言わば交渉の責任者、或いはその一人とも言うことができ、それら地域機構や同盟の結成、特にその重要な条項、例えば共同防衛条項の内容、言いかえるなら、その論理構成に大きな役割を果したと考えられるからである。

第一節　二国間乃至三国間同盟と憲章第五十一条、或いは旧敵国条項

①英仏同盟（英仏ダンケルク条約、[3]一九四七年三月四日）（かっこ内は基本条約名、及び条約調印日、以下同じ）

a．概要　正式には英仏同盟相互援助条約。英仏二国間で締結。主要目的はいわゆる旧敵国であるドイツの再度の侵略を防止すること。条約締結の根拠の一つとして、条約前文で憲章第四十九、五十一、五十二、五十三、百七条に言及するも、それぞれの条項と本同盟との関連についての論理的説明はない。前文ではドイツの再度の侵略防止が強調されている。

b．共同防衛条項

第一条　ドイツによる再度の侵略があった場合には、憲章第百七条のいわゆる旧敵国条項に基づき、協力して行動する旨規定。

第二条　国連体制の下で合法性が認められた武力行使の三つのケースで、且つそれらが対独軍事行動である場合には、もし一方の当事国がそれに関与した場合、他の当事国は直ちに軍事的支援を行う旨の規定。

＊憲章上の根拠　第一条、第二条とも憲章第百七条のいわゆる旧敵国条項によることを明記。なお、前文で言及された上記の各条項は、単に関連条項として形式的に言及されているのみで、共同行動との関連性が示されたわけではない。

②中ソ同盟（中ソ友好同盟相互援助条約、[4]一九五〇年二月十四日、一九八〇年四月十一日失効）

a．概要　一九四九年十月に成立した中華人民共和国とソ連の間で締結。主要目的は、両国の友好協力関係の推進といわゆる旧敵国である日本の帝国主義の復活及び再侵略の防止。

b．共同防衛条項

第一条　「両締約国は、日本国……の侵略の繰り返し及び平和の破壊を防止するため、両国のなしうるすべての必要な措置を共同してとることを約束する。

締約国の一方が日本国又はこれと同盟している他の国から攻撃を受け、戦争状態に陥った場合には、他方の締約国は、ただちにとることができるすべての手段をもって軍事的および他の援助を与える。」

＊憲章上の根拠　具体的な条項への言及はないが、本条約の条文から推して憲章第百七条の旧敵国条項の適用と推測できる。

③米比同盟（米比相互防衛条約[5]、一九五一年八月三十日）

a．概要　米国とフィリピンの間の相互防衛条約。主たる目的は、国連憲章の目的及び原則に則って、太平洋地域における平和と安全の維持のための集団的防衛の努力を強化し、且つ帝国主義者の侵略に対抗すること。前文からは、日本の再侵略への警戒心を読みとることができる。

米国側署名者　D・アチソン国務長官、J・F・ダレス特使、T・コナリー上院議員（民主党）、A・ワイリー上院議員（共和党）

b．共同防衛条項

第四条　「各締約国は太平洋地域におけるいずれか一方の締約国に対する武力攻撃が、自国の平和及び安全を危うくするものであることを認め、自国の憲法上の手続きに従って共通の危険に対処するよう行動することを宣言する。（傍線筆者）

前記の武力攻撃及びその結果としてとったすべての措置は、直ちに国際連合安全保障理事会に報告しなければならない。その措置は、安全保障理事会が国際の平和及び安全を回復し及び維持するために必要な措置をとったときは、終止しなければならない。」

＊憲章上の根拠　本条には憲章上の条項について具体的な言及はないが、本条の前段は、定義の仕方にもよるが、憲章第五十一条の個別的自衛権の範疇に入ると言ってよいと思われる。もしそうでなければ、武力の行使を前提とする本

条は、それを原則禁じた国連憲章に違反することになり、本条約の正統性を損ねることになる。なお後段の前半部分、すなわち安保理事会への報告義務は、憲章第五十一条後段の同様の規定に沿ったものと言うことができ、さらに後段の後半部分の安保理事会が適切な措置をとった場合の終止措置は、安保理事会の優越性を認めたものと考えることができるが、それはそもそも憲章第五十一条が、「安保理事会が……必要な措置をとるまでの間」認められたことと矛盾しない。いずれにしろ、この第四条の後段は憲章第五十一条に則った規定と言うことができる。

④ANZUS同盟（オーストラリア、ニュージーランド、及び米国間安全保障条約[6]、一九五一年九月一日）

a. 概要　米国、オーストラリア、及びニュージーランドの三か国による太平洋地域の安全保障を目的とし、共産主義勢力を仮想敵とする同盟でサンフランシスコで調印された。それは同時にサンフランシスコ講和による日本の独立の回復により、日本の再侵略を懸念するオーストラリアとニュージーランドを守るという米国による保障の意味もあった。

米国側署名者　アチソン国務長官、ダレス特使、ワイリー上院議員（共和党）、スパークマン上院議員（民主党）

b. 共同防衛条項

第四条「各締約国は、太平洋地域におけるいかなる締約国に対する武力攻撃も、自国の平和及び安全を危うくするものであることを認め、自国の憲法上の手続きに従って共通の危険に対処するように行動することを宣言する。（傍線筆者）前記の武力攻撃及びその結果としてとったすべての措置は、直ちに国際連合安全保障理事会に報告しなければならない。その措置は、安全保障理事会が国際の平和及び安全を回復し及び維持するために必要な措置をとったときは、終止しなければならない。」

＊憲章上の根拠　上の米比相互防衛条約の共同防衛条項（第四条）とまったく同じことを指摘することができる。

⑤日米同盟[7]（日米安全保障条約、旧一九五一年九月八日、改正一九六〇年一月十九日）

a. 概要

（旧条約）日本の再軍備消極姿勢とも絡み、相互防衛条約ではなく片務的条約で実態は基地貸与協定的性格。内乱条項、極東条項等について多くの議論。
米国側署名者　アチソン国務長官、ダレス特使、ワイリー上院議員（共和党）、ブリッジース上院議員（共和党）
（改正条約）日米相互協力及び安全保障条約と改正。相互防衛的に改正されるも変則的性格が強い。
米国側署名者　ハーター国務長官、マッカーサーⅡ世駐日大使、パーソンズ国務次官補。

b. 共同防衛条項

（旧条約）共同防衛条項は存在せず、また、米国の日本防衛義務は明記されず。憲章上の根拠は希薄。
（改正条約）第五条「各締約国は、日本国の施政の下にある領域における、いずれか一方に対する武力攻撃が、自国の平和及び安全を危うくするものであることを認め、自国の憲法上の規定及び手続きに従って共通の危険に対処するように行動することを宣言する。

前記の武力攻撃及びその結果としてとったすべての措置は、国際連合憲章第五十一条の規定に従って直ちに国際連合安全保障理事会に報告しなければならない。その措置は、安全保障理事会が国際の平和及び安全を回復し及び維持するために必要な措置をとったときは、終止しなければならない。」（傍線筆者）

＊憲章上の根拠
（旧）上記の通り、ほとんど認められず。
（改正）米比、ＡＮＺＵＳ同盟の場合と同じ。

⑥米韓同盟（米韓相互防衛条約、[8] 一九五三年十月一日）

a. 概要　朝鮮戦争に関する休戦協定成立後に米国と大韓民国（韓国）との間に締結された反共軍事同盟。主要目的は、外部からの武力攻撃に対し集団的防衛のための努力を強化すること。
米国側署名者　ダレス国務長官

b. 共同防衛条項

第三条　「各締約国は、現在それぞれの行政的管理の下にある領域又はいずれか一方の締約国が他方の締約国の行政的監理の下に置かれることになったものと今後認める領域において行われるいずれかの締約国に対する太平洋地域における武力攻撃が自国の平和及び安全を危うくするものであることを認め、共同の危険に対処するため自国の憲法上の手続きに従って行動することを宣言する。」(傍線筆者)

＊憲章上の根拠　米比、ＡＮＺＵＳ、及び新日米同盟の場合と同じ論理。

⑦米華同盟(米華相互防衛条約、[9]一九五四年十二月二日、一九七九年十二月十六日失効)

a. 概要　米国と台湾の中華民国との間の反共軍事同盟。中華人民共和国の成立、及び朝鮮戦争や第一次インドシナ戦争の休戦後の共産主義勢力の拡大の抑止、西太平洋の安全保障等が主要な目的。

米国側署名者　ダレス国務長官

b. 共同防衛条項

第五条「各締約国は、西太平洋区域においていずれかの締約国の領域に対して行われる武力攻撃が自国の平和及び安全を危うくするものと認め、かつ、自国の憲法上の手続きに従って共通の危険に対処するため行動することを宣言する。以下(安保理への報告義務と休止義務)略」(傍線筆者)

＊憲章上の根拠　米比、ＡＮＺＵＳ、日米、及び米韓同盟の場合と同じ論理。

第二節　地域機構基本条約と憲章第五十一条

①全米相互援助条約[10](米州相互援助条約、或いは調印された都市リオデジャネイロに因んでリオ条約とも言う。一九四七年九月二日)

a. 概要　米国主導によって締結された米州諸国の平和と安全、相互協力等を目的とする条約で、翌年のボゴタ憲章[11]

とともに米州諸国を西側陣営に組み込む地域的集団防衛機構たる米州機構結成の基礎になった。原署名国一九か国。

b. 共同防衛条項

第三条一　「締約国は、米州諸国の一国に対するいかなる国の武力攻撃も、すべての米州諸国に対する攻撃とみなされることに同意する。したがって、各締約国は、国際連合憲章第五十一条によって認められている個別的又は集団的自衛の固有の権利を行使して、右の攻撃に対抗するために援助することを約束する。」（傍線筆者）

二　略

三　略

四　「この条に定める自衛措置は、国際連合の安全保障理事会が、国際の平和と安全の維持に必要な措置をとるまでの間とることができる。」

第五条（自衛措置の安保理への報告義務）

＊憲章上の根拠　国連憲章第五十一条の適用によること（特に集団的自衛権）が明記されている。

②ブラッセル条約⑫（正式名称は、「経済的、社会的及び文化的協力並びに集団的自衛のための条約」、一九四八年三月十七日）

a. 概要　前述の英仏ダンケルク条約を拡張させたもので、英仏の他にベルギー、ルクセンブルク、オランダが参加。主要目的はドイツの再軍備に対する防衛にある（前文）と言ってよいが、同時にヨーロッパの相互防衛も民主主義、人権、政治的自由等いわゆる西側の価値を守るという観点から言及されており、翌年のNATO結成にも影響を与えた。一九五四年十月には西ドイツ、イタリアを加え、西欧同盟に。

b. 共同防衛条項

第四条「いかなる締約国も、もしヨーロッパにおける武力攻撃の対象になった場合には、他の締約国は、国連憲章第五十一条の規定に従って、攻撃を受けた国に対して、その能力内のすべての軍事的、及びその他の援助を与える。」

第五条「（第四条でとった行動の安保理事会への報告義務、及び安保理が適切な措置をとった場合の行動停止義務についての規定）」（傍線筆者）

＊憲章上の根拠　国連憲章第五十一条が明記されている。

③北大西洋条約機構NATO（北大西洋条約[13]、一九四九年四月四日）

a．概要　北米（米国とカナダ）と西欧諸国一〇か国で結成された（反共）地域的集団防衛機構。原加盟国は一二か国、現在は二八か国。

米国側署名者　アチソン国務長官

b．共同防衛条項

第五条「締約国は、ヨーロッパ又は北アメリカにおける締約国の一又は二以上に対する武力攻撃を、全締約国に対する攻撃とみなすことに同意する。したがって、締約国は、右の武力攻撃が行われるときは、各締約国が、国際連合憲章第五十一条によって認められている個別的又は集団的自衛権を行使して、北大西洋地域の安全を回復し及び維持するために、兵力の使用を含めてその必要と認める行動を、個別的に及び他の締約国と共同して、直ちにとることによって、右の攻撃を受けた一以上の締約国を援助することに同意する。（傍線筆者）

（以下、後段は、安保理事会への報告義務と安保理が適切な措置をとった場合の行動停止義務についての規定）」

＊憲章上の根拠　国連憲章第五十一条を適用。特に集団的自衛権を明記。

④東南アジア条約機構SEATO（東南アジア集団防衛条約[14]、一九五四年九月八日）

a．概要　フランスのインドシナ戦争敗退後、東南アジアにおける共産主義の拡大を防ぐために、オーストラリア、ニュージーランド、タイ、フィリピン、パキスタン、フランス、イギリス、米国の八か国によって結成された反共軍事同盟。ある特定地域に属する国々によって形成されたいわゆる地域機構とは言えない。そのため（全会一致の）合意形成も難しくあまり機能せず。一九七七年解散。

米国側署名者　ダレス国務長官、ハワード・アレクサンダー・スミス上院議員（共和党）、マイク・マンスフィールド上院議員（民主党）

b. 共同防衛条項

第四条一　「各締約国は、いずれかの締約国又は締約国が全員一致の合意によって将来指定するいずれかの国若しくは領域に対する条約地域における武力攻撃による侵略が、自国の平和及び安全を危うくするものであることを認め、その場合において自国の憲法上の手続きに従って共通の危険に対処するため行動することに同意する。この項の規定に基づいてとられた措置は、直ちに国際連合安全保障理事会に報告しなければならない。」（傍線筆者）

＊憲章上の根拠　二国間同盟の場合と同様、憲章第五十一条の個別的自衛権を根拠にしていると言える。

⑤ワルシャワ条約機構（アルバニア、ブルガリア、ハンガリー、東ドイツ、ポーランド、ルーマニア、ソ連及びチェコスロバキア間の友好、協力及び相互援助条約〈ワルシャワ条約[15]〉、一九五五年五月十四日）

a. 概要　前文ではヨーロッパにおける集団安全保障体制結成の願望を述べ、国連の目的と原則に基づくことを謳いつつ、上記八か国によって結成された東側の地域的集団防衛機構。冷戦終結後一九九一年に解体。

b. 共同防衛条項

第四条　「ヨーロッパにおいて、条約当事国の一又は二以上の国に対していずれかの国若しくは国家群からの武力攻撃が行われた場合には、この条約の当事国たる各国は、国際連合憲章第五十一条に従い、個別的又は集団的な自衛権の行使として、このような攻撃を受けた一又は二以上の国に対し、個々に又はこの条約の当事国たる他の国との合意により、武力を含む必要と認めるすべての手段により、速やかに援助を与えなければならない。
（以下、後段は安保理への報告義務と安保理が必要な措置をとった場合の停止義務について）」（傍線筆者）

＊憲章上の根拠　国連憲章第五十一条を適用。特に集団的自衛権を明記。

以上、国連創設後、約一〇年の間に結成された安全保障を主要目的とする代表的な地域機構や同盟について、特にそれらの武力行使に関わる共同防衛条項を中心に検証を行ったが、次の表は、それらの相違点をより分かりやす

地域的取極や同盟条約における共同防衛条項とその憲章上の根拠
ー集団的自衛権との関わりー

	基本条約又は同盟	調印日	（原）締約国	共同防衛条項	憲章上の根拠	米国側署名者
二乃至三国間同盟	英仏同盟	一九四七年三月四日	英国 フランス	第一，二条（対独）	第百七条（旧敵国条項）	
	中ソ同盟	一九五〇年二月十四日	ソ連，中国	第一条（対日）	第百七条と推定	
	米比相互防衛条約	一九五一年八月三十日	米国，フィリピン	第四条	「個別的自衛権」	アチソン国務長官，ダレス特使，他二名
	ANZUS 同盟	一九五一年九月一日	豪州，ニュージーランド，米国	第四条	「個別的自衛権」	アチソン国務長官，ダレス特使，他二名
	日米同盟	一九五一年九月八日	日本，米国	なし	なし	アチソン国務長官，ダレス特使，他二名
		一九六〇年一月十九日	日本，米国	第五条	「個別的自衛権」	ハーター国務長官，他二名
	米韓同盟	一九五三年十月一日	米国，韓国	第三条	「個別的自衛権」	ダレス国務長官
	米華相互防衛条約	一九五四年十二月二日	米国，中華民国	第五条	「個別的自衛権」	ダレス国務長官
地域機構	全米相互援助条約	一九四七年九月二日	米国，ブラジル等一九カ国	第三条	集団的自衛権	ヴァンデンバーグ上院議員，他五名
	ブラッセル条約	一九四八年三月十七日	英，仏，他三か国	第四条	集団的自衛権	
	NATO	一九四九年四月四日	米欧一二カ国	第五条	集団的自衛権	アチソン国務長官
	SEATO	一九五四年九月八日	米，英，比，他五カ国	第四条	「個別的自衛権」	ダレス国務長官，他二名
	ワルシャワ条約	一九五五年五月十四日	ソ連，ポーランド，他六カ国	第四条	個別的又は集団的自衛権	

＊一：詳細は本文参照。

＊二：「個別的自衛権」と言う文言は，ワルシャワ条約を除いて条文には含まれていないが，その内容はいわゆる個別的自衛権と解することも可能と思われるので敢えて「」付の個別的自衛権とした。

＊三：一九四五年三月二十二日にはエジプトを中心にアラブ七か国により，アラブ連盟が結成されたが，それは，元来政治，経済，文化の協力関係の増進を主目的としており，共同防衛については，侵略があった場合には理事会を直ちに招集し，対応措置を全会一致で決定すると定められている。このように具体的な共同防衛条項は存在しないので上の表からは割愛した(16)。

く比較して一覧できるように、エッセンスのみを抜き出して作成したものである。特に共同防衛条項欄の武力行使の正当化のための憲章上の根拠の違いの対照性、すなわち、地域機構による共同防衛行動については第五十一条の集団的自衛権によって正当化されているのに対し、同盟の場合の共同防衛行動の正当化には第五十一条への直接的言及がなく、ほとんどすべてが「自国の憲法上の手続きに従って」と、国内法にその根拠を求めていることについては改めて注目されてよいと思われる。さらに付記するなら、国連創設直後の数年の間に締結された多くの同盟についでは、後のダレス国務長官が交渉の当事者であったことが推察されるが、ダレスは、後により詳しく検証するように、国連創設のためのサンフランシスコ国際会議に米国代表団の実質的な最高顧問として参加し、憲章第五十一条の設定に大きな役割を果たすとともに、表からも推察されるように、集団的自衛権を同盟に適用することには否定的であったことも極めて注目される。その点は、後の章で検証するダレスの上下両院における公聴会の記録からも明らかにされるであろう。

さて改めて、二国間乃至三国間同盟と地域機構を表のように分類してそれぞれ時系列的に整理してみると、特に本章の目的である、それぞれの基本条約における共同防衛条項に適用された国連憲章上の根拠に関しては、本章の初めに記したような三つのケースのうちのいずれが適用されているかを明確に認めることができ、且つ、特に同盟と地域機構との間には初めに想定した通り、共同防衛の根拠について、注目すべき相違が見て取れて大変興味深い。

取り敢えず結論を先取りして言えば、表からも明らかなように、いわゆる憲章第五十一条に規定された集団的自衛権が共同防衛のための武力行使を正当化する根拠として適用されているのは、地域機構に関してのみであるという点である。そこで以下具体的に見ていくこととする。

まず国連創設後、最初に結成された同盟である英仏ダンケルク条約と中ソ友好同盟相互援助条約は、上で検証したように、それぞれいわゆる旧敵国であるドイツと日本を対象とする同盟であり、前者においては、第百七条のいわゆる旧敵国条項を根拠にしている旨明記されている（筆者注：第一条、第二条とも条文は長いので要約して記した）。一方後者では、第百七条は明記されてはいないが、日本を名指ししていることから推してそのいわゆる旧敵国条項を根拠にしていると言ってよいと思われる。

上の二つの同盟を除くと、表からも一覧できるように、他のすべての同盟や地域機構における共同防衛条項は、武力行使の正当性の根拠として憲章第五十一条を挙げていることは明らかである。とは言え、表に歴然としているように、個別的に検証をすると、同じ第五十一条ではあっても、同盟の場合はその個別的自衛権が、他方地域機構の場合は集団的自衛権が、それぞれの正当性の根拠として適用されていることが明らかである。ただし、次に指摘するように、同盟における共同防衛条項の法的根拠として「個別的自衛権」という文言が使用されているわけではなく、その解釈については別の見方があるかも知れないことを留意しておきたい。

そこで、まず同盟から、その基本条約における共同防衛条項を見てみることとする。

まず対日講和を意識しながら（筆者注：最初に記した各条約の概説を参照）ほぼ同時に結成された米比同盟とＡＮＺＵＳを見てみよう。すでに上で検証した通り、両者の共同防衛条項はともにその基本条約第四条に規定されており、しかも条文は下記の通り、ほとんど同じである。繰り返しになるが、それをあえて示せば次の通りである。すなわち、米比相互防衛条約第四条はその前段で

「各締約国は、太平洋地域におけるいずれか一方の締約国に対する武力攻撃が、自国の平和及び安全を危うくするものであることを認め、自国の憲法上の手続きに従って共通の危険に対処するよう行動することを宣言する。」

と規定している。ＡＮＺＵＳ条約との条文上の違いは、「いずれか一方の締約国」がＡＮＺＵＳ条約では「いかなる

締約国」と変わるにすぎず、残る日米同盟、米韓同盟、米華同盟も上に示した通り、ほとんど同様の条文が共同防衛条項として定められている。なお、さらに言えば、本条の後段では、共通の危険に対処するためにとられた措置の安全保障理事会への報告義務、及び安保理事会が必要な措置をとった場合の対応措置の停止義務が定められており、これも各同盟条約に共通していた。

ここで、以上の条項と憲章第五十一条の関係について、すなわち共同防衛行動の正当性の憲章上の根拠をどのように判断すべきであろうか。換言するなら、憲章第五十一条で認められた集団的自衛権が正当性の根拠とされているかどうかという問題である。すでに述べたように、この条項には、次に見る地域機構の場合のように、憲章第五十一条について言及されていない。すなわち、それは、具体的には、同盟における共同防衛のための軍事行動を正当化する根拠として集団的自衛権は適用されていないことを意味していると言ってよい。ただ条文は、個別的自衛権の定義にもよるが、国内法、乃至議会の意思、言い換えるなら、当事国の意思を重視しており、すでに米比同盟の概説で論じたように、個別的自衛権の行使の範疇に入ると解釈することもできると思われる。もしそうでなければ、すでに言及したように、武力の行使を前提とする本条は、それを原則禁じた国連憲章に違反することになり、本同盟条約そのものの正統性を損ねることになるからである。筆者はそうした観点から、同盟の場合、個別的自衛権について具体的に言及はされていないものの、それが共同防衛の憲章上の根拠となっていると解釈した。ただし、それは飽くまでも筆者の解釈であり、したがって先きの表では、かっこ付きの個別的自衛権とした。なお後段部分（報告義務と停止義務）については憲章第五十一条に即した規定となっていると言ってよいであろう。特に停止義務については、第五十一条には具体的に規定されていないが、同条の最初の部分で「安全保障理事会が……必要な措置をとるまでの間」と謳われており、安保理で必要な措置がとられた場合には、自衛権に基づく行動は停止されると解釈してよいであろう。

以上、これらの検証結果から二つのことを指摘しておきたい。

第一は言うまでもなく、集団的自衛権は、実定法上、同盟における共同防衛の正当性の根拠として適用されていないということである。この事実は、わが国で行われている集団的自衛権を巡る議論、例えば集団的自衛権は同盟に適用されることを前提とした議論には問題があると言わざるを得ないと思われる。

第二に指摘したいことは、上の表にも明記されているように、ほぼ同時期に締結されたすべての同盟条約に、日米安保条約の米国側の交渉当事者であり、そのすぐ後には国務長官として米国外交を担うジョン・フォスター・ダレスが署名していること、及びそのことの意味である。序章でも簡単に言及したように、ダレスは国務長官になる前から、国際社会の動向やあり方などに関心をもっており、国際連合の創設や対日講和には超党派的立場から、時の民主党政権に協力してきた人物であるが、国連の創設に際しては、米国代表団の実質的な最高顧問（筆者注：序章で述べたように、名目上の最高顧問は前国務長官のハルであった）として国連創設のためのサンフランシスコ国際会議に参加した。そして、後により詳しく検討することになるが、彼は、国連憲章第五十一条という国連憲章の言わば例外規定の創設に当たっては重要な役割を果たすとともに、集団的自衛権の同盟への適用には消極的な立場に立っていたのである。上述のように、同盟による共同防衛行動が集団的自衛権の適用対象になっていないのは、ダレスの意向が多分に反映された結果であると言ってよいと思われるのである。ただ同時に、彼は法律家（筆者注：彼は一九二〇年代から三〇年代にかけてニューヨークで活躍する国際経済専門の有能な弁護士でもあった。）として同盟を国連憲章違反の存在とさせないためにも、実質的な個別的自衛権によって共同防衛による武力行使を正当化するという論理構成にしたのではないかと推察されるのである。

次に地域機構と憲章第五十一条、特に集団的自衛権との関係はどうであろうか。表からも明らかなように、東南アジア条約機構を除き、他はすべて、それぞれの基本条約において共同防衛のための武力行使を集団的自衛権によって正当化した、換言すれば、武力行使を正当化するために憲章第五十一条の集団的自衛権規定を適用したと言ってよいであろう。東南アジア条約機構の場合には、すでに検証したように、一般的な地域機構のようなある特定地域に属する国々によって形成された地域機構ではないため、加盟国間の合意形成も難しく、同盟における共同防衛条項と同じような論理構成をとったものと思われる。

さて、それでは地域機構では、具体的にどのような論理構成により、共同防衛のための武力行使を正当化しているのであろうか。ここでは、五つの地域機構についてすでに別個に検証を行ったが、国連創設後最初の地域機構である米州機構結成の基礎になった米州相互援助条約における共同防衛条項を再度見ることとする。すなわち同条約第三条第一項では、

「締約国は、米州諸国の一国に対するいかなる国の武力攻撃も、米州諸国のすべての国に対する攻撃とみなされることに同意する。したがって、各締約国は、国際連合憲章第五十一条によって認められている個別的又は集団的自衛の固有の権利を行使して、右の攻撃に対抗するために援助することを約束する」

と規定され、さらに第三条第四項及び第五条で、それぞれ、安保理が必要な措置をとった場合のいわゆる「停止義務」、及び安保理への「報告義務」が定められている。

以上のように、地域機構（筆者注：安全保障を目的とする地域的集団防衛機構）における共同防衛のための武力の行使は憲章第五十一条を適用することによって明確に正当化されており、他の四つの地域機構もほぼ同様の規定によって、すなわち第五十一条の集団的自衛権の適用によって武力行使の正当性を確保したと言ってよい。

ここで明らかになったことは、少なくとも実定国際法上、第五十一条で認められた集団的自衛権は、地域機構に

おける共同防衛のための武力行使の正当化の根拠として適用されても、同盟による共同防衛行動に対しては適用されていないということである。このこと、つまりこのような法的措置、乃至立法行為が単に一つの同盟や一つの地域機構にのみに見られる現象ではなく、一〇を超える同盟や地域機構にほぼ例外なく見られることは、それが、国連創設に関わったダレスはもちろん、この問題を巡る外交責任者にとってのコンセンサスであったと言っても過言ではないと思われる。そのことは、後に第五十一条の創設過程を検証することによってより明確にしたい。

第三節　集団的自衛権の概念

ところですでに言及したように、集団的自衛権の概念規定は、国連憲章上は行われなかった。また、後に検証するように、その設定過程においても、特に集団的自衛権についての定義や概念規定を巡って議論が行われた形跡は認められない。それは、序章でクンツの言葉として紹介したように、サンフランシスコ会議においては、集団的自衛権は、もっぱら地域機構への適用を前提として議論されていたからと言ってよいと思われる。

しかし序章で述べたように、今日、我が国では、集団的自衛権を「自国と密接な関係にある外国に対する武力攻撃を、自国が直接攻撃されていないにもかかわらず、武力をもって阻止する権利」として定義し、あたかもそれが日米同盟に適用されることによって日米関係が強化されるとの説明が行われている。しかしながら、本章で検証してきたように、現実に結成された同盟において、共同防衛のための武力行使を正当化する根拠としての集団的自衛権はどこにも適用されていなかった。

国連創設のためのサンフランシスコ国際会議において、集団的自衛権が提案された時にそれを議論した第Ⅲ／4委員会のコロンビア代表カマルゴ（Alberto L. Camargo）議長は、ほぼその創設が確定した五月二十三日、集団的自衛権について次のように述べたが、それはサンフランシスコ会議の多くの参加国が共有していた考え方であった。

「米州諸国の場合、米州諸国の一国に対する侵略は、すべての米州諸国に対する侵略とみなされる。そしてすべての米州諸国は、そのような侵略を撃退するために、攻撃を受けた国家を支援する正当な防衛の権利を行使する。これが集団的自衛権が意味するものである。[17]」

ここで重要な点、言い換えれば、二国間乃至三国間同盟における共同防衛のための武力行使の正当化のための論理構成と異なる点は、この発言に見られるように、集団的自衛権は「一国に対する攻撃は他のすべての加盟国に対する攻撃とみなすことに同意した国家グループ、すなわち地域機構に認められた権利[18]」であるということである。（筆者注：これは脚注に記したように、ステティニアス国務長官から国務長官代理のグルー（Joseph Grew）に宛てた電報の一部であるが、その部分は、集団的自衛権を含む憲章第五十一条の設定がほぼ決定した一九四五年五月十二日に、サンフランシスコのステティニアスから首都ワシントンにいるローズヴェルト大統領、及びハル前国務長官に送られた日刊報告の転用である。）もちろん、同盟に関して、このような論理展開が行われていないことはこれまでの検証から明らかである。

その一方で、こうした考え方、乃至概念は、ほとんどすべての地域機構（筆者注：実態は地域的集団防衛機構であることはすでに何回か言及した）において、その基本条約の共同防衛条項に反映されていた。以上の検討結果から推して、集団的自衛権は、地域的集団防衛機構を設立するための国際法上の根拠を提供したものと取り敢えずは言ってよいと思われる。それを巡るサンフランシスコ会議における議論は後により詳しく検討することとする。

第二章　普遍的国際機構創設への布石と課題

第一節　国務省による戦後構想への始動[1]

周知の通り、国際連合の創設及びその準備作業は米国ローズヴェルト政権のハル国務長官[2]のイニシアティブによって行われた。すなわち、ローズヴェルト政権は第二次世界大戦の勃発から二年余り経過した一九四二年には、早くも連合国側（筆者注：連合国とは、第二次大戦中にいわゆる日独伊などの枢軸国、乃至ファシズム勢力と戦った国々で、一般に一九四二年一月一日の連合国宣言[3]に署名した国を指す）が最終的にこの戦争に勝利するとの確信を持つに至り[4]、大統領に対し「米国の戦後政策に関する勧告」を行うために[5]、四二年の初めには、国務省内にハルを委員長とし、国務次官のサムナー・ウェルズ（Summer Welles）を副委員長とする「戦後外交政策に関する諮問委員会」が設置された[6]。この措置は「戦後国際関係のあらゆる局面」を把握しておきたいとする大統領の要望に沿うものであったが[7]、ハルは一九四一年十二月二十二日付のローズヴェルト大統領宛て書簡の中で、大統領の国務省に対する要望、すなわち、「侵略者が最終的に打倒された後、米国や世界が直面するであろう膨大で複雑な国際問題の解決のために米国が効果的に参加するための準備作業を継続的、且つ広範に行うこと、及びそのための特別委員会を創るべき」との要望に対し、国務省は戦後世界の問題にいち早く高い関心を持ち、それに的確に対応することの重要性を認識している旨を伝え、上記委員会のメンバー構想等を提示した[8]。こうして、その諮問委員会の下にはさらに政治や経済、それに安全保障を含む個別分野ごとの小委員会が設置され、国際機構については、政治問題小委員会に設置される「国際機構特別小委員会」で検討されることとなった。[9] しかしそれは、その後の戦局の進展、特に連合国側に有利な戦局の進展に伴い、連合国側の戦後の協力関係についての意思統一を確認することが急務になったこと、さらには後述するような国務省内におけるハルとウェルズの対立等を理由として、四二年六月の設置から一年足らずで活動を停止することとなった。[10] しかしその一方で四三年五月ころから、ハル国務長官や同委員会の主要メンバーを中心に、四四年の六月に「国際機構グループ」と呼ばれるようになる非公式アジェンダ・グループ（Agenda Group）が結成され、普遍的国際機構の創設のためのより具体的な提案を行うための検討を一九四四年七月までに行うとともに、同年八月から新国際機構の具体案を作成するためのダンバートン・オークス（Dumbarton Oaks）会議がワシントンで開催されると、このアジェンダ・グループはそのまま同会議のアメリカ代表団の一員に組み込まれることになるのである。[11] このアジェンダ・グループ、すなわち「国際機構グループ」の中心メンバーは脚注（11）に記した通りであるが、その実質的リーダーは、ロシア生まれの経済学者で国際問題のスペシャリストのレオ・パスヴォルスキー（Leo Pasvolsky）であった。[12] ハルによれば、彼は非常に優れた能力の持ち主であり、仕事振りも極めて熱心で申し分なく、ハルは、パスヴォルスキーを彼の特別顧問に抜擢した。それとともにハルは、戦後の国際平和の維持のために国際機構の役割に強く期待するという彼の考え方を共有する数少ない国務省高官の一人として、極めて有能なパスヴォルスキーを信頼し、彼を戦後計画、特に国際機構の創設の任務に登用したのである。[13] こうして彼は一九四三年には、国務省の国際機構及び安全保障問題の責任者となり、米国代表団の一員としてダンバートン・オークス会議に参加し、新国際機構の組織と設立問題に主要な役割を果たすとともに、後の国連憲章草案となるダンバートン・オークス提案の作成に実質的に関与した。[14]

第二節　ウィルソン主義者ハルの克服すべき課題

戦後の普遍的国際機構、すなわち国際連合の創設に向けた、国務省を中心とする米国の組織上の対応は概略以上の通りであったが、熱心なウィルソン大統領の崇拝者であり、ウィルソン流の国際主義者であると自他ともに認めるハルは、ウィルソン主義者として、国際連盟のような一つの普遍的国際機構の創設を目標としていた。さらに言えば、戦後の平和維持のために国際連盟よりは大きな力を与えられた国際集団安全保障機構の創設を理想としていた。[15] 改めて述べるまでもないが、ハルはこの目標を現実のものとするため、ウィルソンの失敗（筆者注：国際連盟に関連したウィルソンの失敗についてはいろいろな角度から論ずることが可能と思われるが、ここでは特に、米国の参加のために必要な米国上院の承認を得られなかったことを念頭に置いている。一般に国際連盟の失敗理由として、その他制度上の問題、例えば、全会一致の議決方式や国際連合にも付随する問題とも言える軍事強制力の問題等が挙げられ、それらがウィルソンの理想主義と関連づけて論じられることもあると思われるが、本章の文脈上、ここではそれ以上立ち入らないこととする。）の二の舞を回避しつつ、ウィルソンの理想、すなわち普遍的な集団安全保障機構の実現と米国の新国際機構への参加をより確実なものとする必要があり、そのため、少なくとも二つの問題を解決しなければならなかった。二つの問題とは、一つは、いわば理念上の問題であり、他の一つは、その理念を実現するための方法論上の問題であった。

先ず第一の理念上の問題とは、目標とする集団安全保障体制とは相容れないことが予想される戦後構想の存在であった。それはローズヴェルト大統領のいわゆる「四人の警察官」構想であり、ウェルズ国務次官などが主張する「地域主義的アプローチ」であった。第二の方法論上の問題とは、国際連盟における上記ウィルソン大統領の失敗に鑑み、いかにして共和党の協力を取り付け、国際連合の創設に向けていわゆる超党派外交を進めるかという問題であった。

(1) 理念上の問題──「四人の警察官構想」、及び地域主義的アプローチの克服

米国では、上述のように、特に一九四三年から一九四四年にかけて、一九四一年八月の大西洋憲章第八項[16]や一九四三年十月末の米英ソ中四か国によるモスクワ宣言第四項等[17]に則って戦後国際機構創設構想が具体化されつつあった。

因みに大西洋憲章は、周知のように、ローズヴェルト米国大統領と英国チャーチル（Winston S. Churchill）首相が一九四一年八月、大西洋上の英艦プリンス・オブ・ウェルズにて会談、その結果発表された八項目からなる宣言で、第二次大戦や戦後世界の指導原則を明らかにしたものであるが、その第八項では、武力の行使の放棄や広範かつ恒久的な普遍的安全保障制度の確立が謳われた。またモスクワ宣言は、第二次大戦の戦況が、一九四三年に入って、ソ連の反撃やイタリアの降伏に見られるように連合国側に有利に展開し始めたことを反映して、米英ソ三か国（筆者注：宣言には中華民国も署名し四か国宣言となる）外相がモスクワで会談し、その結果出された共同宣言で、その第四項では、普遍的な国際機構をすべての平和愛好国の主権平等原則に基づいて、できるだけ早期に創設することの必要性が謳われた[18]。

さてそのようにして慫慂された戦後構想を巡っては、特に当初は当然のことながら、幾つかの異なる議論が存在した。それらは、第二次大戦の帰趨とも関連していたが、新国際機構の創設、地域的集団機構の創設、及び国際連盟の存続、さらにはローズヴェルト大統領のいわゆる「四人の警察官」構想等[19]であった。ここで明らかなように、国際連盟は事実上すでに破綻していたことに鑑み、ハルのウィルソン主義的構想にとって、ローズヴェルト大統領の「四人の警察官」構想とウェルズの地域主義的アプローチが問題であったと言うことができるであろう。

①「四人の警察官」構想の克服

元来、ローズヴェルト大統領は、現代の戦争では、強力な侵略者に対して小国は無力であるとの基本的な認識をもっており、一九四一年十二月の日本による真珠湾攻撃までは、戦後の安全保障については米英両国の責任で管理することができると単純に考えていた[20]。しかしその直後の一九四二年一月一日に「連合国宣言」[21]が二六か国の署名を獲得して正式のものとなると、ローズヴェルトは米英両国にソ連と中国を加えた四か国によって責任を分かち合おうと考え、それら強力な少数の国家に警察権力を与え、枢軸国を武装解除するとともに他の弱小国に代わって国際社会の秩序を維持しようと考えた。すなわち、それら国家の合意を基礎として、公正かつ永続的な世界の将来に必要な政治経済的諸条件の理解に到達することができると考えたのである。いわゆる「四人の警察官」構想であるが、この構想は脚注（19）に記したように、四二年五月に、首都ワシントンを初めて訪問したソ連のモロトフ（V.M. Molotov）外相に初めて披露され、四三年十一月末に開催された米英ソ三首脳によるテヘラン会談時に、特にスターリン（Iosif Stalin）との非公式会談において、ローズヴェルトによって明らかにされた[22]。国務省きってのソ連問題の専門家で、ローズヴェルトとスターリンの会談に通訳として同席したチャールズ・ボーレン（Charles E. Bohlen）によれば、ローズヴェルトは、連合国に基礎を置いた平和維持のための三つの戦後構想[23]を明らかにしたが、その一つが「四人の警察官」構想であった。

ボーレンによれば、ローズヴェルトは、「四人の警察官」は平和に対するいかなる脅威にも、またいかなる緊急事態にも直ちに対応できる力を持たねばならないと主張した。彼は、その必要性を一九三五年のイタリアによるエチオピア侵攻を例に挙げて次のようにスターリンに説明した。すなわち、ローズヴェルトは、当時個人的には、フランスに対しスエズ運河を封鎖することを要請した。しかしエチオピアが国際連盟に解決をゆだねることを選択した結果、連盟は議論したけれども、結局何もできなかった。そのためイタリア軍は、スエズ運河を通過することができエチオピアを破壊したと。[24]

スターリンはそのローズヴェルトの構想に対し、概ね四つの疑問を提示した。すなわち第一は、四人の警察官から成る強制機構を他のヨーロッパ諸国は承認しないのではないかとの疑問、第二は、米軍をヨーロッパに派遣しなければならないことが予想されるがそれは可能であるのか、すなわち米国外交の孤立主義的性格についての疑問と確認であった。そして第三は、それによって軍事大国ドイツの復活を抑制することができるのか、さらに第四は、中国を警察官とみなすことは適切かといった疑問であった。こうした疑問に対しローズヴェルトは、必ずしも明確には返答せず、その一方で、新国際機構の目的はドイツと日本が再び侵略を行なうことを防止することであると述べるなど、彼の構想が十分に検討されたものではないことを示唆した。[25] そのことは十二月一日にテヘランで再び行なわれたスターリンとの会談において、彼が「それはまさに一つの案に過ぎず、国際機構の形態についてはより一層の検討が必要である」と述べたことに端的に示されていた。[26]

大略以上のようなローズヴェルト大統領の構想は、スターリンとの会談で、言わば非公式に示されたが、それにもかかわらず、一九四三年中に見られた普遍的な国際機構の創設を巡る三つの動きが、結局、ローズヴェルトをして国際機構創設の最も強い支持者とも言えるハルの見解に近づけることになったと言ってよいであろう。[27] すなわち、第一は、国務省では、すでに述べたように、ローズヴェルトの承認の下に戦後の安全と平和秩序維持のための普遍的国際機構創設についての具体的な検討が開始されつつあったことである。第二は、米国も加盟国となる国際機構を実現するに当たって大きな鍵となる議会が、二つの決議、すなわち、一九四三年九月の下院におけるフルブライト（J. William Fulbright）決議、[28] 及び同年十一月の上院におけるコナリー（Tom Connally）決議[29]を採択し、いずれも、米国は憲法の手続きに従って、侵略を防止し、世界の平和を守るために国際機構に参加すべきである旨を宣言したことである。最後に第三は、伝統的に孤立主義的な傾向が強い政党である野党共和党が、一九四三年九月にミシガン州のマキナック島で開催された、同党の一九四四年の大統領選挙における外交政策綱領作成のための戦後問題諮問会議において、創設が検討されつつある戦後の国際協力機構への参加の意思を明らかにしたマキナック（Mackinac）宣言を採択したことである。[30]

こうした事情と、ハルやそのグループのメンバーの説得によって、ローズヴェルトは、一九四三年から一九四四年の初にかけて、ハルの戦後国際機構構想、すなわち、より幅広い基礎の上に立つ普遍的な安全保障機構の創設という基本的な構想を受容れることになり[31]、それ以後、ハルのウィルソン主義的理念とその意を汲んだパスヴォルスキーを中心とする国務省の草案作成グループは、国際機構の創設というただ一つの目標に向かって進むことになるのである。

② 地域主義的アプローチの克服

弱小国も含むすべての国家が主権平等の原則に基づいて参加するハルの戦後国際機構構想にとって、次なる問題は、ウェルズ国務次官等が主張する地域主義的な安全保障構想であった。ハル国務長官とウェルズ国務次官との間には、戦後構想問題を含め重要な政策を巡り、深刻な意見の対立があったが、実はそれ以前に、ハルは、国務省において彼の部下であるウェルズの職務の遂行の仕方について、大きな不満を持っていた。[32] そのことと政策上の両者の見解の相違との関連については、必ずしも明らかではないが、恐らくは二つの側面が互いに影響し合って一九四三年頃には対立はピークに達し、ついに同年八月、ハルはローズヴェルトを説得してウェルズを更迭し、代わりに元来は企業家出身で、前武器貸与担当行政官であったステティニアスを国務次官に抜擢した。彼は自他共に認めるウィルソン主義者で、ハルと戦後構想について見解を共有しており、従ってハルに極めて忠実な人物で、且つ若干四十二歳という若さの働き盛りでもあり、ウェルズとの交代は、以後、戦後構想を進める上でもハルにとって大変好都合であった。[33]

すでに明らかなように、ウェルズを更迭し、新たにステティニアスを国務次官に任命することによって地域主義的安全保障機構を模索する主張や動きは、国務省の中ではほとんど聞かれなくなり、ハルによれば、四三年十月のモスクワ会議では、普遍的国際機構の創設のみが強調され、地域主義的な国際安全保障機構については何も言及されることはなかった。(34) ここにハルの主導の下に戦後構想を進める上での二つ目の問題点が解消されることになったと言ってよいが、ここでウェルズや彼を支持するグループの地域主義を基礎とする戦後構想について簡単に紹介しておきたい。

地域主義を基礎とする戦後構想は、文字通り世界を幾つかの地域ブロックに分け、それぞれの地域に創設される地域機構が当該地域の平和と安全に責任を持つという体制と言ってよいであろう。ハルによれば、一九四三年の春には、ウェルズや英国（チャーチル）首相、それに上記のように、「四人の警察官」構想を一方で非公式に明らかにしていたローズヴェルトもそうした立場に立っていた。すなわち、彼らは、一定地域の国家は、当該地域の平和と安全を守るために互いに結束して地域機構、乃至地域理事会を創設する。他方、それと並行して国際機構、乃至最高理事会も創設されるが、それは、地域機構の行動、乃至任務を調整する機能しかもたないと考えていた。特にチャーチルは一九四三年三月にラジオを通して演説し、その中で平和と安全のためには、ヨーロッパと極東に地域機構を創設することが必要だと説き、世界大の国際機構には第二次的意義しか認めなかった。(35) しかしハルは、そうした体制では地域内の大国と小国が結びついてブロック化し、閉鎖的貿易と差別的システムを助長するだけでなく、政治的反発を招来することになる地域間闘争を深刻化させることになるとして反対した。(36) そしてこの地域主義的アプローチがウェルズ国務次官の更迭を境にして影を潜めたことはすでに言及した通りである。

以上のようにして、すでに述べたように、ハル国務長官が戦後構想を進める上の理念的問題は解消されたと言うことができるが、彼は、普遍的国際機構の早期の創設の必要性を謳った四か国モスクワ宣言を発表した後、十一月にモスクワから帰国すると、次のように日記に記した。すなわち、「諸国家はもはや、不幸な過去のように、自らの安全を守り、或いは自らの利益を獲得するために、いかなる勢力圏、同盟、勢力均衡、或いは他のどのような特別な体制をも必要としないであろう」、「我々は、今や国際機構の創設という唯一の目的に向かって心置きなく全力を傾ける時である」と。(37)

(2) 方法論上の問題——超党派的アプローチの模索

ハルにとって、理念上の問題に加えて、普遍的な国際機構を創設するために克服すべき課題は、自ら提唱して創設された国際連盟に米国を加盟させることに失敗したウィルソン大統領の轍を、いかにして再び踏まないようにするのかということであった。それは言うまでもなく、ウィルソンが野党共和党の協力を得ることに失敗した教訓に鑑み、この構想を超党派的アプローチによって進めることであった。

外交に関しては論争は水際までと一般に言われることが多いが、米国では、特にウィルソンの失敗以来、外交政策は超党派的アプローチで進めるとのコンセンサスがあると言ってよいと思われるが、とりわけ一九四〇年代からいわゆる「冷戦コンセンサス」が崩れ始めると考えられる一九六〇年代後半まで（筆者注：「冷戦コンセンサス」の崩壊については、補遺の脚注（1）を参照）、超党派外交は米外交の典型的なスタイルであった。ただ米国の超党派外交を説明するにはそれだけでは必ずしも十分とは言えない。米国における超党派外交を理解するにはその目的や方法に関連して多面的な検討が必要であるが、それは改めて本書の巻末に補遺として論ずることとし、ここでは、ハル国務長官がどのようにして共和党の協力を獲得していったのかについて略述する。

① マキナック宣言と共和党の国際主義への転換

ローズヴェルト政権が戦後構想を進めるに当たって、野党共和党議員を含む議会、特に上院の協力を得ながら、すなわち超党派的アプローチによって政策を進めたことは、これまでにも断片的に言及してきたが、その成否に決定的に重要であったものは、野党共和党の姿勢であった。

結論から言えば、共和党は第二次大戦が始まると、公式には一九四三年九月に開催された同党の戦後問題諮問会議（Postwar Advisory Council）において、自ら同党の伝統的な孤立主義的立場から脱却するとともに、以下に述べるように、民主党に協力して戦後国際機構を創設することに同意し、それに向けて内外政策を進めることになるのである。そこでここでは共和党が超党派的協力を支持するに至る過程を二点に絞って概観する。第一は、伝統的に孤立主義的傾向が強い共和党が、一九四四年の大統領選挙をほぼ一年先に控えた一九四三年に、党としてその外交姿勢を国際主義的な方向に政策転換し、創設が検討されている国際機構への米国の参加を支持することを表明したマキナック（Mackinac）宣言が作成されるに至る過程である。第二は一九四四年十一月の大統領選挙を前にした同年夏に、国際機構創設問題を選挙戦の争点にしないというローズヴェルト政権の提案、換言すれば、この国際機構創設問題を超党派的アプローチで進めたいという民主党側の提案を共和党が受容れるに至る過程である。

共和党は、よく知られているように、第一次大戦直後の一九二〇年に行なわれた大統領選挙戦において、孤立主義への回帰を意味する「常態への復帰」を選挙スローガンとし、ハーディング（Warren G. Harding）を党の候補者に指名して大統領の地位を民主党から奪還するが、共和党は、そこに示唆されているように、第一次大戦後は一貫して国際連盟への加盟を拒否する姿勢を示してきた。このことは、第二次大戦勃発後の一九四〇年に行なわれた大統領選挙戦における同党の綱領において、国際機構については一言も言及されず、「共和党は、この国が対外戦争に参加することに強く反対する」と謳われたことにも示されていた[38]。

しかしながら戦争の進展とともに、同党の孤立主義も徐々に国際主義の方向に転換される。それを助長した内外の様々な要因の中で、とりわけ決定的な影響を与えた要因は、共和党の重鎮で、孤立主義派のリーダー格、且つそのシンボル的存在であったアーサー・ヴァンデンバーグの動静であった。因みに、後述のように、そのヴァンデンバーグはダレスの国連創設への超党派的関与に道を開いた人物でもあった。

ヴァンデンバーグは、米国中北部のミシガン州選出の上院議員であったが、同地域の政治環境を反映して、元々国際連盟に反対し、ハーディングを支持する孤立主義者であった。同時に彼は、上院外交委員会に所属し、同委員会共和党議員の中の最高幹部の地位にあり、同党の政策決定、特に外交政策の決定に大きな影響力を持っていた。(39)このようにして彼は、アメリカ国内では孤立主義者の代弁者として知られ、共和党の孤立主義路線に大きな影響を与えていた。しかし、一九四一年十二月の日本の真珠湾攻撃を契機に、彼は、平和の実現のためには「国際協調と集団安全保障」が必要であることを確信し、それまでの「孤立主義者」から「現実主義者」に転向した。(40)それればかりか、彼は、真珠湾が日本によって攻撃されると、その翌日にいち早くローズヴェルト大統領の秘書に電話を入れ、無条件で大統領を支持するとともに、(41)その後も民主党政権の第二次世界大戦関連の政策を支持し、同政権の特に戦後国際機構創設構想に対し、超党派的協力を行なうことになるのである。このように、共和党の重鎮であるヴァンデンバーグ上院議員が民主党政権に協力したことは、ローズヴェルト政権、特にハル国務長官の超党派的アプローチが成功することを意味していたと言っても過言ではなかった。(42)ただ、それにもかかわらず、共和党全体が孤立主義を脱却したと認識されるためには、もう少しの時間と共和党としてのより明確な意思表示が必要であった。その契機となったものは、一九四四年の大統領選挙を控えて、一九四三年九月八日にミシガン州マキナック島で開催された共和党の戦後問題諮問会議において、ヴァンデンバーグによって起草され、戦後の国際協力機構への参加に賛意を示したマキナック宣言が承認されたことであった。

こうして採択されたマキナック宣言においては、戦後構想について、共和党は「軍事的な侵略を防止し、体系化された正義に基づく恒久的な平和を自由世界に実現するために、米国が主権国家から成る戦後の協力機構に責任を持って参加することを支持する」と謳われた[43]。このように、マキナック宣言は、共和党が一九四四年の大統領選挙に向けて孤立主義を脱却し、国際主義に転換したことを明確に示したものであったと言ってよい。すなわちこれにより、共和党の国際主義路線は公式の約束となり、戦後構想を進展させようとしていた民主党にとって、それは超党派外交を推進するための政治的環境が整ったことを意味していた。国務長官のハルが、政府内でマキナック宣言の曖昧性を指摘する声が多い中で、マキナック会議の結果を評価し、それは共和党員が国際機構の問題を党派的な論争の対象とせず、政府に喜んで協力するという意思を表明した証拠であると述べたことからもそれは明らかであった[44]。

② ハル・ダレス会談

さて、ハルにとって、共和党の孤立主義から国際主義への転換と同時に、超党派的アプローチを進める上で決定的に重要であったのは、上に示唆されているように、一九四四年に行なわれる大統領選挙戦において、戦後構想の問題を選挙の争点にしないことについて共和党の合意を獲得することであった[45]。

上述のように、共和党は一九四三年のマキナック宣言により、党のコンセンサスとして国際主義の方向へ舵を切ることになるが、一九四四年は大統領選挙の年であり、言うまでもなく、党派的な主張や行動がもっとも顕著に表出される年に当たっていた。現に同年六月末にシカゴで開催された共和党の全国党大会において、共和党の大統領候補者に指名されたデューイは、早速、ローズヴェルト政権を批判し、同政権を「年老いて疲れきった」人々から成る政権であると酷評し、国内では新しいリーダーシップが必要であると主張した。しかし他方で彼は、外交問題、特に第二次大戦に関連する軍事行動については、大統領選挙の争点にしないと表明する一方、国際機構の創設問題に関しては、アメリカは他の主権国家とともに平和協力機構に参加するであろうと述べ、孤立主義でも超国家主義でもなく、マキナック宣言や党大会で採択された外交政策綱領[46]において承認された言わば中道路線に従うとの意思を表明した。[47] これは基本的には民主党の政策と変わりはなく、戦争のような国家の危機的状況においては、政権、すなわち大統領の下に結束するという米国の伝統に沿うものでもあった。

かくて戦後構想問題は大統領選挙の争点から除外されたように思われた。しかし、そうした中で、ハル国務長官は民主党の全国党大会が終了して間もない七月十七日に、米国は新国際機構計画の草案を作成するための会議を八月に首都ワシントン郊外のダンバートン・オークスで開催すること、及びその会議には、新たな国際平和機構の創設の必要性が盛り込まれた前記モスクワ宣言の署名国である、イギリス、ソ連、及び中国の代表を招待したことを明らかにした。[48] 米国を含む当時の主要な四大国が招待されたことは、当然ながら、新国際機構が大国主導で創設され、大国に有利な地位が与えられるであろうことを容易に想像させた。それを証明するかのように、ニューヨーク・タイムズは、ダンバートン・オークス会議が開催されるほぼ一週間前の八月十五日に、ソ連がすべての加盟国に平等の発言権を与えるのではなく、四大国に支配権を与える構想を提案したと報道した。[49]

この報道に対し、デューイは翌十六日に、彼の外交顧問であったダレスの助言に従い、次のように述べてその大国主義的性格を厳しく批判した。すなわち、ダンバートン・オークス会議では、「参加四か国の強制力に他のすべての国を従属させようと計画されており」、新国際機構は「泥沼の権力政治」体制を意味し、「非道徳」且つ「最も下品な帝国主義」である。新国際機構においては小国へのより多くの配慮が必要であり、「大国、小国を問わず、すべての国家の平等な権利が保証されねばならない」と。[50]

戦後構想の検討を超党派的なアプローチによって進め、大統領選挙の争点にすべきではないという考え方に立っていたハルは、デューイからこのような厳しく挑戦的な批判を受けると、翌八月十七日に直ちに記者会見を開催し、デューイの批判は「まったく、且つ完全に根拠のない」ものであると反論するとともに、ダンバートン・オークス会議では小国の利益が守られること、及び国際機構創設の最終決定はすべての連合国が参加する国際会議で行われることを表明した。そして最後に記者の質問に答え、国際機構について「超党派的精神」で話し合うためにデューイがワシントンを訪れることを歓迎するとの意思を明らかにした。[51]

これに対し、デューイは十八日にハルに電報を打ち、ハルの超党派的協議に賛成であること、及びデューイの代わりに彼の外交顧問であるダレスをハルとの協議のために派遣することを伝えた。[52] 一方ハルもローズヴェルトの同意を得て、ダレスとの協議に賛成する旨の返答をデューイに送った。[53]

こうして、瞬く間に政府（民主党）の外交責任者と共和党の大統領候補者の指名を獲得して同党の事実上の党首となったデューイの代理人であるダレス外交顧問との会談がセットされた。言うまでもなくこれは、民主、共和両党の外交の最高責任者の会談と認識されるべき会談であった。いずれにしても、このようにしてハル・ダレス会談は一九四四年八月二十三日に始まり、当初の予想を超えて三日間に亘る二十五日まで行なわれた。[54]

ハル・ダレス会談では、結論から言えば、両者とも国際機構創設問題を超党派で進めることでほぼ合意に達し、八月二十五日には、デューイの若干の修正意見を容れてハルとダレス両者が署名した共同声明が、共同記者会見の場で発表された。その共同声明では、ハルとダレスは、国際機構創設の問題は「政治的争点から完全に除外し、超党派的課題として」取り組むことで合意したと謳われたのである。[55]

この合意は、改めて述べるまでもなく、ハルにとっては、主として党派的な思惑のために実現を妨げられたウィルソンの悪夢の再現を回避することができたことを意味しており、以後、戦後構想は米国独自の草案作りから四か国による草案作りの場、すなわちダンバートン・オークス会議へと移行することになるのである。

なお、このハル・ダレス合意の一方の立役者はダレスであった。彼はデューイの使者として、ハル国務長官との会談を成功に導いたと言ってよいであろう。会談におけるダレスの活躍は、[56] これ以後数年に亘って、ダレスに超党派外交の代表者としての名を与えることになったと言っても過言ではないであろう。彼はこの後、民主党政権下において、すでに述べたように、サンフランシスコにおける国際連合創設のための国際会議にアメリカ代表団の事実上の主席顧問として参加した。また、国連が創設されると、一九四六年一月にロンドンで開催された第一回国連総会アメリカ代表団に加わり、さらに一九四五年九月（ロンドン）、一九四七年三月（モスクワ）、同年十一月（ロンドン）、一九四九年五月（パリ）にそれぞれ開催された各外相会議に国務長官顧問として参加、一九五一年には対日特使として対日講和条約の作成に当たるなど、一九五三年に共和党アイゼンハワー政権の国務長官に就任するまでの数年間に亘り、民主党政権への超党派的協力を行ったのである。

第三章　戦後構想に向けた各種草案とダンバートン・オークス提案
――地域主義の復活と普遍主義との相克――

第一節　米国試案と地域主義

(1) 内外政治状況の変化と戦後構想の進展

第二章で述べた通り、ハル国務長官は普遍的国際機構を創設する上で障害となる恐れがある問題を一九四三年から四四年にかけて克服し、以後、主として彼の考え方に従って戦後構想を推進することになる。すなわち、すでに述べたように、ハルは国務次官のウェルズとの軋轢から、最終的には彼を一九四三年八月に更迭するが、実際には、すでに同年一月末にウェルズが就いていた政治小委員会や国際機構特別小委員会の議長の職を解くとともに、彼が関係したそれまでの検討の成果を棚上げした。さらに、ハルはウェルズの後を襲って一月には政治小委員会の議長に就任するとともに、[1]四三年八月には、国務省の中に、ウィルソン主義的国際主義者で、彼が信頼するパスヴォルスキーを長とする草案作成グループを結成し、ほぼ一年間、非公式アジェンダ・グループとして、ダンバートン・オークス会議[2]に米国案として提案される国際機構草案を検討させた。

なお、国務省の国際機構課課長の地位にあって、戦後外交政策諮問委員会事務局長を務め、後（一九四九年）に、戦後計画の全容をまとめた *Postwar Foreign Policy Preparation, 1939-1945*（戦後対外政策計画）を執筆したノッター

(Harley A. Notter) によれば、この非公式アジェンダ・グループは一九四三年十二月には「非公式政治アジェンダ・グループ」と呼ばれ、さらに、翌年六月には、前章でも記したように、「国際機構グループ」と名称変更を行うが、その活動も一か月足らずで終わるとともに、これらグループの構成メンバーはほとんど変わらないまま、その後八月二十一日から開催されるダンバートン・オークス会議の約一週間前に、それらメンバーと国務省や軍部から新たに加わった高官等によって、アメリカ代表団が「米国グループ」として組織されることとなる。このグループの代表者は形式的にはハル国務長官であったが、実際の議論を率いたのはステティニアス国務次官であり、実質的リーダーは、前章の脚注で一部紹介したように、ハル国務長官の特別顧問を務めるパスヴォルスキーであった(3)。

この「米国グループ」の主要な母体である、いわゆるアジェンダ・グループの活動は、これまでにも直接、間接に言及したように、一九四三年に入るとより活発化することになる。その理由として、戦後構想を具体的に推進するための二つの環境の変化を指摘することができるであろう。

第一は、第二章でも若干言及したが、第二次大戦の戦局の変化である。すなわち、一九四三年に移るとヨーロッパ戦線においては、前年に始まったスターリングラードの戦いにおいて二月にドイツ軍が降伏し、同時に当然ながら、ソ連による攻勢がいっそう強まった。さらに九月にはイタリアが降伏する。この流れは、周知の通り、翌四四年六月のノルマンディー上陸作戦へと続くと言ってよい。他方、太平洋戦線においても、その勝敗の転換点になったとも言われる西太平洋ソロモン諸島のガダルカナル島を巡る日米間の半年近くの戦いにおいて、日本軍は敗北を喫し、二月には撤退を余儀なくされた。これも翌年のサイパン島での日本軍の全滅、さらには四五年の硫黄島玉砕、本土空襲へとつながる日本の敗北であった。このように、第二次大戦が連合国側に有利に展開するようになったことは米国を中心とする連合国が進める戦後構想計画を後押しする要因となったことは言うまでもないであろう。

さらにもう一つの変化として、米国内外のいくつかの政治的条件の変化、乃至進展を指摘することができる。それらは、第一に、すでに言及した通り、四三年九月七日、ミシガン州のマキナック島で開催されたマキナック会議に集った、元来孤立主義的傾向が強い共和党の指導者たちが、戦後、米国が国際機構に参加することを支持したこと、第二は、前章でも言及したように、その二週間後の九月二十一日に、米国下院が、下院議員のジェームズ・フルブライト（筆者注：フルブライトは一九四五年からは上院議員に転身した。）提案の「米国は世界の諸国家間に公正かつ恒久的な平和を確立し維持するのに十分な力を持った適切な国際機関を創設すること、及び米国がそれに参加することに賛成する」との決議案を採択したことである。(4)（筆者注：この決議案は上院でも採択された同一決議 concurrent resolution であった。）さらに第三の変化、乃至進展として、この決議に続いて、十一月五日に、上院がコナリー上院議員提案のいわゆるコナリー決議案を議決した（筆者注：これも前章で一部言及した）ことを挙げることができる。この決議では「米国は、憲法の手続きに従って行動し、侵略を防止し、世界の平和を維持する力を持った国際機関の創設と維持に自由な主権国家とともに参加する。」また「上院は、すべての平和愛好国家の主権平等の原則に基づき、普遍的国際機構を実現可能な最も早い時期に創設する必要性を容認する」と謳われたのである。(5) 実は、この時期の米国の政治状況、特に議会における政党の勢力図は、一九四一年十二月の日本の真珠湾攻撃による米国の第二次大戦への参戦の影響で、与党である民主党は、一九四二年の中間選挙では、上下両院とも共和党を上回ったものの、両院とも大幅に議席数を減らし、例えば下院では、前回一九四〇年の選挙結果である二六七議席から二二二議席に激減（因みに共和党は二〇九議席であった。）しただけでなく、その一般得票率では共和党五〇・七％を下回る四七％に落ち込んだ。他方、上院の議席数は非改選議席を含めて共和党の三七議席に対し民主党は五八議席であったが共和党が一九三八年時点の二三議席から大幅に増加させたのに対し、民主党は逆に六九議席から大幅に減少させた。(6) これらのことは、それがすべてではないとしても、共和党が、上述のように、言わば建前として国際主義に方向転換したにもかかわらず、国民の間には依然として孤立主義的傾向が根強く残っていることを示すものであったと言ってよいであろう。

しかしそれにもかかわらず、上記マキナック宣言や二つの決議の採択は、四三年に入って、第二次大戦が終結した後には米国も参加する国際の平和と安全のための国際協力機構を創設するというハルを中心とする政府の主張が超党派的な支持を獲得しつつあったことも示していたと言ってよいであろう。

このような米国における政治状況の変化、特に国際機構の創設に対する共和党を含む米国議会の超党派的支持を背景にしてハル国務長官はモスクワ外相会議に赴いたのである。そして外相会談の結果、「実現可能な最も早い時期」に新国際機構を創設する必要性を強調するモスクワ宣言が出されたことは前章で言及した通りである。

こうして戦後構想を進める環境が整う中で、上記の非公式アジェンダ・グループによる国際機構創設のための検討が四三年十二月から本格的に開始され、ほぼ七か月、五段階の時期に分けて行われることとなる。その間、以下のように、新国際機構のための草案が作成されては修正され、七月には最終草案、すなわち米国試案が出来上がるのである。⑺

そうして、同じ十二月の二十一日から二十三日の間に最初の草案、すなわち「国際の平和と安全の維持のための国際機構の創設のための実現可能な計画案」、通称「実現可能な計画案」(Possible Plan)（筆者注：以下、「計画案」と表記する）が作成された。それは四つの章（一．機能及び目的　二．構造及び権限　三．執行理事会　四．総会）からなり、内容は大略以下の通りであった。⑻

新国際機構の主要な機能及び目的は、第一は、もし必要なら、武力によって平和と安全を確立し、維持すること、第二は一般的福祉の漸進的向上のために国家間の協力努力を育成することである。新国際機構には、執行理事会、総会、及び国際司法裁判所を置く。執行理事会は米国、英国、ソ連、及び中国（中華民国）の四つの常任理事国と他の理事国から成る。総会の原加盟国は、すべての連合国、及びそれらと連携した諸国によって構成される。（以下詳細は省略）

このように、最初の草案では、連合国の中の大国を中心として平和と安全を維持するような普遍的国際機構の創設が想定されていたと言ってよい。この草案は、その後ほぼ数か月をかけて検討が加えられ、四四年四月にはそれまでの「計画案」では密封されていた地域機構に関する記述が加えられ、四四年七月には後に掲げるような、ダンバートン・オークス会議に米国案として提出する米国試案が完成するのである。

ところで、この「計画案」のほぼ七か月にわたるさらなる検討は前記の通り、全体で五つの時期に分けて行われた。そしてその間、この「計画案」の検討に当たっては、草案作成メンバーに加え、適宜、軍部の代表者、議会関係者、それにその他組織からの顧問等が参加したが、特に議会関係者の参加に関して超党派的考慮が払われたことは言うまでもない。その一例として、一九四四年六月二十二日に行われたハル国務長官といわゆるB_2H_2グループとの会談を挙げることができる。これは上下両院の議員たちとの会談の一環として行われたもので、会談参加上院議員の頭文字（筆者注：Joseph H. Ball, Harold H. Burton いずれも共和党議員；Lister Hill, Carl A. Hatch いずれも民主党議員）をとってそう呼ばれたものである[9]。なお、第二章で言及したことであるが、四四年の大統領選挙戦と戦後構想問題をめぐって、ハル国務長官と共和党の大統領候補者トーマス・デューイの代理であるダレスが超党派的会談を行うのは、このほぼ二か月後のことである。

またそれらに加えて特記すべきことは、一九四四年四月二十日から七月八日にかけて行われた第五番目の検討段階において、とりわけ、安全保障体制の問題、表決方法の問題、及び地域機構問題、さらには米国の新国際機構への参加問題等が話し合われたことである[10]。これらはいずれも新国際機構の重要課題の一つであったが、特に本書のテーマと密接に関連する問題である地域機構問題について、再びノッターによれば、五月二日の上院議員との会議において、四月二十九日付の「計画案」[11]が配布されたが、それは従来のものとは異なり、より具体的、且つより詳細な案が示されていた。そして同会議では、特に従来とは異なる重要な問題として、地域主義の問題や米州諸国との協議、さらには新国際機構が創設された場合の米州諸国体制への影響の大きさ等の問題についての議論が行われたのである。[12] ここで明らかなように、一九四四年の四月になって、次章で述べるように、米国ローズヴェルト政権の善隣友好政策の下で結束を強めつつあった米州諸国と検討が行われつつある新国際機構との関係が議論されるようになり、いったん克服されたはずの地域主義の問題が、別の形で[13] 再び注目されるようになったと言ってよいであろう。

なお、上記四月二十九日付の「計画案」の概要（全体の章の構成）は次に示した通り、そのタイトルは「普遍的国際機構のための実現可能な計画案」という新しい名称に微調整され、全体の構成は一一章に拡大されていた。また上記の地域主義、乃至地域機構に関しては、第一章、及び第四章の中で言及されていた。[14] ここでは、「計画案」全体の構成と地域主義に関する規定案を略述する。

まず全体の構成は、一部準備中の章を含め以下の通りであった。

普遍的国際機構のための実現可能な計画案

第一章　国際機構の普遍的性格
第二章　総会
第三章　執行理事会
第四章　紛争の平和的解決
第五章　国際司法裁判所
第六章　平和に対する脅威、又は平和の侵害、及びそれに対する敬意ある行動の決定
第七章　軍備及び軍隊の規制

第八章　経済的及び社会的協力（但し準備中）
第九章　領土的信託統治体制（但し準備中）
第一〇章　一般管理及び事務局
第一一章　設立手続き（但し準備中）

本計画案の全体の枠組みは右の通りであるが、すでに言及したように、本計画案では地域主義的要素が新しく追加されたところに従来案とは異なる特徴があった。すなわち、第一章の「国際機構の一般的性格」の項は、A節：国際機構の性格、B節：目的、C節：手段、D節：主要機関　の四項目に分けられ、そのうちA節はさらに以下に記したように五つの項目に分けられ、その第四項目目が地域機構に関連した規定（案）であった。それに加えて、第四章の「紛争の平和的解決」においても地域機構の役割について言及された。

A節：国際機構の性格

(1)　一九四三年十月三十日にモスクワで調印された四か国宣言において打ち出された平和と安全を確立し、維持するための普遍的国際機構は、主権国家及び平和愛好国家間の自由な意思によって合意された協力の原則に基づいて設立されねばならない。当該国際機構は大国、小国を問わずすべての国家に開放されたものでなければならず、性質上世界的な規模のものでなければならない。

(2)　連合国、及び連合国と連携した国家、さらには連合国が決定する他の国家は当該国際機構の原加盟国を構成せねばならない。

(3)　当該国際機構は、いかなる国家もこの国際機構の基本的な協定書に書かれた目的に反するような方法で国際関係において軍事力を保持し行使することは許されず、或いは、当該国際機構によってとられた予防的、あるいは強制行動に反するいかなる国家に対しても援助を与えることは許されないとの原則を効果的にする権限を与えられねばならない。

(4)　当該国際機構は、その目的と矛盾しないような地域機構、或いはその他の機関の存在を可能とし、及びそのような地域機構や機関が、地域的対応に適切な平和と安全の問題に関し、自らの判断、或いは当該国際機構の指示に基づいて機能を果たすことができるよう組織されねばならない。普遍的国際機構は地域機構によってとられた平和と安全の問題に関する行動については常に通報されねばならない。

(5)　当該国際機構は、経済、及びその他の活動領域における完全な協力体制を構築しなければならない。[15]

また、第四章の「紛争の平和的解決」の項においても、解決方法として列挙された全一一項目のうちの第三項で、「もし可能な場合には、地域機構、或いは他の機関は地方、或いは地域の紛争を調整し、或いは解決するために利用されねばならない。」と規定され、いずれも地域機構に一定の役割を与えようとした。

以上、最初の「計画案」には含まれていなかった地域機構に関する規定を新たに加えた新国際機構案が米州諸国の動向を念頭に置きながら作成されるが、この案は、さらに二か月余りを費やして、経済的及び社会的諸制度の詳細化、非自治地域に関する規定、及びそれに加えて安全保障に関わる地域機構の行動とその手続きなどについて集中的に検討が加えられ、七月六日には、八月後半から開催が予定されているダンバートン・オークス会議における米国案として最終的に確定し、七月十八日には米国以外の英ソ中主要三連合国に送付されることとなるのである。[16]改めて述べるまでもないが、七月六日の米国案の確定によって、国際の平和と安全のための普遍的な戦後構想に関する米国の政策の基本的枠組みが完成されたと言うことができるであろう。

以上のような経過を経て作成された米国案は、「普遍的国際機構のための米国試案」（United States Tentative Proposals for a General International Organization）とのタイトル（以下「米国試案」乃至「試案」と表記する）で、四月末に作成された上記の「計画案」と同じく全一一章から構成されていた。[17] もちろん両者は同じものではなく、「計画案」では第八、九、一一章は未完成であったし、上の三つの問題等について再検討が行われ、特に本書の中心テーマでもある地域機構と安全保障に関する点について言えば、次により詳しく検討するように、「計画案」と比較すると「試案」の方が、より積極的に地域機構の役割を評価していた。[18]

そこで次に、後の国連憲章第五十一条、すなわち集団的自衛権や該規定の重要な設定理由の一つとなった地域機構や地域主義に関連する問題について、先ず「米国試案」ではどのように規定化されていたかを概観し、次いで第二節では、それが送付された他の三主要連合国が作成した試案、乃至それに対する見解、さらに第三節では、ダンバートン・オークス会議で最終的に合意されたダンバートン・オークス提案ではどのような検討が加えられ、どのような修正が行われたのか、或いは行われなかったのか等について検討することとする。

(2)　米国試案

「米国試案」では、まず戦後構想についての一般原則、基本姿勢等が提案された後、上記のように、既に克服されたはずの地域主義、具体的には地域機構について、それを重要項目の一つとして検討し、条件付きながら好意的な姿勢を示していることに注目すべきであろう。すなわち「試案」は、第二章で言及したデューイの批判にも耐えられるように、次のような三つの基本的立場について確認した後、地域機構についても言及した。「試案」に見られる三つの基本的立場とは次の通りである。すなわち、

第一は、創設さる国際機構は普遍的性格を有し、大小を問わずすべての平和愛好国家に開放された世界的規模の組織

である。

第二は、当該国際機構の目的は、平和と安全を維持し、且つそのために必要な安定や福祉の諸条件を整えることである。

第三は、いかなる国家も当該国際機構の目的に矛盾するような形で、国際関係において武力を行使することが許されないようにする。(19)

このような基本的な考えを示した後で、「米国試案」は地域機構について次のように述べて、一定の条件の下における地域機構の役割を肯定的に評価したのである。すなわち、

当該国際機構はその目的と矛盾しないような地域機構、或いはその他の機関、或いは政策の存在を可能とし、及びそのような地域機構や機関が、地域的な対応が適切な平和と安全の問題に関し、自らの判断、或いは当該国際機構の指示に基づいて機能を果たすことができるよう組織されねばならない。

当該国際機構は、地域的な手続きによる対応が可能な紛争の解決のために地域機構を利用することを奨励しなければならない。

可能な場合には、地域機構、或いはその他の機関は、地域的論争を調整し、解決するために利用されねばならない(20)、と。

「米国試案」に盛り込まれた地域機構に関する上記のような構想は、地域機構と国際機構との関係が必ずしも明確に示されてはいないものの、地域主義を明確に批判してきたハルにとっては必ずしも好ましいものではなかったと言ってよいであろう。この「試案」は、ダンバートン・オークス会議の他の参加国、すなわち英国、ソ連、及び中

国にそれぞれ送付され、それら諸国の検討にも委ねられることになるが、[21]『国連憲章の歴史』の著者、ラッセル（Ruth B. Russell）によれば、ハルは、その中で、特に強制措置のために地域機構を利用する可能性を強調する英国の提案には明確に反対するとともに、彼の意を汲んだ米国グループは、地域機構と国際機構との関係に関する米国の立場を十分に再検討し、国務省の初期の決定を踏まえた次のような一般的な認識に到達することになる。[22]すなわちそれらは、

第一に、効果的な軍事的強制システムにとって大国の結束は不可欠である、
第二に、世界平和の保護者としての「執行理事会」は、最終的には、いかなる地域機構の権威にも勝る権威を持たねばならない、
第三に、大国が関与しない紛争における強制措置は、もし大国の暗黙の合意があれば単純で決定的である、
第四に、もし大国が分裂した場合には、地域的行動が成功するケースから、いかなる行動もとられないケースまでの範囲内で事態が展開することが予想される、
第五に、大国は、その個々の安全保障地域の範囲内では、危機的な国際情勢に対応するための軍事力の行使について、必然的に支配的な発言権を持つ、
第六に、地域的安全保障機構は、絶対的ではないとしても、各地域で発生する国際情勢に対する管轄権を持つ、
第七に、地域的強制措置は普遍的国際機構の目的と矛盾しない目的のために行なわれる、
第八に、「執行理事会」は地域機構がとった行動について、十分に通報されねばならないし、そうした行動が理事会の目的に合致しているかどうかを決定する権限をもつ、
第九に、理事会は、自発的に、或いは訴えに基づいて行動し、また可能な場合には、強制措置のために地域機構を利用する、
最後に、地域機構と普遍的機構の間の密接な連携は効果的な強制措置にとって不可欠である、

といった内容であった。

これらに見られるように、かつて否定されたはずの地域主義的アプローチは再び議論の対象として登場する。しかも、それと普遍的国際機構との関係は必ずしも明確化されてはいないが、安全保障機能に関しては、地域機構に対する普遍的国際機構の優越性が示されていると言ってよいであろう。いずれにしても、そのより具体的な結論は四か国によるダンバートン・オークス会議まで先延ばしされることになるのである。

第二節　英国試案と中国試案、及びソ連の反応

米国試案が一九四四年七月六日に作成されると、それは、すでに述べたように、同月十八日には、来たるべきダンバートン・オークス会議への参加国、すなわち英国、ソ連、及び中国（中華民国）の三主要連合国に送付され、それぞれの検討に付されることになる。各国による検討は、ダンバートン・オークス会議開催日（八月二十一日）を相前後して行われ、ソ連を除く英中両国からはそれぞれの試案が示されることになる。国連憲章草案は、それらを基本的なたたき台とする約一か月半にわたるダンバートン・オークス会議の議論を経て作成され、ダンバートン・オークス提案として提案されることになるのである。

そこでここでは、各国で作成された試案を、特に地域主義に関連する側面に焦点を当てて検討することとする。

(1)　英国試案

米国試案については、上記の通りであるが、それに対し、英国は、前に述べたように、当初から、戦後の平和と安全の維持のためには地域主義的アプローチが望ましいと考えていた。例えば、パスヴォルスキーによれば、英国

首相チャーチルは、一九四三年一月にイタリア上陸作戦等の協議のためにローズヴェルトとの間で行われたカサブランカ会談[23]の後で、戦後構想の性格についての彼の考えを明らかにした。すなわち彼の基本的な考え方は、ヨーロッパと極東、及び西半球に三つの地域機構を創設し、それらが世界的規模の国際機構の三つの柱を構成するというものであった。[24]もっとも英国関係者がすべてチャーチルと考え方を共有していたわけではなかった。例えば、駐英バックネル（Howard Bucknell, Jr.）米代理大使によると、イーデン（Anthony Eden）外相は、一九四四年五月には、英国にも戦後構想についていくつかの見解があると指摘するとともに、チャーチルの地域主義に反して、まず中心になるような国際機構を創設し、それが強固に確立された後に地域機構の設立を進めるべきであると主張した。また、それに付け加えてイーデン外相は、バックネルによれば、五月一日から十六日まで開催された英国とカナダ、オーストラリア、ニュージーランド及び南ア連邦との英連邦首脳会議において、英連邦諸国は彼の考え方を支持したと述べた。[25]

しかし結局、英国は、一九四四年七月二十二日、安全保障に関連して、どちらかと言うと地域主義的な色彩の濃い普遍的国際機構のための英国試案を作成することになる。[26]すなわち、試案は、先ず、国際的な安全保障体制の構築という目的のために、世界を、「世界理事会」の統制の下で、侵略を防止する軍事力を持つ確固とした地域に分割すべきであるという見解には相当の支持があると主張するとともに、軍事的観点からは、分割された地域を基礎に建設される世界機構に対し、ある種の反対があると指摘する。その上で、こうした地域機構の利点として試案は三点を挙げる。すなわち第一は、「地域的政治機構」は小国に対し、安全保障に対してより直接的な関心をもたせ、さらに安全保障措置に協力的にさせることによって四大国の負担を軽減することができること、第二は、地域機構は、当該地域の国家による政治的、及び軍事的行動の効率性を高める可能性があること、そして第三は、地域機構は、その配属軍事参謀を通して関係国間の軍事協力を容易にすることができることであった。結論として試案は、安全保障上、世界が地理的に固定化された地域に分割されることは、ある種の軍事的困難を惹起するが、もし、国際機構の一部門として「地域的政治理事会」が設立されるなら、それは「軍事顧問要員」を保有することになり、それらを通して地域間協力は促進されることになると極めて楽観的な見解を示している。(27) このように英国試案では、地域協力の可能性に期待するなど、米国試案と比べても、地域機構に対しかなり高い評価が与えられたと言ってよいであろう。

もちろん、すでに述べたように、ハル国務長官は、地域機構に関する英国思案には、チャーチルの地域主義に反対した時と同じ理由で反対であったし、ダンバートン・オークス会談が始まると、この英国の地域主義も若干トーンダウンする。すなわち、一九四四年九月七日付けのステティニアス国務次官の覚書によれば、英国は、一六日目（筆者注：ダンバートン・オークス会議は上記の通り八月二十一日に始まった）の会談で、「執行理事会」による軍事行動の決定に、地域機構は大いに役立つと主張しつつ、他方で、地域機構が政治的機能を持つことには賛成しないとの見解を示し、(28) 地域主義に対する立場を若干後退させた。

ハルを最高責任者とする米国グループは、これに対し、再度米国試案における地域機構と新国際機構との関係を再検討するとともに、次章で検討するような、当時の米州諸国の国際政治状況を踏まえた結束の動きを考慮し、さらには新国際機構が戦争終結後に結成を目指している米州諸国の地位に脅威を与えることのないよう配慮し、前記のような一〇項目にわたる認識を示した。(29)

(2)　中国試案

ところで米英以外のダンバートン・オークス会議参加国である中国やソ連の地域主義に対する見解はどのようなものであったであろうか。

結論から言えば、中国も、米英両国それぞれの試案には特に反対はしなかった。ただ、ダンバートン・オークス会議が開催された後の八月二十三日に示された中国試案では、地域機構は、次に示すように、どちらかと言うと抑制的に論じられた。

(a)　同一地域に属する当該国際機構加盟国は、国家間の協力と平和的な関係を推進するために、地域機構を自発的に結成してもよい。

(b)　地域機構の目的は国際機構の補助的役割を果たすことであり、いかなる場合にも国際機構の憲章規定に反してはならない。

(c)　地域機構は国際機構の支配下に置かれ、且つ毎年年次活動報告を当該国際機構総会に提出しなければならない。

(d)　地域的性格をもつ国際問題は地域機構によって取り扱われてもよいが、地域機構によってとられた措置に満足できないいかなる関係国も、その事件を再検討のために執行理事会や総会に提起することができる。

(e)　地域機構は、侵略や制裁に関連する問題について決定する権限をもたない。また地域機構の構造や規約は、地域的条件に従い、当該国際機構総会の承認の下で、関係国によって形成される。[30]

このように、中国試案では、概して地域機構の国際機構への従属性が強調された。中国は、すべての地域機構は国際機構の目的に沿って行動しなければならず、且つそれは「安全保障理事会」の承認を得なければならないと主張したが、それに拘泥することはなく米英による調整案を承認したのである。この中国の主張に対して、米国は、後に示すダンバートン・オークス提案第Ⅷ章C節に定められた内容とは異なり、この段階では、地域機構は、それらがとった行動を「安全保障理事会」に常に通報することで十分であると考えていた。[31]

(3) ソ連の対応

英国や中国と比較し、ソ連は、国際機構への議席数の問題[32]などを抱えていたこともあって、地域主義の問題にはあまり関心を示さなかったと言ってよい。それは、前もって配布された米国試案に対するソ連からの文書には、地域主義に対していかなる見解も示されていなかったことに現れていた。[33]より正確に言えば、ソ連は八月十二日付けの覚書をステティニアスに送付し、その中で、新国際機構は先の一九四三年十月三十日のモスクワ宣言の原則に基づいて結成されるべきこと、及びその目的、設置されるべき主要機関等について述べた後に、地域機構問題に関してはさらなる検討が必要であるとの見解を明らかにしていた。[34]その結果、ソ連は、ダンバートン・オークス会議の第二日目の八月二十二日には、地域機構の問題について、ソ連も加わる小委員会において検討を行うという点に関し合意に至るが、[35]米英ソ会談が終局に近づいた九月十九日に行われた会談においても、ソ連はその合意にはこだわらず、先に合意された上記留保条件さえ取り消した。[36]これは、当時のソ連が上記、議席数の問題に加え、ヨーロッパ戦線の最終局面を迎えて様々な混乱に直面していたこと、特に戦後構想、とりわけ戦後の安全保障問題に関して言えば、敵国ドイツの再侵略をいかにして防止するかということ、いわゆる旧敵国条項により強い関心があったためと思われる。現にソ連は、九月十九日に行われた米英ソ会談で、戦後「旧敵国」に対してとられる行動は、安全保障理事会の許可を必要としないという条項に言及したのである。[37]後に検討するように、一九四五年に開催された国連創設のためのサンフランシスコ国際会議において、集団的自衛権を二国間同盟にも適用すべきであるとの主張を行ったフランスに対し、ドイツからの侵略に対抗するためフランスやポーランド等と同盟を結んでいたソ連も同調することになるが、それは結局、同盟は、いわゆる旧敵国に対するもののみが認められるという、いわゆる旧敵国条項として国連憲章に設定されることとなったのである。いずれにしても、以上のように、ソ連は他の三か国と比較すると地域機構への関心はそれほど高くはなかった。

第三節　ダンバートン・オークス提案と地域的取極

(1) ダンバートン・オークス会議

国連憲章草案の作成のために、米国、実際にはハル国務長官の要請により[38]、ワシントンD・C・で開催されたダンバートン・オークス会議は、一九四四年八月二十一日に開幕し、ほぼ七週間後の十月七日に閉幕する長期間の会議であった。この会議は、すでに述べたように、第二次大戦の連合国による勝利に向けて、主要な役割を果たしつつあった米国、英国、ソ連、及び中国（中華民国）の四か国が、戦後の国際平和と安全を維持するための恒久的な国際機構を創設するための草案を作成するために開かれたものであった。なお、周知のように、現在は安全保障理事会の常任理事国であるフランスは、当時、連合国によるノルマンディー上陸作戦によって、漸くドイツの支配から解放されようとしていたところであり、とても四大国の席に列せられる状況にはなかったが、ダンバートン・オークスにおける八月二十八日の会議においては、仮に新国際機構が創設される時までにフランス（臨時政府）が連合国によって正式に承認されていない場合でも常任理事国の地位を同国に与えることが合意された[39]。

このダンバートン・オークス会議は上記のように四か国によって行われたが、実際の会議は四か国が一堂に会して行われたのではなく、三か国ずつ二段階に分けて開催された。すなわち、第一は、ソヴィエト・フェイズ（Soviet Phase）と呼ばれ、米国、英国、及びソ連の間で八月二十一日から九月二十八日にかけて行なわれた。また第二は、中国フェイズ（Chinese Phase）とも呼ばれ、九月二十九日から十月七日まで、米国、英国、及び中国の間で行なわれた[40]。このように同会議が二つに分けて行なわれたのは、当時、ソ連と日本が日ソ中立条約を結んでいたことを理由として、ソ連が日本と交戦国の関係にあった中国との会議を拒否したためであった[41]。この会議の全体の議長はステティニアス国務次官が務めることになったが、会議自体は、高度な技術的な問題や本国政府の意向を確認する必要性のある問題が含まれていたため、時々開かれる記者発表等を除くと、基本的には非公開で行われた[42]。

ダンバートン・オークス会議はこうして二段階のプロセスという異例な形で行われたが、そこでは、それまでに参加国によって作成された試案（すでに言及したように、作成時期や形式は必ずしも一様ではなかったが）をたたき台として議論されるとともに、とりわけ米国試案が最終的に集約される草案の基本的枠組みの中心的位置を占めた[43]。実際には、第一フェイズの最終日九月二十八日に参加三か国によって調印された草案がそのまま第二フェイズ参加三か国によって承認された[44]。こうして、この会議の終了日の十月七日には後の国連憲章の草案となるダンバートン・オークス提案が作成され、翌々日の九日に公表された。

(2)　ダンバートン・オークス提案と第Ⅷ章A、B、C節

正式には「普遍的国際機構の創設のための提案」"Proposals for the Establishment of a General International Organization"[45]と呼ばれるダンバートン・オークス提案では、まず最初に前文で「国際連合」という名称の新国際機構を創設することが謳われ[46]、次いでその目的、及び原則が第一、第二章で述べられた。因みに、具体的には、すでにみた米国の「計画案」や米国試案と基本的には変わらず、目的としては、集団的措置によって国際の平和と安全を維持すること、さらには平和的手段によって国際紛争を解決すること、また原則としては、主権平等の原則とすべての平和愛好国家に開放されること等が規定された。そして全体の構成も米国試案に類似したものであった。

ただ、ラッセルも指摘したように、それらは、必ずしも「全連合国による会議において直ちに議論の基礎として使われるような正式の四か国による合意ではなかった」[47]し、安保理事会の表決方式、すなわち常任理事国の拒否権の問題や国連創設会議に招聘される国の範囲等の重要な問題は決定が先送りされた。それと同時に、一応の結論に

達したものの、状況によっては修正の余地を残した問題も含まれていた。その代表的なものが地域機構に関する問題であった。

地域主義、具体的には地域機構を普遍的新国際機構の中でどのように評価し位置づけるかは、ハル国務長官の重要な関心事であったことは前にも言及した通りであるが、結論的に言えば、ダンバートン・オークス提案の段階では、当初ハル国務長官が期待したような地域主義の完全な克服はならなかった。すなわち、地域主義に対する一定の理解は示されると同時に、普遍主義的アプローチの地域主義的アプローチに対する優越性が示されることとなったと言ってよいであろう。それは次に見るように、ダンバートン・オークス提案第八章のC節の第二項において「安全保障理事会の許可」という文言が挿入されたことによってかなり明確となったからである。

ダンバートン・オークス提案では、第八章として「侵略の防止及び抑制を含む国際の平和と安全の維持のための取極」に関する規定が置かれ、それはさらに、A節：紛争の平和的解決、B節：平和に対する脅威、或いは侵略行動、及び侵略に関連する行動の決定、及びC節：地域的取極、として具体的に定められたのである(48)。そしてこのC節は上記米英案を基礎としてまとめられたものであったが、結論から言えば、米国試案が中国案を取り入れながら地域主義がより重視された結果となったと言ってよいであろう。

ここでは、地域主義的アプローチに関係があり、後に集団的自衛権との関係で直接的に議論になるC節（言うまでもなく、それは国連憲章第八章の地域的取極や新しく設定される憲章第五十一条と密接に関連する）を先ず紹介し、次いで、それらとも関連する国連憲章の第六章（紛争の平和的解決）、及び第七章（平和に対する脅威、平和の破壊及び侵略行為に関する行動）の規定に多くが移行するA節、及びB節についてその内容をここで紹介しておくこととする。

第八章　侵略の防止及び抑制を含む国際の平和と安全の維持のための取極

C節　地域的取極

第一項　この憲章のいかなる規定も、国際の平和及び安全の維持に関する事項で地域的行動に適当なものを処理するための地域的取極又は地域的機関が存在することを、もしそのような取極又は機関、及びそれらの行動がこの国際機構の目的及び原則に一致するものであれば、妨げるものではない。安全保障理事会は、地方的紛争を、関係国の発案に基づくか又は安全保障理事会の指示に基づき前記の地域的取極又は地域的機関を通して解決することを奨励しなければならない。

第二項　安全保障理事会は、その権威の下における強制行動のために、適当な場合には、前記の地域的取極又は地域的機関を利用しなければならない。しかし、いかなる強制行動も、安全保障理事会の許可がなければ、地域的取極又は地域的機関によってとられてはならない。

第三項　安全保障理事会は、国際の平和及び安全の維持のために地域的取極又は地域的機関によって開始され又は企図されている活動について、常に充分に通報されていなければならない。(49)

以上、このC節は、上述のように、憲章第五十一条の集団的自衛権の創設と密接に関連しており、後の章で再度取り上げることとなるが、A節、B節も間接的に関わりがあるので、以下に日本語に訳して付記することとする。

A節　紛争の平和的解決(50)

第一項　安全保障理事会は、紛争の継続が国際の平和と安全の維持にとって危険であるかどうかを決定するために、国際紛争に発展し、或いは紛争を引き起こすかも知れないいかなる紛争、或いはいかなる状況をも調査する権限を与えられねばならない。

第二項　いかなる国家も、それが当該国際機構の加盟国であるかどうかを問わず、そのようないかなる紛争、或いは状況について、総会、或いは安全保障理事会に注意を喚起することができる。

第三項　紛争の継続により、国際の平和と安全の維持を危険に晒すかも知れないいかなる紛争の当事者も、まず第一に交渉、調停、懐柔、仲裁、或いは司法的解決、或いは彼ら自身の選択による他の平和的手段によって解決を模索する義務がある。安全保障理事会は、そのような手段によって紛争を解決するよう当事者に要求しなければならない。

第四項　もし、それにもかかわらず、前項で言及したような性質を持つ紛争の当事者が、前項で示したような手段によってそれを解決することに失敗した場合には、それらは、安全保障理事会にその解決を委ねる義務がある。安全保障理事会は、各々の場合において、それぞれの紛争の継続が、実際に国際の平和と安全の維持にとって危険となるのかどうか、及び、したがって、安全保障理事会がその紛争を処理すべきかどうか、そしてもしそうであるなら、安全保障理事会は第五項に従って行動を起こすべきか否かを決定する。

第五項　安全保障理事会は、上記第三項で言及した性質を持ついかなる紛争のどの段階においても、適切な手続き、或いは調整方法を勧告する権限を与えられねばならない。

第六項　裁判に付せられるべき紛争は、通常は、国際司法裁判所に委ねられるべきである。安全保障理事会は、他の紛争と関連する法的問題や助言のために、法廷に委ねる権限を与えられねばならない。

第七項　A節の第一項から第六項までの規定は、国際法上、もっぱら関係国の国内管轄権内にある事項から生ずる状況や紛争に適用されるべきではない。

B節　平和に対する脅威、或いは侵略行為及びそれに関する行為の決定(51)

第一項　もし安全保障理事会がA節の第三項に示された手続きに従って、或いはA節第五項に基づいて行われた勧告に従って紛争を解決できなかった場合、その失敗は国際の平和と安全の維持に対する脅威となると考えるならば、安全保障理事会は、この国際機構の目的と原則に従って、国際の平和と安全の維持のために必要ないかなる手段をもとらねばならない。

第二項　概して言えば、安全保障理事会は、平和に対する脅威、平和の破壊、或いは侵略行動の存在のいかなるものも決定し、平和と安全を維持或いは回復するためにとるべき手段を勧告乃至決定しなければならない。

第三項　安全保障理事会は、その決定を有効にするために、軍事力の使用を含まないどのような外交上、経済上の手段、或いは他の手段をとるかを決定し、そのような手段を適用するよう国際機構の加盟国に要求する権限を与えられねばならない。そのような手段には、鉄道、海運、航路、郵便、電報、無線電信、及びその他のコミュニケーション手段の完全な、或いは部分的な遮断、さらには外交、経済関係の断絶が含まれる。

第四項　もし安全保障理事会が、そのような手段では不十分であると考えた場合には、安全保障理事会は国際の平和と安全の維持と回復のために必要な陸、海、空軍による行動をとれるような権限を与えられねばならない。そのような行動には、当該国際機構加盟国の陸、海、空軍による示威、封鎖、及び他の活動が含まれる。

第五項　当該国際機構のすべての加盟国は国際の平和と安全の維持に貢献するため、安全保障理事会の要請に応じて、且つ特別協定に従って、国際の平和と安全を維持するために必要な軍事力、便益及び援助を安全保障理事会が利用できるように保証すべきである。そのような協定は、提供される軍事力の数や種類、及び便益や援助の性質等を決定する。特別協定の締結のために、できるだけ早く交渉を行うべきであり、且つ各々の場合に、それは安全保障理事会の承認を得、さらに署名各国の憲法上の手続きに従って批准されなければならない。

第六項　当該国際機構による緊急の軍事的措置を可能とするために、加盟国が緊急に利用できる合同国際強制行動のための空軍緊急部隊を保持するべきである。この緊急部隊の強度と準備の程度及びその合同行動のための計画は、上記第五項で言及した特別協定において規定された制限の範囲内で、軍事参謀委員会の助言を得て安全保障理事会が決定する。

第七項　国際の平和と安全を維持するための安全保障理事会の決定を実現するために要求される行動は、当該国際機構の全加盟国の協力によって、或いは安全保障理事会が決定する幾つかの国によって行われる。この仕事は当該機構の加盟国によって、加盟国自らの行動及び適切に特化された組織を通じて実行される。

第八項　軍事力の適用計画は、次の第九項で言及されている軍事参謀委員会の助言を得て安全保障理事会によって作成される。

第九項　軍事参謀委員会を創設する。軍事参謀委員会の機能は、国際の平和と安全の維持のための安全保障理事会に対する軍事的要求、安全保障理事会の裁量で配置される軍隊の雇用と指揮、軍備規制、及び軍縮の蓋然性等に関するすべての問題について、安全保障理事会に助言を与え支援を行う。それは、安全保障理事会の下で、安全保障理事会の裁量によって配置されるすべての軍隊の戦略的指令に対して責任を負う。軍事参謀委員会は安全保障理事会の常任理事国の陸軍参謀長、或いはその代表によって構成される。軍事参謀委員会に代表を送っていない該機構のいかなる加盟国も、同委員会の責任を有効に履行するために、そのような国の同委員会への参加を要請されたときは、同委員会に協力するために同委員会によって招聘される。軍隊の指揮に関する疑問は続いて解決される。

第一〇項　該機構の加盟国は安全保障理事会によって決定された措置を遂行するために、相互に協力して援助を提供しなければならない。

第一一項　安全保障知事会によって決定された措置の遂行から生ずる特別な経済問題に直面していると認識したいかなる国家も、それが当該機構の加盟国であるか否かを問わず、それらの問題の解決に関連して安全保障理事会と相談をする権利がある。

ダンバートン・オークス提案は、このようにして一九四四年十月九日に発表されたが、同じ十月九日のハルの声明に示されているように、それはダンバートン・オークス会議参加四か国が全会一致して合意したものであったにかかわらず、「完全なものでも最終的なものでもなかった。[52]」前にも記したように、それには、幾つかの解決すべき問題が残されていたのである。地域主義と普遍的集団主義の問題に関しては、上記のように、一応の結論が出されたが、国際連合が創設される一九四五年になって、この問題はより深刻な問題として再び顕在化することになる。それは中南米諸国による地域主義的アプローチと本第八章C節第二項との衝突であった。そのことは、ダンバートン・オークス提案が公表された直後に表明されたローズヴェルト大統領やステティニアス国務次官のコメントにも示唆されていた。

すなわち、ローズヴェルトは一九四四年十月十二日のコロンブス記念日にホワイトハウスで行った演説において、

「米州諸国の人々や政府がその創設に助力している連合国による国際機構の枠組みの中で、米州のシステムは強力で重要な役割を果たすことができるし果たさねばならない」と述べるとともに、「ダンバートン・オークスで米代表団を率いたハル国務長官やステティニアス国務次官は国際機構の創設のための国際会議の前に、米国は、善隣諸国とさらなる意見交換を行うだろう」と述べている。[53] また、同じコロンブス記念日にワシントンD・C・のブレア・ハウスで開催された米州諸国からの外交使節団の歓迎会において、ステティニアス国務次官は、次のような挨拶をし、米州諸国の結束の必要性を強調するとともに、新国際機構との間の利害の調整の必要性を指摘した。すなわち彼は、新国際機構の普遍主義と地域主義との問題に間接的に言及し、それがほぼ半年後に開催されるサンフランシスコ国際会議における懸案事項の一つとなることを示唆した。

「米州諸国各国は……すべての米州諸国の協力関係及び貢献が平和的、且つ安定的な世界秩序の形成を可能にすると常に心にとめてきた。……また、米州諸国はダンバートン・オークス提案における地域機構への言及に特別な関心を払ってきた。安全保障理事会は、地域の紛争は、新国際機構の目的と矛盾しない形で地域機構によって解決することを奨励することが期待されている。このことは、米州諸国の立場と責任を高めることになるであろう。……ダンバートン・オークス会議で作成された勧告は、単に提案に過ぎない。……我々は、提案された国際機構と米州諸国の相互の利害問題について議論する機会を持たねばならない。[54]」

なお、ステティニアスはこの挨拶の冒頭で、本来なら、ハル国務長官が挨拶すべきところ、ステティニアス国務次官が挨拶することになったと述べているが、[55] 序章でも言及したように、ハル国務長官は体調を理由として、この年の十一月末には国務長官を辞職し、代わってステティニアスが国務長官に昇格することとなる。

第四章　チャプルテペック協定と地域主義
——中南米諸国の挑戦——

前章で言及したように、平和と安全、すなわち安全保障に関連して、普遍的な国際機構と地域機構との権限関係をどう位置付けるかはダンバートン・オークス提案の重要課題の一つであった。同提案では、戦争と平和の問題については、基本的には構想中の国際機構に全般的な権限を与えるものの、地域機構にも、もしそれが全体の枠組みの中に統合化され、国際機構の目的に沿って行動するなら、その存在と機能を認めるとされた。ただダンバートン・オークス提案は、地域機構に地域紛争の主体的解決を奨励しながら、最終的には安全保障理事会に優越的地位を与えるものであった。

他方、その提案に対して提起された重要な問題の一つが、中南米諸国による地域主義的アプローチによる挑戦、すなわち、一九四五年三月に米州諸国によって開催されたメキシコシティー会議において採択された、地域主義的色彩の濃いチャプルテペック（Chapultepec）協定であった。

第一節　チャプルテペック協定とその概要

チャプルテペック協定は、米州諸国体制を強化し、ダンバートン・オークス提案で提示された国際機構との関係を検討するために、サンフランシスコ会議の直前の一九四五年二月二十一日から三月八日にかけてメキシコ・シティで開催された「戦争と平和の問題に関する米州諸国会議」において採択された[1]。このチャプルテペック協定は、実はメキシコ・シティ会議で採択された約六〇に及ぶ決議のうちの一つで、具体的には「相互援助及び米州諸国の結束に関する宣言」と呼ばれ、六つの宣言と勧告から成っていた。その宣言と勧告を併せて公式にはチャプルテペック協定と呼ばれる[2]。

以下では、紛争、具体的には米州諸国に対する武力攻撃に対する集団的措置、すなわち地域的集団防衛の考え方が示されたチャプルテペック協定の一部を確認し、それが生み出されるに至ったF・ローズヴェルト大統領以降の米国と中南米諸国の関係を概観する。少なくともこの時期におけるアルゼンチンを除く米州諸国の緊密な関係は集団的自衛権の概念やその創設に大きな影響を与えたと思われるからである。

チャプルテペック協定は次のように宣言する。すなわち「領土の保全、或いは領土の不可侵に対するあらゆる攻撃、或いは米州諸国の主権或いは政治的独立に対するあらゆる攻撃も……この宣言に署名したそれ以外のすべての国家に対する侵略行為と看做される。」（宣言三）（筆者注：この宣言は、後述するように、一九四〇年の七月にキューバの首都ハバナで開催された第二回米州諸国外相会議において採択されたハバナ宣言[3]で初めて謳われた地域的集団安全保障的な考え方、すなわち「米州のどの一国……に対するいかなる非米州諸国からの攻撃も……この宣言に署名したすべての国家に対する攻撃と看做す」との考え方をそのまま反映させたものであった。）また、「侵略行為が発生した場合には……、この宣言に署名した国は、とるべき措置について合意を得るために協議を行う。」（宣言四）それに加えて同協定は、とるべき措置について、「外交の断絶や……経済の断交」等の非軍事的措置だけでなく、「侵略を防止、或いは撃退するための武力の行使」（宣言五）を認めている。ただ、その一方で、同協定は、協定の最後で、西半球における地域機構の設立を勧告するとともに、それが新国際機構の目的や原則と矛盾しないようにすべきであると勧告した[4]。

以上のように、チャプルテペック協定は普遍的な国際機構の枠組みの範囲内との条件付きながら、地域的集団防衛的色彩の強い安全保障体制を米州諸国に導入しようとするものであったと言うことができる。周知のように一九四七年にはこれを基礎として米州機構の法的基礎となる前記、全米相互援助条約（リオ条約）が調印されるのである。このリオ条約は第一章でも示したように、国連憲章第五十一条の集団的自衛権を根拠として米国が結成したいくつかの地域的集団防衛機構の最初の協定であった。すなわち、このリオ条約はチャプルテペック協定を受け継ぎ、米州諸国のどの一国に対しても武力攻撃があった場合には、安全保障理事会がその侵略を止めさせるための効果的な措置をとるまでの間、それに対抗するための支援を行うことは、すべての米州諸国の義務であると規定したのである。(5)

ところで米州諸国のチャプルテペック協定に現れた協力関係は一〇年以上に亘る米国、特にローズヴェルト政権の中南米政策の成果であった。そこで以下では、ローズヴェルト政権の中南米政策と米州諸国による集団防衛体制構築への動きについて概観する。

第二節　米国と米州諸国会議

一九三〇年代、米国は、中南米諸国に対してそれまでとってきた半ば「介入主義的」(6)乃至「帝国主義的」(7)政策を転換してそれら諸国の反米主義的感情を和らげるとともに、(8)主権平等の原則を基礎とする善隣友好政策を積極的に進めることによって、中南米諸国の結束を強め、当時台頭しつつあった枢軸側の侵略に対抗しようとしていた。(9)特にヨーロッパにおいてナチス・ドイツおよびファシスト・イタリアの侵略の危険が増大し、その影響が中南米諸国に及ぶ恐れが強まると、ヒトラー政権とほぼ同時期に誕生した米国のローズヴェルト政権はいっそう活発な中南米政策を展開することになるのである。

すなわち、一九三三年に始まるドイツにおけるナチス・ドイツの拡大は米国とヨーロッパ大陸との関係にまったく新しい状況を惹起したと言っても過言ではなかった。なぜなら米国は「その歴史上初めて、ヨーロッパからの現実的な挑戦に直面することになった」[10]からである。もっとも「その挑戦は、軍事的な侵略というものではなく、破壊活動、イデオロギー戦争、厳しい経済競争、及び政治的共感と同盟等の挑戦」であり、しかも「その争いの舞台は、多くの国に広大なドイツ人居住区があり……長期にわたって反米主義的な伝統のある中南米諸国であった。」[11]

このような状況の下、ローズヴェルト大統領とハル国務長官は、前記の通り、中南米諸国に対し善隣友好政策を推し進めるとともに、中南米諸国の結束の強化を、主として以下に記す何回かの中南米諸国会議を通して模索した。この間米国は、もちろん公的には、脚注（8）で記したように、モンロー・ドクトリンの拡大解釈、すなわちローズヴェルトの系論を否定していたが、モンロー・ドクトリンそのもの、或いは「それに隠された意味」[12]等は多かれ少なかれ維持されてきたと言ってよいであろう。しかしその一方で、米国と中南米諸国との関係は一九三〇年代から四〇年代にかけて改善され、この時期、すなわちローズヴェルト政権期には、両者の政治的・経済的、さらには軍事的結びつきの強化を目的とするいわゆるパン・アメリカ主義が著しく進展し、その帰結として、周知のように、一九四八年には米州機構（ＯＡＳ）が設立されることになる。この地域機構結成の過程において一九四五年三月に締結された前記チャプルテペック協定こそ、同年四月からほぼ二か月に亘ってサンフランシスコで開催された普遍主義的国際機構たる国際連合創設のための国際会議において解決されねばならない問題を提起したものであった。

チャプルテペック協定は、前記のように中南米諸国の地域的な結束を示すものであったが、それはローズヴェルト政権下において進められた善隣友好政策が実を結んだものであったと言うことができ、より具体的には、上記のように、数回に亘って開催された中南米諸国会議が契機になったと言ってよいであろう。そこで以下ではそれら中南米諸国会議、及びそれらを通じて中南米諸国が結束を強化する過程について略述しておきたい。

すでに脚注（9）で言及したように、一九三三年に就任した米国ローズヴェルト大統領は、三月四日に行われた大統領就任演説において、フーバー前大統領時代に採用された善隣友好政策を米国の基本的な対外政策として推進することを表明した。もっともその演説の一節、すなわち「対外政策の分野においては……私はわが国を善隣友好政策にささげたい[13]」からは、ローズヴェルト政権発足時のそれが、必ずしも直接中南米諸国に向けられたものではなく、やや曖昧、且つ一般的な考え方を表明したものであるとの印象を払拭しがたいが、彼はすでに大統領になる四年余り前の一九二八年の夏にフォーリン・アフェアズ誌に寄稿し[14]、「中南米諸国の内政問題に対する米国の単独介入に終止符を打つべきである」と述べるとともに、「米国はいかなる場合でも隣国の国内問題への専横的な介入を放棄すべき」であり、たとえ、幾つかの中南米諸国の混乱を終息させるために介入が必要になったとしても、米国は「単独ではなく」「他の米州諸国との共同行動」として、換言すれば「米州諸国の名において」それを行うべきであると述べ、中南米諸国に対する米国の単独介入を執拗に否定した[15]。彼独特の比喩によれば、今や対中南米政策の「新しい章を始めるための機は熟した」のであった[16]。

この米国の中南米政策の転換の必要性についてはハル国務長官も強く認識していた。彼によれば、彼は国務長官に就任する遥か以前から「中南米諸国との接し方の原則」は「内政不干渉の原則」に「厳正に忠実」でなければならないと考えており、米国は「中南米諸国に対する内政干渉の権利を維持する限り、彼らの真の友人には決してなることができない」と考えていた[17]。こうした基本的考え方に立脚して、彼は一九三二年の大統領選挙における民主党の綱領の作成に関与し、その一項目として「他国への内政不干渉」及び「モンロー・ドクトリンの精神を維持するための西半球諸国との協力[18]」を盛り込んだのである。

ハルによれば、ローズヴェルト大統領はそれらについてハルの考えに完全に同意し、以後数年間、両者は同じ方針の下に中南米政策を進めることとなった[19]。

(1) 第七回米州諸国会議（モンテヴィデオ）

このようにして、米国の中南米諸国に対する内政不干渉という流れはローズヴェルト政権下で頂点に達することになる。それを決定的にしたのは、ローズヴェルトが大統領に就任した一九三三年の十二月にウルグアイの首都モンテヴィデオで開催された第七回中南米諸国会議[20]において、画期的な協定、すなわち「国家の権利義務に関するモンテヴィデオ協定[21]」が全会一致で採択されたことであった。このいわゆる「モンテヴィデオ協定」第八条では「いかなる国も、他国の内政または対外政策に介入する権利を有しない」と規定され、それによって米国は、「ローズヴェルトの系論」以来のほぼ三〇年にわたる介入主義的中南米政策を改めて公式に否定することとなったのである[22]。このことは、それまでモンロー・ドクトリンの理念とその「系論」により、米国が当該地域の秩序形成に単独で支配的な影響力を及ぼしてきた外交政策を修正し、初めて中南米諸国との間の言わば主権平等の原則を認めたことを意味していただけでなく、中南米諸国の米国に対する相対的地位がより高まり、それら諸国の主体的な参加による多国間協調主義的な意識が中南米諸国の間に強まったことを意味していたと言ってよいであろう。

以上のような経過を踏まえて米国と中南米諸国との関係は改善されることになり、モンテヴィデオ協定は後の中南米地域における集団防衛体制構築の第一歩となったと言っても過言ではないほど米州諸国関係の中で重要な位置を占めるものであったが、該協定では、他国への内政及び外交政策に対する不干渉を規定した第八条の他に第十条で紛争の平和的解決、第十一条で領土の不可侵などの規定が置かれるに留まり[23]、共同防衛についてのメカニズム、すなわち集団防衛などについての考え方の具体化にはさらに何回かの会議を経る必要があった。

いずれにしても、このモンテヴィデオ会議は、もっぱら米国の中南米政策を批判する反米主義的な色彩が濃かった過去一、二回の中南米諸国会議[24]と異なり、言わば「友情の酒宴」の様相を呈するものとなった[25]。すなわち内政不干渉条項の獲得は中南米諸国政府にとって実現性の乏しい長年の悲願とも言うべき目標であっただけに、米国によるその受け入れはそれら中南米諸国にとって驚きでもあり、喜びでもあったのである。なお、このモンテヴィデオ協定の成立には上の経緯からして米国務長官ハルの貢献が極めて大きかったことは想像に難くないが、彼が早くから、中南米諸国と真の友好関係を構築するためには、米国が中南米諸国に対する内政干渉の権利を放棄しなければならないと考えていたこと、及びモンテヴィデオ会議に自ら出席する意思を示すことによって米国の善隣友好政策が真剣であることを示し、さらには、当該地域の指導的人物で、それまで米国の意図に懐疑的且つ対米批判の急先鋒であったアルゼンチンの外務大臣、カルロス・サアベドラ・ラマス（Carlos Saavedra Lamas）の協力を取り付けたことは会議が成功する重要なポイントであった。[26] ハルによれば、モンテヴィデオ会議は中南米諸国会議の歴史上初めて強力な反米連合の動きが示されなかった会議であっただけでなく、すべての中南米諸国が希求してきた団結を実現した。そしてそれは、この直後に中南米諸国にも脅威を与えることになるナチスやファシズム勢力による域外からの侵略行動に有効に対処することを可能としたと言ってよいであろう。[27]

以上、特にモンテヴィデオ会議を経て米国と中南米諸国の間の不信感は払拭され、且つ、脚注（26）に記したように、長年続いた中南米域内の深刻な紛争も解決され、当該地域の安定化が助長されたと言ってよいが、一九三〇年代の半ばに至ってファシズム勢力の侵略行動が顕著になるに従い、中南米地域の平和と安定も脅かされる懸念が生じてきた。

そこで米国は、近い将来に予想される西半球外のいかなる戦争にも巻き込まれないよう中南米諸国との協力関係をいっそう強化し、それら西半球外の世界とは異なる中南米諸国による平和的な「国家共同体」の創設を模索するため、[28] 一九三八年に開催が予定されていた第八回米州諸国会議のほぼ二年前の一九三六年に臨時の中南米諸国会議を開催することを、ローズヴェルト大統領自身が中南米各国の大統領に書簡を送ることによって提案した。[29] その結果、米国の大統領選挙が終わった直後の一九三六年十二月に、アルゼンチンの首都ブエノスアイレスで「平和を維持するためのアメリカ大陸諸国会議」が開催されることとなった。[30]

(2) 米州諸国特別会議（ブエノスアイレス）

十二月一日から二十三日にかけて開催されたブエノスアイレスにおける臨時の会議には、その重要性を強調する意味もあって、[31]再選されたばかりのローズヴェルト大統領自身が出席し、開会式の演説で、「新世界、すなわち米州諸国は、旧世界がその差し迫った崩壊を回避するのを手助けすることができるか」と問い、そのために、米州諸国は民主主義的な過程を強化し団結しなければならないと暗に訴えた。[32]さらにその演説で、彼は、「侵略者に対する米州諸国の共同行動」が必要であることを強調するとともに、「米州諸国相互の安全と幸福のために相互に協議する」ことの必要性を訴えた。[33]このようなローズヴェルト大統領の直々の会議への参加は、一九三三年の「モンテヴィデオ会議で明確になった米州諸国の調和の精神を増幅」させるとともに、これまで「米国に向けられてきた不信感」をさらに「大幅に一掃」することとなったと言ってよいであろう。比喩的に言えば、今や汎米主義は「あたかもその根を故郷の地に深く下ろすことができる段階[34]」に達したと言うことができ、そのことは、米州諸国が一つの地域機構乃至共同体に類するものを結成することができる状況に変化してきたことを意味していた。

このように米州諸国の一体感が高まる中、ブエノスアイレス会議においては、その三年前のモンテヴィデオ会議で合意された内政不干渉の原則が、米国によって無条件に受け入れられるなど、より強化された形で採択された。[35]さらにそれに加えて、ブエノスアイレス会議では、善隣友好政策の大きな構成要素であり、且つ、後の地域的集団安全保障体制による紛争処理方式につながる極めて重要な原則が採択された。すなわち、米国と中南米諸国は、同会議で採択された「平和の維持、保全、及び再建のための協定」において、米州諸国間、或いはそれ以外の国の間で、西半球の平和にとって脅威となるような戦争の脅威が発生した場合には、どのような政策を採用するかについて互いに協議することに同意したのである。[36] このことは、若干飛躍があるとは言え、「モンロー・ドクトリンの大陸化」と言われたように、[37] モンロー・ドクトリンが米州諸国全体に共有される原則となったことを意味していたと言ってよいと思われる。すなわちそこにはモンロー・ドクトリンへの言及はなかったものの、上記の原則は、これ以降、ヨーロッパ、或いはアジアからの米州諸国の平和や独立に対するいかなる脅威も、米州諸国のいずれかの国、或いは米州諸国全体に影響を与えるものであり、したがって共同で協議することを正当化すると宣言したことを意味していたのである。それは、米国の伝統的な覇権的行動に対するアルゼンチン等による根強い不信感は依然として残っていたものの、少なくとも米州諸国の表向きの一体化をさらに促進することとなったと言ってよいであろう。

ただそれにもかかわらず、ブエノスアイレス会議で得られた協議に関する合意には、その具体的な方法等についての言及がなく、他方でファシズム勢力による国際秩序と平和に対する挑戦がすでに始まりつつあった。

(3) 第八回米州諸国会議（リマ）

そうした状況の中で、ミュンヘン会談直後の一九三八年十二月に、ペルーの首都リマにおいて、第八回米州諸国会議が開催された。[38] 同会議では、欧州やアジアからの脅威にどのように対応するかについて、米国とアルゼンチン等との間で見解の相違が見られたが、[39] 十二月二十四日には妥協案として協議の原則を実行に移す仕組みを示したリマ宣言が、具体性に乏しいものではあったが、採択された。すなわち同宣言では、まず「米州諸国の結束とその基礎にある諸原則を協力して維持する」こと、及び「米州諸国に脅威となるすべての外国からの干渉に対抗して米州諸国を守るとの決意」を再確認するとともに、「米州諸国の平和と安全、或いは領土保全に対するいかなる脅威もすべての米州諸国の関心事」であると認識し、「そのような脅威に対抗するための方策について協議する」ために、「各国の外務大臣は、米州諸国のどの一国からの要求があった場合にも直ちに会合を開催すべきである」と謳われた。[40]

この言わば緊急に招集される外相会議は、これまで中南米各国の首都でほぼ定期的、且つ順繰りに開催されてきたいわゆる米州諸国会議に比べると公的性格は薄く、したがって、この外相間の協議は上記の通り、正式には「会議conference」ではなく「会合meeting」と呼ばれた。(41)

第三節　第二次大戦と米州諸国会議

以上のように、米国は枢軸側の侵略の脅威に対抗するために、一九三〇年代には、善隣友好政策によって、米州諸国の結束を図る努力を重ねてきた。その結果、第二次世界大戦が勃発する直前には、米州諸国間にこれまでに先例がないほど、「外部からの危険に対応するための共同戦線(42)」が構築され、それとともに米州諸国間の結束も強化されてきた。もっとも、アルゼンチンでは後に大統領になるファン・ペロン(Juan Perón)など軍人を中心に枢軸側に同情的な勢力が影響力を高めつつあり、その枢軸との関係を含め、アルゼンチンが第二次大戦を通して、米国の中南米政策の展開に厄介な存在であったことは後にも言及する通りである。(43)

(1)　第一回米州諸国外相会議（パナマ）

一九三九年九月一日にヨーロッパで第二次大戦が始まると、それまでローズヴェルト政権が追求してきた善隣友好と米州諸国の結束という考えは、より現実性を帯びることとなり、これまで以上に重要な課題と認識されるようになる。そうした認識を基礎に、米州諸国は、先のブエノスアイレス及びリマ宣言に従って、新たな事態に対応するための緊急協議を行うために、同じ九月二十三日から十月三日にかけてパナマにおいて第一回の外相会議を開催した。(44)その最終日に採択されたパナマ宣言(45)において米州諸国は、全会一致で西半球諸国の中立を宣言するとともに、米州諸国の安全を守るために米州諸国の周辺海域に安全保障領域、乃至中立領域を設定して該海域における戦闘行動を禁じた。(46)

こうしてパナマ外相会議では、「迅速性と全会一致」が求められたが、その目的は一応達成されたと言ってよいであろう。と言うのも、これまでの米州諸国会議において「常にわが道を行き、南米の代表者として特別な地位を保持しようとしてきた」アルゼンチンも、西半球への侵略の脅威が現実味を増した事態を前に、米州諸国の安全と平和の確保という「共通の大義」の推進に熱心であったからである。(47)

その後、一九四〇年に年が改まると、ドイツの電撃作戦によって五月にはオランダとベルギーが降伏を余儀なくされ、さらに六月から七月にかけてフランスがドイツの軍門に下ると、多くの米州諸国は、ドイツが「西半球におけるオランダやフランスの属領」を占拠し、それらを「軍事基地として利用」することによって侵略を中南米地域に拡大することを懸念した。(48)

このような事態の悪化に対し、西半球の防衛が米国自身の防衛にとって不可欠とも言える米国では、それらの所領が枢軸側、特にナチスの支配に陥らないようにし、予想される枢軸側の攻撃から全西半球を防衛することが喫緊の外交課題となった。

その課題への対応策として米国では、まず議会が一九四〇年の六月三日に上下両院の合同決議案を提出し、六月十七日に上院が全会一致で、十八日には下院が圧倒的多数で可決した。(49)その合同決議では、「米国は、西半球のいかなる地域も、ある非米州国家から他の非米州国家へ移転することを認めず、また移転しようとするいかなる企ても黙認しない」との決意、すなわち長い間モンロー・ドクトリンと結び付けられてきた「非移転の原則」（筆者注：移転禁止の原則、主権の移転禁止原則）(50)が示され、「もしそのような移転、乃至移転の企てが生じた場合には、米国は米州の共通の利益を守るためにどのような方策を取るべきかを決定するために、直ちに他の米州諸国と協議を行う」と謳われた。[51]上院の議論においては、決議中の「非米州国家」が友好国であった場合にも該決議が適用されるかについての疑義も提起されたが、その時点ではあり得ないとの見方が多数を占めた。[52]いずれにしても、この合同決議、すなわち、中南米地域に新たな侵略者の侵入を許さないために米州諸国が相互に協議するとの決意表明を中南米諸国は概ね肯定的に評価した。

(2) 第二回米州諸国外相会議（ハバナ）

上下両院による上記合同決議の採択に加え、米国のハル国務長官は、政治状況の新展開に対応するため、第二回米州諸国外相会議の開催を提案するが、それは同じ一九四〇年の七月二十一日から三十日にかけてキューバの首都ハバナで開催された。

このハバナ会議では、「ヨーロッパ列強が西半球に保有する所領の地位はすべての米州諸国にとって深い関心のある問題である」との認識が示されるとともに、上記の合同決議に沿って、ヨーロッパ諸国が保有する植民地及び属領の暫定的な管理に関する協定が採択され、且つそれを実行に移すための「緊急委員会の創設」に関するハバナ決議も採択されたが、[53]実際には、ヨーロッパ列強の所領に対するドイツの侵略は行われなかったので、それらが機能することはなかった。

これらに加えて、ハバナ会議では、「米州諸国の防衛のための相互援助と相互協力に関する宣言」[54]が採択された。このいわゆるハバナ宣言は、米州諸国の結束と安全の確保に関連して新たな見方、すなわち集団安全保障的な考え方を米州諸国に適用させようとしている点で、非常に画期的であった。と言うのも同宣言では、「米州のどの一国の主権と政治的独立、領土の保全と不可侵に対するいかなる非米州諸国からの攻撃」も「この宣言に署名したすべての国家に対する攻撃と看做す」との考え方が明らかにされたからである。[55]ここに明らかなように、このハバナ宣言は、先に見た一九三八年の第八回米州諸国会議におけるリマ宣言と比較するとより具体的、且つ積極的に、米州諸国の結束及び安全保障に関連した認識を示したものであった。より具体的には、ハバナ宣言は、地域版の集団安全保障の考え方、すなわち地域主義的なアプローチを鮮明にした画期的な宣言であったと言うことができるであろう。

ハバナ会議は、このようにして、当初の想定以上の重要性をもつ会議となった。同時に、先に言及したように、一九三六年のブエノスアイレス会議が「モンロー・ドクトリンの大陸化」の契機になったとすれば、該会議はその実体化をいっそう進め、「モンロー・ドクトリンを中南米諸国によって初めて受け容れられる多角的政策へと変質させた」[56]と言うこともできるであろう。換言すれば、米国は同会議において、モンロー・ドクトリンを守る責任を中南米諸国と共有することとなったのである。こうして「ハバナ会議は、モンロー・ドクトリンの利用に関連して劇的な変化を刻印」することとなり、それはもはや、「米国による単なる経済的支配や帝国主義のために利用されるべきではなく」、「他の二〇か国と協力して西半球の集団安全保障のために利用されるべきである」[57]と主張されたのである。

以上概観してきたように、第二次大戦勃発後は特に、米州諸国の結束と安全保障に関する原則が、アルゼンチンのようにそれほど積極的でない国も存在したが、概して米国のリーダーシップのもとに確認されてきた。その背景として、改めて述べるまでもなく中南米諸国と米国との間の特殊な歴史的関係に加え、該地域が当時の米国にとって経済的にも政治的にもきわめて重要な地域であったことをこれまでの検討から指摘することができるであろう。

ところで、一九四一年十二月の米国に対する日本の真珠湾攻撃は、これまで米国が追求してきた米州諸国の結束の程度を計る試金石とも言える事件であった。この国際法違反とも言える宣戦布告なき攻撃に対し、ほとんどの中南米諸国はただちに米国支持を表明し、その具体的行動の態様は異なっていたものの、対枢軸宣戦布告をしたり、四十二年一月一日の連合国宣言に署名、或いはそれへの強い賛同の意思を示したり、さらには外交の断絶を行ったりするなど、アルゼンチンを除き、反枢軸の行動が示された。[58] こうした動きの中で、米国は、対枢軸対策を改めて協議するため、第三回の米州諸国外相会議を翌一九四二年の一月にリオデジャネイロで開催することを提案した。

(3) 第三回米州諸国外相会議（リオデジャネイロ）

この米国の提案によるリオデジャネイロにおける第三回米州諸国外相会議は、一九四二年一月十五日から二十八日に亘って開催された。この会議では多くの決議案が採択されたが、[59] 最も重要なものは集団安全保障という考え方に基づいて西半球を防衛する意思が明確に宣言されると同時に、枢軸側との外交の断絶が勧告されたことであった。すなわち、第一の決議である「外交関係の断絶」の中で、「米州諸国以外の国からどの米州諸国に対するいかなる侵略行為も、すべての米州諸国に対する侵略行為とみなす」という集団安全保障の基本的な考え方が米州諸国という特定地域に限定されたものではあるが、再確認され、さらに、米州諸国は、西半球に対する侵略が無くなるまで相互防衛のために完全に結束し協力するという意思が確認された。その上で、米州諸国は遅滞なく枢軸諸国と外交関係を断絶することが全会一致で勧告されたのである。[60]

この米州諸国地域における集団安全保障による平和と安全の確保という考え方が、後に国際連合の言わば地球規模の普遍的領域における集団安全保障による平和と安全という考え方に抵触することになるのであるが、それはサンフランシスコにおける国連創設会議が開催される直前に開催されたメキシコにおける米州諸国会議で採択された一つの決議、すなわち第一節で言及したチャプルテペック協定に盛り込まれることになり、その国連創設会議において解決しなければならない重要な懸案事項の一つとなったのである。また、枢軸側との外交関係の断絶については、脚注（60）で指摘した通り、チリとアルゼンチンを除いて直ちに実行に移された。因みにチリは一九四三年一月に、またアルゼンチンは一九四四年一月に断交した。[61]

第四節　チャプルテペック協定と米国の思惑
――ブレア・ハウス会議：地域主義の徹底とダンバートン・オークス提案との調整――

リオデジャネイロ会議における上記決議の採択により、米国と他の米州諸国間の協力関係はさらに強化されることになるが、他方で、第二次大戦の勃発、特に米国の参戦とともに、当然ながら米国外交の優先課題はヨーロッパやアジア太平洋に移行することとなる。その具体的な目標は、第二次大戦の勝利と平和と安定した秩序のための戦後構想であったことは改めて述べるまでもない。特に戦後構想としてダンバートン・オークス提案が一九四四年十月に作成されたことはすでに述べた。このような米国の政策転換は、もちろん第二次大戦が契機となっていたが、それとともに、それは米国が戦後世界において、世界のリーダーとして重要な役割を果たすとの自覚に基づく「米国外交の基本的な変化[62]」であることを示唆していた。

こうした国際政治状況の展開の中で、それまで、米国の外交課題の上位に位置づけられ、米国との結束の強化が図られてきた中南米諸国の米国に対する不信感が徐々に強まってくる。その契機となったものの一つが、米国主導の下、米英ソ中四か国によって作成されたダンバートン・オークス提案であった。言うまでもなく、米国は、すでに検討したように、かなり早くから、すなわち一九四二年頃から戦後構想について検討を開始していた。こうした米国の動きに対し、中南米諸国は、特にダンバートン・オークス会議、乃至ダンバートン・オークス提案に関連して、次の三つの点に疑問を感じていたとA・シュレジンジャー（Arthur M. Schlesinger, Jr.）教授は指摘する。すなわち第一に、米国は西半球の平和に関する問題について、中南米諸国と協議してきたにもかかわらず、その問題も検討されることが明白なダンバートン・オークス会談を前にして、米国は、事前に中南米諸国との協議を行わなかったこと、第二にダンバートン・オークス提案は大国中心の安全保障体制を目指しており、米州諸国会議が主権平等の原則に基礎を置いているのとは異なっていること、そして最後に、ダンバートン・オークス提案が地域的安全保障体制による紛争処理を制限していること等である(63)。

いずれにしても、当時、検討されつつある戦後の安全保障のための国際機構の問題、及びそれと米州諸国との関係については、米国、中南米諸国双方にとって重要な関心事であった。それにもかかわらず、こうした問題に関する米国を含む米州諸国の協議は、戦争の最中ということもあって、一九四二年の初めにリオデジャネイロにおいて開催された第三回外相会議以降、公式には行われてこなかった。

もっとも、より正確に言えば、ダンバートン・オークス提案は一九四四年十月九日に発表されるが、米国国務長官のハルは、その約三週間前の九月十五、十六日にワシントンでアルゼンチンを除く他の一九か国の中南米諸国の大使と会い、ダンバートン・オークス会議の進展状況を伝達していた(64)。そしてその際、ハルは、米州諸国が新しい国際機構の枠組みの中で重要な役割を果たすことを望んでいること、及び、米国はこれまでに米州諸国の間で確立された諸原則をダンバートン・オークス会議で主張したこと、さらには、米国は新しく創設される予定の国際機構の中で、すべての国家が代表を送ることができる総会の役割の増大を主張したこと等を伝えるとともに、最終的なダンバートン・オークス提案を検討するため、米国は中南米諸国と協議することを約束した。

約束された協議は、ダンバートン・オークス提案が発表された十月九日から三日後の十月十二日のコロンブス記念日に中南米諸国の使節団長をワシントンDCのブレア・ハウス Blair House に招いて行われた。そこで開催されたレセプションで、ローズヴェルト大統領は、これまで米州諸国が、米州諸国会議を通して発展させてきた諸原則を確認し、さらに新国際機構の中で、米州諸国の結束の強さを維持することの重要性を再確認するとともに、新しい国際機構と米州諸国のシステムとの矛盾についても間接的に言及し、その調整の必要性を示唆して次のように述べた[65]。

……ファシストとナチスは米州諸国を惑わし分断しようとした。彼らは海外からの宣伝だけではなく、西半球全域で活動する諜報員、スパイ、及び第五列によって分断を試みたが失敗した。……米国国民は、アメリカ大陸が枢軸国の米国に対する攻撃という背信行為によって侵略された時、他の米州諸国が、結束を守るという約束に従って行動しながら、米州の共同防衛のためにいかに結集したかということを決して忘れないであろう。……米国は一国（筆者注、アルゼンチン）を除くすべての米州諸国政府の結束を維持してきた。そしてすべての米州諸国国民は、共通の勝利を獲得する機会を共有することになるであろう。

米州諸国を善隣友好の共同体に統合する接着剤は依然として強力でなければならない。我々は、この新世界に国際安全保障及び国際協力の体制を構築するために長期に亘り誠実に働いてきたが、それを戦後の平凡な時期に浪費するためにのみそうしてきたのではない。米州諸国は、その政府と国民が創設に助力している連合国の世界的機構の枠組みの中で、強力且つ重要な役割を果たすことができるし、そうせねばならない。……

さらに、ローズヴェルトはダンバートン・オークス提案に関する米州諸国の意見交換の必要性を指摘するとともに、その調整にはハル国務長官とダンバートン・オークス提案の作成に米国代表として主要な役割を果たしたステティニアス国務次官が当たること、調整の時期は国連創設会議の前に行うこと、さらには新国際機構は第二次大戦が終結する前までに遅滞なく創設する必要性を力説した[66]。

以上のルーズヴェルトの演説に続いて、病気のためにレセプションを欠席したハルに代わって国務次官のステティニアス（一九四四年十二月一日国務長官に就任）からも米州諸国の地域主義に配慮した演説が行われた。演説の一部は以下の通りである。

ダンバートン・オークス提案に示されているように、そこでは地域機構について言及されている。安全保障理事会は、地域紛争を新国際機構の目的と一致する地域機構、或いは地域機関を通して解決することを奨励している。我々は、この結果は米州諸国の地位と責任を高めることになると信じている。米州諸国の前には、すべての平和愛好国の中で……米州諸国が協力を強化し、且つ協力に貢献する大きな機会が横たわっている。

……米州諸国が見出した強さの最大の理由は、米州諸国の共通の安全に対する脅威に対処してきた結束である。結束とそれに起因する強さは解放の部隊のための強力な武器であることを証明した。……長期に亘る実りある経験から成長してきた米州諸国システムの基礎となっている諸原則は、提案されている国際機構の活動と重要な関係がある。ダンバートン・オークスで成文化された勧告はもちろん提案に過ぎない。それらは、慎重に研究され……改善されねばならず、そのためにも新国際機構の創設に関連する相互の利害問題を議論する機会を設ける必要がある。……われわれは、それぞれの見解を十分に交換することができるワシントンで密接な連絡を維持したい。(67)

以上、ダンバートン・オークス提案が公表された直後のローズヴェルトとステティニアスの米州諸国の平和と安全の維持のためのいわゆる地域主義的な立場について、米州諸国に配慮した両者の見解をそれぞれの演説からの引用で紹介した。この段階では両者とも、これまでの米州諸国の結束の成果とその結果としての地域主義的なアプローチを一方で評価しつつ、他方で、それと新国際機構の集団安全保障の枠組みとの調整がいずれは避けられないことを示唆していたと言うべきであろう。

ブレア・ハウスにおける米州諸国と米国とのダンバートン・オークス提案を巡る非公式の会議、いわゆるブレア・ハウス会議は上記第一回会議を皮切りに一九四四年の十月から翌年の二月にかけて一〇回近く開催されるが、(68)米国と他の米州諸国の思惑の違いから、実質的成果が得られないまま、一九四五年二月二十一日から三月八日にかけて、すでに第一節で言及したように、メキシコ・シティにおいて米州諸国特別会議（戦争と平和の問題に関する米州諸国会議）

が開催されることになる。

両者の思惑の違いとは、米国には、他の連合国との公式の交渉が始まるまで、四か国によるダンバートン・オークス提案の枠組みを維持する道義的責任があったこと、そのため、米州諸国とは交渉ではなく、議論と説明のレベルで会議を留めようとしたこと、[69]さらに言えば、米国は、最終的には米州諸国にダンバートン・オークス提案への支持を期待したこと[70]等の事情があった。他方、米州諸国の事情としては、すでに述べた通り、米州諸国にはダンバートン・オークス提案をめぐって事前の相談がなかったことに対する不満があったことに加え、いわゆる地域主義の問題の存在が重要であった。すなわち、米州諸国の主要な関心事の一つに、米州諸国体制と新国際機構との間の特に安全保障にかかわる関係があった。具体的には地域の紛争を新国際機構の安全保障理事会の権限に委ねる前に地域機構で解決できるかどうかに関する問題である。すでに何回か言及してきたように、ダンバートン・オークス提案の原則からすると、世界的な平和と安全の維持が必要なところでは、地域機構は新国際機構に従属せねばならないが、多くの米州諸国政府は、明らかに、その「必要性をできるだけ狭く限定」したいと欲している。しかし安全保障の分野においては、これまで各種米州諸国会議の会談内容等の検証結果に見られる通り、一九四四年当時の「米州諸国体制は公式に制度化されたものでもないし、戦時を越えて結束したものでもな」かった。それ故、「米州諸国の安全保障体制を強化するために、」また「米州諸国の国際機構への従属の程度を減らすために」、「より多くの圧力が米州諸国から加えられる」[71]ことが期待されていたと言ってよいであろう。

いずれにしても上のような両者の思惑のギャップは具体的に調整されることがなく、二月二十一日からのメキシコ・シティにおける米州諸国会議を迎えることとなる。すでに言及したように、米州諸国は定期的に会議を開催し、善隣友好関係を深めるとともに、第二次大戦の危機が迫ると米州諸国の結束を強化してきたが、米国が戦争に参戦し、その関心がアジアやヨーロッパに移行するとともに、連合国のリーダーとしての役割を果たさなければならなくなると、米州諸国への関心も相対的に弱まり、一九四二年一月のリオデジャネイロ外相会議の後は、公式の会議は開催されなくなってしまった。こうした言わば行き詰まり状態の中で、一九四四年十二月末のブレア・ハウス会議の際、十二月一日に国務長官に就任したばかりのステティニアスは、外交チャネルを通じて米州諸国会議の開催に向けて進展があることを明らかにした(72)。同じく十二月二十日に中南米担当の初代国務次官補に任命されたネルソン・ロックフェラー（Nelson A. Rockefeller）も会議の開催を積極的に支持しただけでなく、メキシコ・シティ会議では米国代表代理として中心的な役割を果たすことになる。こうして一九四五年二月二十一日から三月八日にかけてメキシコ・シティにおいて、「戦争と平和の問題についての米州諸国会議」が開催されることとなった。

国連創設のためのサンフランシスコ国際会議直前に開催されたこのメキシコ・シティ会議において採択された協定が地域主義的集団防衛義務を法的に確認したチャプルテペック協定であった。

第五章　ダレスの基本的世界観と国際平和秩序構想

ダレスが国際連合の創設と深く関わっていたこと、より具体的には、その創設過程で当時の民主党政権に超党派的協力を行ったこと、サンフランシスコにおける国連創設のための国際会議において、米国代表団の実質的な最高顧問を務めたこと、及び集団的自衛権規定の設定にも重要な役割を果たしたことは序章で言及した。

こうしたダレスの活動については、冷戦の一方の当事国である米国の国務長官として対ソ外交を展開した彼の経歴や実績からはなかなか想像し難いし、彼の基本的な世界観や平和観を理解することなしに正しく評価することも難しい。

そこで本章では、ダレスの国連創設関連活動や集団的自衛権規定の設定への関与の理解に不可欠な彼の基本的世界観と国際平和秩序構想について、彼の著書等を手掛かりにして検討することとする。まず順序として、最初に彼の略歴、特に若年期のそれを概観しておきたい。

第一節　ダレスの自己形成史と戦後構想への関心[1]

(1)　成長環境と国際問題への誘い

一九五三年一月に成立する共和党アイゼンハワー政権の国務長官にダレスが就任したことは、改めて述べるまでもないが、これまでにしばしば言及してきたように、彼はそれ以前の一九四四年から、民主党政権の超党派外交に協力し、国際連合の創設や対日講和条約の締結等、同政権の戦後の外交政策に重要な役割を果たした。しかし国連の創設に関して言えば、本書の主題である国連憲章第五十一条の集団的自衛権規定の設定に際し、ダレスが国連創設のためのサンフランシスコ国際会議への米国代表団の顧問として重要な役割を果たしたことはあまり知られていない。

すでに序章で述べたように、ダレスは一八八八年にニューヨーク州ウォータータウンの第一長老教会牧師で神学博士のアレン・M・ダレスの長男として生まれた。母方の祖父ジョン・W・フォスターは弁護士出身の外交官で、第二三代大統領ハリソンの下で、八か月の短期間であったが国務長官を務めた。また同じく母方の叔父のロバート・ランシングも弁護士出身で、改めて述べるまでもなくウィルソン政権の国務長官であった。

ダレスはそうした家族関係の中にあって、父の下で厳格な宗教的教養を身につける一方、祖父や叔父の影響で法律の道に進むとともに国際政治にも大きな関心をもつようになった。すなわち彼は、一九〇四年に若干一六歳で東部の名門プリンストン大学に入学すると、父の影響もあって、神学者には必須とされる哲学を専攻した。しかし同時に彼は、当時プリンストン大学の学長であった後の大統領ウィルソンの下で公共政策についても学習し、第三学年になった一九〇七年には、第二回ハーグ平和国際会議に祖父とともに参加した。この会議への参加は彼にとって大変満足のいくものであり、彼の進路選択に大きな影響を与えたと言われている。[2] また翌一九〇八年には、彼は、最優秀の成績でプリンストンを卒業し、ソルボンヌ大学への一年間の留学の機会を与えられるが、留学から帰国するころには、牧師への道を進むことを断念するとともに、帰国後は、将来はいわゆる俗人教会指導者としての道に進むことについて両親を説得する一方、法律家を目指してワシントン、D・C・のジョージ・ワシントン大学ロー・スクールに入学する。彼はここでも非凡さを発揮し、通常は三年を要するコースを二年で終了、その年の一九一一年には、祖父の口添えもあって、ニューヨークのウォールストリートの対法人向け法律事務所として名声の高かったサリバン&クロムウェル（Sullivan & Cromwell）法律事務所において法律家としてのスタートを切ったのである。ダレスはこの時、若干二三歳であった。なおダレスは二年間のワシントン滞在中、祖父に連れられてワシントン政界の人々と接触する機会が多くあり、彼にとってそれは政治問題や外交への興味をいっそう掻き立てるものとなった。(3)

ダレスはこうして人生の第一歩を弁護士として踏み出すことになったが、彼の弁護士としての能力は抜群に優れており、第一次世界大戦を挟んだ極めて困難で混乱した時期に国際経済を中心とする国際法上の複雑な案件を処理し、一九三〇年代には、すでに第一級の国際弁護士としての地位を確立していた。たとえば彼は、スペイン語に通じていたこともあって、見習い弁護士としての時期を飛び越えて当初からラテン・アメリカの顧客のために能力を発揮した。その結果一九一七年の春には、当時国務長官になっていた叔父のランシングの薦めにより、パナマ、ニカラグア、コスタリカ三国をアメリカの対独宣戦布告に同調させるという国務省の秘密の使命を果たすために訪問し、見事にその難題を解決してしまった。これはダレスにとって初めての公的な仕事であったが、その成功により彼はその年、国務省の中米問題に関する特別顧問として活動した。（筆者注：この前後の経歴は脚注（1）による）

また一九一七年米国が第一次大戦に参戦すると、彼は陸軍大尉に任ぜられるが、マラリアによる弱視のためにワシントンに留まり、戦時貿易局の連絡将校となる。そして戦争が終結すると、一九一九年一月に始まったパリ講和会議にアメリカ代表団の法律顧問として若干三一歳の若さで出席することとなった。ダレスはそこで賠償委員会アメリカ代表団の法律顧問として活躍した。この賠償委員会における経験や米国におけるヴェルサイユ条約の批准を巡る党派的争いと、それによるウィルソン大統領の上院説得の失敗を目の当たりにした経験から彼は政治外交上の貴重な教訓を得ることになる。すなわち、それらの経験を通して彼は、リアリストとしての外交感覚或いは国際政治観を体得するとともに、超党派外交の必要性を強く認識することになるのである。(4) それは後の国際連合の創設過程、さらには、特使として指導的役割を果たす対日講和条約締結過程等に生かされることになるであろう。

ただダレスは、第一次世界大戦が終了するとサリバン&クロムウェルに戻り、その後の一〇年余りをヨーロッパを中心とする国際投資・経済問題専門の弁護士として活動し、ウォール街きっての有能な国際弁護士としての名声を獲得するとともに、一九二六年には、若干三八歳の若さでサリバン&クロムウェルの共同経営者の地位にまで登り詰めることになった。

このように一九二〇年代から三〇年代にかけてのダレスは、弁護士業務に専念することになるが、一九三〇年代後半のヨーロッパにおいて戦争の危機が迫り、国際連盟を中核とする国際秩序の枠組みが急速に崩れ始めると、キリスト教会における活動や執筆活動を通して新たな国際機構の創設の必要性を説き、それに向けて活発な啓発宣伝活動を展開することになる。(5) すなわち一九三九年には、彼の重要なモチーフである「平和的変更」を主要なテーマとする『戦争、平和、および変革』(6) を著すとともに、米国連邦キリスト教会評議会が一九四〇年末に設立した「公正且つ永続的な平和に関する委員会」(Commission on a Just and Durable Peace) の委員長として、三年余りの間、同委員会を通して戦後国際秩序の問題に関与し、一九四三年三月には、国際機構の設立の必要性を説く、「平和の六支柱」(7) を発表した。この「六支柱」が発表されると、新聞やラジオ等の多くのメディアがそれを注目し、報道したばかりでなく、ダレス自身もその宣伝活動を積極的に行い、国際機構創設に対する支持の獲得のために奔走した。その一環として、三月二十六日にはホワイトハウスにローズベルト大統領を訪ねて国際機構の創設の必要性を訴え、さらに四四年の大統領選挙を控えた共和党に対しても、「六支柱」を同党の戦後政策の基礎として採択するよう働きかけた。(8)

このようにして、「六支柱」の発表は、ダレスが戦後国際秩序構想に関して指導的立場に立っていることを意味していた。またそれに加えて、すでに述べた通り、彼が共和党の有力な大統領候補者であるデューイの外交顧問であったこと等により、この時期までにダレスは、外交・国際問題に関して、党の内外から極めて重要な人物と目されるようになっていたと言っても過言ではないであろう。そしてローズヴェルト大統領にも感銘を与えたこの「六支柱」は、同年十月に戦後構想等を話し合うために開催されたモスクワ外相会議、および翌四四年夏の国連憲章の検討のためのダンバートン・オークス会議の開催に向けて大きな誘因となったと言うことができるであろう。因みにダレスは、モスクワ外相会議においてモスクワ宣言が発表されると、アメリカの代表者であったハル国務長官に書簡を送り、「モスクワ宣言は平和の六支柱によって構想されている国際秩序の実現に向けたすばらしい一歩である」との認識を示してそれを高く評価した。[9][10]

(2)　楽観論の挫折と新たな思索

改めて述べるまでもなく、一九三〇年代前半の国際環境は、第一次大戦後二〇年代を支配した国際平和に対する楽観的な見方を一挙に覆すものとなった。一九三〇年代のダレスは、第一次大戦後の国際平和の枠組みを提供するはずであった国際連盟の問題点に言及しながら、国際社会における諸勢力間の諸利益の衝突を、戦争によってではなく、いわゆる「平和的変更」を可能とするような枠組みを準備することによって調整しようとする平和構想や国際政治観を展開する。それらは第二次大戦の危機が迫り来る一九三〇年代半ばから後半に至る数年間に集中的に示されたもので、人間の本性から戦争の原因を探り、その廃止の方法を構想する、言わば哲学的な平和観であり、後に強く見られる冷戦思考の呪縛からは自由な且つ道徳的に中立的な平和観であると言ってよい。冷戦が終焉したと言われる今日、こうした平和観はダレス理解の出発点として改めて確認しておく必要があると思われる。[11]

さて、一九二九年に始まる世界恐慌は、言うまでもなく、アメリカを中心とする経済的繁栄やワシントン会議、不戦条約に象徴される国際協調ムードが持続的なものではないことを世界に明らかにした。即ち、一九三〇年代前半にはドイツでヒトラー（Adolf Hitler）が政権を獲得するとともにヴェルサイユ体制に挑戦を開始する。またイタリアではファシスト政権のムッソリーニ（Benito Mussolini）がエチオピアを侵略しようとしていたし、アジアでは日本が中国への侵略を既に始めていた。このようにして一九二〇年代の国際秩序は三〇年代に入って再び軍事力によって破壊されようとしていた。

ダレスは、ヴェルサイユ会議に賠償委員会アメリカ代表部の法律顧問として参加した経験や金融・経済を専門とする国際弁護士としての活動（前記の通り、一九二六年には三八歳の若さでウォール街のアメリカ有数の法律事務所であったサリヴァン・クロムウェルの事実上の最高責任者の地位に就いた）等を通して、国際政治における経済の役割の重要性を十分認識していたが、大恐慌とそれに続くヨーロッパやアジアにおける情勢の悪化にともない、再び国際秩序を揺るがすような戦争が惹起される危険性を敏感に感じ取っていた。前項で見たように、国務長官を経験した祖父のジョン・W・フォスターや叔父のロバート・ランシングの影響もあって国際政治問題に早くから深い関心を持ち、ヴェルサイユ講和会議だけでなく第二回ハーグ平和会議にも出席した体験を持つ彼は、[12]以上のような戦争への気配が強く感じられるなか、一九三四年から三九年に至る五年ほどの間に、戦争と平和についての思索、特に戦争をいかにしたら回避することができるかといった問題及び戦争の原因等についての思索に没頭する。

その思索の結果生み出された著作や論考は多岐に亘るが、ここでは以下の二点について簡単に紹介しておきたい。即ち第一は、一九三五年十月アトランティック・マンスリー（Atlantic Monthly）誌に発表された「平和への道」（The Road to Peace）と題する小論である。この小論でダレスは、「世界は再び戦争に向かって進んでいる」との認識を示すとともに、平和を守るということは「変化を防止」することではなく、「変化の不可避性」を認め、それを平和的に行わしめることであると論じた。[13]その方法、あるいはそのための国際的枠組みといった点については必ずしも明確には提案されていないが、本章の第四節で検討するように「平和的変化」、乃至「平和的変更」というテーマは一貫してダレスの平和構想の核心に位置づけられるものであった。なおこの小論は、翌一九三六年三月、彼の母校であるプリンストン大学において行われた「国際社会における平和的変更」(Peaceful Change within the Society of Nations)と題する講演の基礎になったものでもあった。これは前年、「平和への道」に対して各界から寄せられた概ね好意的な反響[14]の一つとして同大学からそれを基礎にした講演を要請されたものであり、その中で彼は、通貨の安定や関税障壁の撤廃等によって経済交流を拡大することが平和にとって重要であることを特に指摘した。[15]第二に挙げるべきものはダレスの最初の著書で一九三九年の初めに出版された『戦争、平和および変化』(*War, Peace and Change*)である。これは戦争と平和についてのほぼ四年に亘る思索の集大成とも言えるもので、ダレスによれば、「一九一九年のパリ講和会議以来の多くの思索と研究の成果」[16]であった。彼は同書で、新たな世界戦争への強い危惧を表明するとともに、「総力戦」へと変化した今世紀の戦争においては社会全体が「悲惨な舞台」に巻き込まれる恐れが生じたとの認識から、戦争の起源と原因について根源的な問いを発したのである。[17]それは戦争の原因と戦争回避のために用いられた方法を歴史的に研究した哲学的な書でもあった。[18]

以上の著作や論考のなかで展開されたダレスの国際政治観、および平和構想は、次章で検討するように、一九三〇年代末、特に四〇年代に入って、キリスト教会を媒介とする活発な活動と結びついていくが、基本的には戦争が終結するまで一貫していたと言ってよい。[19]なお、三〇年代後半のダレスのこうした活動に対し、ボストンのタフツ大学の国際法・外交関係の大学院であるフレッチャー・スクール(F'letcher School of International Law and Diplomacy)は、彼の国際理解への貢献を評価し、三九年には、彼に対し名誉法学博士号を授与した。[20]

第二節　人間・社会に対する一般認識

一九三〇年代の半ばから後半にかけて、ダレスが戦争や平和の問題について熱心に思索を重ねたことは上記の通りであるが、迫り来る戦争の足音に触発されたその契機について、最初に少し言及しておきたい。

戦争についてダレスは、それがもっぱら紛争の解決手段として幾度となく利用されてきた事実に鑑み、戦争は言わば制度とも言うべき「戦争システム」として「黙認されてきた」と考える。彼によれば、「武力は主権国家間において、国際紛争を解決し、変化を決定する正当且つ主要な方法として容認されてきた・戦争システムは、武力の行使が紛争を解決する原始的且つ自然な方法であり、それに代わるいかなる方法も見出すことが困難であるが故に正当とされてきた(21)。」

この黙認されてきた戦争は、しかし、少なくとも今世紀までは規模その他において限定的な性格を有していた。それは通常、専門的な職業軍人によって比較的狭い領域で戦われ、一般市民の生命や財産は、マクロ的に見る限り、戦争による破壊をまったく被らないか、被ったとしても軽微に止まった。しかしながら近代科学技術の発達とその戦争への応用によって戦争の性格が劇的に変わってしまった。言うまでもなく「総力戦」への変化である。即ち戦争の惨害は直接、間接的に全国民に及ぶようになり、それは第一次大戦によって現実のものとなった。こうしてダレスによれば、第一次大戦後の人々は、現代においてはもはや戦争は許されないものと考えるようになり、その結果、そうした一般世論を反映して、戦争直後の一九二〇年には国際連盟が創設されるとともに、二八年には不戦条約が締結され、戦争は一般的には違法とされるに至った。しかしそうした高邁な理想にもかかわらず、戦争システムは依然として根強く残り、三〇年代の人々は再びその脅威に晒されている。戦争の違法化に託された高遠な希望は幻想に過ぎないことが今や明らかとなった(22)。

このような現実に直面して我々はどう対応すべきか。人間の無力さに失望して事態の推移をただ見守るだけでよいのであろうか。ダレスはそうした態度は悲観主義的であるとして否定する一方、戦争システムを矯正しそれに変わるシステムを発展させるためには、戦争の原因についての研究が必要であるとの結論に達し、自らもそれに向けて時間と労力を傾けたのである。その際彼は、単純で直接的な解決法は幻想に終わる傾向があると指摘することを忘れなかった。[23]もっとも、結論を先取りすれば、ダレスは、戦争を回避するためには変化の不可避性を認識し、平和的変更を可能とするような国際機構を創ることが必要であると考えるが、それへの具体的な道筋は必ずしも明確ではなかった。

(1)　人間の本性と紛争の契機

ダレスは戦争の原因を解明するに当たって、先ず国家における基本的且つ最小の行為主体である人間そのものの本質について考察し、それを国際社会の基本的構成要素である国家に適用することによって国際社会の本質を論じようとした。

ダレスによれば、人間は「本来利己的」であり、[24]且つ非理性的な存在である。[25]ダレスは先ず、紛争との関連から利己的性格を重視する。彼によれば利己的とは「必要物の認識とそれを充足したいという欲求」[26]を意味しているが、人類は歴史的に見ても、物質的、或いは非物質的欲求を満たすために、常により多くの「富と力と地位」[27]を求めて闘争を繰り返してきた。その結果、我々はしばしばホッブス的な世界を経験することを余儀なくされてきたと言ってよい。

ところで、社会におけるこの利害をめぐる闘争は、ダレスによれば、人間が社会的存在であることによる。即ち、人間はその必要物、特に物質的なそれを孤立状態では獲得できず、その結果、何らかの集団が派生物として生まれてくる。しかしこのことは、集団内部、或いは集団間に欲求をめぐって紛争が生ずることを意味していた。「すべて利己的である人類がお互いに接触するという事実は不可避的に不満を生じさせる」からである。そしてその紛争は、現状に満足している人々とそれに不満を持つ人々との間の紛争として現れる。[28]ダレスはそれを次のように記してい

る。即ち、

「物質領域においては、利己的な欲求間の紛争は基本的には現状に満足しており、現に保有しているものを維持しようとする人々と現状に不満を持ち、他人を犠牲にしても（自己の欲するものを）獲得しようとする人々との間の闘争となる。[29]」

このような二分法的な見方は単純化され過ぎている嫌いがあるが、これは三〇年代を通して見られるダレスの一貫した史観であると言ってよい。なお両者について彼は、後に見るように、前者を静的（スタティック）勢力、後者を動的（ダイナミック）勢力と呼ぶことになる。

以上のように、ダレスによれば「利己心と群居性は不可避的に欲求の衝突を生じさせる。[30]」人間の不完全性は不調和と分裂が不可避であることを意味しており、「人が寄せ集められればそこには必ず利害の衝突が生じる[31]」ことになる。こうした利害、乃至欲求の衝突が生じた場合、それを何らかの方法によって解決しなければならないことは言うまでもないが、その最も「原始的な方法こそ武力の行使、或いはその威嚇であった。」ところで、この「人間の武力や暴力に訴える傾向」を排除する努力は社会の発生とともに行われてきたが、それは個人間、即ち一国レヴェルではほとんど成功したものの、国家間、即ち国際社会においては未だに成功を見ていない。ダレスはこのような認識に立って「最終的、且つ最も困難な」戦争システムの排除のための方策を見出そうとしたのである。[32]

戦争或いは平和との関係で、ダレスが重要と考える人間の本性として、第二に非理性的性格、即ち感情的性格を挙げることができる。

彼によれば、人間は「無意識のうちに感情と物的欲求に刺激されて行動する」存在である。即ち、我々は「理性と論理的な論争が人間の行動を引き出す最も説得的な手段であると考えがちである」が、これは事実とはほど遠い。

理性に従って行動するのは生活のほんの一部にしか過ぎず、実際には、人間の行動は非合理的要素、即ち、上記の感情や物的欲求、さらには「社会慣習や伝統」に従っているというのである。[33] ダレスによれば、これは「最も知的な人」についても妥当する真理である。即ち、

「私的生活においては、最も理性的な人も基本的には欲望、習慣、本能、感情、その他の非理性的刺激に従って行動する。このことは集団生活の場合にさらによく妥当する。これは通常引照される〝群集心理〟のような極端な場合ばかりでなく、我々が社会の構成員として行動することすべてについて妥当する。そのような集団行動は圧倒的に非理性的要因によって支配されている。流行、株式相場、景気循環、保守主義から自由主義、或いはその逆への転換、これらすべては人間行動の純粋理性以外の力への従属を示している。[34]」

このように人間が感情的な存在であることは、他方で我々が感情操作、乃至心理操作の対象に容易になりやすいことを示している。それだけでなく今日では、マス・メディアや科学技術の進歩によって、ある意図のもとに人間の集団たる大衆を一定の方向に誘導することも可能である。ダレスが戦争の原因を探究するとき、人間の非理性的性格に注目する理由はこの点にこそある。彼が回避しなければならないとする戦争、特に総力戦に人々が動員されるメカニズムについては次節で検討するが、その総力戦と人間の感情的性格との関係について彼は次のように述べ、感情的性格が総力戦を準備する契機になることを指摘した。即ち、

「総力戦は一連の環境によって可能となるが、その中で最も重要な要素は人間のもつ本質的に感情的な性格である。……近代の発明および科学技術によって大衆感情の波動を生み出す能力が飛躍的に拡大した……この大衆感情を基

礎に自国を英雄国家と見る愛国心が形成される。[35]」

総力戦への準備はこのようにして整えられることになり、ダレスは人間の非理性的性格を戦争にとって厄介なものと認識するが、しかし一方では、戦争の問題を解決するには最終的には理性的な過程が必要であるとして「人間の行動が感情によって支配され、理性が実質的に排除されるということが永久に認められるべきではない。たしかに、近代科学の発明によって感情的刺激の伝達が容易になった。しかし感情が容易に生み出されるという単なる事実は、それが最高のものでなければならないことを意味するものではない。人間の行動を支配する理性を回復し、それに適切な役割が与えられねばならない[36]」と主張した。

(2)　国家レヴェルにおける紛争の解決

紛争を解決するための最も原始的な方法は武力の行使、或いはその威嚇であったが、それは、ダレスも言うように一国レヴェルにおいてはほとんど克服された。紛争が武力によってではなく平和的に解決されるようになった理由として、彼は、彼が倫理的解決法（ethical solution）及び政治的解決法（political solution）と呼ぶ二つの解決策の役割の重要性を強調する。このアプローチは国際社会における紛争にも応用されるものであり、後に検討することになるので、ここでは簡単に言及するに止めたい。

ダレスによれば、紛争の解決のための努力は二つの面から行われてきた。第一は人間の精神状態に向けられたものであり、第二は武力に代わる紛争解決手段を提供するための社会機構、乃至政治機構に向けられたものであった。彼は前者を倫理的解決法と呼び、後者を政治的解決法と呼んだのである。[37]彼によれば、倫理的解決法とは「いろいろな欲求を精神化し露骨な形の利己心を他者に対する義務感に変え、その義務を果たすことによって満足を得」られるような努力であり、政治的解決法とは、「スタティックな勢力とダイナミックな勢力間に公正な均衡を実現するような……行動のルールを確立する社会的仲裁集団（即ち、政府）による装置」によって解決することである。[38] 一般的には、前者は宗教心や犠牲的精神をもつことによって促進され、後者は統治能力のある政治機構、即ち政府の樹立によって可能となるであろう。しかも彼によれば、この両者は通常相互補完的に作用する。即ち発動される「ルールは共同体の社会的慣習と一致する」ものでなければならないし、支配的な倫理基準に従って創られねばならないものであった。[39]

なおすでに言及したように、ダレスは一九三〇年代の末から、特に四〇年代に入り、国際政治の危機に関連してしばしば宗教的、道徳的な観点から論じ、説法を行うようになるが、それは彼が、人間の宗教心や道徳心に訴えることが倫理的アプローチにとって有効であり、それによって国際的な権力機構の形成に向けて、人々に影響を与えることができると考えたからに他ならなかった。[40]

第三節　国際政治の現実と紛争の暴力化

以上に検討した利己的性格と非理性的性格を人間の本性であるとする、言わば悲観主義的人間観と紛争との関係についてのダレスの議論は、もっぱら国家内部における人々の社会的接触を前提とするものであった。これらの議論は国家を基本的構成単位とする国際社会においても妥当するものであろうか。結論から言えば、彼は人間について得られた一般理論をそのまま国際社会に適用する。彼は一九五〇年に著した第二の著作『戦争か平和か』（*War or Peace*）の中で「人間は不完全な存在であり、それに基礎を置くいかなるシステムにも必ず欠陥がある」[41]との認識を示したが、それはこの時期のダレスにも一貫して共有されたものであった。即ち利己的な人間を構成員とする「すべての国家は元来利己的であり」、基本的には自国の「富と力と地位」の拡大を目指す。そのため他の国家との利害の衝突の機会は増大し、国家間の紛争が日常化するとともに国際社会の安定も損なわれる。すでに記したように、歴史的には、諸国家は自国の目的を達するためにしばしば武力を行使し、しかもそれは国際紛争を解決し、或いは国際的変化を実現する唯一のメカニズムとして黙認されてきた、とダレスは考える。[42] そこで以下では、紛争が暴力に至る要因を二つの観点から検討する。

(1)　二つの勢力の対立——紛争の暴力化過程(一)

一般に社会には二つの勢力、すなわち現状に満足している勢力と現状に不満を持つ勢力が生まれ、それらの間に利害をめぐる紛争が生ずるとダレスが観察していたことはすでに記したが、彼は国際社会における諸国家の紛争の歴史も、基本的には、現状に満足し、それを維持しようとする勢力と、現状に不満を持ち、それを打破しようとする勢力間の絶えざる闘争であると考える。[43] これらの勢力は、第一次大戦後のヴェルサイユ体制に不満を持つドイツ、イタリア、日本等が対外的侵略政策の遂行に当たって自国の要求の正当化のために使用した「持てる国」(haves)、および「持たざる国」(have-nots) にそれぞれ相当すると考えられるが、ダレスはそれらを国家に適用するとき、それでは意味内容が正確には伝えられないとして、前者をスタティック(静的)勢力、後者をダイナミック(動的)勢力と呼び、それぞれ次のように説明する。[44]

「スタティック勢力とは財産、或いは機会に関し現に保持しているものに十分満足しており、現在の社会構造の重要な変革をいかなるものも望まない勢力である。ダイナミック勢力とは、現在の社会構造が変革されることを欲し、或いは自らの力、冒険的資質……物質的、社会的地位等を増幅するために自己の仲間を拡大しようとする勢力である。」

ところでダレスによれば、「変化への刺激が常にあるように、変化に対する抵抗も常に存在する。」また「維持するに値する諸制度」も存在するが、これら二つの勢力間の闘争は一般にダイナミック勢力の勝利に終わる。このことは現存世界が「すべての局面において」変化する世界であることを示すとともに、「変化はダイナミック勢力のスタティック勢力に対する勝利の結果」であることも示している。ダレスはこれらは変化に関する一般的法則であるとし、戦争や平和を論じる場合にはそれをよく認識し、且つ考慮に入れなければならないことを強調した。[45]後に検討するように、彼によれば第一次大戦後の平和への努力は、これらを考慮せず、もっぱら「変化を防止」し、「現在を未来に投影すること」に向けられていたのである。[46]

ダレスはこのような両勢力の対立抗争の典型を一九三〇年代の国際政治情勢の中に見たと言ってよいであろう。それは戦間期に書かれた戦争や平和をテーマにした彼の著作の中で、再び惹起されるかもしれない戦争への危機がしばしば両勢力の対立として描かれていることに示されている。そこで以下にそれを概観することとする。

一九三〇年代の世界は基本的には「持たざる国」たるドイツ、イタリア、日本と「持てる国」であるイギリス、フランス、アメリカとの対立抗争であると見られていると言ってよいが、ダレスは、前記の通り、前者をダイナミック勢力、後者をスタティック勢力と呼び、スタティック勢力の側ができるだけ変化に抵抗しようとしているため戦争の危険が増大していると論じた。

ダレスはダイナミック勢力の欲求、乃至要求を三つのカテゴリーに分け、個々の国家の行動を検証しようとした。ここで三つのカテゴリーとは第一に一国およびその国民の道徳的、社会的地位に関連するものであり、第二は国家の枠を超えた政治的、経済的影響力に関連するもの、そして第三は領土そのものに関連するものであった。[47]このうち、「初期の段階における」変化への要求は、通常、第一、第二のカテゴリーに属するものと考えられるが、ダレスによれば、それらは一般に「穏健であり、正当化される」べきものが多い。しかし第三のカテゴリーによる変化は

「その実現が最も困難である」と同時に、それをめぐって武力が使われる可能性が高い性格のものであった。[48]

さてダレスは、まず日本について、「日本人は非常にエネルギーに富んだ国民である」としたうえで、第一次大戦後に「日本が非常に強く望んだ変化の形態」は第一のカテゴリー、即ち「世界における道徳的、社会的地位の向上」、具体的には「人種平等の原則」を連盟規約の中で認めさせることであった。しかしこの原則は実現されなかった。ダレスはもしこの原則が実現されていたら、より大きな変化を求める日本の圧力はかなり軽減されたであろうとの認識を示した。[49] 因みにこの原則は、国連憲章において実現を見た（例えば憲章第一条、第五十五条、第七十六条）。ところで日本は、彼によれば、その後領土の拡大を求め、抵抗の少ない中国に進出する。ただ中国に関しては、当初日本の要求は第二のカテゴリー、即ち「領土の併合によらずに政治的、経済的影響力を行使」しようとするものであった。それは中国における「イギリスの地位」に匹敵する地位を求めたものであったが、結局それは受け入れられず、その結果「全中国に対する軍事的征服の企て」が展開されることになったと彼は論じた。[50]

次にイタリアの行動についてダレスは次のように分析する。即ち、講和会議において二級国家としての扱いを受けたイタリアは、戦後は領土的、或いは経済的な要求は求めず、もっぱら第一のカテゴリー、つまり道徳的、社会的地位の変更を求めた。特に同国は地中海地域に関する問題について、「大国として認められる」ことを強く主張した。しかし、イギリス、フランスはイタリアを「平等のパートナー」として認めず、その結果、エチオピアへの侵略が惹起されたと。[51] 最後にドイツについてダレスは、ドイツも当初は日本やイタリアと同様、道徳的、社会的復権を求めたとする。しかし彼によれば、ヴェルサイユ条約によってドイツの軍備は厳しく制限されたにもかかわらず、同条約で想定された他の国の軍縮は「積極的ないかなる成果も達成されなかった。」こうした事情と連盟の構造的欠陥が相まって、「同条約の抑制はドイツの一方的な行動によって劇的に打倒され、同国は急速に軍事体制を確立した」のである。[52]

以上のようなダイナミック勢力の要求に対し、ダレスによれば、スタティック勢力である上記の国々は、自己の相対的な地位を低下させるような国際秩序の変革には強く抵抗した。しかし彼は、そのことは同時に、スタティック勢力は戦争の勃発の可能性を自ら増大させていると主張する。何故なら、スタティック勢力の抵抗は、却って「ダイナミック勢力の側のより大きな変革への決意を惹起する」[53]ことになるからである。こうして現状の恒久化は変革への圧力を強め、「変革への要求はより暴力的、より感情的、より非合理的になる。」そればかりか「変化への欲求は鰻登りに増大し、最終的には最も極端な形態になるまでその性格を変え、生み出された感情的パワーは強力な爆発物となり、もしそれが同等、或いはより強力な国家によって抑制されなければ、暴力行為として吹き出す」とダレスは論ずるのである。[54]このようにして二つの勢力の対立は戦争へと発展することになるが、それには対立勢力による影響が大きいという意味で、外からする「紛争の暴力化過程」と呼ぶことができるであろう。

なおここに見られるように、ダレスは現状維持勢力であるスタティックな勢力に批判的である。その理解には彼の議論の大前提にある後述の「変化の不可避性[55]」への認識が必要であるが、それにしてもこの議論が、前にも述べたように、やや単純で原則的に過ぎる嫌いがあることも否定できないであろう。ただダレスは、こうした議論を展開することによってダイナミック勢力の行動、例えばナチス・ドイツの侵略を正当化しようとしたのではないことは言うまでもない。彼が、その著 *War, Peace and Change* の前文において、

「本書における研究は現存秩序に反逆を企図している諸国の弁護を示唆するものであるとして、ある人々から反発を招くかも知れない。しかし悪も善と同様、理由をもっている。その理由を理解しようとすることは悪を擁護することではない。この理解こそ必要不可欠なものである。この理解の欠如こそ、民主主義諸国の力と影響がその意図したものと正反対の結果を生む原因となった」

と記していることからもそれは明らかであろう。[56] なおダレスの論調は以上のようにスタティック勢力に批判的であったが、だからと言って彼は、それら諸国を一方的に非難するわけではない。彼は一九三九年に著した小論において、「それら諸国はダイナミック勢力諸国の人々の福祉に配慮することなく、経済力を行使した。彼らは、主権システムの命令に従ってそのように行動したのである」と述べ、むしろ国家主権を基礎とする国際政治システムに問題があることを指摘した。[57]

(2) ナショナリズム、情緒主義——紛争の暴力化過程(二)

国際社会における主要な行為主体である国家が、自国の利益を増大させることを対外政策の基本的な目標とする限り、国際社会には利害が衝突する契機は常にある。ダレスはそれをダイナミック勢力とスタティック勢力の対立として描写するが、それが紛争へと発展し、さらには武力の行使に至る要因として、彼は、所謂スタティック勢力の現状維持的な姿勢を指摘する。言わば外部的要因による「紛争の暴力化」であるが、暴力、即ち戦争への発展はそれだけでは十分とは言えないであろう。即ち、国家の内部から当該国家を戦争に駆り立てる要素の存在が必要である。それは内部的要因による「紛争の暴力化過程」とも呼ぶべきものである。ダレスはそうした要因を必ずしも類型的に論じているわけではないが、紛争の暴力化を助長するものとして、ナショナリズムと情緒主義を重視していると理解してよいであろう。そこで次にそれらについて検討することとする。

① ナショナリズム

ダレスは、戦間期における国家間の緊張が生み出される主たる理由の一つとして、偏狭なナショナリズムの存在を強く認識していた。[58] それは国家の神聖化、愛国心の高揚等よって益々強められ、過激なナショナリズムへと発展するとともに国際連盟を破壊し、ついには国家を戦争へと向かわせるものに他ならなかった。[59]

彼によるナショナリズムについての直接の定義はないが、次のような記述、即ち、「大衆の感情的性格を基礎にして、国家を英雄的資質を持つ生きた存在であり、且つ他の低劣で邪悪な国家から成る国際社会のなかで勇敢に且つ危険を冒して活動するものとして擬人化するような愛国心[60]」はそれを示していると言ってよいであろう。言うまでもなく、ナショナリズムの発現形態は歴史的状況等によって異なるが、この時期のナショナリズムの一つの特徴は、ダレスの言葉にも明らかなように、国際的緊張が激化するなかで、自国を神聖化し、英雄国家視することによって愛国心を強めようとするものであったと言うことができるであろう。

ところでこの時期には、自国を英雄国家視し他国を悪魔的国家と見るといった国家の擬人化の試みが多くの国家によって行われているとダレスは考えるが、彼によればそれは二つの方向から行われる。その第一は国家の神聖化の試みであり、第二は国民の保護者としての国家観の形成である。[61]

まずこのような国家の神聖化はどのようにして行われるのであろうか。ダレスは宗教との密接な関係を指摘する。即ち彼によれば、本来、「人間は、自分自身の能力の限界、及び不完全性を知っているので、自分自身より気高く且つ恒久的と思われる何らかの外部の存在、或いは大義に、自己を同一化することによって自らを高めようとし[62]」自己の精神的欲求を満たそうとする。この高次な存在との同一化願望は何らかの神、乃至宗教との関係に帰着すると考えられるが、その宗教は、このところ、そうした「欲求を満足させる、より高邁な手段を提供することに失敗し」影響力を低下させている。そして宗教に代わって国家が大衆の欲求を満たすために介入するようになる。[63]国家はこうして、「宗教が残した空白」を熱心に埋めようとし、ますます神聖化されていく。[64]ここに国家は「恒久的で気高く英雄的な資質を持つ霊的な存在[65]」とされ、大部分の人々の精神的欲求を満たすものとして、「ナショナリズムという誤った神々」が創造されてきたのである。[66]

次に、国民の保護者としての国家観についてダレスは、国家神聖化概念が人間の精神的領域に関係するのに対し、これは物質的利益への考慮から生ずるものと考える。即ち、「極端なナショナリズムの実践とともに、一般的には、国家のみが安全と十分な経済機会を保障する保護者、乃至守護者としての役割を果たす」と推量されるようになり、(67)国家への忠誠が増幅されることになる。

以上のようにして国家の擬人化が成功し進展すると、その偶像化は一層進み、その一方で、「容易に大衆の犠牲を導くイデオロギー」が作り出され、ナショナリズムの衝突に対する準備が整えられるとともに、それらは「広範に亘る破壊の原因となった」のである。(68)

なおダレスは、ナショナリズムの危険性についてしばしば注意を喚起し、「ナショナル・インタレストを精神化する政治指導者」への不満を示すとともに、宗教指導者の責任を次のように指摘し、キリスト教会の役割を強調した。即ち、一九三九年に開催された全国キリスト教大会においてダレスは、宗教指導者の責任について、彼らが正義を特定の国家の大義と同一化していると強く批判するとともに、「国旗や国歌がキリスト教のシンボルにとって代わっている」と述べ、さらに

「これは安易な道のように思われる。それによって貧血症の教会は勢いよく流れるナショナリズムの血液からヴァイタリティーを引き出す。しかしこれは、我々が解決しようとしている問題を単に悪化させるだけではない。それは教会が、神というよりは人間に依存していることをさらけ出している。政治指導者は明白な結論を引き出すのに緩慢ではない。教会は彼らにとって、そうすることが彼らの目的に役立つ時には何時でも踏みつぶすことができる人間の制度となっている。今日このことは、多くの所謂キリスト教国家において見られる現象である。(69)」

との認識を示し、教会の役割低下を嘆くとともに、教会による教育の重要性を指摘した。そうした認識が一九三〇

年代後半から四〇年代の初めにかけて活発に行われた彼の教会を媒介とした活動に繋がっていくことは別稿で検討した。(70)

このようにして生まれるナショナリズムは、国家間の利害をめぐる対立が強まれば強まるほど高揚し、過激化する恐れがある。ダレスは第一次大戦後の過度のナショナリズムが国際連盟の有効性を破壊する原因となったとの認識に立ち、第二次大戦が勃発した後の一九四一年には、「平和のための機構は提供された。しかしそれを機能させるための一般の理解が欠如していた」と述べ、ナショナリズムが世界の理解を歪めてしまったことを指摘した。(71)

またダレスは、ナショナリズムは、国際協力を否定する傾向を持つ「国境意識(72)」を必要以上に強める危険性があることを指摘する。しかも、この国境意識の強化は三つの点で危険性を孕んでいる。即ちまず第一に、ナショナリズムに取りつかれた各々の主権国家は移民、輸出入、外国人の不動産所有、及び外国企業の投資を制限しようとし、自国の孤立化を助長するとともに、自国こそが正義を具現しているという「自己義認」の感覚を増幅させる。こうした優越的態度が強まれば、次には自国の文化の他に対する道徳的優位の主張へとつながり、自国の信条を普遍化しようとする危険性が生ずることになることである。(73)第二の危険性は、国境意識が上記の感情とは別の感情をも呼び起こし、戦争への契機を与える恐れがあることとである。即ち、「国境意識を持つと抑圧された感覚が助長され、国家的規模で閉所恐怖症に陥る。かくて異常な感情が育まれ、人々は容易に暴力と戦争に追いやられる(74)」というのである。そして第三の危険性は、三〇年代における戦争と平和に関するダレスの議論の中心に置かれる「経済的流動性」についての問題である。(75)即ち、国境意識が強化されると、上記のような各種制限によって経済活動が制約を受け、戦争への危険が増大することである。この点についてダレスは次のように記している。即ち、

「輸出入、出入国、及び資本の国際移動は、たとえこれらが止むを得ず規制されねばならないとしても、それらは国境

に衝撃を与えることなしに相当な国際流動をもたらすことができる。それに対し、経済的孤立主義は国境の重要性を非常に誇張すると同時に、発展的な勢力が国境の変更、すなわち平和的な実現が最も困難な方式を通してしか満足を見いだすことができないことを示している」と。(76)

以上のように、ダレスにとってナショナリズムは大変危険なものであり、容易にデモクラシーを屈伏させ、紛争を暴力に発展させる契機を提供するものに他ならなかった。

② 情緒主義

既に言及したように、ダレスは、今日の戦争が第一次大戦を契機にすべての人々の生命、財産を戦争に巻き込む総力戦の段階に達したとの認識を示す一方、この総力戦に一般大衆を動員するために、政治的リーダーは技術的発展の著しいマス・メディア等を利用して非理性的、情緒的性格をもつ大衆感情に訴え、国民の愛国心を高揚させようとしていると警告する。(77)

このように国家の方針に沿って操作され、異常な程に高揚した大衆感情は、不可避的に戦争につながっていく恐れがあると考えるダレスは、特に第二次大戦勃発の前後、次章でも検討するが、教会活動を通して繰り返しその危険性を指摘した。(78) 彼によれば、「今日の社会状況の中では、国際戦争は一般に、想像の濫用、感情の人為的な刺激、及び感情的影響を背景にした、大部分が虚構に過ぎないイデオロギーへの大衆の献身の結果である。(79)」

さてそれでは、愛国心の高揚はどのようにして行われるのであろうか。

ダレスによれば、政治的リーダーは、大衆の感情的性格を利用し、国家の擬人化を推進する。即ち、国民に自分たちの国は周囲の悪人国家によって常に危険にさらされているという感覚を植えつけようとすると同時に、自分たちは英雄国家の一員でありそれに依存しているという感覚を植えつけようとする。(80) それは「現在の国際システムの下では」、権力の創出、即ち「強力な国家意思の形成」こそ、国家が国際社会でその目的を達成するための不可欠の前提」であると考えられ、そのためにも「高水準の国家の統一と愛国心」とを必要とするからである。[81]もっとも、これによって現政治権力は大衆の団結を維持し、権力の「拡大と恒久化」を達成することができるかも知れない。しかし「自国を徳性を備えた国家として描き、他国を悪質で攻撃的である」と断ずるような、「意図的な刺激に依存することによって、我々は国際社会の不調和を生み出しているのである。[82]」ところでダレスによれば、英雄国家人格の創出は、基本的には人類の必要を満たすものである。即ち、

「大部分の人間はドラマや興奮、それに冒険のない生活を送っている。我々は想像によって現実性を欠くものを求める。我々は小説を読み、演劇や映画を見るが、それらは目覚ましい活躍をする英雄を描きだし、我々は彼らの手柄に我々自身を重ね合わせる。この人間の正常な特性は『英雄国家』及び『悪人国家』を脚色するうえで大いに利用されてきた」のである。[83]

ここに推定されるように、ダレスによれば、いかなる国においても、望ましい国家人格を確立するために、それにふさわしい歴史が書かれ教えられてきた。そこでは戦争や冒険といった劇的なエピソードが強調されるとともに、人々の想像はかき立てられ、英雄崇拝の雰囲気が醸成されていく。そして一方、「最大の感情的興奮を獲得するために」、ある国家が「悪人国家」としての役回りを与えられると、一種の誤解が生まれ、国家間相互の認識は事実に基づかないまったく想像上の理解に変わってしまう。ダレスはさらに次のように述べて国家の擬人化の異常性と危険性を指摘する。

「常に正しいとされる英雄は、同じような性格をもつ他の国家からの危険に常にさらされている。英雄国家は陰謀や危険に直面すると勇気と忍耐、及び知性をもって振る舞う。暴漢とはまったく異なる彼は正義という大義の保証人であり、抑圧されたものの後援者である。また彼は、決して好戦的ではないが、他者が危険を犯さないと立ち向かうことができないような威厳と栄誉を備えている。そしてもし、彼が自己の安定と名誉を守り、抑圧されたものを救い、正義を保障するために戦わねばならないとき、彼は勇気と名誉ある行動をとる。[84]」

このようにして、特に対立が激化する状況においては、政治的リーダーやマス・メディアは自国を英雄国家として、そして他国、特に敵対国家は悪人国家として描き出す。人々は英雄国家たる自国に自分を重ね合わせて熱狂し、もし国家間に紛争が生じた場合には、その責任をすべて他国に帰せしめる。他国は「聖人をさえ怒らせる」悪しき性格をもっていると。[85]

以上のように、ダレスは大衆の感情主義的傾向を利用した国家の擬人化の推進は、紛争を激化し、それを暴力化する要因となると考えたのである。

第四節　国際政治認識の誤謬と戦争の防止

——変化の不可避性と平和的変更——

既に検討してきたように、人間の本性に対する考察から出発して、社会には紛争が絶えないとの結論に達するダレスは、国家レヴェルにおいてはその解決方法が見出されたものの、国際社会のレヴェルにおいては未だにその有効な解決策は見出されてはいないと考える。確かに国際連盟の創設によって一九二〇年代には平和と繁栄が約束されたかに見えたが、それも束の間、特に三〇年代には恐慌による経済的、社会的混乱が進行し、ヨーロッパやアジアでは独裁国家によって侵略が開始され、再び世界大戦が惹起されようとしていた。このような「戦争システム」が許容されてきたのは何故か、彼によれば、それは「単純だが基本的」な理由による。即ち、問題は「平和の本質について重大な誤解があった」ことであった。その誤解とは「平和が現状を維持することと同等視され、安定は硬直した状態とみなされてきた」ことである。戦争は、「変化の不可避性」が理解されず、「武力によってしか変革が起こりえないと考える社会の不可避的産物」であると彼は主張する。[86] そこで以下では、彼の言う「変化の不可避性」や「平和的変更」について概観する。

(1) 変化の不可避性

戦争の足音が近づく中、ダレスは、このように極めて短期間に戦争が繰り返されようとしている理由は何か自問する。その結果彼は、第一次大戦後の支配的国家、即ち既に述べたスタティック勢力による現状維持を主要な目標とする外交政策に注目し、一九三五年に記した「平和への道」、及びその翌年、プリンストン大学で行った講演の中で、「戦争が切迫している真の理由」は「変化の不可避性」に対する認識が不十分であり、且つ「平和への努力が変化を防止する方向へ誤って向けられてきた」ことにあると論じた。彼によれば、それによって「一時的には武力は抑制された」かも知れないが、それでは長期的には武力を抑制できないばかりか、最終的にはそれは「暴力によって」突破されてしまう。[87] ダレスはこのように、平和の実現のためには「変化の不可避性」を承認することが必要であり、且つその変化は、ダイナミック勢力が抑圧されることによって生ずる「暴力的且つ破壊的」なものではなく、「平和的且つ漸進的」でなければならないことを強調し、その方策を探るのである。[88]

ところでこの「変化の不可避性」という国際政治認識は、これまでに述べてきた「紛争の日常化」観とは原因と結果の関係にあると言ってよいかも知れないが、特に前者には現状の維持を企図する勢力に対する批判的意味が込められており、ダレスを理解するうえで重要な意味を持っている。

この「変化」に関する議論は、彼がプリンストン大学を優秀な成績で卒業した結果、大学から与えられた一年間（一九〇八年）のソルボンヌ大学への留学の機会に、彼が師事したベルグソン（Henri Bergson）教授から学んだものであった。ベルグソンの「変化」や「創造的進化」の概念は、ダレスの国際政治認識に大きな影響を与えたと言われるが、[89] 一九三〇年代半ば以降のダレスの思考には、変化の不可避性、即ち、何事も静止したままのものはなく、すべての現実は動いており、そのため外交政策の決定過程においては変化の意味を十分に考慮に入れなければならないといった考え方が明確に浸透していた。

しかしそうした認識は、必ずしも十分には一般化されていない。「平和へ道」の中で、彼は、「誰でも一〇〇年後の世界が今日と同じ状況にあるとは考えないが、今日の状況が何故明日のそれであってはいけないのか分からない。我々には各々の年に変化が見られることを無視する一般的傾向がある。我々が一〇〇年以上もの間、不可避であると認める変化は何時か起こるに相違ない[90]」と述べ、人々が変化の機会を看過する傾向があることを指摘する。それは「平和を現状維持と同一視すること」や「条約の神聖視」等に現れているが、それに関連して彼は、プリンストン大学における講演で次のように批判的に述べている。即ち、

「我々は今日の世界がダイナミックな性格をもっていることを益々強く認識するようになっている。われわれは、すべてのものが動いており、もし適応性一般についての原則があるとすれば、それは変化という原則であることを知っている。我々は、確かに、依然としてスタティックとか現状維持について話題にするが、それは丁度太陽が上りまた沈むと話をすることと同様、もはや科学的真実を示しているとは見なされない。何物もスタティックなものはなく、変化は

どこにでもあり、現状は決して維持されない。変化は我々が順応せねばならない究極の事実である」[91]と。

しかしそれにもかかわらず、現実にはすでに述べたように、根強いスタティック勢力が存在し、人類の歴史は「ダイナミック勢力とスタティック勢力間の」絶えざる闘争の記録によって彩られている。ダレスによれば、戦争を排除しようとするこれまでの努力、特に第一次大戦後のそれは失敗に帰したが、それは「平和」を「現状維持」と混同したためであった。その点について彼は、

「その生活が快適な人々は自己の現在の状態が永遠に続くことを冷静に考える。彼らにとって平和とは、その生活が乱されないことである。変化を求める者はその平和の破壊者である。侵略は死に値する国際犯罪であり、安全保障が合言葉となる。平和を求める一般国民の要求は、かくして、世界を現状のままに維持しようと自分本位に考える人々によって利用される。しかしそれにもかかわらず、変化が不可避であることに気づくと、彼らは平和と現在の地位を同一視し、戦争に反対する軍事力を増強することによって現状を永続化しようとする。[92]」

と述べ、この時期の有力なスタティック勢力であるフランスやイギリス、それにアメリカに対し批判的な見解を示した。なおこれら諸国は、それ故にこそ積極的に恒久平和のための計画を提案しようとするが、基本的には現状に満足するそれら諸国は、変化を前提とする平和構想を提案しようとはしないと彼は指摘する。こうして今や、国際連盟は「すべての加盟国の現状を保障」する機関となり、一九二二年に調印されたワシントン海軍条約によって決められた主力艦比率は、イギリスやアメリカによって、「平和の名において」固定化されようとし、武力の行使を放棄することによって、変化を効果的にする唯一の手段であると期待された一九二八年の不戦条約も、現状を固定化

する役割しか果たしていないと彼は論じた。[93]

(2) 平和的変更

このように、戦間期におけるダレスは、攻撃的なダイナミック国家の登場は現状維持勢力が世界の平和的変更のための方策を提供することに失敗したからだと考えた。

① 三つの提案

それでは彼はダイナミック勢力を納得させ、平和的変更を可能とするような、いかなる提案をしたのであろうか。

彼は次節で考察するように、一九三九年に出版した *War, Peace and Change* の中で一つの解決方法を提案しているが、ここではそれを一九三五年の段階で提案されている方法を中心に、ダレス自身が「雑多なもの以上の即効性のある方法はない[94]」と述べているように、やや曖昧で体系化されたものではないが、略述しておきたい。

まず第一にダレスは人間の知性と理性に期待する。彼が人間の本性を非理性的と断じ、それが紛争の一因であると論じたことを想起するとき、これは多少議論の余地がある提案であるが、彼は教育によって「戦争の真の性格」を人々に知らしめる必要があると論ずるとともに、戦争の原因となる条件を変えようとするとき人間の理性に依存しなければならないと説いた。もっとも彼は同時に、その可能性は極めて少ないと吐露しているが。[95]

第二に彼は領土的変更を、もしそれが「論理的且つ不可避的」であるなら黙認されてよいとした。[96] 言うまでもなく、何が論理的で不可避的であるのかをいかにして決定するのかという、ほとんど解答が困難な問題があり、その提案は非現実的と言わざるを得ない。むしろダレスは、その一方で、領土的変更の必要性を減じるような措置、例えば、人や物、資本等の移動に対する障壁を弱めることを提案する。特に経済の流動化によって硬直的な国境をより柔軟にすることにより、領土の変更の必要性、乃至重要性は少なくなると主張した。[97] ダレスによれば、これを具体的に実現することに成功した例こそアメリカ合衆国であった。彼は、イギリスの植民地であったとはいえ、相互に独立的立場にあった各州が、それぞれの主権（州権）を「大幅に維持」しながら、「州際通商を妨害する権利を放棄」した点に「平和のための本質的基礎」があると見た[98]。この合衆国においては人や物、資本等の州間の移動は自由であり、平和的な交流のために共通の通貨が設定された反面、各州には課税権や州政府の樹立、安全や教育、健康等に関連する大幅な権限が残された。こうして、各州の政治的、社会的、経済的条件は異なってはいたが、「州境は一五〇年の間、重要な争点にはならなかったし、実質的に固定され、ダイナミック勢力に対する障壁にもならなかった。」南北戦争は、ある国家がその領土を、現状維持を是とする他国を犠牲にして拡大しようとするような通常の戦争とは異なり、本質的には、連邦関係を永続化するか否かを決定する戦争であった[99]。

このように論じるダレスは、「アメリカ合衆国は、過度の国家意識が国境を開くことによって弱められることを明確に示している[100]」と述べ、アメリカ合衆国の連邦制を平和的変更を可能とするモデルの一つと考えた。もっとも、アメリカの諸州の連邦化への経験をそのまま、主権国家が競争する国際社会、例えば国際通商関係に適用することには無理があり、非現実的でもある。この認識はダレスにもあるが、他方で彼は、アメリカの経験から、経済活動、特にその流動化の影響力に高い信頼を置いており、それが進展すれば、いずれは国境の重要性は今日よりはるかに小さくなると確信していた[101]。前にも言及したように、ダレスは、国境の障壁が減少すれば、戦争への直接的、間接的要因となる国家の擬人化は弱められ、国民の唯一の保護者としての国家観は薄められると考えたのである[102]。

なおここに見られるように、ダレスの平和論の一つの特徴として、経済的アプローチを指摘することができる。例えば一九三五年に執筆した「平和への道」では経済の流動化の必要性が強調され、三六年に行ったプリンストン大学における講演では、安定し、且つ交換可能な通貨の再建が第一に重要とされ、公海の自由、関税の削減、委任統治方式等が低開発国の経済発展に必要であるとした。また一九三九年に著した『戦争、平和、及び変化』においては、通貨を安定させ、関税を改革すること等によって経済交流を進めることが必要であると論じられた。[103]

第三に挙げることができる平和的変更のための提案は所謂超国家機構に関連するものである。ダレスが「変化の不可避性」についてベルグソンから学んだとすれば、この問題に関してはウィルソンから多くの刺激を受けた。彼はプリンストン大学在学中には、理想主義に燃える政治学者であり学長でもあったウィルソンの特別講義を聴講する機会を得た。また戦時中（第一次大戦）は大尉として陸軍に徴用され、戦時貿易局に所属して経済問題の処理に大きな役割を果たしたこと、法律家としての才能が非常に優れていたこと等の理由で、三一歳そこその年齢でヴェルサイユ会議に参加する機会を得、賠償委員会アメリカ代表部の法律顧問、実際にはアメリカ案の起草者として活躍した。[104] ダレスは早くから「民主主義にとって安全」な「新しい国際政治システム」を模索するウィルソンを賛美し、彼自身、一九一七年にはその創設の必要性を強調していたが、ヴェルサイユ会議においても、新しい国際平和秩序を求め、「ダイナミックで十字軍戦士のような指導者」として奮闘するウィルソンから感銘を受けた。[105] こうして彼は、国際秩序に関するウィルソンの理想を受け継ぎ、戦間期の彼の論考に反映させようとした。一九二〇年に創設された国際連盟は、三〇年代後半には既に機能を停止していたと言ってよいが、彼は「恒久平和のために世界に提案されたウィルソンの構想が失敗したのではない。」「決して試みられようとはしなかったのだ」と述べ、ウィルソン構想を擁護したのである。[106]

②　国際連盟と平和的変更

そこでここでは国際連盟についてのダレスの評価を検討しておきたい。

ダレスによれば、国際連盟は伝統的な主権国家システムである国際社会が、「国境の障壁的性質」のために硬直化し、国際社会における紛争の原因となっていると考えたウィルソンが、「柔軟性のある世界」を創設することによって、「諸国家を連合させ、軍事力への依存を抑制」しようとして生み出された。[107] 連盟は勿論、超国家機構ではなかったし、国際政治の現実の前にその無力さを露呈したが、この時期のダレスは連盟の強い支持者であった。

ところで彼によれば、連盟規約には平和にとって鍵となる二つの原則が織り込まれていた。即ち第一は集団安全保障の考え方であり、それは連盟規約第十条（領土保全と政治的独立）、及び第十六条（制裁）に具体化された。第二は平和的変更の原則であり、第十九条（平和的調整）の規定がそれであった。(108) 改めて述べるまでもなく、前者は、従来の勢力均衡による平和という考え方に代わって登場した新しい平和維持方式であり、しかも連盟総会や理事会の議決方法が全会一致方式であったため、ほとんど機能しなかったが、ダレスは、集団安全保障と平和的変更とは不可分の関係にあると主張する。彼によれば、「平和的変更の道が準備されないまま集団安全保障を適用することは致命的な誤りである。」何故なら、そうした努力は「それほど特権を持たないダイナイック勢力を抑圧することによって、特権的国家の現状を永続化することにのみ役立つ」からである。ここに明らかなように、ダレスは集団安全保障を機能させる前提として、平和的変更規定を重視し、この原則の方が平和の決定要因としてより重要であると考えた。彼によれば、平和的変更が可能となれば、軍事的、或いは経済的制裁は「小さな次元の問題と化し、その形態の問題は管理可能な範囲の問題となる」のである。(109)

ダレスによってもう一つの原則とされる連盟規約第十九条、即ち平和的変更の原則は、彼によれば「連盟の核心」であり、「武力の放棄に不可欠な柔軟性を与えてくれる」ものであった。(110)」この第十九条では「聯盟総会は、適用不能と為りたる条約の再審議又は継続の結果世界の平和を危殆ならしむへき国際状態の審議を随時聯盟国に慫慂することを得」と規定されており、連盟が加盟国に対し、場合によっては条約の変更やそれによる政治的、経済的現状の変更を求めることを意味していた。しかしこの条文には事実上、これまでのところ「どの国家も認めようとはしない主権の放棄」が含まれており、したがって、特に「今日連盟を支配している国家はこの条文を歓迎しない」であろう。(111) また言うまでもなく、国際機構が、ある国家の領域の変更をその国の同意なしに提案することはできない。

このようにして、ダレスによれば、条約の変更は「自然、且つ不可避なことである」が、誰が「いつ、どのようにして」決定し、実行に移すのかの規定がなく、したがって執行機関も提供されていないために、それは実際には「単なる神聖な希望」[113]、乃至「壮麗な幻想」[114]にしか過ぎなかった。結局第十九条に具現された連盟の平和的変更の過程は利用されることもなく、「決して鼓動しない心臓」と化すとともに、効果的な変更は武力に託されることになったのである。[115]

連盟規約第十九条はこうして当初から死文化の運命にあったと言ってよいが、ダレスは平和的変更の理念を捨てたわけではない。しかし次の節で検討する主権の問題をはじめ厄介な問題が多いことをすでに熟知する彼は、国際紛争を漸進主義的な方法で解決する方向へ主張を変えていく。彼の議論には変更の基準を含め具体的な提案はなく、したがってその曖昧性が指摘されねばならないが、一九三五年に書かれた「平和への道」において、彼は「変化は徐々に、しかもその正当性を確認した上で」行われなければならないと論じ、ダイナミック勢力には忍耐と抑制、それに安定への尊敬を、スタティック勢力には変化に対するより大きな寛容さを要求した。[116]

なお最後に、ヴェルサイユ条約の失敗の原因を、ダレスは、実際にそれに関わった経験からどのように考えていたのかを見ておきたい。第一に彼が指摘する失敗の原因は、彼が基本的な理由であると断ずるもので、同条約の成立には、「事前に真剣且つ公に合意されたことに対する重大な違反」、即ち「背信行為」があったことである。彼によれば、彼が関与した対独賠償問題もそうであった。因みに彼は、アメリカ代表団の一員としてパリに赴いた時、「勝手に過酷な賠償を課すいかなる連合国の権利も制限するという、休戦前に成立した合意をどの連合国も認めないことを知って驚いた」[117]と述懐している。第二の理由は、同条約が国際秩序に関するウィルソンの構想ではなく、戦利品を分配し、力の不均衡を永続化しようとする戦勝国の実際的政治家の考えを反映したことにあるとダレスは考えた。彼によれば、ドイツの処理は過酷であったのに対し、勝利者が自己の意思を自由に課すことができ、伝統的な権力政治システムに基づいて国際関係を決定するというような問題の解決方法にはそれほど手がつけられなかった。[118]ダレスが指摘する第三の理由は、伝統的な主権国家システムが同条約に反映されただけでなく、中央ヨーロッパの再建にもそれが反映されたことである。第一次大戦後の中央ヨーロッパの主権国家はそれまでの七か国から一五か国に増加したが、ダレスによれば、中央ヨーロッパは人種的に多様であると同時に、その多くの国が経済的に脆弱であり、それぞれが経済的自立を求めて対立した結果、「復讐心に燃えたドイツ」に乗ぜられてしまった。[119]これと関連して最後に指摘された理由は、ヴェルサイユ条約が、「無政府的な主権国家システム」を「新しい相互連携システム」に効果的に転換するように活用されなかったことである。後者の具体的な内容については明らかにされていないが、既に述べたように、政治的、経済的流動性を高めることによって国境の障壁を軽減するようなシステムが念頭にあったと思われる。また国家主権に対する批判的な姿勢はここでも繰り返される。すなわち彼は、「ウィルソン大統領は、世界は極めて小さくなってしまっているので、もはや旧式の主権国家システムを平和的に永続化することは許されないと認識していた」と述べ、国家による「絶対的所有権は制限」されねばならないと主張した。いずれにしても、近視眼的性質をもつ「時代遅れの主権国家システムが温存されたことが、同条約の失敗の原因の一つとされた。[120]なおこのような認識は、平和を実現するための国際機構を模索する過程で、彼が主張する「主権の希薄化」という考え方に反映されていった。

第五節　紛争の解決と国際秩序

すでに言及したように、国家レヴェルにおける紛争は武力によってではなく、平和的手段によって解決することが可能となったが、ダレスはその際、彼が倫理的解決法（ethical solution）及び政治的解決法（political solution）（筆者注、ダレスは時に権威的、乃至権力的：authoritarian という用語も使用する）と呼ぶ相互補完的な二つの解決方法によって説明した。ダレスはそれと同様のアプローチを国際社会にも適用し、彼の平和構想を組み立てようとした。彼によれば、倫理的解決法とは人の「精神に作用する」もので、諸欲求を精神化し調和しようとするものであった。また政治的解決法とは「行動に作用する」もので、政治権力機構が対立するダイナミック勢力とスタティック勢力間のバランスを図り、武力とは異なる紛争解決手段を提供することであった。以下でも検討するように、それらを国際政治の舞台で効果的に適用することには、これまでのところ成功していない。しかしダレスは、総力戦の危機を前にして、これらの解決法が国際社会において、総力戦の引き金になるような諸要因にどれだけ影響を及ぼすことができるか検討すべきだとの認識を示した。(121)

(1)　倫理的解決法

上記のようにダレスによれば、倫理的解決方法とは「主として、人間の精神状態に向けられる努力」であり、その目的は、人間の精神に働きかけることによって、その利己的欲求の強さを弱め、欲求の衝突を最小化するよう人の性格を変えていくことにある。それによって利他的な精神が養われ、暴力、乃至武力の行使の機会も最小となる。(122)もちろん、武力の衝突を排除するためには倫理的方法だけでは不十分であり、次に述べる政治的方法との結合が必要であると考えることは国家レヴェルの場合と同様である。

彼はこうした目的に従うことによって、最終的には国家間の協力の基礎となる「新しい国際道徳」が生み出されると確信していたと言ってよいであろう。(123)

ところで倫理的アプローチには教育等様々な方法があるが、ダレスによれば、その典型的なものは宗教である。宗教は「欲求が抑制され、或いはそれが非闘争的で他者に満足を与えることを要求さえする新しい欲求に取って代わられるような新しい精神状態を創り出そうとし」、それによって倫理的解決法はいっそう効果的になるとダレスは考える。[124] たとえば、彼によれば、どの宗教においても認められる「犠牲的要素」は人間のもつ欲求の衝突を容易に解決するのにしばしば役立っている。かくして宗教は「倫理的解決法を国境を超えて投影させるための最も日常的な手段」となるのである。彼は「もし宗教が普遍性を追求し、欲求を精神化し、さらに犠牲的精神を教え込むならば、必ず、より広範囲に亙って倫理的解決法が投彭されるであろう」と記し、宗教への強い信頼を表明した。[125] ダレスは三〇年代後半から四〇年代初めにかけて、俗人教会指導者として積極的に教会活動に関わるが、その基礎には以上のような認識があったのである。彼はキリスト教的な正義感、犠牲的精神、道徳律などを人々の間に甦らせることにより、国家の利己的で独善的な行動をある程度抑制できると考えていた。[126]

しかしそれにもかかわらず、倫理的解決法はしばしば政治指導者によって自己、及び自国の神格化のために利用され、既に述べたように一元的な政治権力機構の確立された一国レヴェルではともかく、国際政治の舞台では国家間の軋轢の原因になるなど、国際的な紛争の平和的解決や国際秩序の形成のために十分に機能しているとは言い難い。

このように倫理的解決法を制約する要因としてダレスは四つの問題点を指摘する。第一は、人間関係から紛争を排除するためには、人々が他者の欲求との衝突無しに、ある程度の満足を得られること、さらに「倫理的解決法の主要な要素」[127]である利他的精神を涵養することが重要であるが、「今日の人間の発達状態」においては、それらによって得られる満足は、時として他者を犠牲にして得られる満足よりも少ないことである。[128] 第二は、彼が「地理的要因」と呼ぶものである。即ち、個人にしろ国家にしろ、倫理的解決法にとって極めて重要な利他的精神は、基本的には他者との具体的接触を通して発揮される性質を持つが、両者間に物理的な距離がある場合にはそれが発揮されにくいことである。このことは、倫理的解決法は「個人的接触の範囲内」においては有効と考えられるが、国家間関係、例えば「ほとんど排他的な経済を持つ国家間」の調整にはその有効性が失われることを意味している。この距離を埋め、倫理的要素を普遍化する役割を果たすものこそ上述した宗教であるとダレスは考えるが、その宗教も自己の宗派を超えて普遍性を獲得することが難しいばかりか、時の政治権力と結びついたり、自己の教義の拡大のために武力闘争の当事者になることによって「倫理的解決法を国際化する有効な手段である」ことを止めてしまう。宗教はしばしば「利他主義を標榜することによって」紛争を助長してきた歴史をもっている。(129)

第三に問題とされるのは、国際社会における諸関係のなかでは個人的な人間関係が占める割合は小さく、その主要な部分が「圧倒的に」、本質的には倫理的動機とは無縁な経済関係であることと関連している。即ち経済関係は一般に企業によって処理されるが、企業は基本的には、それに出資した「株主の利益のために活動する」存在であり、「いかなる道徳律をも免除され」ているため、特に国際場裡においては「利害の衝突を緩和する役割を果たす利他主義」的行動はほとんど期待できないことである。(130)第四に指摘される制約要因は、国家にしろ、地方レヴェルの政治的権威にしろ、その代表者は一般に自己の「選出母体の利益の代弁者」と考えられており、「普遍的性格を持った倫理的解決法」を自由に適用するとは思われないことである。ここにはダレスのやや古典的な代表観、言わば利益代表観、乃至地域代表観が垣間見られるが、彼は「ニューヨーク州知事は彼を選出した同州民の利益を隣接するカナダのオンタリオ州の住民の福祉を増進するために、ほんの少しと言えども犠牲にすることはない」と述べている。

このようにダレスによれば倫理的解決法を制約する要因は多岐に亙っており、それは国家レヴェルにおいては有効ではあり得ても、国際社会における武力の行使を根絶するための方法としては多くの困難を伴うのである。(131)

しかし、そのような諸困難にかかわらず、ダレスは抽象的、且つ曖昧でどちらかと言うと常識的ではあるが、最終的には宗教の役割を重視する倫理的解決法を提示する。

既に述べたように、ダレスは利他的精神と犠牲的精神の涵養が倫理的解決法の主たる要素であると考えるが、同時に、諸国家は来るべき再度の総力戦に向けて国家の擬人化を推進し、自国を神格化するとともに英雄国家として賛美する一方、他国を悪人国家として描き出す傾向があることを指摘した。しかも彼によれば、国際政治の主要なアクターがこのような擬人化された国家であることは、それが倫理的解決法を効果的に推進するために不可欠である犠牲的資質を付与されていないばかりか、国民が犠牲的精神を発揮しようとすれば、国際紛争の火急性を理由としてそれを抑えようとする傾向があるため、倫理的解決法はほとんど機能しなくなることを意味している[132]。そこでダレスはこの国家の擬人化傾向を克服することに倫理的解決の手掛かりを求めようとした[133]。それらは、ほぼ以下の四つに分類できるであろう。

まず第一に彼は、擬人化された国家は飽くまでも「想像の産物」であり、それが紛争を引き起こし激化させる要因であるとの認識に基づき、先ず事実に立脚して国際問題を見る必要性を強調する。極めて常識的な主張であるが、彼は、「悪人国家観はほとんど架空のもの」であり、「もし他の国を事実に照らして見ることができるなら、国家間の欲求の衝突の多くを排除することができるであろう」と楽観的に述べている[134]。その際彼は次の三つの条件が満たされればそれは可能だとする。即ち、第一は、歴史はドラマティックというより、事実と公平を基礎として書かれ、且つ教えられること、第二は新聞が先入観に基づかず、外国人の実際の見解を報道すること、第三は政府が他国を道徳的に劣っていると宣伝しない、或いは国際的な欲求の衝突を誇張しないことである。しかしこれらの実効性についても彼は、歴史理解は徐々にしか変わらず、新聞は私有であれば財政状況を考慮する必要があり、さらに国家は自分自身の奉仕すべき目的をもっており、特に英雄国家対悪人国家というイデオロギーを培養する傾向をもっている等の理由から懐疑的である。結局彼は、この問題については、「国際平和の大義に一身を捧げる」組織化された強力な諸集団（例えば平和団体や研究団体がそれに当たるであろう）の真実を見る眼、さらには不正や非人道性に敏感な国際世論に期待するしかないというところに帰着する[135]。

第二のダレスの提案は、自国の擬人化を控えることである。これによって既に言及したような、擬人化された国家によって演じられる危険な役割を減らすことができ、さらに倫理的解決法にとって主要な要素である利他的精神や犠牲的精神を国際社会で自由に発揮させることができると彼は考える。(136)

第三に、既に述べたことであるが、「世界中に機会を開き」経済交流や人の移動を含む国際交流等を推進することが挙げられる。それは国境の壁を低くし、国家の擬人化の傾向を弱め、国家間の相互理解も促進し、紛争の平和的解決に役立つとされるのである。(137)

最後に、ダレスによる倫理的解決法は、前記の通り、宗教に重点が置かれる。即ち彼は、自国を神聖化することを止め、それに代わって「国境を超越する何らかの精神的理想」を追求する必要性を説き、前記のような問題点が指摘されるものの、宗教の役割に依存しようとする。宗教には、自己抑制的、且つ利他的な精神状態を創り出す可能性があると同時に、国境を越えた普遍的な役割を果たす可能性もある。即ち、彼によれば、

「極めて危険な域に達している国家の神聖化は、何が献身と犠牲に値するのかについての考え方を変え、且つ拡大させるある種の精神の復活によって克服することができる。確かに抽象的、且つ普遍的なものに対する献身を引き出すことは困難な作業であり、近親性、或いは人種、信条、国籍等に関係なく人類に対する義務感をもつという考え方は、余りに純粋であるために容易に人に訴える力はない。しかしながら、人類の福祉を協力して増進する社会から満足を得る人は沢山いる。これこそ、まさしく……キリスト教の目的である……宗教に対する関心が国境を克服する精神的統一を創り出すよう鼓舞し、それを可能とする力を潜在的に持っていることを示す十分な証拠がある。(138)」

こうしてダレスは、国家の神聖化傾向を抑制する役割をキリスト教会に期待するとともに、彼自身もナショナリ

ズムを抑える前提条件と考える「精神の復活」を現実のものとするため、次章で検討するように、自ら教会活動に乗り出していくのである。

(2)　政治的解決法

①　国際政治の現実と国際機構

倫理的解決法が人間の精神に働きかけてその欲求を変えようとするのに対し、政治的解決法は、基本的には、伝統的な紛争の解決手段である武力に代わるものを提供する社会機構、或いは政治機構を創設しようとするものであった。そこでは欲求の衝突の存在が前提とされており、他方、こうした欲求によって刺激を受ける人間の行動は、「非暴力的回路」を通過することを要求される。[139] しかしこのことは、一国レヴェルにおいてはともかく、国際社会においてはほとんど実現されていない。

既に述べたように、ダレスは人間および社会の本質を検討し、社会における利害をめぐる闘争の必然性を洞察したが、それは基本的には国内社会も国際社会も同様と考えられた。即ち、本質的に利己的な国家から成る国際社会には不調和と紛争が絶えず、それが武力闘争、即ち戦争に発展する可能性も常にあった。[140] しかしながら、この紛争を平和的に解決するために検討された方策、特に政治的解決法、即ち国際的な政治権力機構の創設に関しては、「国家間の関係が、国家の境界内における市民、或いは社会集団の間の関係と同じような法の支配のもとに置かれていない」が故に、いまだに成功していない。[141] 彼は国際政治の現実について、

「国際社会には戦争を抑止する権限をもち、ある国が他国に対し武力による圧力を加えることなしに国際的変化を引き起こすことができるような状態を創り出す権限を持つ超国家機構は存在しない。」[142]「われわれが直視しなければならな

い現実は、国際社会は発展のもっとも原始的な段階にあるということである。われわれは、本質的には共通の会議場さえ持たない約六〇の会員から成る一つの社会である。そこには共同体意識はほとんどない。各々のメンバーは勝手に行動し、武力はそれが実際に行使されるか否かにかかわらず、いずれの国が欲するものを獲得し、または保持するかを基本的に決定する。……国際社会は無政府状態にある。(143)」

と述べ、今日（一九三〇年代）の国際社会で一国の政府と同じような機能を持つ政治機構を確立することは実際的ではないとの認識を示す。しかしその一方で、政府機構は「数世紀に亘って徐々に進化してきた」のであり、「他のあらゆるものと同様、それには始まりがあり」、しかもその初めは不十分なものであった。国際社会においても「その緊急な必要性から、一つの始まりを創り出すべきではないという理由はない」と論じ、国際機構の可能性について考察する。(144)

もっともダレスは以上のような理由から、国際的な権力機構について明確な提案を行ってはない。ただそのための一つの例として彼は、前述したように、当時の国際連盟を支持する。それは現に存在するうえ、その規約の中に「われわれが考える目的に相応しい規定」、すなわち平和的変更規定が含まれていたからであったが、その実効性についての疑問から、そのすぐ後で、それは「国際機構の実験的始まり」と言うことさえ実際的ではないかも知れないと述べ、極めて消極的な認識を示している。(145)なおダレスは連盟が包括的な機能を果たすことが出来ない事実に鑑み、地域的状況に応じて役割を果たす地域機構の将来の可能性について示唆していることは、後の国際連合の地域機構に結びつくものとして注目される。(146)

ところでダレスは、国際紛争を平和的に処理するための政治的解決法、即ち実効性のある国際機構の創設を困難にしている理由として、政府の活動領域の拡大に伴って、紛争、乃至対立の原因や結果を正当に分析することが困難になるとともに、最大多数の最大幸福を実現するためのルール作りが複雑で困難であること、しかもこれは国際関係においてよく妥当する問題点であること、さらに国家には、すでに述べたように、自国を擬人化し、仮想敵国を外部に設定することによって権力の拡大を図ろうとする傾向があること等を指摘するが、[147] 後者に関連する問題として、彼は基本的には国家主権の頑迷性を重要視していたと言ってよい。そこで以下ではダレスは国家主権の頑迷性をいかにして克服しようとしていたのかを検討する。

② 主権の頑迷性と国際機構

改めて言うまでもなく、近代国際社会は主権国家システム、すなわち多様な主権国家が併存する社会として特徴づけられるが、ダレスによれば、それら諸国は「自国民に忠誠と犠牲的献身を求めると同時に、自ら欲求や大望を持ち他国のそれとの衝突を引き起こしている。」また主権国家は自己の利益のために行動し、しかもその結果について他国に何らの責任を負わない。その国力は外交政策を追求する際の道具となる。[148] ここには彼の古典的な国家観が示されているが、彼はこの主権システムこそ国際紛争の解決に必要な平和的変更を妨げていると考えるのである。

彼によれば、主権とは「外部の勢力によって干渉されない権利でありその本質は、自己の管轄領域内においては自己の欲するままに行動でき、他のすべての国家はいかなる干渉の権利も持っていないことである。[149]」しかもそれは国際法によって長期に亘って認められてきた大原則であった。この主権概念、すなわち国家の絶対性（国内的には最高性）は元来、紛争を排除し秩序を維持することを意味していたと考えられるが、ダレスによれば、主権の絶対性は国家の利己的性格と結びついてむしろ紛争を引き起こす役割を果たすのである。

前述したように、彼は、人間の利己的性質を反映した国家もまた利己的性格を持っているが、その性格及び国家間の紛争は主権によって強められてきたとする。即ち、

「主権は政府によって、国民の主要な利益のために用いられる権力である。……機会を豊富にもつ国家はそうした機会を利己的に利用し、他国を排除する傾向がある。このようにして、国境は、ある国家にとっては維持されるべき保護的装置となり、他国にとっては、それらは機会に対する障壁となり破壊されなければならないものとなる。(150)」

さらにこの国家主権は、すでに記したナショナリズムや国家の擬人化、乃至神聖化傾向、或いは国境意識等とも結びつき、現状維持勢力はもとより、現状打破勢力によっても利用されるであろう。かくして国家主権は一方で緊張をもたらす政治的な硬直性を育み、暴力に門戸を開き、ついには戦争を導いてしまうのである。ダレスは「主権の結果から逃れる方法はない。硬直的な障壁は、残された唯一の方法、すなわち武力によって破壊されねばならなかった。その結果、武力は国家間関係を律する正当な手段として認められてきた(151)」と述べ、歴史的に見て、主権が戦争システムを強化する役割を果たしてきたことを指摘した。

しかしすでに述べたように、今日の戦争はすべての人を巻き込む総力戦に変化してきており、戦争は許されない。一方国家間の相互依存関係は益々強まっており、戦争の主たる原因となってきた国家間の利害の衝突を平和的に調整し各国共通の問題を組織化する何らかの新しい国際機構の創設が必要であるとダレスは考える。その際、上記のように、戦争システムの強化に一役買ってきた主権について、それが放棄されることが期待できないことが明らかだとの認識(152)を持つ彼は、非常に曖昧ながらその抑制、即ち「主権の希薄化」を提案した(153)。

それではダレスは具体的にどのような国際機構を提案するのであろうか。すでに述べたように、彼は国際連盟を一つのモデルと考えるが、様々な制約から連盟の実効性には悲観主義的な見解を持っていた。こうして一九三〇年代のダレスは、明確、且つ具体的な国際機構構想を提示することは出来なかったが、基本的な考え方等に関する言及はしばしば行われた。そこでそれらについて最後に概観しておきたい。

ダレスによれば、政治的解決法の究極的な目標は「暴力的傾向が強まることを防止し、スタティック勢力とダイナミック勢力間の公正なバランスを創り出すこと」[154]にあるが、それは基本的には国際機構を形成することによって可能となる。その意味で何らかの国際機構の創設は政治的解決法の中心的課題であり、同時に恒久的な平和を維持する上で不可欠の要素であると言ってよい。その際彼は、留意すべきこととして以下の五点ほどに集約できる問題点をしばしば指摘した。即ち、

第一は前述の国家主権の制限、即ち「主権の希薄化」の問題である。必ずしも単純には比較することは出来ないと思われるが、ダレスはその成功例としてアメリカ合衆国の成立過程において各州の主権が部分的に連邦に従属してきたことを挙げた。[155]第二は擬人化された国家を神聖視し、自国を英雄国家として描写したり、他国を悪魔的と見たりすることを止めることであり、第三は、妄想や自他に対する異常な感情を生み出す原因となる国境の壁を低くし、経済交流も出来るだけ推進することである。そして第四は、世界の条約構造に連盟規約第十九条に規定されたような柔軟性を付与すると同時に、出来るだけ詳細な規定を避けることである。このような言わばコモン・ロー的な法思想の下で、平和的な変更を成功させた例としてダレスは、アメリカ合衆国とイギリスをモデルとして挙げる。即ち、両国の国家形成過程は前者が統合化、後者は分裂化と反対の道を辿るが、例えばイギリス（アメリカについては前節で言及）では、「一六〇〇年の間、主要な英帝国構成国関係は平和状態にあり、その間、それら諸国は徐々に別個の国家に発展していった。」このように考えるダレスは、両国の国家形成過程を国際連盟と並んで国際社会の秩序形成のための一つのモデルと見ていた。[156]

さて最後に指摘できると思われる点は、現状の変革は国際機構による変革であれ他によるものであれ、過激であってはならず、秩序ある変化でなければならないことである。彼は一九三五年に著した「平和への道」の中で、「変革は、たとえそれが平和的に行われようと、正当性が明白になった後に初めて漸進的に行われることを認識しなけれ

ばならない」[157]と述べるとともに、三九年には、国際機構は「世界のショックを和らげ、スタティック、ダイナミック両勢力に対し限定的且つ均衡のとれた満足を与えられるような組織的柔軟性」[158]を持つものでなければならないと論じた。

さらにダレスは『平和、戦争、及び変化』の中で、「理論上の結論」として、平和的変更を可能とするような国際機構は当面、次のような四つの機能を持つものでなければならないと主張した。即ち、第一は国際的変革を求めて行動を起こそうとする勢力を、その初期の段階で発見し、第二にその潜在的な大きさと強さを客観的に評価すること、第三は内部的な機会を創出することにより、ダイナミックなエネルギーが十分なはけ口を見出せるようにすること、第四は強力な武力の拡大が劇的な変革に結びつくことを阻止するために、必要と思われる国際的地位の変更を勧告することであった。[159]これと同じ三九年、ダレスはクウィンシー・ライト（Quincy Wright）シカゴ大学教授に宛てた書簡の中で、「現段階では」、国際機構は「単に勧告的なもの」に止まるべきで、制裁機能も付与せず、「国際連盟よりは弱い権限を持った組織」でなければならないと述べている。[160]

以上のようにダレスは種々の問題点を指摘しながら、一方では「今日の国際世論の状態では、国家領域の変更を命令する権限を持つ国際機構を創設することはユートピアである」との認識を示し、同時に他方では、その実験は既に試みられており、それが成功すればその意味は世界の安定にとって非常に甚大であると論じ、彼自身その間接的な当事者の一人となる今後の試みに希望を託したのである。[161]

第六章　ダレスと教会活動による平和

――「公正且つ永続的な平和」の実現を目指して――

アメリカの政治動向に宗教が大きな影響を与えてきたことは、古くはトクヴィル（Alexis de Tocqueville）を始めとして多くの識者によって指摘されているが、[1]一九三〇年代の後半から戦後に至る時期は、戦後国際秩序の設立をめぐる政策決定過程に宗教、特にキリスト教やキリスト教会が極めて大きな影響を及ぼした時期であった。[2]このことはハルの回顧録においても、ローズヴェルト大統領が「正義の平和を追求する努力」の一環として「教会の助力」を得るため、アメリカ最大の全国連絡調整機関である連邦キリスト教会評議会（Federal Council of Churches of Christ）[3]会長等と意見を交換したという形で言及されているが、[4]ダレスの活発な活動もこの連邦キリスト教会評議会を足掛りにしたものであった。ダレスは後に、「私が平和のために果たした最大の貢献の一つは、第二次大戦中に連邦キリスト教会評議会と協力して、アメリカが国際連合に参加することを受け入れるような世論を創り出したことである」[5]と回想するとともに、この時期は彼の生涯のうちで「最も充足された時期」[6]であったと述べ、さらにNBCテレビのインタヴューに答えて、こうした活動は「国務長官としてなし得る仕事以上に満足のいくもの」[7]であったとまで述べている。これらのことは、彼が戦後国際平和機構の実現に並々ならぬ関心をもっていたこと、および外交政策の決定に当たって必要とされる世論の支持獲得の重要性を十分認識していたことを示しているが、[8]同時に彼が、後に検討するように、国際平和の実現には道義的な力を持ち道徳原理を示すことができる教会が責任を負っていると考えるとともに、教会を基礎とする活動の有効性をも認識していたことを示していると言ってよいであろう。[9]以下では、ダレスの熱心な教会活動の原点はどこに求めることができるのかといった点について、彼の若年期の経験を通して検討し、併せて国際平和に向けて展開された教会活動について検討する。

第一節　ダレスの活動の原点と穏健リベラリズム及び国際主義[10]

一般にある人物の政治行動の背景説明として、その人物の幼少期、或いは青年期の経験を過度に強調することは、政策決定を含む政治行動が様々な要因によって影響を受けていることを考慮すれば、必ずしも適切ではないであろう。しかしダレスの場合、後の政治行勲との直接的な因果関係は証明できないとしても、このいわゆる存在拘束性を強調してもよいように思われる。すなわち、彼自身もしばしば言及しているように、彼の若年期の経験は後年のダレスに少なからぬ影響を与えた[11]。

前章と一部重複するが、あえて再度記せば、ダレスは一八八八年にニューヨーク州ウォータータウンの第一長老教会牧師で神学博士のアレン・M・ダレスの長男として生まれた[12]。母、エディス・F・ダレスの父、即ちダレスの祖父ジョン・W・フォスターは弁護士出身の外交官で、約八か月の短期間であったが、第二三代大統領ハリソンの下で国務長官を務めた。母の妹と結婚した叔父のロバート・ランシングも弁護士出身でウイルソン政権における国務長官であった。結論を先取りすれば、ダレスは父の下で厳格な宗教的教養を身につけ、祖父や叔父の彭響で法律の道に進み、国際政治の魅力にとりつかれた。しかもそれらはいずれも穏健リベラリズムと国際主義的信条[13]に支えられていたと言ってよいように思われる。

ダレスは、彼の母がダレス五歳の誕生日に「彼には素晴らしい学習能力があり……目を見張る知的鋭さが備わっている。彼の論理的鋭敏さは思索家としての道を示している。」と日記に記し、さらに宗教的訓練に対する反応に関しても、「彼は著しく敬虔であり、父や母が礼拝している姿を見ると何時もすぐに同じ姿勢をとり、最後まで身体を起こそうとしない」と記しているように、[14] 幼少の時から知的、精神的両面において尋常ではない優れた資質を示していた。こうした資質は、彼の少年期における厳格ではあるが極めて幸福な日常生活上の経験とも結びつき、さらにはプリンストン大学における哲学や心理学の探究を通して洗練され、後の、特に戦時中から戦後にかけて見られた公正の感覚や穏健なリベラリズム的思考の醸成に大いに役立った。[15]

この幼少期から青年期に至る成長期に、ダレスは、前章でも言及したが、二人の人物から彼の生涯に及ぶことになる極めて大きな影響を受けた。その二人とは母方の祖父で家長的存在[16]でもあったジョン・W・フォスターであり、牧師である父のアレン・M・ダレスであった。ダレスの教会活動の直接的な原点は勿論、牧師であった父との関わりに求めることができるが（因に母も献身的なクリスチャンであった）[17]、ダレスの国際主義的な考え方を育み、さらには彼の、聖職者への道か法律家、或いは国際問題に関連する外交分野への道かという人生を左右する重大な進路の決定に大きな影響を及ぼした祖父の存在も無視することができない。[18] それは、父の宗教に関する穏健リベラルな考え方と祖父の同じくリベラルで国際主義者としての立場は、相互に刺激し合いながら少なくとも該期間中には、前記のように公正な感覚等を生み出したと考えられるからである。[19] そこでまず、祖父フォスターがダレスに与えた影響から検討する。

祖父は、徹底した共和党員であるとともにリベラルな考え方に立つ国際主義者として、上述のようにダレスの国際主義的な考え方、および特に彼の進路選択に決定的とも言える影響を与えた。[20] 彼の政治的立場は、彼が積極的なリンカーン（Abraham Lincoln）の支持者であり、奴隷制にも強く反対していたことからも推察できる。

開拓者時代の生活を記憶し、[21] 南北戦争の体験者でもあり、外交官としての豊富な経験をもつ彼は、孫達に開拓者精神を伝えるとともに、メキシコ、ロシア、スペイン、それに中国等の外国における興味深い生活、および戦争の体験談とその悲劇性等を、外交や法律の話を混じえながら、彼らには「非常に興奮を覚える物語」としてしばしば語って聞かせた。[22] 特に戦争に対する嫌悪感とその防止策の必要性に関する話はダレスに強い感銘を与え、後に彼は、「祖父からそうした感情を受け継ぐことができた[23]」と語るとともに、「平和の大義に奉仕することが私の大望になった[24]」と述懐している。こうした感情が、後の著書である *War, Peace and Change*『戦争、平和、および変革』や戦後秩序構想の思索の基礎になったであろうことは容易に想像できる。

ところで祖父フォスターは、子供に男子がいなかったこともあって、最初の孫であるダレスを溺愛した。ダレスのミドル・ネームであるフォスターは祖父の名をもらったものでもあった（家族はその名を日常的にも忘れまいとして、通常、ダレスをフォスターと呼んだ[25]）。ただダレスが牧師を目指してプリンストン大学に入学したことからも推察されるように、祖父がダレスの進路について直接的に指導を行ったという証拠はない。[26]

幼少期、青年期を通じて、祖父は自らの生き様は勿論、ダレスとの様々な関わりを媒介として、ダレスを法律、さらには外交の世界に導き入れたと言うべきであろう。アメリカ国務長官シリーズ、第一七巻、『ダレス』の著者ジャーソン（Louis L. Gerson）は、「祖父ジョン・W・フォスターの長期且つ多岐に亙る外交官としての活躍は、正に若きフォスター・ダレスにとって一つの学校であった[27]」と記し、またダレスも後年、「同じ時期（筆者注、プリンストン入学前の約一六年間）に私は国際問題に非常に大きな関心をもつようになったが、それは私の祖父に影響を受けたものである[28]」、「私の祖父は、私の人生に絶大な影響を及ぼした。私は、彼が懐いていた理想と目的を自分自身のものにするようこれまで努力してきた[29]」と述べ、それぞれ祖父のダレスへの影響が尋常ではなかったことを率直に表明した。

このようにしてダレスは祖父の国際政治に関する物語に強い興味を覚えるとともに、彼のリベラルで国際主義的な信条を受け継ぎ、人生の岐路において国際政治への道を選択することとなったのである。

もし祖父のフォスターが、戦争や平和の問題を含む国際問題をダレスに語ることによって、彼の政治的信条と進路に影響を与えたとすれば、父アレンはダレスの教会活動の基礎となった「宗教に対する強固な信仰」、および「道徳律に対する基本的な信頼」といった宗教的信念の形成に大きな影響を及ぼした。[30]

ダレスの父もリベラルな立場に立つ牧師であった。彼は、教会は科学、知的探究、および個人の自由の擁護者でなければならないと主張した。また真のキリスト教は処女生誕説を信ずることに依存するものではなく、さらに、離婚者も教会での再婚が許されるべきだとの見解をもっていた。彼は、離婚者の教会における結婚式を司会した最初の牧師の一人でもあった。[31] このようなリベラルな立場は、戦間期の長老教会における、いわゆる近代主義対原理主義論争においても明確にされ、それはダレスにも影響を与えた。これは、処女生誕説、奇跡信仰、死者復活説等の非科学的な原則に固執する原理主義者を若き近代主義者であり、後に著名な牧師となるデュセン（Henry P. Van Dusen）やフォスディック（Harry E. Fosdick）達が批判したことに端を発する論争であったが、前者が一九二四年の長老教会総会で後者を異端として教会から追放しようとしたのに対し、父はダレスに助言を与えることにより後者を擁護させた。ダレスはデュセン達を擁腰する文書を提出して総会を支配していた保守派を論破し、近代主義者の地位を守った。もっとも、ダレスは自由主義的で近代主義的な見解の持ち主ではあったが、この時のダレスは有能な弁護士として名声を馳せており、当該ケースも神学論争よりは憲法上の手続きを問題にして支持を獲得した。[32]

このように父アレンはリベラルな見解の持ち主であり、妹のエレノア（Eleanor Lansing Dulles）によれば「最も親切で最も優しい」人であったが、同時に牧師としての強固な義務感を併せもっており、[33] 家庭では、献身的なクリスチャンであった母と共に厳格な宗教的雰囲気の中で子供達を育てた。即ちダレスをはじめ子供達は、早い時期から「奉仕の精神」や「正義」の観念を教えられ、日曜日には、日曜学校とは別に三回の礼拝に参加させられ、毎週水曜日には定例の祈禱会に出席しなければならなかった。日曜日にはこの他、必ず新約聖書の一章か詩編の中の何編かの詩、それに賛美歌の一、二節を覚える義務を課せられた。[34]

こうした厳しい訓練に対しては子供達に不満が無かったわけではないが[35]、彼らは、当時の厳しい体験をどちらかというと非常に好意的に回顧している。例えば、上の妹マーガレット（Margaret Dulles）は「私達の日曜日は非常に厳しかったがそれは幸福な日々であった[36]」と、また二番目の妹エレノアは「宗教の訓練は自然で快適だった[37]」とそれぞれ述べている。またダレス自身も、聖書の徹底的な勉強が彼の慰めと強さの源泉となったこと[38]、および幼少期の宗教教育が彼の広範囲に及ぶ人生の様々な局面で極めて有意義に作用したことを懐かしく回想するとともに[39]、両親から教示された精神的価値の深遠な重要性を理解したことが後の教会活動への契機となったと述懐している[40]。

子供達の宗教教育に対する以上のような反応には、厳しかった体験への懐古趣味的反応という側面が全く無かったとは言えないが、エレノアが述べているように、それはむしろ、彼らの家庭環境が活気に溢れ、独立心と冒険心に満ちたものであり、将来の進路も親によって強制されなかったことによると言ってよいであろう。とは言うもののエレノアによれば、父はダレスに対し最も大きな影響を与えた[41]。長男でもあり、上記のような環境の中で、知的にも精神的にも早くから非凡さを示していたダレスに対する期待が大きかったことは想像に難くないが、父はダレスに「真理」とか「現実」等の本質に関する思索を勧めるとともに、多くの哲学書を早くから読ませていた。一方ダレスも日頃から父を非常に「崇拝」しており、長じると、父と同様、牧師の道に進むために父や何人かの叔父達が卒業した長老教会系のプリンストン大学に入学し哲学を専攻した。プリンストンでは、プラグマティズムをヒブン（John G. Hibben）教授から学び（筆者注：但し、ダレスはプラグマティズムには批判的であり、理性を重視する立場に立っていた）、卒業後は前章で言及したように、成績優秀故に認められた一年間のソルボンヌ大学留学で、ベルグソンから「変化」や「創造的進化」の概念を学んだ[42]。

しかしながらダレスは、既に述べたように、祖父を通して知った聖職者以外の世界に消し難い魅力を感じていたこと、また彼が牧師として、父と同じように献身的な奉仕活動ができるかどうか、さらには生涯の職業として、牧師が彼自身にとって最適かどうか疑問に思い始めたこと等の理由から、大学を卒業し、一年間のソルボンヌ大学留学を終える頃には、牧師の道へ進むことを断念してしまった[43]。

彼の決断は、尊敬する父の期待に反することになり、苦悩の選択であったにちがいない。それは父と同じ牧師の道を歩むことを期待していた両親を大いに失望させてしまったが、それは、彼が宗教との縁を断ち切ってしまうことを意味してはいなかった。それればかりか彼は、今後教会において必要性が益々高くなると予想される俗人教会指導者として活動を続ける決意を明らかにし、両親を始め家族を喜ばせたのである。ダレスは当面弁護士の道に進むことになるが、それは（ダレスの主張によれば）俗人の教会指導者として「教会における活動を法律の実践と結びつけ」ようとしたもの、即ち教会の普遍的、理想主義的な理念をできるだけ現実に近づけることを目指したものであり、後年活発に展開されるダレスの教会活動の目的と動機もこの点に求めることができるであろう[44]。

こうしてダレスは、俗人教会指導者として、次節で検討するように、戦中から戦後に至る戦後国際平和機構をめぐって展開された教会活動において中心的役割を果たすことになる。さらに彼は、言わば生涯に亙って長老教会の活動に積極的に関与し、例えば一九三七年から一九五九年に他界するまで、ニューヨークのパーク・アヴェニュー長老教会の長老として活躍するとともに、一九四三年から一九五三年にかけて同じニューヨークのユニオン神学校の校長を務めた。著名な牧師であったデュセンはダレスのこうした活動を「専門の牧師以上に希有で遙かに有用」であったと評価している[45]。ダレスがこうした形で教会活動に関わった理由としては、ダレスが挙げた前述の理由の他に、両親の期待に直接応えられなかった悔恨の情も底流にあったと思われる。勿論幼少時代から培われた宗教観が最も重要な理由であったことは言うまでもない。これらはいずれも、何かを契機にして導火線に火が着けられれば、一体となってダレスをして教会活動に向かわせる要因でもあった。その契機こそ、ヒトラーの登場と侵略行動であり、宗教の平和への役割の再確認であり、人類の問題への強い関心等であった[46]。

以上のように、ダレスの活動の原点は若年期の経験に多くを求めることが出来ると言ってよいであろう。それらによってダレスは、リベラルな考えを基礎に置きながら、宗教、特にキリスト教の普遍的原理および国際主義を体得した。しかもこれらは彼の言わば実利主義によって結び付けられ、一九三〇年代後半からの危機の時代に展開された教会活動には、一方で、それによって人々のキリスト教的道徳心を回復させるという側面と、他方で、国際主義に基づく目的を実現するための世論形成のための一つの手段としてそれを利用するという側面が認められた。

第二節　ダレスと連邦キリスト教会評議会

——教会活動による平和の追求——

前節で述べたように、ダレスはプリンストン大学を卒業しソルボンヌ大学留学を終える頃には、牧師の道に進むことを断念し、結局、ジョージ・ワシントン大学ロースクールを経て弁護士の道を選択した。彼の弁護士としての能力は抜群に優れており、第一次大戦を挟む困難な時期に国際経済を中心とする幾多の複雑な国際法上の問題を処理し、一九三〇年代には既に第一級の国際弁護士としての地位を確立していた。この間のダレスは、前述のように俗界の教会指導者として活動する決意を明らかにしていたにもかかわらず、デュセンが「怠惰な俗人長老教会員」と呼んだようにそれほど熱心な活動の足跡を残さなかった[47]。

しかし一九三〇年代後半になり、ヨーロッパやアジアにおいて戦争の足音が近づき国際連盟を核とする国際秩序の枠組みが急速に崩れ始めると、彼の使命感が覚醒される。こうした危機の到来により、キリスト教会を含む多くの団体によって平和を維持するための運動が展開されることになるが、アメリカのプロテスタントを中心とするキリスト教会の活動はその一つであったばかりでなく、その活発な活動を通して戦後国際機構の創設のための世論形成に大きな役割を果たした。この時期が、アメリカ史上、キリスト教がアメリカ外交に最も大きな影響を与えた時期であると言われる所似であるが、[48]ダレスはその中心的指導者として活躍したのである。そこで以下では世界的なキリスト教会議であったオックスフォード会議が開催された一九三七年から国連が創設されることがほぼ確実になる一九四四年頃までのダレスの活動を四期に分けて検討する。

(1)　一九三七年～一九三九年　オックスフォード、ジュネーブ両会議を中心に

一九三七年はダレスの人生にとって一つの転機となった年であった。何故なら、この年の七月に開催された「教会、社会および国家に関するオックスフォード会議」への参加を契機として、教会活動を媒介として国際平和秩序を形成しようとする彼の信念に火が点されたからである。実はダレスは、この会議の直前に国際連盟主催の下にパリで開催された国際知識人会議に出席して失望感を味わっていた。それは、戦争の危機が迫る中で、平和的変更について検討するために召集されたものであったが、各国の偏狭なナショナリズムに制約されて何の成果も生み出すことができなかったからである。[49]彼は一九四九年に故郷、ウォータータウンの教会に招かれた時、パリ会議と比較しながらオックスフォード会議を回想し、その意義等を次のように述べている。即ち、

「それは、世界のほとんどすべての国家、及びほとんどすべての人種の代表が参加した偉大な会議であった。我々は国際連盟で外交官達が無益に議論したものと同じ重要問題について議論した。しかしオックスフォードでは、我々は共通の基準、即ちイエス・キリストによって啓示された道徳律を指針として討議を行った。また我々は、国籍や人種の違いに関係なく、お互いに兄弟として振る舞った。こうした状況のもとで、我々は不信感に満ちた国家間競争の雰囲気の中では解決不能の問題を解決する方法を見出すことができた。それから私は、私の両親が教えてくれた精神的価値の深遠

な重要性を理解し始めた。……私はその時以来、プロテスタントやカトリックやユダヤ人等の宗教団体と緊密に協力し始めた。何故なら、私はすべての団体のうちそれらが世界秩序の構築に最も大きな貢献ができると信ずるようになったからである。」と。(50)

ここからは、ダレスが教会活動によってのみ世界平和の建設が可能であり、彼もそれに参加し平和建設のために貢献したいという強い意気込みをもっていたことを感じとることができるが、彼は、第五章でも検討したように、既に国際情勢が急速に悪化しつつあった一九三五年に「平和への道」と題する論文を著し、後の著『戦争、平和、および変革』の主要テーマとなる「変化の不可避性」をキーワードにして国際平和秩序構想を提起していた。それは宗教上の信念を基礎とするものではなかったが、(51)一部の人からは強い関心が寄せられていた。こうした中で、現下の危機的状況を打開する方法をキリスト教徒として考える全世界キリスト教会議を一九三七年にイギリスのオックスフォードで開催することを計画していた同国の指導的牧師オールドハム（Joseph H. Oldham）は、アメリカの協力を要請するため一九三六年に訪米した。その際彼は、戦後秩序構想について思索を進めていたダレスとも会い、彼から非常に強い感銘を受けるとともに彼を会議に招待したのである。ダレスは、自らの経験から大規模な会議は不毛な結果に終わることが多いとの認識をもっていたが、以上のような経緯により歴史的な会議に参加することとなったのである。(52)

ほとんどすべての国から四〇〇名近い参加者を得て開催されたこの会議では、教会と社会、教会と国家、教会と国際社会等をテーマにした五つの分科会に分かれて検討が行われ、結果的には教会の役割を非常に高く評価した。即ち、教会は、従来のように「イエスの理想や愛への訴え」を説くだけでは不十分であり、人間のもつ「頑固な利己主義や邪悪な権力」に向き合う必要があるとした。また俗界における進歩、教育による人間の改革には極めて悲観的な態度を示し、「キリスト教のプラグマティズム」、或いは「行動主義」に基づくキリスト教の積極的な活動を促した。この「行動主義」は、特に一九四〇年代始めのアメリカにおける教会活動に反映されるものでもあった。[53]

このようなオックスフォード会議の主張はダレスの教会指導者としての役割や考え方に大きな影響を与えた。即ちダレスは、主として教会と国際社会の関係を検討する第五分科会において活躍していたが、会議を通じて教会こそ現下の国際秩序問題を解決する特別な能力があると確信するに至った。それは彼によれば、教会のもつ「共通の信仰や共通の希望」が教会の普遍的性格と結びついて、教会をして「国家や文化の諸問題に挑戦するユニークな媒介手段」としたからである。また彼は、世界は兄弟であるという世界観をもつ教会こそ、世界に欠落している平和のための統一原理を提供することができるとし、政治行動が基礎を置くべき道徳原則を示すことこそ教会の主要な任務であると結論づけた。[54]

こうしてダレスは、当初はどちらかと言うと優れた国際法の専門家としてオックスフォードに招待されたが、帰国するときには立派な「聖職者」に変身を遂げていたばかりでなく、国際法の知識をもった俗人牧師として名声と影響力を獲得したのである。[55]以後彼の「可能性のあるダイナミックな社会的機関」としての教会に対する関心と信頼は益々強まっていくと同時に、アメリカの参加する国際協力と国際機構の実現のために、連邦キリスト教会評議会を通した活動を活発に行っていった。[56]

まずダレスは、オックスフォードから帰国した直後の十一月初め、連邦キリスト教会評議会の主催によるものではなかったが、早速、セイヤー（Francis B. Sayre）国務次官補の招きに応じて、ファシズムや共産主義のようなイデオロギーの挑戦に、キリスト教徒はどのように対応するかについて検討する会議に出席した。またその二、三週間後には連邦キリスト教会評議会が、拡大する日中紛争を調停するために東アジアに派遣しようとしていた国際的な牧師の代表団の一員になるよう勧誘を受け、翌一九三八年の春に東アジアを訪問した。[57]

その後一九三八年後半から一九三九年にかけてダレスは、国際政治情勢の悪化に伴い、国際秩序に関する考え方を早急にまとめる必要性を痛感し、すでに言及した『戦争、平和、および変革』を著した。それに対する評価は区々であったが、彼は、これを契機に講演等による幾つかの国際秩序に関する活動に従事した。これらは必ずしも教会を基礎とする活動ではなかったが、ダレスは平和運動や世界連邦主義に関心を示していた。もっともその実現の可能性については基本的に懐疑的であった。(58)

しかし一九三九年におけるダレスの最も重要な活動は、七月にジュネーブで開催された俗人指導者とキリスト教指導者の国際会議に参加したことであった。これは元来、戦争の原因は経済問題にあるという考え方に基づいて、一九三八年に計画されながら日の目を見なかった国際経済会議を復活させようとしたものであったが、戦雲急を告げる中で、経済第一主義は修正され、国際秩序問題を含む国際平和の問題が主要な議題となった。このジュネーブ会議後間もなくしてヨーロッパは戦乱の嵐に見舞われることになり、したがってそれは戦後に至るまでの最後の全キリスト教会議となった。(59)

ダレスはこの会議に、アメリカ代表一二人の中の一人として参加し、積極的な役割を果たした。彼によればダレスはこの会議で二つの貢献をした。第一は、会議が「政治的であれ、経済的であれ、いかなる種類の権力も責任を伴わなければならない」という彼の強固な信条を採択したことである。この基本的な主張は、貿易政策や移民の問題等の実際問題に鑑みて、「政治を監視し論争を調停するため」の国際機関を創設すべきことを意味していた。大部分のヨーロッパ人はそのような国際機関を受け入れることに反対であったが、ダレスとの論争の末にそれに賛成した。(60)第二の貢献は、国際機構や政治機構は本質的に常に悪であるか否かの論争において、常に悪であるという主張を論破したことである。彼は人間の創る諸制度は発展しつつ完成されるとの考えをもっていたのである。(61)

上に述べたように、このジュネーブ会議は第二次大戦への勢いが止まらない状況の中で開催されたこともあって、先のオックスフォード会議で広範に広まった国際秩序を求める全キリスト教会による運動の限界が示された[62]。これ以後世界的規模の会議が開催されなくなったことは既に述べた通りである。その意味でジュネーブ会議はあまり大きな成果を生み出すことができなかったと言ってよいが、ダレスはこうした危機的状況を目の当たりにして、ある種の超国家機構を創設する必要を痛感して帰国した。もっとも彼は国際機構に強制力をもたせることには、今日の国際社会の発展段階からして不可能であるとして反対する。彼によれば、世界政府の創設は非現実的でしかない。国際機構に関する彼の関心の一つは「平和的変更」を促進するメカニズムをいかにして確立するかということにあった。ジュネーブから帰国後の著名な国際法学者クウィンシー・ライトへの書簡の中で、彼が、必要なものは、開放され且つ特別な機能的、技術的諸問題を処理する「勧告」機関で、国際連盟よりは権限の弱いものであると書いたことにもそれは示されていた[63]。

(2)　一九三九年〜一九四一年　介入主義vs非介入主義

一九三九年九月に第二次大戦が勃発すると、アメリカのキリスト教会では、アメリカがこのヨーロッパにおける戦争に介入すべきか否かをめぐって大きな論争が展開された。この間ダレスは、自らは基本的には非介入主義の立場に立っていたが、その主張は元来それほど極端なものではなかったこと、さらに彼に対する信頼が大きかったこと等の理由から、彼は両者の間の調停者の役割を果たすこととなる。

第二次大戦勃発から一週間後の九月八日、連邦キリスト教会評議会会長のバトリック（George A. Buttrick）は全国ラジオ放送を通じて、「戦争は無益であり」、「アメリカは和解によってより優しい世界を建設することを欲している」が故に「中立」を守るべきであると訴えた[64]。同評議会もそれに続いて「アメリカの教会とヨーロッパ戦争」と題する声明を出し、戦争は「キリストの精神に反する邪悪な行為」であると断じて、アメリカは紛争の局外に立つべきであることを要請した。さらに同評議会はローズヴェルト大統領に書簡を送り、非介入を勧告するとともに「個々の国家の主権の一部が世界共同体の利益のために制限されることもある何らかの世界秩序の結成」を要求した。[65]

このようにアメリカのキリスト教会は、九月の末には団結してアメリカの介入に反対していたが、間もなく著名な神学者でもあったニーバー（Reinhold Niebur）やデュセンは強硬な介入主義者として論陣を張った。即ちニーバーは、アメリカがイギリスやフランスの防衛に失敗すれば、それは世界の民主主義を破壊することを意味すると説き、一九四〇年の初めには、アメリカの戦争への介入を支持し始めたのである。[66]

一九四〇年一月になると、介入を主張する人々は、ニーバー執筆の「教会と国際情勢」と題する声明を発表し、アメリカはヨーロッパの紛争には中立ではあり得ないこと、ナチスの勝利はあらゆる地域における自由の死を意味すること等を主張してアメリカの介入を強く求めた。これにはダレスを含む三二人の優れた教会指導者が署名した。[67]もっともダレスは、Q・ライト宛の書簡の中でその署名が不本意であった旨を記し、その理由としてその声明が、戦争に対する連合国側の責任を看過していることを指摘した。彼によれば、戦争の一因は国際問題の平和的変更のメカニズムを創り出すことに失敗した連合国側にもあった。[68]

こうして戦争への介入を主張する「教会と国際情勢」が提示されると、連邦教会評議会は二月にその問題を検討するための全国研究会議をフィラデルフィアで開催した。そこで演説を求められたダレスは、介入・非介入論争には触れず、代わりに三七年以来の教会の関心事であった戦争を解決するための方法について熱弁を奮った。即ち彼によれば、戦争はすべての主権国家の無責任な振る舞いの結果であり、それを解決するためには植民地の国際管理、工業先進国による通貨および貿易政策の結果についての責任、紛争解決のための国際裁判所の創設、集団的安全保障という考え方の受け入れといったウィルソン主義的な方法が必要である。それを実現するには障害もあるが、ダレスは、教会は神の最高性を再確認することによって平和にとって有害な現状維持主義的傾向を弱め、道徳的な自己義認の傾向を抑制することができると主張した。[69]

ダレスは上記のように、当初はどちらかと言うと、所謂「持たざる国」[70]の要求に柔軟な対応を怠った連合国側にも戦争の責任があるとする観点から非介入主義の立場に立っていたが、今や武力行使の否定といった方向へ主張の力点を移すとともにその立場も徐々に強めていった。すなわち彼は、武力の行使は不健全であるとの見解を示すとともに、一九四〇年四月、アメリカは戦争以外のあらゆる手段によってイギリスやフランスを援助すべきであるとの主張が行われると、戦争に勝利する唯一の方法は大量の米軍を欧州に派遣することであるがアメリカ国民がそれを許さないであろうとの見解を示した。ダレスにとって基本的な問題は戦争それ自体であり、近代戦に勝利するために必要とされる武力の行使そのものであった。ダレスは、ドイツの勝利は悲しむべきことであるが、戦争そのものよりは悪いことではないかも知れないとまで述べていた。[71]

しかしヨーロッパにおけるドイツの初戦の電撃的勝利はアメリカにおける介入主義者の立場を強めていった。教会においては一九四〇年五月、ニーバーやデュセンに指導された介入主義者のグループが、ナチスのスカンジナヴィア攻撃を契機に再びアメリカの介入を主張する声明を出し、多くの署名を集めた。ダレスはそれには署名を拒否したが、同じ五月に出された非介入主義者による宣言にも、両者の中間的な道を探りたいという理由から署名をしなかった。このようなダレスの姿勢にかかわらず、連邦キリスト教会評議会内部の亀裂は深刻化するが、五月から六月にかけてドイツがフランスに侵攻すると同評議会内部の意見も介入主義の方向へ傾斜していった。その結果、同評議会執行委員会において六月いっぱいかけて行われた、戦争に対する態度に関する評議会声明をめぐる論争において、ナチスの勝利は人類の基本的価値にとって脅威であると主張する介入主義が勝利を収めた。[72]

ダレスはこの間、心情的には非介入主義者でありながら、表向きの行動はほぼ一貫して両者の中間に立つものであった。それは、彼によれば、彼の第一の関心が連邦キリスト教会評議会との共同作業にあり、国際秩序の研究に重要な役割を担っていたこと、さらに論争のどちらかに与すれば、そうした彼の長期的な目標の達成に支障を来す恐れがあったためであった。[73] しかしダレスのこうした態度は、彼に同評議会の指導者間における対立の調停者の役回りを与えることになる。即ちダレスは、両者の主要な指導者を自宅に招き非公式の会議を開くとともに同評議会の戦争に対する声明案を作成し、両者に認めさせた。それは十二月に開催された同評議会の国際問題セミナーで承認され同評議会の公式の見解となるが、それは六月に公表された声明よりははるかに非介入主義者の見解に近いものであった。[74]

ところでヨーロッパにおける戦争は、このような教会内部の論争をよそに拡大の様相を呈しており、議会が四一年三月、武器貸与法を可決したことにより、アメリカは名実ともに中立政策を放棄することになった。こうしてアメリカが戦争に巻き込まれることが不可避の情勢になり、教会内部においても介入主義者の勢力が再び強まりつつあったが、こうした状況の中で、教会の関心はむしろ如何にして平和を実現するかという方向へ移行していくことになった。

即ち、連邦キリスト教会評議会は、既に一九四〇年十二月に「公正且つ永続的な平和の基礎研究委員会」(Comission to Study the Bases of a Just and Durable Peace) を設置し、国際秩序の問題に積極的な関心を示していたダレスをその委員長に任命した。この委員会は後に「公正且つ永続的な平和に関する委員会」(Commission on a Just and Durable Peace) と名称を変更するが、ダレスは以後この委員会を通して戦後国際秩序の問題に関与することになるのである。

(3)　一九四一年～一九四二年　「公正且つ永続的な平和に関する委員会」(ダレス委員会)

戦後計画に関する検討は、戦争が勃発すると同時に東部の国際主義者を中心にして行われてきたが、ダレスも、上記のようなオックスフォード会議後の彼自身による回想にかかわらず、国際主義者の一人として俗界における教会以外の団体、例えば国際連盟協会（The League of Nations Association）[75]を母体とする平和機構研究委員会（the Commission to Study the Organization of Peace）や外交問題評議会（the Council of Foreign Relations）の作業部会の結成に関わっていた。[76]これらの団体には著名な国際主義者が多く参加しており、大きな影響力をもっていたが、どちらかと言うと国民の極く少数しか代表していなかったこと、ダレスもメンバーであった平和機構研究委員会が「戦後国際機構」に関する明確な見解を示せなかったこと等の理由により、彼は教会活動への傾斜を益々強めていくことになる。[77]

即ち彼は、一九四〇年十二月にニュージャージー州のアトランティックシティーで開催された連邦キリスト教会評議会の全国大会において、戦後機構の検討のための委員会を設置することを提案し、同評議会によって承認された。それは前記の通り、「公正且つ永続的な平和に関する委員会」として実現されることになったが、ダレスはその委員長に任命されたのである。[78]連邦キリスト教会評議会がこの時期に同委員会の設置を決定したのは、これまで、第二次大戦に対する介入か非介入かをめぐって分裂気味であった教会を平和構想を軸に団結させることに一つの狙いがあったが、それと同時に同評議会が、アメリカの教会こそ国際問題を考える訓練ができており、したがって教会こそ「公正且つ永続的な平和の準備のための先兵」になるべきであると考えたことによる。同評議会はさらに、教会は「より良い国際秩序のための精神的基礎」を提供しなければならず、世論をしてアメリカの国際秩序創設に向けた行動を支持させるよう教育しなければならないと考えたのである。[79]

なお、ダレスが同委員会の委員長に選任された理由としては次の四点を指摘することができるであろう。第一は彼の経験と能力である。彼は上述のように戦後平和秩序を検討する幾つかの団体に関与していたし、国際会議を含む多くの会議で国際主義者としての能力を遺憾無く発揮した。その際、第一級の国際弁護士としての優れた能力が大いに役立ったことは言うまでもない。第二はダレスのいわゆる人脈である。彼は国際弁護士としての仕事、或いはヴェルサイユ会議を始めとする国際会議への出席等[80]を通して内外に政治家を含む多くの知己を獲得していた。特に、後に詳述する予定であるが、有力な上院議員であるヴァンデンバーグやタフト（Robert A. Taft）、それに政府のハル国務長官やウェルズ国務次官達と電話で気軽に会話を交わすことができたことは、教会を権力に接近させること、[81]即ち教会の目標を現実の政策に反映させる可能性を高めることを意味していた。ダレスを任命した第三の理由は、既に述べたように、彼が戦争への介入をめぐる論争の中で中立的立場を一貫して堅持してきたことにあった。そうした姿勢が多くの評議会メンバーの信頼を勝ち得ることとなった。第四の理由として彼の熱意も挙げることができるであろう。第二次大戦が始まる頃には既に第一級の国際弁護士としての地位を獲得していた彼であるが、弁護士としての成功は彼の知的関心を第二回ハーグ平和会議出席[82]以来懐いてきた国際政治問題に向けさせるとともに、少年時代からの宗教的教育によって植え付けられた道義高揚の仕事を疎かにしてきたことを痛感するようになり、[83]それがオックスフォード会議以来の教会活動に結びついたのである。こうした理由からデュセンは彼こそ委員長の地位に最も相応しい人物であったと語っている。[84]

この「公正且つ永続的な平和に関する委員会」における活動は、ダレスの教会活動歴の中で最も活発且つ重要なものであった。彼は一九四八年まで同委員会の委員長を務めることになるが、特に国際連合の創設が公式に確認される一九四四年の夏頃までが活動のピークであり、彼は多くの時間とエネルギーをそれに投入した。しかもこの委員会ではダレスが指導的な役割を果たした。即ち、委員会の声明を始めとするほとんどの文書はダレスが起草し、デュセンによれば、他の九〇名前後のメンバーはすべて彼の考えを盲目的に承認する役割を果たしたに過ぎなかった。[85]こうしてこの委員会はダレスの「ワンマン・ショー」的様相を呈し、マスコミはそれをしばしば「ダレス委員会」（以下、本論でも特に支障のない限りダレス委員会と記す）と呼んだのである。[86]

この委員会の目的は、公正且つ永続的な平和を実現するためにキリスト教会として何ができ、何をなすべきかについて検討を行うことにあったが、基本的には「国際秩序のための道徳的基礎を創り出すこと」が教会の最優先課題とされた。[87] そこでこの所謂ダレス委員会の当初二年ほどの活動は、「戦後平和が依拠すべき道徳原理」を一般的に示すことに重点が置かれ、一九四三年の初め頃からは、必ずしも明確で具体的な提案ではなかったが、国際連盟に代わる新国際機構の創設に向けた主張や宣伝が活発に行われるようになるのである。[88]

ところでダレス委員会は、こうした活動を二つの分野に重点を置いて展開する方針を採用した。その第一は世論の教育であった。同委員会は過剰とも言える声明文、マニュアル、パンフレット等を出版したり配布すること、さらには講演活動を各地で行うことによってキリスト教精神に基づく戦後国際秩序の必要性を訴えるとともに、国内に根強く存在する孤立主義を払拭するよう努めた。また一九四三年には、宣伝や世論問題を取り扱うためにニューヨークの世論問題研究所と契約し、同委員会のメッセージ等を国政レヴェルから地方に至るまで大量に配布し宣伝に努めさせた。このような教育の努力は、政府の政策に教会の影響を反映させようとする同委員会の努力の中核を成すものであった。ダレスは国際機構に対するプロテスタントを始めとする世論の強力な支持を獲得することによって、委員会は政府に対する影響力を強化できると考えていたのである。同委員会が第二に重視したのは、教会を代表して政府に意見を述べる同委員会の「圧力団体」としての役割であった。委員会は作成したほとんどすべての出版物を上下両院議員の手に渡すとともに、ダレスは少なくとも年に一度はホワイトハウスに大統領を訪問して委員会の立場を説明した。また彼は、第一義的な外交政策決定権をもつ国務省とはウェルズ国務次官を通して常に接触を維持し、同じく外交政策の決定に大きな発言権を持つ上下両院外交委員会の有力メンバーであったヴァンデンバーグ上院議員や下院のフルブライト議員達とも頻繁に交流を重ねた。共和党の重鎮で超党派外交の熱心な推進者であるヴァンデンバーグとの知己が極めて重要であったことは言うまでもないであろう。[89]

このダレス委員会の実質的な活動は一九四一年から始まった。既に述べたように武器貸与法が三月に議会を通過することによって、アメリカの参戦は時間の問題となった感があったが、ダレスを始め多くの国際主義者は、早くからアメリカが平和目標或いは戦後構想について明らかにすることを要求していた[90]。しかしローズヴェルトとチャーチルはそれには直接応えずに、八月十四日に、よく知られた大西洋憲章（Atlantic Charter）を発表した。この大西洋憲章は、より公正で安定した世界を創るための指針となる原則を、曖昧ではあったが八項目にわたって明らかにしたもので、翌年一月一日の「連合国宣言」にも取り入れられ、後の国際連合の創設につながっていくものと考えてよいが、恒久的な安全を保障する国際機構の設立については、アメリカの孤立主義者への配慮、それにローズヴェルトが米英両国による国際警察力によって国際秩序を維持することを望んだこと等の理由から直接的には言及されなかった。この憲章はアメリカ世論のアメリカ参戦への抵抗を少なくするという意図があったとされるが、国際主義者は一般にこれを好意的に評価したと言ってよい[91]。

しかしダレスはそれに不満を示した。彼は既に一月頃から、アメリカ政府が戦後構想や平和目標を明らかにしていないことを批判していたが[92]、彼によればこの大西洋憲章にも恒久的な国際機構の創設に関する提案が欠落していたのである[93]。

ダレスは大西洋憲章からほぼ一か月後の九月十八日、ダレス委員会に提起した「長期的な平和目的」と題する声明の中で、次のように述べてそれを批判した。即ち、

「全体として見れば、この共同宣言は暫定的、且つ不十分な声明と考えるべきである。……この宣言は基本的には旧式の主権国家システム概念を反映しているように思われる。それはヴェルサイユの形式に忠実に従おうとしているが、いかなる国際機構の創設についても言及されていない。平等を基礎とする権力創出機構がなければ、アングロ・サクソンの軍事的、経済的支配をもたらし、現状の維持が計られるであろう。確かにアメリカと英連邦諸国との協力は重要なことである……が、それだけでは公正、且つ永続的な平和は保障されないであろう。……この戦争がどちらかの軍事的勝

利に終るなら、一国或いは二か国に圧倒的な権力が集中されるだろう。勿論、そうした権力は現実のものとなるであろうし、我々はその彭響を避けられない。我々の仕事は、この権力を恩恵をもたらす現実にすることである。それには、我々が我々の権力を、その恒久化のためではなく、すべての国家から活力を引き出す国際機構を創設し、それを支持し、最終的にはそれに道を譲るように使用することが必要である」と。[94]

ここに示唆されているように、また同時に彼が、大西洋憲章は「ウィルソンの十四か条よりはるかに劣っている」[95]と批判したことからも明らかなように、彼の戦後構想はより理想主義的な傾向の強いものであった。それは「長期的な平和目的」"Long Range Peace Objectives" の後半部分においても断片的に言及されているが、大略すれば次の通りであった。即ち、

「新しい国際秩序は、国家間の相互依存関係が益々深まっていることを認識し、すべての国家が参加する「平和のための国際連邦」[96]を基礎とすべきである。それは世界政府への第一歩であり、国家主権は「大がかりな手術」によって稀薄化され、伝統的な「主権国家システム」は修正される。[97]また新機構は軍事的、経済的制裁機能を保有せず、その権力或いは権威の行使は道徳的領域に限定される。そのためにも世論の教育は積極的に行う必要があり教会の責任は重い」

というものであった。[98]

ダレスのこうした構想に対しては、ダレス委員会内部において、特に制裁問題、主権の稀薄化の問題に対する現実主義的立場からの批判が出され、同委員会は分裂の危機に見舞われた。そこで同委員会は以後、具体的な国際機構問題を棚上げし、その関心をより良い国際秩序のための道徳原則の追求に向けることになった。その結果、四二年十二月には、ダレスや彼の親友で同委員会の幹事でもある平和主義者のカーク（Walter Van Kirk）を中心に国際秩

序の基礎となるべき十二の「指導原理」（The Guiding Principles）[99]が作成され、広く配布喧伝された。しかしそれは、道徳律への度重なる言及、諸問題の調整メカニズムを備えた国際機構の設立等の主張に見られるように理想主義的な色彩が濃いものであった。

このように一九四〇年代初めの教会活動には、この指導原理を含め、教会指導者の平和主義的、理想主義的な傾向が強く反映されていた。それは一九四二年三月にオハイオ州デラウエアのオハイオ・ウェズリアン大学で、ダレス委員会の主催で開催された「教会および公正且つ永続的な平和」に関する全国研究会議も同様であった。ダレスはこの会議は生涯で最も満足すべき会議であったと述懐しているが[100]、会議の最終メッセージには、政策形成に当たり道徳的考慮を反映すべきこと、超国家機構、即ち世界政府を設立すべきこと、主権国家システムや孤立主義への批判等が盛り込まれており、プロテスタントの理想主義的な見解を強く反映していた[101]。ダレス委員会はこのようなメッセージを全国に配布して伝道に努めると共に、全国各地で伝道と教育のための地域教会会議を開催した。こうした活動がメディアや世論の関心を同委員会に向けさせるのに大いに役立ったことは言うまでもないであろう[102]。

ダレス委員会は、この他、カナダやイギリスの教会との交流も深めた。四二年七月には、ダレスとカークはイギリスの招待を受けて渡英し、オックスフォード、ジュネーブ会議出席者達と旧交を温めるとともに戦後構想についてトインビー（Arnold Toynbee）等イギリス側代表者と意見を交換した。しかし教会の役割を確認する以外、具体的な合意は得られず、結局、戦時中は各国の教会が自らの国際秩序構想を支持する世論の形成に努めることが両者間で合意されたに過ぎなかった[103]。

なお一九四二年九月には、ダレス委員会の総会が開催され、ダレスは同委員会のほぼ二年間に亘る活動の検証の結果として、教会が留意すべき四つの課題を提示する。即ち第一は、国内の統一と団結、第二は同委員会と政府の政策決定者との交流、第三は世論の教育機関の設立、最後は海外のキリスト教団体との交流であった。ダレスはこのうち特に第三の世論への働きかけを重視すると同時に、政府への働きかけは余り成功していないとの認識をもっていた。[104] こうした折、すでに検討してきた通り、この時期には政府も戦後構想の実現に向けた行動を開始しており、ダレスは、政府に対するダレス委員会の支持を政府が歓迎するとの判断から、その活動をより積極的な方向へ転換していくことになる。[105] ただ、ダレスはこの年の年末にかけて、教会内部において勢いを増し始めた介入主義者を中心とする好戦的な主張、即ち枢軸側の打倒のために一致団結した行動が必要であるとの主張に対処する必要があった。[106]

ダレスは、そうした感情的な反応を批判し、ダレス委員会に「正義の信仰及び使命感」[107] を育成する計画を立てるよう要請するとともに、十月には、それを具体化するためのパンフレット「公正且つ永続的な平和のための正義の信仰」を作成する。その巻頭論文で彼は、「戦時の関心は軍事的勝利以外の何物でもなく、キリスト教徒の徳を放棄し原始的感情に依拠すべきであると主張する人々がいる。キリスト教徒にキリストか国家かの選択を迫るこの主張は拒否されねばならない。それは国家への忠誠を否定するものではない。……我々の目的は、アメリカ国民が正義の信仰（Righteous Faith）で満たされるようにすることである。……我々が弱体化しているのはそのような信仰を欠いているからである。」と述べ、[108] 信仰の本来の姿の回復こそ必要であると説いた。「正義の信仰」という言葉は「ダイナミックな信仰」とともに、後にしばしばダレスによって使用されるが、それは、犠牲と奉仕の精神に富み、憎悪から解放された信仰で「世界にそれを広めることが使命であると感じられるような深みのある信仰」であった。[109]

彼はこの後十二月、ライフ誌に発表した「正義の信仰」と題する論文の中で、それは戦争の恨みに対する解毒剤として役立つとも述べている。即ち彼は、「キリストは違った形で常に現れる悪を克服する方法を人類に教えようとした。それは、明確にものを見る洞察力、直接的に考える精神、および人類の本質的な一体性と平等の価値を認める愛情を基礎として行動することである。キリストは憎悪、復讐心、自己欺瞞、特定の国家や人種、さらには階級の神聖視を……それが人類をして自らの問題を処理することを不可能にするが故に嫌悪した」と述べ、リベラルな宗教観を示しつつ世論に訴えたのである。[110]

(4)　一九四三年「平和の六支柱」を中心に

戦後国際秩序構想については、政府においてもすでにハル国務長官やウエルズ国務次官を中心に検討が行われており、一九四二年の夏頃には国際機構創設のための小委員会が、同じ年に国務省内に設置された戦後外交政策に関する諮問委員会（Advisory Committee）の下に結成されていた。[111]政府のこうした動きがダレス委員会等による教会活動の影響をどれ程受けたかについては必ずしも明確ではないが、これまでの検討結果から推して少なからず影響を受けたと考えてよいであろう。

ところでダレス委員会の活動は一九四三年にピークに達すると言っても過言ではない。この時期に活動が活発に行われたのは主として三つの理由による。第一の理由は、世論の動向であった。ローズヴェルト大統領は、大西洋憲章発表の一周年記念日にチャーチルに送ったメッセージの中で、「戦争に勝利することが連合国の唯一、最高の目的である」と述べ、戦後構想に関しては戦勝後に考えるとの見解を明らかにしたが、[112]一般世論もそれに近い反応を示していた。即ちフォーチュン誌の世論調査によれば、多くのアメリカ国民は、平和計画の検討を戦争に勝利するまで延期することを望んでいたのである。[113]第二の理由は一九四二年の秋に行われた中間選挙の結果、孤立主義的傾向が強かった共和党の勢力が拡大したうえ、下院の孤立主義者一一五人のうち一一〇人が再選されて孤立主義の根強さが再確認されたことである。ダレスはウェルズ国務次官への手紙の中でこうした孤立主義的傾向に強い懸念を表明した。[114]第三の理由は、戦後予想される東欧をめぐる米ソ間の対立、アメリカの力の独占等が国際機構の創設の可能性を破壊する恐れがあったこと、さらにはアメリカが第一次大戦後の経験を繰り返す恐れもあったことである。[115]

このような理由によってダレスは、アメリカが戦争終結前に国際機構の創設について保証を与えなければその実現の可能性はないと確信し[116]、ダレス委員会とともに一九四三年には最も活発な活動を展開することとなった。まず一月には、同年度に実施する三つのプロジェクトを決定した。その第一はより具体的な戦後構想を明らかにすること、第二は、国際秩序に関する世界キリスト教会議の開催、第三は大々的な宣伝を行うことであった[117]。そこで以下では、特に第一、第三の問題について略述する。

ダレスは一九四三年一月、第一のプロジェクトに沿って戦後構想に関する提案を早々と行ったが、それはダレス委員会において二か月程の検討が加えられた結果、三月に「公正且つ永続的な平和」と題するパンフレットとして公表された。これは先の「指導原理」をさらに「簡潔」にし、「必要最小限」の言葉によって平和のための六つの基本原則を明らかにしたものであった[118]。通称「平和の六支柱」(Six Pillars of Peace) と呼ばれたこの提案には、前章で言及した通り、ダレスの見解が強く反映された。即ちそれは「道徳律こそ究極的に世界の諸問題を決するものであり、国際政治は道徳律に準じて組織化されねばならない」、アメリカこそ「国際機構の確立のための特別任務」を与えられているという強い信念であった[119]。

この「平和の六支柱」とは、前章の脚注で紹介したように、

① 連合国間、およびいずれは中立国、敵国を含む国家間の継続的な協力のための政治的枠組みの提供。
② 国際紛争の拡大の原因となった各国政府による経済、財政上の諸行動を国際的合意の範囲内で行わせるような規定の設定。
③ 条約構造を世界の諸条件の変化に適合させる国際機構の設立。
④ すべての従属民族の自治の実現と、それを保証し監督する国際機構の創設。
⑤ 世界の軍事体制を管理する手続きの確立。

⑥　あらゆる地域における信教の自由、および知的自由の権利の確立、であった。[120]

ダレスによれば、ダレス委員会の活動はこの時期には第二段階に達していた。第一段階とされる最初の二年間は、彼によれば主として精神的要素が強調され、教会は人々にキリストの教えを浸透させるよう努力した。それは既に言及したように、例えば「指導原理」として示されるが、人々は正義の信仰に満たされ、啓発された行動をとることが期待されたのである。[121]

こうして活動の第二段階に達した今、ダレスは次のように考えることによって「平和の六支柱」、換言すれば、必ずしも明確なものではなかったが、国際機構の創設を提起したのである。即ち、ダレス委員会は人々に道徳律の源泉である神の意思に従うよう説いてきたが、人々はそれを市民としての行動にどのように具体化するか指導を求めている。また委員会としても人々に勧めてきたことを自ら実践する義務がある。そこで教会組織を何百万という人々に接近するために利用している同委員会としては、アメリカ国民に「道徳的考慮」と「啓発された自己利益」とを結合させるよう求め、アメリカの将来の国際機構への参加を政府に要求するよう仕向けるべきである、というものであった。さらに、何故今なのか、また、何故アメリカがイニシアティブをとらねばならないのかという疑問についてダレスは、前者については、平和への移行過程において連合国間に亀裂が生ずる恐れがあること、後者については、アメリカは他のどの国よりも決定的な影響力をもっていること、および国際連盟への不参加に対するアメリカの責任を指摘した。[122]

ここに示されているように、確かにダレスのキリスト教、或いはその道徳律等に対する信頼は絶大であったと言ってよいが、他方で教会活動を通し、国際機構創設の支持に向けて世論を教育しようとする彼の意図も明白であった。[123]また「六支柱」は理想主義的ではあったが多くは実現可能性の範囲を越えていなかったし、その曖昧性は、教会の自制を示すものであった。[124] ここにはダレスの教会指導者としての面影と同時に現実主義的、実利主義的な政治家としての顔も覗くことができる。

こうして「六支柱」が発表されると、それは新聞やラジオ等多くのメディアで取り上げられ、大きな反響を呼んだ。ダレス委員会はアメリカ中の二〇〇〇の新聞社にこのパンフレットを送付するとともに、「六支柱」に関する論文の雑誌への発表、全国の牧師に対する六万部のパンフレットの配布、解説書の作成、およびダレス自身の熱心な普及活動等によって積極的な宣伝活動を行った。ダレスは前述した人脈を通して手紙を送ったりパンフレットを配布するなど、熱心に「六支柱」の宣伝に努め、三月二十六日にはその一環として、連邦キリスト教会評議会会長らと共にホワイトハウスに大統領を訪ね、また一方で訪米中のイーデン外相を訪ねたりした。また共和党にも働きかけ、四四年の選挙を控えて「六支柱」を党の戦後政策の基礎として採択するよう求めた。[125]

この「六支柱」に対する反響が極めて大きかったことは前述の通りであるが、その評価については、理想主義的傾向の強かったオハイオのデラウェア会議メッセージや「指導原理」からの後退、国家主権の稀薄化に言及していないこと、および曖昧性等に対し一部から批判が加えられたが、[126] 概してそれは好意的に迎えられるとともに、ダレス自身の国際機構創設構想に対する確信を深めることとなった。「六支柱」に対する熱心な支持はアメリカはもとよりイギリスの教会からも寄せられたし、ローズヴェルトは依然として大国主導の戦後秩序に執着していたが、「六支柱」に感銘を受け、それを読むや十月に開かれた戦後構想等を話し合うためのモスクワ会議にハル国務長官を派遣することを決定した。[127] この会議の結果（モスクワ宣言）がテヘラン会談を経て、国連憲章の検討のためのダンバートン・オークス会議に結びつくことになることはすでに述べた。一方共和党でもタフト等による批判はあったが、党のホープであったデューイ達に支持されるとともに、共和党の外交政策を決定するために同年九月に開催されたマキナック会議にも影響を与えた。[128]

このようにして「六支柱」は、それまでキリスト教会が発表した声明の中で群を抜いて最も重要であるとされた。[129]それは上述のようにして全国に喧伝され、戦後国際機構の創設の動きに少なからぬ影響を及ぼした。ダレスは後に、ダレス委員会結成後の活動と影響について「私は……国連計画に関する研究グループを全国に創り、大量のパンフレットを頒布した。我々は、二年後に世論を国連支持に変えさせるのに力となった。」そしてその結果、「世論がリードして……政府の態度を変えさせた。」と回想し、ダレス委員会の果たした役割を高く評価した。[130]

ダレスの教会活動は前に述べたように、これ以降も続行されるが、国際機構の創設の動きは、それが具体的になるにしたがって徐々に政治の舞台に場を移して行く。それとともにダレスも、これまでの教会指導者から政治的指導者へと変貌を遂げ、政策立案者としての立場ではなかったが、より直接的、且つ現実的に国連創設に関わっていくのである。

第七章　ダレスの集団安全保障観とその軌跡
――道徳性と非軍事的措置へのこだわり――

第五章、第六章においては、国連創設のためのサンフランシスコ国際会議に米国代表団の顧問、それも実質的な最高顧問として参加するダレスのそれまでに形成された基本的世界観やキリスト教会を媒介とする諸活動について検討を行った。変化の必然性、平和的変更の保障、主権の希薄化、人間の欲望の自制、道徳律等のキー・ワードは、彼が当時、リベラルで穏健な国際主義の立場に立っていたことを示していると言ってよいが、本章では、ダレスはどのような経緯を経て集団安全保障観を体得したのか、その軌跡を振り返ることとする。

ダレスが国際紛争の解決のためには国際機構の創設による集団安全保障体制の確立が必要であるとの認識を持っていたことは前に検討したが、その一方で、当時のダレスは、集団安全保障が最終的には軍事力に依存した制裁にその核心を置いていることに批判的であり、同時にその実効性にも問題があると考えていた。すなわち、彼は集団安全保障という言わば理想主義的アプローチに一定の限界を感じていたのである。

ウィルソン大統領のプリンストン大学時代の学徒であるダレスは、ヴェルサイユ会議にアメリカ代表団の法律顧問として若干三一歳の若さで出席し、ウィルソンの理想主義を学ぶとともに、そこでの様々な経験を通して、先に見たリベラルな基本的世界観をベースにしながらも、リアリストとしての外交感覚や国際政治観を体得した。そこでここでは、それらが国際政治情勢の変化に応じて、どのように織り成され、国際連合の中核を成す集団安全保障に対する彼の考え方に反映され、或いは変化をもたらしたのか等を検討することとする。

第一節　国際連合と集団安全保障体制

よく知られているように、また、序章でも概説したように、安全保障方式としての集団安全保障は第一次大戦後に創設された国際連盟において、それまでの勢力均衡に代わるものとして採用されたものであった[1]。それは勢力均衡のように、単なる国家間或いは国家群間の力の均衡によって安定と平和を維持しようとするのではなく、「対立関係にある国家をも含んだ関係諸国家の組織的な協力体制を作り、これら国家全体の集団としての力によって、平和の破壊を防止・抑圧しようというもの[2]」である。この「組織的な協力体制」の具現化されたものこそ国際連盟であり国際連合であったが、そこではより具体的に、国際的約束に違反して戦争に訴えた国は、他の総ての加盟国に対し戦争行為を行ったものと看做し（連盟規約第十六条[3]）、平和の回復のために集団で対処することとされた。

特に国際連合においては、これも周知のように、国際連盟の対処方法の曖昧性、不徹底性への反省から、より徹底した対応措置が国連憲章に規定された。すなわち、一般に紛争が発生した場合には、まず平和的解決（国連憲章第六章）を目指すことが要請されているが、平和に対する脅威、平和の破壊及び侵略行為、すなわち憲章違反行為に関しては、安全保障理事会がそれら違反行為の存在の決定（第七章第三十九条）を行い、まず経済制裁等の非軍事的措置（第七章第四十一条）を発動し、それが不十分と認定された場合には軍事的強制措置（第七章第四十二条～第五十条）、すなわち武力による制裁を発動することとされたのである。

以上、国際連合の集団安全保障体制を概観したが、集団安全保障体制の下では国際紛争を解決する手段としての武力の行使は放棄される。そしていかなる国家による武力の行使も、自衛の場合を除き（筆者注：正確に言えば、すでに述べた通り、国連憲章上、武力の行使が正当化されるのは、①安全保障理事会が憲章違反の侵略行為との決議を行った場合、②個別的自衛権を行使する場合、③集団的自衛権を行使する場合、④いわゆる旧敵国条項を適用する場合の四つのケースのみである)、侵略行為と看做され、それに対する集団行動、すなわち制裁が行われることになるのである。換言すれば、この方式の真の目的は、各国が侵略を停止させるために集団で行動することを約束することによって、もし潜在的な侵略国が侵略行動に訴えた場合には、当該国は他のすべての国家による圧倒的な軍事力によって制裁を受けることになることを認識させ、侵略行動を抑止することにあると言ってよいであろう。しかも集団安全保障体制が機能するためのより基本的な要因は、すべての国家が無条件に上の約束、すなわち集団行動への関与を受け入れる必要がある。(4)

すなわち侵略が何時、何処で起ころうとも、また侵略者が誰であろうとも、加盟国は侵略者と戦わねばならないのである。これは侵略者が特別な関係を有する国家、たとえば同盟関係にある国家であってもそれと戦う義務を免れることは許されないばかりか、たとえ侵略の理由に正当性があると思われてもそれが侵略行為と認定されれば、当該国と戦わねばならないことを意味していると言ってよいであろう。

このように、国際連合の集団安全保障体制は、上記の非軍事的措置と軍事的措置から成っているが、その中核部分が軍事的措置にあることは言うまでもない。しかしこの集団的な軍事的強制措置、すなわち集団的武力制裁は、実際には、その機能において、主として、ほぼ次の四つの理由により著しい限界があると、一般に認識されていると言ってよいであろう。

その第一は、国際連合の集団安全保障は具体的には安全保障理事会の決議に基づく集団的措置を意味しているが、安全保障理事会の常任理事国には拒否権が認められているため、常任理事国の利害が対立する問題では安全保障理事会の決議をほとんど期待できないことである。(5)特に国連創設前後に始まった冷戦がその機能を麻痺させてしまったことは言うまでもない。第二の理由は、軍事的強制措置はいわゆる国連軍によって行われるが、国連軍を結成するために必要とされる特別協定（憲章第四十三条）が主として国家主権の問題のために一つも結ばれていないことである[6]。また第三の理由は、一、二とも関連するが、加盟国は「相対立する政治的利害を……集団的防衛という観点から定義される共通善に従属させる[7]」ことに消極的である場合が多いことである。そして第四は、制裁は、国内法の制裁と異なり、通常、違反国の強力な抵抗を惹起することが予想され、特に制裁の対象国が大国の場合には事実上制裁の効果を期待できないことである。

改めて述べるまでもなく、集団安全保障体制の最大の目的は、平和の維持であり、正当と思われるいかなる理由も侵略を正当化することはできず、また、いかなる状況においても集団行動に全面的に参加するとの決意がなければ、その目的、すなわち侵略の抑止効果とその結果としての平和の維持は期待できないであろう。

もっとも、集団安全保障の核心が軍事力の行使、すなわち侵略を止めさせるために最終的には軍事的措置を執ることが認められていることにあり、今日においても、それが持つ平和の本質的問題、換言するなら、戦争を止めさせるための戦争は真に平和をもたらすかという問題が解決されたわけではないことに留意する必要があるであろう。

いずれにしても、大略以上のように理解することができる集団安全保障体制を、国連が創設される以前のダレスはどのように評価していたのであろうか、次に検討する。

第二節　集団安全保障観——非軍事的措置へのこだわり——

集団安全保障体制が制度的に確立された国際連合が創設されるまでのダレスの集団安全保障に対する考え方は、主として国際政治状況の変化に応じて、概ね五つの時期に分けて検討することができる。その第一は、アメリカが国際連盟規約を拒否した後、不戦条約が締結される頃までの見解、すなわち、言わば政治的な相対的安定期の見解で、集団安全保障の中核である軍事的措置に代わる方法を模索する時期である。第二は、一九二〇年代末から一九三〇年代の初めの、特にアジアにおける日本の侵略行動、典型的には満州事変に対する国際連盟の対応の無力さが露呈された時期で、軍事的措置ではなく実効性のある適切な経済制裁を主張する時期である。第三はヨーロッパ、及びアジアともに政治状況が悪化し、第二次大戦の足音が近づく一九三〇年代後半の、特に彼の最初の著作である『戦争、平和および変化』*War, Peace and Change* が執筆された頃の考え方で、平和の維持のためには軍事的制裁ではなく平和的変更を可能とする政治システムの形成が必要であると主張する時期である。第四は、第二次大戦勃発後の時期、特にダレスが教会活動を通じて国際平和機構を模索する時期の見解で、いわゆる「平和の六支柱」等に現れた見解が示された時期である。この時期に、新しい国際機構の必要性とともに、その骨子が提示された。そして第五は、ダンバートン・オークス提案が作成された一九四四年秋以降の時期で、現実化されようとしている新国際機構、すなわち国際連合の集団安全保障体制の実効性に疑問を呈し、道徳性の向上を説くと同時に限定的な集団安全保障観を提示する時期である。そこで、以下でそれぞれについて検討することとする。なお、第三、及び第四期はそれぞれ第五章第四節の平和的変更や、第六章第二節の教会活動に関する記述と一部重複する部分があるが、本章は特に集団安全保障との関係に焦点を当てて論じているので、敢えて両者の調整を行わなかったことをお断りしておきたい。

(1)　国際連盟、不戦条約と集団安保——戦争の違法化と世論

ダレスは忠実なウィルソン主義者として、ウィルソンの提唱した国際連盟を強く支持するが、[8]連盟の集団安全保障体制については、後に検討するように、[9]その前提となる平和的変更のメカニズムが確立されておらず、且つそれが軍事力に偏重しすぎていることに批判的であった。もっとも二〇年代の初めには、その明確な見解は見られない

が、以下の通り、戦争の放棄を宣言した不戦条約[10]を高く評価する。

ダレスは、戦争放棄に関する条約、すなわち不戦条約が調印された直後の一九二九年に著した「戦争の放棄」と題する不戦条約に関する論文[11]の中で、大戦の再発を防止するための効果的な行動を早急に起こす必要性を論じ、その方策を検討している。

そこでまずそれらを集団安全保障に関係する問題を中心に概観することとする。彼によれば、国際連盟規約に盛り込まれた集団安全保障に関する評価には二つの相対立する見解がある。すなわち第一は集団安全保障を支持する見解である。彼によれば、このグループの人々は「平和は、諸国家が、違反行為を行ったいかなる国家に対しても軍事力の集団的適用を保証するよう設計された何らかの法的制度に統合される時にのみ実現される[12]」と主張する。これに対し第二の見解は、第一の見解で想定されている組織は「戦争の肯定」を意味しているとして批判し、且つ「恒久的な平和は、総ての戦争を嫌悪し違法なものと看做す精神状態によってのみ獲得できる[13]」とする。

こうした見解の相違は、一九一八年十一月の休戦協定成立直後に各国によって提案された恒久平和のための各種計画に現れていたが、ダレスによれば第一の見解の代表はフランスであった。すなわちフランスは、彼によれば、世界の主要国の連合による国際機構を創設し、その陸海軍を国際警察軍として配置して平和を維持することを提案したのである。一方、第二の見解の代表はアメリカであった。ダレスによれば「平和会議においてアメリカ代表は、そのようないかなる超国家政府にも反対した。……しかしながらウィルソン大統領は、平和を破壊する恐れがある国家の行動を抑制するために、世界の主要国が法的に連合する計画を受け入れることが賢明であると決断した。ただ、国際警察軍を創設するのではなく、その代わりに聯盟規約第十条及び十六条を規定した。それは加盟国に対し外部の侵略から互いを守り、聯盟規約違反国を封鎖することを要求するものであった[14]。」

ウィルソンは上記のような判断に基づき、新国際機構のためのそれら規定を受け入れたのであるが、ダレスによれば、その際ウィルソンは、アメリカ国民の気持ちを「読み違えた」ためにヴェルサイユ条約の批准を勝ち取ることができなかった。上院がヴェルサイユ条約の批准を拒否した理由としてウィルソンの上院対策の不手際等も指摘することができるが、ダレスは、アメリカ国民が集団安全保障に関りをもつことを拒否したことをその理由として強調する。すなわちヴェルサイユ条約は「主としてアメリカ国民が、その目的がどんなにすばらしいものであっても、戦争は平和を維持するために必要であり許されるという考えを永続化し、且つ不測の事態が生じた場合には、米国に戦争に参加する法的或は道徳的義務を課すような国際機構への参加を望まなかったために[15]」失敗したと考えるのである。

このようにしてダレスは、第一次大戦後のアメリカ国民の心理状態、すなわちアメリカを法的に拘束する国際機構に関りたくないという心情をも理解した上で、国際連盟の集団安全保障体制に批判的であった。ただ連盟の集団安全保障体制は、しばしば指摘されるように、曖昧且つ不十分なものであったが、ダレスは連盟規約上の武力行使に関する規定、例えば第十六条第二項[16]については問題性を特に指摘していない。アメリカもその後ほぼ八年に亘って平和のための組織作りを怠り、国際連盟に替わる構想も提案しなかった。[17]

しかし一九二八年に調印された不戦条約、すなわちケロッグ・ブリアン条約（Kellogg-Briand Pact）によって「アメリカは世界平和という課題について単に否定的な態度をとることはなくなった」ばかりか、「戦争の地位を革命的に変える[18]」建設的な指導力を発揮した。そしてダレスは、国家の目的を達成する手段としての戦争の放棄を簡潔に宣言したこの不戦条約を高く評価するのである。

ダレスは、不戦条約以前の「国際法や国際的実践の場においては、戦争は国家目的を推進し国際紛争を解決する手段としてまったく正当なものと認められていた。」そのため「平和に味方する人々も、これまでは戦争の功利的ご都合主義に異を唱えることはできてもその違法性を主張することはできなかった。[19]」しかし不戦条約は、極めて簡潔な条約であったが、戦争の違法性を明確に規定し、従来の戦争観とはまったく異なる考え方を提起した。すなわち「世界の人々は制度化された慣行としての戦争を非難し、彼らの論争を解決する手段として戦争に訴えないことに同意した」[20]との見方を示し、上記の通り、不戦条約を高く評価する。

もちろん彼は、この条約が「どれほど早期に、またどれほど完全に実際的な効果を発揮できるかについて」必ずしも確信していたわけではないが、その究極的な実効性については、「戦争の地位の極めて深遠且つ基本的な変化により、遅かれ早かれ、戦争への依存は最小化されるに違いない」[21]と述べているように、非常に楽観的であった。

しかしながら、本条約は本質的には一つの宣言に過ぎず、条約違反に対しどのような制裁規定も用意されていなかった。当然それに対する批判が提起されるであろう。ダレスは次のような批判を予想する。すなわち、「戦争を根絶させる努力は無益である」とか、「それを目的とする条約は単に誠実な国家を罠にかけ、それら国家を不誠実な国家のなすがままにさせるものである」とか、「国防をまったく無視し、……秘密裡に攻撃を企てる者の犠牲になる」[22]といったものである。

これらの予想される批判に対し、ダレスは、すべての国家は国防の義務を負っており、外部からの攻撃の危険性を評価し、それに対応する防衛手段を講じなければならないと考える。したがって、不戦条約の成立にかかわらず、国防計画は縮小する必要はないとするものの、他方で彼は、不戦条約の最終的な効果として軍備の全面的縮小を期待するのである[23]。

そしてダレスは、不戦条約の実効性と軍備の縮小の実現を、やや抽象的ではあるが、その限界を認識しながら世論の力に期待する[24]。すなわち彼は「その実効性は、最終的には、それがどの程度国際世論を反映し、具体化し、再活性化することができるかにかかっており、もしその機能を果たすことができれば、それは実際には、今日の世界で最も有力な力を得ることになる」[25]と主張し、制裁規定がなくとも世論の力によって違法な戦争を抑止できると楽観的に考えるのである。なお、条約の有効性を世論のみに依存することについては、「どんな条約も、違反者に対して物理的な強制力による脅しがなければ尊敬されない」と考える人々から懐疑的に見られているが、ダレスは、「そうした議論は世論の有効性を完全に誤って判断」したものであり、むしろ世論は、「法を支える最も有力且つ必須の」要素であると考える。[26] このことは、国連の集団安全保障体制の中核機関である安全保障理事会よりも、国際世論が比較的多く反映されると考えられる総会の方を重視した彼の考え方にも現れている。[27]

以上のようにダレスは、「純粋に自衛目的以外」[28]の戦争を放棄する不戦条約を高く評価する。彼は国際連盟と不戦条約は矛盾しないと考えるが、戦争を一つの制度として非難する不戦条約を世界平和へのより良い道であると断じ、[29] その不戦条約を実効あるものとするための世論の力、乃至道徳的圧力に期待した。[30] しかしそれらは、一九二〇年代後半から始まった一部国家による侵略行為を抑止することができなかったばかりか、よく知られているように、例えば一九三一年に惹起された満州事変に対して、国際連盟の集団安全保障体制は無力さを露呈した。こうして道徳的圧力だけでは不戦条約も守られず国際連盟の集団安全保障体制も機能しないことが明らかとなると、ダレスは非軍事的な集団措置、すなわち経済制裁の有効性を模索し始める。

(2)　集団措置としての経済制裁

上記のように、ダレスは一九三〇年代に入って世論や道徳的圧力だけでは侵略を抑止することができないことを強く認識すると、軍事的な強制力については否定的な見解を堅持しながら、当時、アメリカの「二十世紀基金」によって設立された「経済制裁委員会」のメンバーとして集団的措置のもう一方、[31] すなわち経済制裁の可能性について検討を開始する。その検討結果はいくつかの覚書や短い論文に示されているが、[32] 以下ではそれらに従って彼の考え方を検討する。

連盟規約や不戦条約の目的は国際紛争を解決する手段としての戦争を廃止することであり、それを実効あらしめるために、ダレスは「道徳的圧力と条約を遵守させるための何らかの制裁」[33]が必要であると考える。しかし彼は、道徳的圧力は「どのような国際法体系および国際秩序においても不可欠な要素である」と考えるものの、前項で言及したように、「それのみでは不十分」であるとの認識を示すと同時に、制裁については、軍事的措置、すなわち「武力による強制」を否定し、非軍事的措置、それも「人道等への配慮」を条件とする、適切で「選択的な」経済制裁に限定すべきであると主張する。[34]

まず道徳的圧力の不十分性について、ダレスは二つの理由を挙げる。すなわち第一は、「世論は人々の道徳感を歪めるような宣伝によって形成される」傾向があり、したがって道徳的圧力は、例えば武力の行使は「自衛の一手段である」というような宣伝に惑わされた世論によって弱体化される傾向があることであり、第二は「世界の他の地域における道徳感は十分迅速には作用せず、且つ、もしそれがそれら政府によって採用される具体的な政策に向けられないならば、それは有効に作用したことにはならない」ことである。[35] いずれにしても、道徳的力は、ダレスにとって必要ではあるが十分条件ではなかった。

また軍事的措置に関しては、一貫して否定的であった。すでに述べたように、集団安全保障措置は軍事的制裁と経済制裁によって構成され、連盟規約にも不十分ながらその二つの概念が盛り込まれていた。[36] ダレスによれば、前項で紹介したように、「武力、すなわち軍事警察力の行使は、第一次大戦以来フランスが求める基本的な主張であり、ヴェルサイユ講和会議においてフランスが唱道したものであった。[37]」このようなフランスの姿勢は、第一次大戦における同国の経験に由来すると言ってよいが、アメリカは逆に第一次大戦の経験から、世論や政府は、軍事力によって条約義務を遵守させようとすることに価値を見出さないとダレスは考える。前項で記したように、アメリカが国際連盟に加盟しなかった第一の理由は、ダレスによれば、「加盟国が、不測の事態が生じた場合には、平和を維持するという名目で戦争に参加する道徳的義務を課せられているから」であった。その結果アメリカでは、「加盟各国が戦争放棄の合意に従って行動することを保証する経済制裁の可能性」に特に焦点が当てられるようになったと彼は考えるのである。(38) このようにこの時期のダレスは、主としてアメリカ国民の反戦気運を軍事的措置への反対理由として強調するが、同時に、アメリカ国内の関心と同様、集団的軍事措置に代わる経済制裁こそ「建設的な制裁」(39)であると考えたのである。

そこでダレスの経済制裁についての見解をもう少し詳しく見てみよう。彼によれば経済制裁という考え方は、理論上はともかく、実際上は問題解決のための様々な困難が存在しており、どのような内容の経済制裁を行うのかという問題は、「国際問題の中で最も困難且つ複雑な問題の一つ」(40)である。このような認識に立って、彼はまず出発点として、連盟規約第十六条第一項後段の経済制裁規定(41)を検討する。

すでに脚注(36)で示したように、連盟規約十六条第一項後段では経済制裁について次のように規定する。すなわち「……他ノ総テノ聯盟国ハ、之ニ対シ直ニ一切ノ通商上又ハ金融上ノ関係ヲ断絶シ、自国民ト違約国国民トノ一切ノ交通ヲ禁止シ、且聯盟国タルト否トヲ問ハス他ノ総テノ国ノ国民ト違約国国民トノ間ノ一切ノ金融上、通商上又ハ個人的交通ヲ防遏スヘキコトヲ約ス」と。ダレスは、この条項、特に、すべての国家は直ちに侵略国との一切の通商を停止するという部分はこれまで決して機能したことがないばかりか、実は、機能すると証明されてもいないと考える。すなわち、彼によれば、この第十六条によって想定されている経済制裁の方式は、無力さを露呈した日中問題への対応に見られたように基本的に誤っている。(42)

連盟規約第十六条は、このようにしてこれまで一度も発動されたことがなかったが、ダレスによればそれは二つの理由による。第一は、膨大かつ多様な資源を保有する米ソ両国が連盟の加盟国ではなかったこと、したがってこの両国が参加しないどんな経済的ボイコットも効果的に行われることがあり得なかったことである。第二の理由は、第十六条はすべての通商の全面停止を求めているが、それは極めて徹底した措置であるため、制裁を科される国家はもちろん、制裁を科す国家にとっても非常な負担を強いることになる。そのためそれら制裁国は制裁を実行に移そうとはしないことである。[43]

ダレスは、連盟規約十六条の問題点を以上のように認識しながら、経済制裁のあるべき姿を模索する。すなわち彼は経済制裁を実行に移す場合に配慮すべき三つの問題乃至原則を指摘した。

その第一は、「完全な経済封鎖」は不可能であり、したがって「表面上、極めて厳しい制裁規定を設け」ても、却って違反国を野放しにしてしまうことである。[44] 経済制裁が抑止効果として機能するためには、制裁が厳しいだけでなく現実に適用される必要があるが、上記のように、制裁が機能しないことを理由としてそれが行われないとすれば、結局制裁規定は、その役割も果たせないことになるとダレスは考えるのである。

なお、違反国との急激且つ完全な通商の停止を実行に移せない理由として、ダレスは経済関係の相互依存性に注目する。すなわち制裁国および被制裁国双方とも、「自国の利益のためにまったく自発的に経済関係を結んでいる」のであって、「それを継続させることは双方にとって利益である。」したがって「勝手に経済関係を中断することは必然的に双方に不利益をもたらす」ことになる。つまり、もし経済制裁を単に被制裁国の不利益のみを念頭において行うとすれば、「経済制裁の同じように重要な別の側面、すなわち制裁国にも不利益を与えることを無視する」ことになるのである。[45] この経済関係の相互依存性は、特に大国への経済的依存度の高い小国が経済制裁を行う場合に重要である。ダレスによれば、

それら小国の全面的な通商の停止は「経済、財政上の自殺行為」に等しい。第一次大戦中、連合国がオランダやデンマークのような小国にドイツとのすべての経済関係を断つことを期待できなかったのはそのためであった。[46] なおこれと関連して彼は、最も懸念されることとして、通商の全面停止といった厳しい制裁措置が決定された場合、

（それによって不利益を受ける）制裁国の中に、その合意を破る国が現れる恐れがあること、その結果、制裁国間の秩序が破壊される恐れがあること等を指摘する。要は経済制裁を行う場合には、初めから達成できないような厳しい措置を決定しないことが極めて重要であると彼は考えるのである。[47]

第二の問題は、経済制裁は、制裁を行う国々が被る負担乃至不利益に不平等が生ずることである。ダレスによれば、例えばそれは一九三二年当時の悪化する日中関係の中で、「欧米諸国に求められた綿花の対日禁輸措置」をめぐって顕在化した。すなわち「対日禁輸は綿花価格の急激な暴落」を招き、「アメリカの生産者の多大な損失」招く一方、他方で「ヨーロッパの綿花輸入業者に大きな利益」をもたらした。[48]

ダレスは、「平和という大義を実現するために、個々の国家はそれぞれの個別的利益を喜んで犠牲にすべきである」との考えに一定の理解を示すが、他方で、「その考えは理論的には健全であるが、」実際には、そうした見解に期待することができるほど世界は成熟していないとの認識に立って、経済制裁を有効に機能させるためには、「ある程度の財政負担の平等」が「絶対的に重要である」と主張するのである。[49]

経済制裁を行うに当って配慮すべき最後の問題は、「人道的配慮」である。改めて言うまでもなく、ほとんどの侵略行動は軍部によって引き起こされるが、その犠牲者は侵略の当事者よりも市民である場合が多いことに鑑み、ダレスは「実際上、市民に大きな飢餓をもたらすような経済制裁を世界の世論が支持するとは思わない」と述べ、人道的配慮への注意を喚起する。[50] そしてその必要性を、フーバー（Herbert C. Hoover）大統領の次のような提案を示すことによって強調するのである。すなわち「食糧は、戦時においても国際的流通経路を通して国家間を移動させるべきであり、[51]」「すべての国家は将来、戦時においても、飢餓を一つの武器として使わないことに同意すべきである[52]」という提案である。

以上のように、ダレスは経済制裁に伴う困難な諸問題を検討した後で、「経済制裁として残されたものは何か」と自問し、結論として、状況に対応した「選択的な制裁」[53]であるべきであると主張する。それは、彼もメンバーであった先の「経済制裁委員会」が勧告したものでもあったが[54]、そのより具体的な内容は次の通りであった。

すなわち不戦条約当事国は、協定によって、「不戦条約違反、或いは違反の恐れがある場合には、経済制裁が適用されることを前もって合意」しておくこと、そして経済制裁の第一段階は、「違反国に対する武器輸出或いは密貿易の禁止」とし、さらなる経済制裁は、「被制裁国の経済状況を分析し、経済的な弱点や脆弱性を拾い出した後で」制裁国によって選択的に決定されるというものであった[55]。

ダレスはこの選択的経済制裁によって経済制裁の問題点を解決できると考えたと言うことができるが、それは彼によれば、「連盟規約第十六条に示された理想主義」すなわち「ある種の正義」と「制裁国の個別的利益への配慮」すなわち現実主義を結合させた妥協の産物であり[56]、「制裁国に過度の或いは不平等の負担を課すことなく、」「条約違反国の行動を阻止する」ことを可能にするものであった[57]。

以上のように、第一、第二段階のダレスは、武力の行使を要求する集団安全保障体制に批判的であり、それに代わる紛争管理方式が必要であると考えたのである。すなわち彼は、不戦条約を高く評価し、すでに記したように、まず、不戦条約を実効あらしめるために道徳的感覚を涵養し、次いで選択的経済制裁に移ることが重要であると考えた。

(3)　集団安全保障と平和的変更

ダレスの集団安全保障観の次の段階は、一九三〇年代の後半から四〇年代初めにかけて国際関係が悪化する時期の考え方で、それは彼の最初の著作である『戦争、平和、および変化』の中に主として示されている。この時期のダレスの関心は、悪化する国際関係の原因を現状維持勢力、すなわちスタティック勢力と現状打破勢力、すなわちダイナミック勢力[58]の利害の衝突に求め、その両者の関係を調整する政治的なメカニズム、彼によれば、平和的変更のメカニズムをいかにして構築するかにあり[59]、軍事的措置を中心とする集団安全保障体制強化への関心とは異なるものであった。それは、ダレスは集団安全保障と平和的変更とは不可分の関係にあると考えており、彼によれば「平和的変更の道が準備されないまま集団安全保障を適用することは致命的な誤りである」からであった[60]。なお、この時期のダレスは、彼が高く評価した不戦条約についても、第五章でも言及したように、それは「現状維持を支持する企て」に過ぎないとして次のように批判する。すなわち

「ケロッグ・ブリアン条約は、国政の道具としての、或いは国際紛争を解決する手段としての戦争に訴えないと諸国家に約束させながら、平和的変更のために必要な装置を提供することに完全に失敗した。」[61]と。

ところで、ダレスは、国際社会における紛争の処理方法について、一国内における紛争の処理方法に類比させてその解決策を見出そうとする。

これもすでに述べた通り、ダレスによれば、一般に社会には二つの勢力、すなわちスタティック勢力とダイナミック勢力が生まれ、それらの間に利害をめぐる紛争が生ずるが、個別国家においてはその紛争を暴力化させないために政府が重要な役割を負っている。すなわち「国家には警察があるが、それは国家の中の少数者によって示される……暴力に向かう傾向を抑制するためにのみ有効であるに過ぎず、」大多数の「暴力に向かう性向を恒久的に抑制する」ことはできない。それは政府の役割であり、政府は「……主として、スタティック勢力とダイナミック勢力によって代表される欲求の衝突を解決するための強力な手段を提供する社会システムを創る義務を負っている。」[62]

このように個別国家においては、平和は「制裁の脅威」によってではなく、現状打破勢力と現状維持勢力の利害

を調整し、大多数の人々を満足させる政治システムを確立することによってのみ維持されるのであり、警察力は「ダイナミック勢力とスタティック勢力間の健全な均衡の確立に代わるものとしての役割を果たすことはできない。」(63)と彼は考える。

この個別国家における平和維持システムをダレスが国際社会にも適用しようとしたことはすでに述べた。その上で彼は、紛争処理方式としての集団安全保障は平和的変更のための効果的なメカニズムが設立されるまでは機能し得ないと結論づけ、上記のように、平和的変更機能のない集団安全保障体制は単なる現状維持体制に過ぎないと断ずるのである。それは、一九三八年に執筆した「国家のための集団安全保障と孤立主義」と題する小論の中で以下のように論じられている。

「人類の歴史はダイナミック勢力とスタティック勢力、すなわち改革派と現状維持派との間の絶えざる闘争の歴史である。軍事力は、実際上も或いは暗黙裡にも改革派が訴える原始的手段である。もし平和的変更を十分に許容する社会秩序が成立していないならば、軍事力は彼らが訴える当然の手段である。しかし、もし平和が現状の無限の恒久化を意味するならば、平和は決して達成されないであろう。

国際的分野においては、平和的変更のための十分な規定が未だに存在していない。実際にも、平和は現状維持と等しいと見られてきた。「集団安全保障」は、本質的には、自己の現有の利益を無傷で守るための満足国家による一つの同盟である。それは単に効果がないというだけでなく、多くの不可避的変化のいずれもが世界規模の戦争を惹起してしまうことを意味している点において、より悪い。

「集団安全保障」が不可能なことを実現しようとするものである限り、アメリカは孤立主義に留まるべきである。この語句に付随する空想主義を剥ぎ取れば、「集団安全保障」は防衛的同盟と等しい。アメリカにとってそのような同盟は、資産というより負債である。

もちろんわれわれは、長期的には、孤立主義によっては安全保障も平和も獲得することはできない。安全保障と平和は、国際問題においては、スタティック勢力とダイナミック勢力との間の公正な均衡を維持し、ダイナミック勢力に平和的な意思表示を行うための十分な機会を与えるシステムを実現することによってのみ達成される。われわれは、そのようなシステムを考案するよう努力すべきであり、もし実行可能な計画が考案されたなら、それが実現されるよう協力すべきである。[64]」

以上のようにダレスは、平和的変更を可能とする政治システムの確立が集団安全保障を機能させるための前提条件と考えるが、彼自身はそれをどのように構想していたのであろうか。結論から言えば、ダレスは政治システム、例えば平和的変更を可能とする国際機構の具体的な提案を行ってはいないが、それに対する考え方はしばしば提示され、かつて拙稿「ダレスの基本的世界観と国際平和秩序構想」でも論じた。[65] ここでは国際連盟と連盟規約第十九条（平和的調整）に関連する彼の議論を概観するとともに、著名な国際政治学者であったクインシー・ライトシカゴ大学教授に宛てた書簡の中で例外的に提起されているダレスの国際機構に関する構想について検討する。

ダレスによれば、国際連盟には平和にとって鍵となる二つの原則が織り込まれていた。（筆者注：この後、次頁の半ば過ぎまで第五章と一部重複するが、重要な箇所でもあるのでそのままとする。）ところで二つの原則の第一は、集団安全保障の考え方であり、それは連盟規約第十条の「領土保全と政治的独立」規定、及び第十六条の「制裁」規定に具体化された。第二は平和的変更の原則であり、連盟規約第十九条の「平和的調整」規定がそれであった。[66] 前者は、連盟総会や理事会の議決方法が全会一致方式であったことや、集団安全保障への参加が事実上任意であったこと等を理由としてほとんど機能しなかったが、ダレスは、上記のように、集団安全保障と平和的変更とは不可分の関係にあると主張する。すなわち彼によれば「平和的変更の道が準備されないまま集団安全保障を適用することは致命的な誤りである。」なぜなら、そうした努力は「それほど特権を持たないダイナミック勢力を抑圧することによって、特権を保有する国家の現在の地位を永続化することにのみ役立つ」からである。ここに明らかなように、ダレスは集団安全保障を機能させる前提として、平和的変更規定を重視し、この原則のほうが「平和の決定要因としてはるかに重要である」と考えた。(67) 彼によれば、平和的変更が可能になれば、「軍事的、或いは経済的制裁は小さな次元の問題と化し、その形態の問題は管理可能な範囲の問題となる」(68) のである。

後者、すなわち連盟規約第十九条の平和的変更の原則は、ダレスによれば「連盟の核心」であり、「武力の放棄に不可欠な柔軟性を与えてくれる」ものであった。(69) この第十九条では「聯盟総会ハ、適用不能ト為リタル条約ノ再審議又ハ継続ノ結果世界ノ平和ヲ危殆ナラシムへキ国際状態ノ審議ヲ随時聯盟国ニ慫慂スルコトヲ得」(70) と規定されており、連盟が加盟国に対し、場合によっては条約の変更やそれによる政治的、経済的現状の変更を求めることができることを意味していた。しかしこの条文には、事実上、これまでのところ「どの国家も認めようとはしない主権の放棄」の要求が含まれており、したがって、「今日連盟を支配している国家は、この条文を歓迎しない」であろう。(71)

このようにして、ダレスによれば、条約の変更は「自然、且つ不可避なことである」(72) が、誰が「いつ、どのようにして」決定し、実行に移すのかに関する規定がなく、したがって執行機関も提供されていないために、それは実際には「単なる神聖な希望」(73)、乃至「壮麗な幻想」(74) にしか過ぎなかった。結局、第十九条に具現された連盟の平和的変更の過程は利用されることもなく、「決して鼓動しない心臓」と化すとともに、効果的な変更は軍事力に託されることになったのである。(75)

さて、平和的変更システムの優先的な確立の必要性を主張するダレスの見解は、一九三九年末にクインシー・ライトに宛てた書簡の中で、次のように例外的に示された。

「私は、何らかの国際機構を創設するための努力をすべきであると考えるが、それは単に勧告的性格のもので、国家の最高責任者或いは外交責任者の会議場のようなものである。したがってそれは、現存の国際連盟よりは弱体の機構になるであろう。私はこの中央国際機構の枠組みの中でより強力な一連の国際機構を創ることが可能であると考える。しかしそのどれも、範囲において国際的ではないが自由に議論ができるものである。例えば、地域的な機構、経済や通商上の利益社会に基礎を置く機構、及び類似する政治制度に基礎を置く機構等が考えられる。……第一のカテゴリーとしては欧州の連邦システム……が考えられ、第二のカテゴリーとしては、米英仏のような国家による通貨協定が……第三のタイプとしては、いくつかの民主主義国が中央国際機構を通じて一定形式の共同作業を試験的に行う機構が考えられる。私は、これらの機構に軍事的或いは経済的制裁機能を与えることが可能とも望ましいとも思わないし、いわんや、今の段階で国際警察力が必要だとも思わない。

以上に加えて、私は機能別の国際機構が……創られるべきだと思う。

なお、それら諸機構において最も困難な問題はそれらの枠組みの中に平和的変更を可能とする仕組みを用意することである。[76]」

以上のような、少なくとも集団安全保障にあまり重きを置かず、枠組みも緩やかな国際機構を念頭に描くダレスの考え方に対し、クインシー・ライトは次のような疑問を投げかける。

「平和的変更と集団安全保障との本質的な関係についての説明がないのでは？　すなわち、単に現状を維持しようとする集団安全保障は永続的であり得ないし、他方、平和的変更システムは、たとえ完璧であっても、もしそれが暴力による変革を防止するシステムを伴っていなければ、決して平和を守ることはできない。もし諸国家が侵略を防止する義務に従って行動したとすれば、ダイナミック国家は侵略による変革の不可能性を悟り、……連盟規約第十九条を機能させるために努力したであろう。[77]」

「もし集団安全保障システムがなく、各国が勢力均衡に依存するとすれば、どの国家も自国の軍事的地位を弱体化し、仮想敵国の軍事的地位を強化する恐れのある敵への権利放棄を行わないことは明らかである。換言するなら、勢力均衡システムの下においては、……軍事的な考慮が常に優先される。……平和的変更に向けて最も重要な一歩は、無制限に武装せず、無制限に通商障壁を設けないように、国家の経済的、軍事的主権を制限することである。(78)」

このように、クインシー・ライトは集団安全保障の重要性を説くが、ダレスはそれに対し、次のように返答し、軍事的措置を主とする集団安全保障に否定的な見解を示す。

「すでに述べたように、私は集団安全保障と平和的変更の相互関係に同意するが、私は前者よりも後者の方に重要性を置くべきだと考える。私は著書の中で述べたように、もし社会が十分に組織化されていれば、必要とされる軍事力の規模はきわめて小さくなる。大まかに言えば、必要とされる軍事力の程度は社会システムの欠陥を示す尺度である。そしてもし社会システムが非常に欠陥の多いものであるなら、どんな軍事力も平和の維持に役立たない。(79)」

しかしダレスは、一九四一年四月に発表した小論で、すでにヨーロッパで始まった第二次大戦やクインシー・ライトの影響もあってこれまでの主張を若干変更し、集団安全保障の必要性を認めるようになる。すなわち、

「少なくとも理論上は、連盟規約は安定した世界秩序のために二つの要素を規定した。すなわち平和的変更と集団安全保障である。連盟規約第十九条は「適用不能となった条約の再検討と継続が世界の平和を危険にするかもしれない国際状態の検討」を意図した。それによって国際状態の不平等に帰せられるべき広範囲に亘る民衆の不満の発生を防止できるかもしれない。……どのような抑圧手段も最終的には、民衆の不満を抑えることはできない。他方、野心を持ち、

無節操な指導者による侵略に対応する集団安全保障を提供することが必要である。これは連盟規約第十六条に規定され、同時に集団的経済制裁が規定されている」[80]と。

このようにしてダレスは安定した世界秩序のためには平和的変更と集団安全保障の二つの要素が必要であることを認めることになるが、それにもかかわらず、平和的変更は彼にとって第一義的な重要性をもっていた。たとえば彼は、すでに太平洋戦争も開始されていた一九四二年に、テネシー川流域開発公団（ＴＶＡ）総裁ジェームス・ポープ（James P. Pope）に宛てた手紙の中で、次のように述べるのである。

「いかなる世界秩序も、その中に組織化された制裁手段が含まれていなければならない。しかしながら、それは第二義的なものであり、……まず秩序の形成が第一に必要である。……軍事力が平和を生み出すと信ずる多くの人がおり、彼らが関心を持つ唯一の問題は軍事力の増強である。……これは馬の前に荷馬車を置くようなもので、本末転倒である。私は、もしわれわれが、暴力的で無節操な人間に恐ろしいリーダーシップを振るう機会を与えることになる大衆の不満や絶望を取り除く世界秩序を持っていなければ、どんな軍事力も暴力を抑止するのに十分ではあり得ないと思う。[81]」

ここには、これまでにも言及したような、ダレスの国際機構と集団安全保障の関連についての一貫した考え方が現れている。すなわち彼は戦争を惹起する原因ともなる経済的貧困や社会問題を解決して初めて集団安全保障体制を創るべきだと考えていたのである。なおそれと同時に、戦後計画の検討[82]が進むにつれ、ダレスは集団安全保障の軍事的措置を強調する傾向に対する消極的姿勢を示す。

すなわち彼は、『戦争、平和および変化』の中で、平和的変更システムの構築の必要性を説く一方、「十分に秩序づけられた社会においては、そのような個々人の欲求の衝突を解決するために奉仕する軍事力を行使する機会は少なく、且つ僅かの異常時に限られている[83]」と述べると同時に、一九四〇年当時、ナチスのヨーロッパ支配を防止するためにヨーロッパ戦線に積極的に介入すべきであると主張していた国家計画委員会（NPC）のヘレン・ミラー（Helen H. Miller）宛てに同年三月に出した手紙の中で、「私の観点からすると、平和を維持するための軍事力を少し強調しすぎているように思われる。私は、常々、平和を維持するために必要な軍事力の尺度は、社会秩序の不健全性の尺度であると思ってきた。……合衆国の連邦政府は、連邦内の平和を軍事力なしで永年に亘って維持してきた[84]」との見解を示し、さらに、教会を通じて戦後構想に積極的に発言し始める一九四一年には、連邦キリスト教会評議会のヴァン・カーク宛て書簡の中で、「これまでに実証されたものを一つ挙げるとすれば、それは、平和を作り上げる多くの要素の中で、軍事力は最も信頼できないものであり、恐らく最も重要度の低いものであるということであると私には思われる。ヒトラーは無敵の軍隊をヨーロッパ大陸に自由に展開したが、そのすべての軍事力をもってしても、彼は平和を達成できなかった。また、国際連盟は、公共の道徳に欠けていたから、或いは軍事力を自由にできなかったから失敗したのではなく、平和についての考えに誤りがあったために失敗したのである。すなわち連盟は現状維持を目的とする機関と化し、そのために軍事力に圧倒的な優越性が与えられた。また、どの国も、第一次大戦後のドイツほど武装を解除した国はない。[85]」と述べ、軍事力による紛争の解決を批判した。

(4)　教会活動と集団安全保障

ヨーロッパにおける戦争は、アメリカ国内にそれに介入すべきか否かをめぐる論争を惹起するが、すでに一九三〇年代後半からキリスト教会を通して平和維持のための活動を行っていたダレスは、第六章で検討したように、四〇年末からは、連邦キリスト教会評議会が設置した「公正且つ永続的な平和の基礎研究委員会」（後に「公正且つ永続的な平和に関する委員会Commission on a Just and Durable Peace」と名称を変更する）の委員長として「新しくより良い戦後国際秩序[86]」の形成の問題に積極的な発言を行った。なお、マスコミがしばしばこの委員会をダレス委員会と呼んだことは前章で言及した。

それら活動の一つとして、ダレスは、一九四一年九月に「長期的平和目的」"Long Range Peace Objectives"と題する小論を作成する。その中で彼は、第六章で言及したように、ほぼ一か月前に発表された大西洋憲章を、平和維持のための戦後構想を欠き、「旧式の主権国家システムを反映」した「不十分な共同声明[87]」であるとして批判するとともに、新しい国際秩序は、「国家間の相互依存関係」が深まっているとの認識を基礎に、すべての国家が参加する「平和のための国際連邦」であるべきであり、それが「世界政府への第一歩[88]」であると主張する。これはかなり理想主義的な傾向が強い構想と言うべきであるが、これには集団安全保障機能、すなわち軍事的、経済的制裁機能は与えられていなかった。

ダレスはそのことをよく認識しており、「私が描いた方策は、明らかに、平和のための完璧な構想ではなく」、「軍縮及び制裁」問題が欠落していると述べている。彼はそれらの問題、特に制裁の問題が重要であることはよく認識していたが、他方で彼は、「それらの問題は、今日、きわめて論争的な問題であるが、平和の時代の開始にとって必須条件であるとは思わない[89]」との見解を示している。しかしこれまでの経過からして、ダレスが、特に制裁の問題をいかに解決するかということが極めて重要であることは十分認識していたはずであり、制裁に関する提案を慎重に回避したのは、ダレス委員会の中で、この問題についての意見の対立が深まっていたことの表れであった[90]。

すなわちある委員会メンバーは、ダレスが提案した国際連邦に対し、「制裁機能を持たせることなくどのようにして権威を与えることができるのか」と問い、平和計画にとって制裁は「絶対に必要」だと主張した。彼らは、組織化された国際機構が不法な侵略行動に訴える国家を抑止できず、制裁も行い得ないとしたらそれは非現実的であるとして批判するのである。それに対して別のメンバーは、「制裁の問題は国家間に公正さを実現するに当たって第二次的な問題」であるとするダレスに同調した。彼らは、もし国家が正義に基づいて行動するなら、軍事的な制裁も経済的な制裁も必要がなくなるというダレスの楽観論を支持したのである。[91]

結局ダレス委員会は、制裁は「キリスト教倫理と……矛盾[92]」するとして、ダレスに近い結論を出すともに、一九四二年十二月には、すでに検討した通り、ダレスや彼の親友で同委員会の幹事でもあった平和主義者ヴァン・カークを中心に、国際平和機構の基礎となるべき十二の「指導原理」(The Guiding Principles)[93]を作成した。しかしそれには制裁に関していかなる言及もされなかったのである。なお、十二の指導原理は第六章の脚注に記したので、ここでは割愛する。

その「指導原理」においては、道徳律への度重なる言及、紛争の調整メカニズムを備えた国際機構の創設等の主張が中心になっており、一九四二年末の段階のダレスには、理想主義的乃至平和主義的傾向が強く現れていた。

しかし一九四三年に至り、戦後構想に向けて、政府はもとより、ダレス委員会の活動も活発になり、同年三月十八日にはダレスが中心となって、これもすでに検討した通り、上記「指導原理」をより簡素化した平和のための六つの基本原則、すなわち、通称「平和の六支柱[94]」を発表する。その内容は第六章で記したのでここでは割愛するが、すでに述べた通り、それは、その曖昧性にかかわらず、国内的に影響力の大きいキリスト教会からの提案であり、新国際機構の創設に向けて大きな反響を呼んだ[95]。

その六支柱のうち、第三項目(条約構造を世界の諸条件の変化に適合させる国際機構の設立)はダレスの年来の主張であった「平和的変更」を可能とする秩序を示すものであり、第五項目(世界の軍事体制を管理する手続きの確立)は、直接的には「国際的な軍備管理、より具体的には効果的な軍縮と軍備制限、さらには残された軍備による国際秩序の維持[96]」を目指すというものであった。この第五項目は明示的に集団安全保障を支持したわけではないが、世界の軍事力を、言わば公共財として国際秩序の維持という共通の目標のために活用することを目指すものであり、これまで彼が消極的であった集団安全保障体制に、間接的にではあるが結びつく考えであったと言ってよいであろう。

この第五項目についてダレスは、具体性に欠ける内容であるが、以下のように注釈する。因みにそれは、彼の従来からの考えと歩を一にするものであったと言うことができる。すなわち、国際機構を創設するためには、まず第一に道徳的支持の獲得が必要であることを説き、しかるべき後に、社会秩序に対抗する少数の人々から大多数の人々の利益を守るための強制行動が許されると示唆するのである。(97)

「我々と交戦状態にある国家は効果的に武装解除されることが推定されている。しかしそれだけでは十分ではない。あらゆる地域の軍事体制は一定の国際的管理の下に置かれねばならない。それには二つの側面がある。一つは消極的な側面、他は積極的側面である。

消極的な目的は、現在、国家に対し、純粋に国家目的を追求するために使用される軍備の増強を一般的に無制限に許しているシステムを終了させることである。このシステムの継続は、我々が現在検討中の国際機構を最終的には害することになる。それは、国際機構の行動を麻痺させるか、強大な軍事力を保有する国家に有利に作用する。自分で自分の行動方針を決めること以外に正当な存在理由のない軍事体制はいかなる地域にも存在すべきではない。

軍備管理の積極的な目的は、残された軍事体制を国際秩序のために積極的に活用することである。我々が検討しているような国際機関は人類という偉大な集合体の道徳的支持に主として依存する必要がある。それは、それらが信頼できる唯一の永続的な力の源泉であり、もしそれらがそのような道徳的支持を得られないならば、他の者に対する権利の行使はできない。しかしどのような社会にも、道徳的説得に従わず、さらには、もし彼らが自分たちは有能であると思っている場合には、彼ら自信を向上させる公共の利益を無視するかもしれない少数の人々が生まれる。それ故、国際社会の経済力や軍事力は、公共の利益に奉仕するよう設計された国際機構を支えるために動員されねばならない。」

(5) ダンバートン・オークス提案と軍事力依存への批判

第二次大戦が激化する中で、ダレスの教会活動を基礎とする平和の回復のための活動は、一九四三年頃からいっそう活発化し、それが「平和の六支柱」となって結晶化されたこと、またその中で、従来から、本質的に軍事力に依存する集団安全保障に対し消極的な見解を披瀝していたにもかかわらず、侵略国に対する秩序回復のための一定の軍事的措置、すなわち国際機構による集団安全保障措置が必要であることを示唆したことは、これまでに不十分ながら検討してきた通りである。

そこでここでは、一九四四年十月に公表され、国際連合憲章の基礎となったダンバートン・オークス提案[98]に対する見解を中心に、ダレスの言わば最終段階における集団安全保障観を検討する。

ダレスは一九四四年に入っても、「侵略や安全保障と関連して、国際機構の役割を強調し過ぎている[99]」と述べ、国務省を中心として検討されている新国際機構の集団安全保障機能に過大な期待を抱くことに警告を発しているが、ダンバートン・オークス提案そのものには大きな可能性があるとしてそれを評価する。すなわち、「経済社会理事会及び関連機関は国家間の友好関係を発展させるために多くを成すことができ、……安全保障理事会は論争上の問題が議論され、世論がその圧力を集中し、国家行動についての対立する見解が調整される場となり得る[100]」と彼は考えるのである。

ところでダンバートン・オークス提案では、第三章で紹介したように、集団安全保障に関する規定は第六章、および第八章で定められた。第六章は「安全保障理事会」、第八章は「侵略の防止と抑止を含む、国際平和と安全の維持のための体制」に関して規定されていたが、侵略に対する行動等は第八章B節に規定された。

すなわちB節の第一項は、安全保障理事会は国際の平和と安全の維持のために必要ないかなる措置もとれるとし、B節の第二項は、安全保障理事会は、平和に対する脅威の存在、平和の破壊、侵略行為の存在について決定し、平和と安全の回復のためにとるべき措置を勧告すると規定し、さらにB節の第三項は外交的、経済的な制裁措置について、B節の第四項は、軍事的制裁措置について規定した。このうち軍事的措置については、安全保障理事会は、最終的には、国際の平和と安全の維持或いは回復のために必要な陸海空軍による行動をとる権限を与えられると規定された。[101]なお第八章はA，B，C節によって構成されており、A節では「紛争の平和的解決」について、またC節では、後に検討される「地域機構」について規定された。

このようにダンバートン・オークス提案では集団的措置の内容についてはかなり細かく定められているが、それを確実に実行に移すための加盟国の行動等については必ずしも十分ではなかった。その点を認識するダレスは、上記のように、この時期には集団安全保障の必要性を条件つきながら肯定するようになったと言ってよいが、ダンバートン・オークス提案については、「文言の上では、多くの提案が含まれているが……それらは決して現実のものにならないであろう」[102]と述べ、その可能性については高く評価するものの、具体的には、あまり良い評価を与えなかった。

特に集団安全保障を実行に移す場合の主要機関である安全保障理事会について、彼は、「安全保障理事会は、もし必要なら、軍事力の行使によって戦争の勃発を防止しようとしている」[103]とし、平和維持のために軍事力の役割を強調するダンバートン・オークス提案に批判的な見解を示すと同時に、それは見かけ倒しに過ぎず、軍事力では、真の集団安全保障体制を確立することはできないと考えていた。彼によれば、「現在の国際政治情勢の下においては、」軍事力の集団的行使に関する規定は「ほとんど道具立て以上のものではない」[104]実効性の薄いものであった。

またダレスは、一定の警察部隊は安全保障にとって必要であるとの認識をもっていたが、「そのような警察部隊が効果的に作用するためには、警察部隊は、確実且つ早急にそれを行動に移すことができる戦闘指揮官の下に置かれねばならない。」と彼は考える。しかし、もしその手続きが政治化されることになれば、この制度は機能しなくなる恐れがあるであろう。

ダレスはその点について、「もし軍事力の行使が大いに論争の対象となり、……便宜主義によって動かされる論争や交渉の結果次第となれば、それは効果的な手段ではなくなるであろう」と述べている。[105] このこと、すなわち強制行動が、自動的にではなく安全保障理事会における政治的な論議を経て行われるという方式は、ダンバートン・オークス提案にも盛り込まれたものであった。[106] すなわち、ダレスは「加盟国への軍事力の割り当ては、安全保障理事会を構成する一一の国家の投票によって行われ、且つ、安保理における表決問題は未だ明確になっていないが、我々は、議決に必要な過半数の六か国には中国、フランス、イギリス、ソ連およびアメリカが常に含まれねばならないと推定することができる。さらに、これら国家の代表は、いかなる行動原理や行為基準にも縛られず、その投票は完全に任意に行われ、且つ、基本的には、自国への配慮にしたがって行われる」[107]と述べ、同提案の強制行動の手続きは、「真の集団安全保障体制に要求される客観性と自動性を欠いている」[108]として批判するのである。

なお上の見解には、安全保障理事会における表決手続きが未解決であるがための推論も含まれており、また言及されている理事会の構成国数も国連発足当初のもので、現在のそれとは異なっているが、ダレスは、結局安全保障理事会は、「二、三の大国が多くの小国を正義を無視して支配することをカモフラージュする軍事同盟」[109]に過ぎないとして、結局はダンバートン・オークス提案を批判する。彼によれば、同提案による集団安全保障体制は「軍事同盟」と「軍事力」に依存し過ぎており、したがって、この計画案は恐らく成功の見込みがなく、それを進めても失敗に帰し、幻滅するだけである。[110]

こうしてダレスは、ダンバートン・オークス提案そのものについては、提案に含まれる国際平和のための一定の協調の枠組みが提示されたという点では評価するものの、それによる集団安全保障体制の確立については、基本的には失敗であったとの認識に立っていたと言ってよいであろう。なお彼は、これまでも集団安全保障原理に付随するいくつかの問題点について指摘してきたが、その失敗の理由として、彼は集団安全保障の対象となる侵略行為の定義の問題を最後に指摘する。

彼はその点について次のように説明する。すなわち、集団安全保障体制の確立の失敗の理由は、その「起草者の問題ではなく、……現在の世界の状況に内在する欠陥[111]」にある。彼によれば、軍事力の効果的な使用を保証する方法は二つしかない。一つは「独裁政治」に委ねる方法であるが、それは言うまでもなく、「自由の犠牲と引き換え」を意味し、考慮の対象外である。もう一つの方法は、「自由人」が行う方法である。それは、「慣習、または立法機関を経由して人間の行動を規制する法体系を創出する。しかる後に彼らはそれらの法を施行する権限と義務を行政府に委ねる[112]」のである。ダレスによれば、こうした制度の下においては、「行政府は自由裁量を許されず、自らが統制する軍事力を、恐怖心或いは好意的感情を持つことなく、さらには有力な者に対しても弱小の者に対しても行使しなければならない。」しかも「法に支配される行政府は、何が罰を受け、どのような行為が保護されるのかについて、前もって知っている。」しかしこの方式は、彼によれば、国際社会という枠組みの中で平和秩序を創り出さねばならない「ダンバートン・オークス提案の起草者には利用されなかった。」なぜなら、「国家の行動について何が適切で、何が不適切かについての、世界が認めた効果的な定義が未だに存在しない[113]」からである。合意された「侵略の定義」が存在しないことへの疑問は、すでにダレスによって指摘されていたが[114]、彼は、「善なる行為と悪しき行為についての、十分、且つ世界的に承認された定義が存在しないところでは、軍事力の責任ある、且つ効果的な行使のための制度[115]」は多くの困難に直面することを十分認識していたのである。

この問題にダレスはどのように対応すべきと考えたのであろうか。彼は、結局、連邦キリスト教会評議会の有力メンバーとしての立場に舞い戻り、曖昧な精神論的キリスト教道徳論を説くのである。

すなわち彼によれば、「軍事力」、とその行使を決定する「行政府」、それに「立法機関の背後には該共同体の道徳的コンセンサスが存在している。」したがって、この「道徳的コンセンサスが反映されないとすれば」法は有効性を失い、それを基礎とする行政府も正当性を喪失し、効果的な軍事力の管理も不可能となる。[116]こうした関係の見極めは、集団安全保障を考えるときに特に重要となるが、彼は、集団安全保障にとって「大きな障害は、国家の行動に関する、普遍的ないかなる道徳的判断もないことである」と述べ、「道徳的コンセンサス」が得られるまで集団安全保障は実現できないと結論づけるのである。それと同時にダレスは、その「道徳律を反映する判断」を行う資格は特にキリスト教会が持っており、キリスト教的な問題解決法、すなわち道徳性の向上こそが現実的解決策であると主張した。[117]

なおダレスは、ダンバートン・オークス提案が完成した同じ十月七日に、彼が外交問題顧問を務めるデューイ宛てに送った覚書の中で、「治療行為を推進する安全保障理事会の権限は道徳的範疇のものであり、調整と改良の勧告に限定されることは明白である。新国際機構は、超国家になり得ないし、……諸国家に対し命令を下すこともできない」と述べ、[118]道徳性を強調するとともに集団安全保障の非実効性、および限定的性格を指摘したのである。

(6) 小括

以上、概観してきたように、国際連合の創設に至るまでのダレスの集団安全保障に対する見解は、彼の国務長官としての外交政策、例えばかなりレトリックに過ぎない側面があるとは言え、極めて好戦的な印象を与えた大量報復政策などから受ける印象とは大分異なるものであった。しかし、ダレスが民主党に協力したこの時期は、政府の責任ある地位に就いていたわけではなく、したがって彼の率直な集団安全保障観が与件としての時代状況の変化に応じて披瀝されたと考えてよいと思われる。

すでに言及したように、ダレスは、ウィルソンによって提案された恒久平和のための構想については、そこに含まれる諸国家を連合させ軍事力への依存を抑制するといった点を中心に当初はそれを強く支持していたが、新たに導入された集団安全保障については、その適用の非現実性が徐々に明らかになるとともに、彼もそれを強く批判するようになる。特にその軍事的措置についてはそれが決して平和とは相容れず実効性に乏しいとして批判するが、その姿勢は国連の創設を通じてほぼ一貫していたと言ってよいであろう。それは言わば、すべての戦争を終わらせるための戦争を肯定する集団安全保障に代わる平和秩序を追求する平和主義、或いは世界連邦主義と相通ずる考えであるが、その点で、彼の思考には現実主義的な側面と同時に平和主義的な側面が同居していたと言うことができるであろう。後者は特に不戦条約を高く評価したところにも現れていた。

このような彼の二面性は、一九三〇年代に顕著に現れる彼のキリスト教を基礎とする道徳主義と結びついてより複雑化するが、概して言えば、こうした側面は時代状況の変化に柔軟に対応し、強弱をつけて彼の思考に反映された。いずれにしても彼は、自由主義的国際主義者として、国際紛争を解決し、平和な国際秩序形成に果たす軍事力の役割を極力低く評価した。すなわち彼は、基本的な政治共同体の形成が優先されるべきであり、それが欠落している場合には、軍事力もそれを中核とする集団安全保障も十分な機能を果たせないと考えたのである。国連創設直前に彼が到達した集団安全保障に対する考え方を、より具体的に、敢えて要約すれば次の通りとなろう。

すなわち、諸国家は、彼らが集団安全保障を実行に移す場、すなわち国際秩序の姿、或いは形態について合意に達する必要があり、しかもその秩序は、変化が容易に受容され、硬直的な現状がいたずらに保守されないような柔軟なものでなければならない。また国際機構加盟国は、共同体意識を涵養すると同時に、どのような行為が違反行為となるのかについて共通の認識を持つ必要がある。そしてこうした条件が満たされて初めて集団安全保障も機能するというものであった。改めて述べるまでもなく、これら諸条件の達成は非常に困難であったが、ダレスはウィルソン主義、乃至集団安全保障のもつ理想主義にも一縷の望みを託したと言うこともできるであろう。

ただ国連創設の時点では、次章以降で検討するように、中南米諸国ですでに地域機構が結成されつつあったことや、それら諸国とアメリカとの経済的利害関係、さらには冷戦の萌芽とソ連に対する警戒感等への現実的配慮が彼にも強い影響を与え、集団安全保障規定の精緻化にかかわらず、集団的自衛権、および地域機構の容認に道を開くことになることはすでに言及した。

第八章　ダンバートン・オークス提案の第八章関連条項の修正

──憲章第五十一条の創設と二国間同盟の行方──

第三章で検討したように、ダンバートン・オークス提案は、地域機構を普遍的な国際機構にいかに組み込むかという問題を抱えていた。既に言及したように、同提案では、新国際機構は戦争と平和の問題、すなわち安全保障について全般的な権限を与えられていたが、それと同時に地域機構の存在価値を明確に承認した。特に、地域的紛争の解決に地域機構が果たす建設的な役割を、新機構の目的と原則に反しない限り承認した。すなわち、ダンバートン・オークス提案の地域機構に関する条項（第八章C節）は、重複を覚悟の上で言えば、平和と安全を推進し、集団安全保障体制の有効性の一翼を担うことを期待された地域機構は、もしそれが普遍的枠組みに適切に統合されるなら、普遍的国際機構そのものを強化し、且つその目的をさらに発展させるのに大いに役立つというやや楽観的な基本原則に立つ規定であったと言ってよいであろう。しかしすでに第三章で示したように、それは、地域機構は地域紛争の解決のために一定の役割を果たせるとしながら、他方で、地域機構は新国際機構の目的と原則に適合していなければならず、且つ、地域機構による強制行動は安保理事会の承認を必要とする上、それがとった措置は常に安全保障理事会に通報されねばならない等の言わば制約条件付きの地域機構への配慮であったことからして、最終的な決定権限は新国際機構にあることは規定上明らかであった。

そのため地域主義的集団防衛体制の構築を目指してきた中南米諸国や行動の自由を指向する欧州諸国から特に地域機構の位置づけ等に関して、疑義や修正要求が出されることが当然予想された。そこで以下ではそれらについて概観し、それら議論の過程で、特に紛争の処理や安全保障を巡って、地域機構の役割はどう位置づけられ、これまで存在しなかった憲章第五十一条の集団的自衛権規定がどのようにして生み出され、さらには、その際、二国間、乃至三国間同盟はどのように認識され扱われたのか等について検証する。

第一節　サンフランシスコ国際会議の組織及び役割概要

ところで、国連創設のためのサンフランシスコ国際会議は、一九四五年四月二十五日から六月二十六まで、ほぼ二か月に亘って開催されたが、ここでその構成や組織について簡単にその概要を見ておきたい。

まず、サンフランシスコ会議はダンバートン・オークス会談参加国である米英ソ中の四か国の主催によって開催されることが、すでに四五年二月に開催されたヤルタ会談で決定されていた(1)。また招聘状は、四五年三月一日までにドイツ、或いは日本に宣戦布告をした国で一九四二年一月一日の連合国宣言(2)に署名をした国に送られ(3)、最終的には総数五〇か国の連合国が参加した(4)。なお、米国からは、前に記した通り、ステティニアス国務長官を団長として、ハル前国務長官を含む八人の代表団と多くの顧問が参加したが、その際、代表団には共和党の重鎮ヴァンデンバーグ上院議員やスタッセン（Harold E. Stassen）前ミネソタ州知事が抜擢され、さらに顧問として、四四、四八年の共和党大統領候補であったトーマス・デューイの外交顧問ダレスが参加するなど、そのメンバー構成には超党派的考慮が払われた(5)。

次に会議の進め方に関しては、まず全体会議については主催国の代表団の団長が交代で議長を務めることとされたが、議事乃至議題に関する討議を具体的に進めるために、ステティニアスを議長とし、すべての代表団の団長で構成され、会議の主要な方針や多続きを検討する議事運営委員会 Steering Commitee や一四人のメンバー(6)から成り、ステティニアスを議長として議事運営委員会に勧告を行う執行委員会 Executive Committee など四つの一般的委員会[7]、及び具体的にダンバートン・オークス提案の各章を検討するための次に示したような四つの（包括）委員会並びにその委員会の下に全部で一二の専門委員会が結成された[8]。

＊専門委員会の構成と権限

Commission Ⅰ：一般的規定
　Committee Ⅰ/1　前文、目的、原則
　Committee Ⅰ/2　加盟国、修正、及び文書
Commission Ⅱ：総会
　Committee Ⅱ/1　構成及び手続き
　Committee Ⅱ/2　政治的及び安全保障機能
　Committee Ⅱ/3　経済的及び社会的協力
　Committee Ⅱ/4　信託統治システム
Commission Ⅲ：安全保障理事会
　Committee Ⅲ/1　構成及び手続き
　Committee Ⅲ/2　平和的解決
　Committee Ⅲ/3　強制体制
　Committee Ⅲ/4　地域機構
Commission Ⅳ：司法組織
　Committee Ⅳ/1　国際司法裁判所
　Committee Ⅳ/2　法的問題

これらの専門委員会には各国の全ての代表が参加することになるが、専門委員会の「構成と権限」に関する上の表に明示されているように、特に本書でも問題になるダンバートン・オークス提案の中の第八章B節：平和に対する脅威、或いは侵略行為及びそれに関する行為の決定、及び第十二章：移行措置（旧敵国条項）等に関する問題については、第Ⅲ／3委員会で、また、第八章C節：地域的取極に関する問題については、第Ⅲ／4委員会で検討が行われることとなり、米国代表団のヴァンデンバーグは、コナリーやスタッセンらとともに第Ⅲ（包括）委員会に所属し、専門委員会の第Ⅲ／4委員会に参加した。またダレスは、顧問として第Ⅰ／1委員会、及び第Ⅱ／2委員会、それにヴァンデンバーグが参加する第Ⅲ／4委員会に所属したが、[9] 後に言及するように彼は顧問団の実質的な長として可能な限りすべての委員会に関わった。ヴァンデンバーグとダレスは、政治的に大変緊密な関係にあり、サンフランシスコにおいても、後述のように、頻繁に意見交換し、共和党側からの参加であったが、米国案のとりまとめ、ひいては国連憲章の決定に大きな役割を果たした。

第二節　安全保障理事会の優越性と例外規定

(1)　**安全保障理事会の優越性に対する諸見解**

これまでも何度か言及したように、サンフランシスコ会議における重要な論争点の一つは、現に創設されようとしている新しい普遍的な国際機構と米州諸国などで結成の動きが見られた地域機構との関係に関する問題であった。

その点に関してサンフランシスコ会議においては、このいわゆる地域機構問題を検討する過程で、ラテンアメリカ諸国代表やヴァンデンバーグなど一部のアメリカ代表団から大略次のような批判が出された。すなわち、ラテンアメリカ諸国は、米州諸国の安全保障のために、新国際機構の下においても必要な場合には西半球において安全保障理事会の束縛を受けずに自由に強制行動を行うことが認められるべきである。[10] しかしながら、検討中の案では、その強制行動に対してヤルタ会談を経て合意された大国による拒否権が行使されればそれが不可能になり、場合によっては国際機構が平和の障害になる。[11] そのことは、米州地域以外の大国の干渉によって米州諸国の安全が左右されることを意味している。しかるに、ソ連がイギリス（一九四二年五月、〈筆者注、年月は条約締結年月、以下同様〉）、チェコスロバキア（一九四三年十二月）、フランス（一九四四年十二月）、ユーゴスラビア、ポーランド（いずれも一九四五年四月）とドイツを対象としてそれぞれ締結された同盟条約は、いわゆる旧敵国条項[12]の適用により、新国際機構の制約を受けることはなく、条約当事国はそれに基づく行動の自由を保証されることになる。その結果、ソ連によるヨーロッパ、特に東ヨーロッパにおける勢力の拡大を抑制できなくなる。[13] これはアメリカがヨーロッパ問題に干渉しないかわりに、他の列強も米州諸国に干渉しないことを原則としたモンロー・ドクトリンの理念にも反している、という主張であった。[14]

①　二つの問題提起

こうして、ダンバートン・オークス提案の第八章:「侵略の防止及び抑制を含む国際の平和と安全の維持のための取極」に関連して提起された意見や修正案は本書の目的に沿ってあえて大別すれば、二つの問題に集約することができると思われる。[15] 第一は、ダンバートン・オークス提案の第八章C節第二項、特に、地域機構の行動と安全保障理事会の権限関係に関するもの、具体的には、安保理事会の管轄の枠外で地域機構などが行動する権利があるかどうか、換言すれば、地域機構は、安保理事会の投票手続きを修正することによって地域の問題に対処できるか否かという問題であった。それは、地域紛争を解決するために地域機構が強制力を自主的に行使できるようにするため、常任理事国によるいわゆる拒否権を限定しようという問題とも関連するものであった。なお、ダンバートン・オークス提案の第八章C節第二項はすでに本書の第三章に記したが、それは本章における論点そのものでもあるので、改めてそれをここに記しておきたい。

ダンバートン・オークス提案第八章C節第二項

「安全保障理事会は、その権威の下における強制行動のために、適当な場合には、前記の地域的取極又は地域的機関を利用しなければならない。しかし、いかなる強制行動も、安全保障理事会の許可がなければ、地域的取極又は地域的機関によってとられてはならない。」[16]

さて上の問題に関連する第二の問題は、上記のような一九四二年五月の英ソ条約や一九四四年十二月の仏ソ同盟条約等をドイツを対象として締結しているソ連やフランスの主張、乃至提案で、二国間の相互援助条約に特別に関心を持つ国、特にフランスやソ連からの問題提起であった。それらを普遍的な国際機構の枠組みにどのように統合するのか、換言するなら、安保理事会の枠外におけるそうした自主的な行動、端的には同盟を締結することが認められるべきであるとする提案であった。[17]

②　諸見解

以下ではまず第一の問題と関連して、新国際機構と地域機構との権限関係について、すでに米州諸国やヴァンデンバーグ等から出された批判を紹介したが、ここではダレスの見解も含めて各種見解を見ておきたい。それらは凡そ三つに大別することができる。

第一は、すでに検討したような、地域機構の行動の自由が認められないことに対する批判的な見解である。安全保障理事会に規制されない行動を要求する米州諸国やヴァンデンバーグ、さらに中米担当国務次官補で中米諸国とアメリカ代表団の連絡役としてサンフランシスコ会議に参加したネルソン・ロックフェラー、それにオーストラリアなどの見解がそうであった。このうちサンフランシスコ会議において地域機構問題を検討する第Ⅲ／4委員会に所属し、アメリカ代表団の中でも最も強力なメンバーと見られていたヴァンデンバーグ上院議員は特に強硬であった。すなわち、彼によれば、ヨーロッパには行動の自由が認められるにかかわらず、汎米協定の下における自由な行動が認められないのは問題である。また米州地域で紛争が生じても米州諸国自身では対応できず、もっぱら安保理事会に頼らねばならないことも問題である。[18]この強い地域主義からの批判の基礎には、彼の特にヤルタ会談以降のソ連の行動に対する不信感があった。彼は「サンフランシスコに来て以来、我々とソ連の関係は世界中で悪化している。ヤルタにおけるソ連の約束はあらゆるところで無視されつつある」と日記に記し、ソ連に対する不信感を率直に表明した。[19]一方、ロックフェラーは、ソ連が西半球で紛争を誘発する一方で、米州諸国の集団行動に拒否権を行使することを恐れた。[20]またオーストラリアは地球の片隅で無防備のまま放置されることに懸念を示したのである。[21]

米州諸国の多くは、第四章で検討した通り、ボリビア[22]を除いて、当然ながら右に記したような立場であった。以下にそれら諸国の見解を紹介しておきたい。

今、右の概要で米州諸国の最大公約数的なダンバートン・オークス提案批判を示したが、一部アメリカ代表を含む米州諸国代表のこのような批判は、言うまでもなく第四章で検討したチャプルテペック協定に沿うものであったと言ってよい。米州諸国は、そこで言及した通り、第二次大戦を契機に米国主導の下に同地域の共同防衛体制を強化するとともに、戦後に新しい条約を締結して米州諸国の共同防衛機構を構築しようとしていたのである。[23]

次に個別的、乃至数か国共同の見解を示す。たとえば中米のチリ、コロンビア、コスタリカ、エクアドル、及びペルーの五か国は、ダンバートン・オークス提案の第八章に対する修正案を共同提案するが、その中で該五か国は、米州諸国体制は、新国際機構の目的や目標と一致していることは明白である。したがって、米州諸国は自主的に行動をとり続けるであろうと述べて[24]米州諸国体制、すなわち地域機構の独自性を主張した。

さらに、ブラジル、ドミニカ、及びメキシコの三か国は、「ダンバートン・オークス提案は、国際法及び国際政策の進歩に一致させるべきであり、それは、三月七日にメキシコのチャプルテペックにおいて承認された、戦争と平和に関する米州諸国会議の最終協定（筆者注：チャプルテペック協定を指すが、それについては第四章参照）によって確認されている通りである。[25]」と述べ、同じく地域機構の自主性を間接的に主張した。

そのほかヴェネズエラは、一方では「地域機構と普遍的国際機構との密接な協力関係の構築」の必要性を主張しながら、他方で、紛争が「地域の問題である場合、もしそれが解決の過程にある場合には、安全保障理事会はいかなる干渉も慎まねばならない」と述べ、地域の問題に安全保障理事会が介入することに反対の意思を表明し[26]、ブラジル、パラグアイ、エクアドル等は米州諸国が地域の集団安全保障体制を歴史的に形成してきたことを重視する見解を表明し、その独自の行動の正統性を間接的に主張した[27]。なお、ダンバートン・オークス提案を強く支持するボリビアの見解については脚注（22）に記した。

米州諸国とほぼ時を同じくして、主として政治、経済、文化の地域的協力関係を進めることを目的とし、一九四五年三月二十二日に結成されたアラブ連盟の中心国家であるエジプトは、地域機構の軍事同盟化を批判するとともに、地域機構に関する規定は国際の平和と安全保障のための章とは切り離すべきであるとの見解を表明した。因みにその見解は、地域的取極規定が、国連憲章第八章（地域的取極）として、第七章（平和に対する脅威、平和の破壊及び侵略行為に関する行動）から独立して設定された点に反映された[28]。

これに対し、オーストラリアや欧州諸国からは、より直接的に、C節第二項の地域機構による強制行動には事前に安保理事会の許可が必要であるとの規定に対する修正案が、安保理事会が機能不全に陥るなど特に緊急事態が発生した場合を想定して提起された。

例えば、オーストラリアは、C節に関して次のような修正案を提示した。

「もし安全保障理事会が国際平和を維持あるいは回復するための方策をとらず、また国際の平和と安全の維持又は回復のために地域機構あるいは地域機関がとった行動を承認しない場合には、国連憲章のいかなるものも、この憲章と矛盾しないすべての地域機構の当事国が国際の平和と安全の維持又は回復ために公正で必要な方策をとる権利を否定することはできないと思われる[29]」

それと同時にオーストラリアは、C節の後に別の新しい節を設定すべきだとして、D節（国際平和と安全のための他の取極）の提案を行った[30]。この提案は後に憲章第五十一条につながる修正案であった。

ベルギーやチェコスロバキアからは、地域機構の行動に対する承認は前もって与えられるべきであり、さらに、「安保理事会が介入するときまで強制行動を中止すると回復しがたい遅れになってしまうような緊急事態の場合には[31]」、一般的ルールとして地域機構の行動を許可するべきだという提案であった。

第二の見解はダレスに代表される中間的立場である。彼は言わば条件付で、安全保障理事会に余り拘束されない地域機構の役割を評価した。彼は、もし国家行動の適否を具体的に示したルールが確立されるなら、地域機構は安全保障理事会から独立して強制行動をとってもよいと主張する。すなわち「強制力の行使は法に基づいて行われるべきで、そうであればそれは自動的に発動されるであろう。またそれは、世界的枠組みの中でよりも地域機構の中で、よりよく機能するであろう。それゆえ、安全保障理事会は、地域機構の発展を促すべきである。もし、地域機構でとられた手続きを、常に安保理事会に付託しなければならないとすれば、大国は拒否権を発動することかできるし、その場合、国際機構は平和への障害になってしまう[32]」と。また彼は、「地域機構によって集団行動のための法的基礎が確立され、安全保障理事会によって承認されるなら、それは自動的に行われるであろう」と述べ、「法」の具体的な内容には言及しないまま、「法に基づく行動」を強調する。[33] それと同時に彼は、上記のヴァンデンバーグと同じ認識も持っていた。すなわち、「西半球における純粋な地域機構」の行動に「拒否権の発動を許すなら」、「ソ連のヨーロッパにおける武力の行使を許し、集団安全保障の全システムを崩壊させてしまうであろう」と述べ、ソ連の勢力拡大に警戒感を示した。[34]

なおダレスの対ソ楽観論とその変化について若干補足しておきたい。彼は一九四五年の初めの段階では、いわゆる「平和の六支柱」に見られるように、戦後の平和や協力関係は一般的、普遍的な国際機構の枠組みの中で実現できると考えていた。しかし彼によれば、一九四三年十月に合意されたモスクワ宣言に基づく特に米英ソ間の協力関係の推進が棚上げされ、「解放されたヨーロッパ」においては「共通の利益」を促進するという原則に代わり、「勢力圏」の拡大を意図する行動が見られるようになった。彼は、そうした行動は国際機構の役割に対する期待を大きく頓挫させるものであると指摘するとともに、アメリカはそれを防止するための責任を果たしてこなかったと述べて政府を批判した。[35] 彼は一九四五年の一月には、「モスクワで合意された三大国による緊密な協力関係」は分袋した地域的な勢力関係に移行してしまったとの認識も持つようになっていたのである。[36] ここから推測されるように、ダレスは、一定の留保条件付ながらいわゆる地域主義への理解を示すことになるのである。

最後に第三の見解は、地域機構の活動の自由、すなわち地域主義に批判的なものである。この見解は、当然のことながら、ダンバートン・オークス提案の作成に関った国務省からの参加者に多く見られた。例えばハル前国務長官の特別顧問を務め、政府の戦後平和構想の立案の責任者であり、ダンバートン・オークス会議にも参加してアメリカ案を作成したレオ・パスヴォルスキーは、「米州諸国体制が破壊されることは望まないが、地域問題に対する安全保障理事会の権威を弱体化させることは、全ヨーロッパをソ連の手中に投げ入れることを意味し、世界を地域群に解体することになるであろう」と述べてそれを批判した。[37] つまり、地域的強制行動の自由を許せば、「世界は弱小国群にとりまかれた大国の勢力圏に分割され……普遍的な秩序を形成する可能性はなくなってしまう」という批判である。[38] これと同様の批判は、アメリカ以外の国の代表からも提示された。すなわちイギリスやソ連の代表も、それは、国際機構とは独立して活動する多くの地域機構を出現させることになるとして反対した。[39]

以上のように、新国際機構と地域主義との関係についてはなかなか結論を導き出すことができなかったが、さらにそれと関連する前記第二の問題、すなわち当時まだ臨時政府の下にあったフランスから出された三月二十一日付けの修正案[40]は他の国、例えば中南米諸国の要求などと相まって、ダンバートン・オークス提案の修正、例えば地域機構による強制行動に関する例外規定や集団的自衛権規定の設定に大きな影響を与えることとなった。

フランスのダンバートン・オークス提案第八章に関する主たる修正案はC節第二項に対するものであった。ダンバートン・オークス提案の第八章C節第二項は、本節の初めに示したように、安全保障理事会は強制行動のために、適当な場合には地域機構を利用するが、地域機構の強制行動は安全保障理事会の許可なしには認めないとするものであった。フランスはその点を問題にし、上記のように、サンフランシスコ会議開催前の一九四五年三月二十一日には修正案を提示した。その内容は次の通りであった。すなわち、緊急事態のために上記C節第二項に対する例外措置を設けることとし、具体的には①新国際機構の加盟国の間で締結された援助条約で定められた緊急措置の適用、及び②安保理事会が新国際機構から助言を受けた場合等であった。[41] なお付言すれば、フランス案では、ダンバートン・オークス提案の安全保障理事会について定めた第六章に対する修正案が同時に提起されており、その中でフランスは、より率直に「もし安全保障理事会が結論に到達することに成功しないなら、この機構の加盟国は、それら諸国が平和、正義及び公正のために必要と考える行動を起こす権利を留保する」との修正案を提示したのである。[42]

この二つのフランス修正案は、端的には、最初にダンバートン・オークス提案第八章に関連して提起された二つの問題のうちの二つ目の問題、すなわち、いわゆる同盟を締結する自由の要求であったと言ってよいが、これらに対する各国の反応は区々であった。そのうちソ連はフランス案に同意する。それは、先に記した通り、当時、フランスとソ連とは対独相互援助条約を結んでいたことによる。[43] 英国もソ連と同盟関係にあり、その点でフランスと同じ立場にあったが、締約国の行動の自由に限界がなくなる恐れがあることに警戒的であった。[44] また米国は、主として二つの理由から批判的であった。第一は、行動の自由が行き過ぎれば、新国際機構の体制そのものが危うくなること、第二はソ連に対する不信感が強まりつつあったことである。[45] 因みにソ連は当時、これも上述したが、ポーランドやチェコスロバキアなどともドイツに対する相互防衛条約を結んでおり、米国には、ソ連のそうした行動は、それらを利用したヨーロッパにおける同国勢力の拡大を意図したものではないかとの根強い懸念があったのである。

　こうしてフランス案は再修正を余儀なくされ[46]、米英両国案が提示される。[47] これら三国の修正案は、調整委員会を通した後、強制行動に対する安保理事会の承認の例外措置が先のC節第二項の後段部分に追加設定されることとなった。これは最終的には憲章第五十三条として設定されるものであるが、六月十一日の委員会で承認された追加条文を示せば以下の通りである。

> 　ただし、この戦争における敵国に対する措置で、第一二章第二項に従って規定されるもの、又はこの敵国における侵略政策の再現に備える地域的取極において規定されるものは、関係国の要請に基づいてこの機構がこの敵国による新たな侵略を防止する責任を負う時まで例外とする。[48]

この条文は最終的なものではないが、上記のように、ほぼ同様の規定が「地域的取極と強制行動」に関する規定である憲章第五十三条第一項の後段に盛り込まれることになる。またダンバートン・オークス提案第一二章（経過措置）として定められたいわゆる旧敵国条項も一部修正され、憲章第百七条に反映された。なお、憲章第五十三条及び第百七条は脚注に記した。(49)

このようにしてフランス等が求めた国連憲章の枠内における同盟の結成は、旧敵国に対するもの以外は、少なくとも形式上は否定された、或いは積極的に評価されなかったと解することができると思われる。なお、五十三条について言えば、同条第一項の後段の規定、すなわち一定条件の下で旧敵国に対する武力の行使が正当化されるのは、地域機構に対してのみか、あるいは当該地域機構の中の数か国が該機構の承認の下に連携したり、同盟を結成して行う場合はどうかといった問題があるように思われるが、ここでは深く立ち入らない。いずれにしても旧敵国に対する武力の行使は、地域機構によるか二国間乃至三国間同盟によるかは別にして、一般的には五十三条か百七条によって正当化されると言ってよいと思われる。

(2) 例外規定

ダンバートン・オークス提案第Ⅷ章C節に関連して提起された問題を解決するために、言わば妥協の産物として国連憲章上に設けられた二つの例外規定の一つが憲章第五十一条の集団的自衛権規定であったことは周知の通りである。そして第二の例外規定はすぐ上で述べたような、憲章第五十三条第一項の後段、及び第百七条のいわゆる旧敵国条項であった。

そこでここでは、先ず初めに、それらを含めて、ステティニアス米国代表団団長が、国連憲章調印日の六月二十六日に、トルーマン大統領に対して行った国連憲章についての報告(50)に従いながら、ダンバートン・オークス提案の第八章に関する修正点を整理しておきたい。そこにはC節に関連するものだけでなく、本書第三章で示したA節や

B節に関連する修正点も含まれているが、それらは相互に関連している問題でもあるので参考までにここに記しておきたい。

ステティニアスによれば、サンフランシスコ会議においてダンバートン・オークス提案第八章に関連して三つの主要な修正が行われ、(51)言わば例外規定が設けられることとなったのである。

第一は第八章A節の第三項で国連憲章第三十三条に移行した条項であるが、紛争の平和的解決の方法として「地域的機関又は地域的取極」の利用が追加され、且つそれと密接に関連したC節第一項が憲章第五十二条となり、地域的取極の当事国は、「地方的紛争を地域的取極によって解決する」ようにしなければならないと規定された。

第二の修正点は、C節第二項に関するもので、憲章では第五十三条に移行した条項であるが、「旧敵国」側における侵略政策の再発に対して、「地域的取極の下で防衛行動を執る権利」があると規定された。

第三の修正は、B節の修正で、憲章第五十一条に相当する修正であった。すなわち、修正案では、B節第一一項の後に第一二項が新たに付け加えられ、武力攻撃に対する「個別的、及び集団的自衛権」が承認された。

さらに、ステティニアスはそれぞれの修正点につて、その理由等を説明した。ここでは、本書と密接に関連する第二、及び第三の修正点について検討を行う。

ステティニアスは第二の修正点の理由について次のように説明する。すなわち彼は、「その特別な相互援助条約」を国連憲章の枠組みに適合させる問題は特に重要な問題の一つであるとの認識を示すとともに、旧敵国による侵略政策の再発防止のために締結されたそのような相互援助条約に関連した修正提案に対処するため、米英ソ中の四後援国及びフランスは、憲章第五十三条第一項後段（脚注12及び49参照）となるダンバートン・オークス提案第八章C節第二項の修正案を提案し、サンフランシスコ会議で承認されたのである。(52)ここで「特別な相互援助条約」については具体的な言及はないが、前後の文脈からして、地域的取極を指していると考えられる。すなわちその第五十三条によって、地域機構は、旧敵国が侵略政策を再度とった場合には、それに対し防衛行動をとる権利があると認められたのである。米国代表団の団長であるステティニアス国務長官によれば、米国代表はそのような相互援助条約によってとられる措置を、いかなる強制行動も安全保障理事会の承認なしに地域機構或いは地域機関によってとられてはならないという一般原則の例外とすることに同意した。何故ならそれは今次の敵国に対する米国の政策と一致したからである。(53) こうして旧敵国を対象とする地域機構による武力の行使が認められることになり、旧敵国を対象とする二国間同盟は前項の通り、憲章第百七条によって正当化されることとなったのである。

次に第三の修正案、すなわちもう一つの例外規定である憲章第五十一条はどのようにして合理化されたのか、その創設過程については次節で検討することとし、ここではステティニアスが示した理由等について見ておきたい。

ステティニアスによれば、「その特別相互援助条約によってとられる強制行動を安全保障理事会の統制の例外とするという修正案（第五十三条第一項後段）では、地域機構による強制行動に、より大きな自主性を与えるという他の修正案からの要請に対応できなかった。」第四章でも検討したように、「この問題は米国および米州諸国にとって直接的な関心のある問題であった。結局この問題は、米州諸国にとって特別に重要な追加的修正案が採用されることによって解決された。(54)」言うまでもなくその修正案が憲章第五十一条の集団的自衛権であったのである。ここにその全文を示せば次の通りである。

「この憲章のいかなる規定も、国際連合加盟国に対して武力攻撃が発生した場合には、安全保障理事会が国際の平和及び安全の維持に必要な措置をとるまでの間、個別的又は集団的自衛の固有の権利を害するものではない。この自衛権の行使に当たって加盟国がとった措置は、直ちに安全保障理事会に報告しなければならない。また、この措置は、安全保障理事会が国際の平和及び安全の維持又は回復のために必要と認める行動をいつでもとるこの憲章に基づく権能及び責任に対しては、いかなる影響も及ぼすものではない。[55]」

こうしてステティニアスは、「このようにして、安全保障理事会が適切な措置をとるまでの間、強制行動について国際機構に最高の権威を認めると同様に、武力攻撃に対する固有の自衛権を認めることにより、この第五十一条は、憲章の他の関連条項とともに、地域機構と国際安全保障体制との有用且つ効果的な統合を可能とした[56]」と大統領に報告したのである。ここには集団的自衛権が、地域機構への適用のために創設されたことが明確に示されているが、ステティニアスはさらに、集団的自衛権の創設の元来の契機となった米州諸国の協力体制強化の動きに関連させて、「西半球の非米州諸国に対する自衛のための政策は、……チャプルテペック協定により強化され、すべての米州諸国による集団防衛政策にまで拡大した[57]」と述べている。

以下では、この例外規定、特に憲章第五十一条の創設過程の概略を検討する。

第三節　集団的自衛権規定設定過程概略

すでに部分的に言及したように、ダンバートン・オークス提案の第八章C節の第二項の安全保障の地域機構に対する優越性に関連して、大国、すなわち安全保障理事会の常任理事国に拒否権が認められたことは、特にサンフランシスコ会議のつい数か月前にチャプルテペック協定によって結束を強めた米州諸国にとって、その行動が制限される恐れがあることを意味していた[58]。米州諸国にとってそれは、米州諸国への特に欧州諸国の介入を認めること、換言すれば、これまで善隣友好の下に共有化されつつあったモンロー・ドクトリンを否定することを意味しており、既に言及した一部の国を除いて、安保理事会の優越性を認めることは賛同し難いことであった。他方、前節で見たように、フランスを中心に二国間同盟の行動の自由を求める国の存在も、言わば、第八章C節問題を複雑にしていたと言ってよい。

こうした状況の中で、五月十一日に開催された第三六回米国代表団会議において、代表団顧問でヨーロッパ問題担当国務次官補のダン（James C. Dunn）はコナリー上院議員の求めに応じて、ダンバートン・オークス提案には含まれていなかったまったく新しい条項を、第八章B節の第一二項として提案した[59]（筆者注：次章で言及するように、五月十一日の前日の十日には、米国代表団顧問会議が開かれ、そこでダンが提案したものが検討された可能性が高く、その案のアイディアはダレスから出された可能性が極めて高い）。すでに第三章で示した通り、ダンバートン・オークス提案の第八章B節は「平和に対する脅威、或いは侵略行為及びそれに関する行為の決定」と題され、一一項目にわたる規定案が定められ、そのすべてが国連憲章第七章「平和に対する脅威、平和の破壊及び侵略行為に関する行動」に移行する規定であったが、その最後にこの第一二項を置くことが提案されたのである。そこにはこれまでの各種修正案には含まれていなかった「固有の権利としての自衛権」という文言が、次の通り含まれていた。

いかなる加盟国に対するいかなる国による攻撃が行われた場合、その加盟国は自衛の措置をとる固有の権利を有している。武力攻撃に対して自衛措置をとる固有の権利は、チャプルテペック協定に具体化されたように、いかなる一国に対する攻撃もすべての加盟国に対する攻撃とみなす機構に適用される。……（以下省略）[60]

その後、この「固有の権利としての自衛権」は個別的自衛権と集団的自衛権に分けて論じられ[61]、且つB節とは分離された新しい条項として、すなわち国連憲章上は第七章の最後の条項、すなわち第五十一条として成立することになる。第五十一条とほぼ等しい新修正案は次のように定められた。

この憲章のいかなる規定も、一加盟国（国際連合加盟国）に対して武力攻撃が発生した場合には、安全保障理事会が国際の平和及び安全の維持に必要な措置をとるまでの間、個別的又は集団的自衛の固有の権利を害するものではない。この自衛権の行使に当たって（加盟国が）とった措置は、直ちに安全保障理事会に報告しなければならない。また、この措置は、安全保障理事会が国際の平和及び安全の維持又は回復のために必要と思われる（認める）行動をいつでもとるこの憲章（現憲章）に基づく安全保障理事会の権能及び責任に対しては、いかなる影響も及ぼすものではない。[62]（筆者注：カッコ内は確定された憲章第五十一条の文言）

この修正案は、形式的には、米国代表のヴァンデンバーグ上院議員（筆者注：本章第一節でみたように、ヴァンデンバーグは第Ⅷ章C節を検討した第Ⅲ／4委員会における正式の米国代表であった）から提案されたので、ヴァンデンバーグ・フォーミュラと呼ばれ、[63]五月二十三日に開催された第四回第Ⅲ／4委員会の小委員会において全会一致で承認された。[64]この決定に関連して、コロンビア代表（筆者注：コロンビア外相）で本委員会のカマルゴ議長は次のように述べている。少々長い文章であるが、この間の事情、特に集団的自衛権と地域機構との関係をよく説明しているので引用する。

米州諸国は、ヴァンデンバーグ上院議員が述べたように、「集団的自衛」という用語の起源は、米州諸国のような地域システムを擁護する必要性と同じことであると理解した。憲章は、一般的には、憲法である。そしてそれは憲章に表された国際機構の目的と原則に反しない限り、地域協定と一致して遂行される集団的自衛権を正当化している。もし地域的結びつきをもった一国家グループが、米州諸国の場合と同じように、それら諸国の相互防衛のための結束を宣言するなら、それら諸国は、それら諸国の一国が攻撃され、或いは攻撃された時、連帯してその防衛を行うであろう。そして防衛の権利は侵略の直接の犠牲になった国に限定されるのではなく、地域機構を通して、直接攻撃された国と結束を図っているそれら諸国にまで拡大している。これは米州諸国システムの典型的事例である。チャプルテペック協定は西半球の集団的防衛を規定し、もし米州の一国が攻撃された場合には、他のすべての国はそれら自身が攻撃されたと考える。その結果、侵略を撃退するためにとる行動、すなわち、この条項によって承認された行動は……それらすべての国にとって正当である。そのような行動は、この条項の承認により、憲章と一致している。そして地域機構は、もしそれが、たとえば他の国に対する共同侵略のような不適切な目的をもっていない場合には、行動を起こしてよい。[65] このことから、この条項の承認は、チャプルテペック協定が憲章に違反していないことを意味していると推定される。

ここに示唆されているように、集団的自衛権はもっぱら地域機構の権利として認められたものであると言うことができ、これを二国間同盟にも適用されるとの解釈には、若干無理があるように思われる。

第四節　集団的自衛権の適用対象

前に述べたように、国際法学者のクンツは、集団的自衛権の問題には、その適用範囲の問題があることを指摘したが、[66] 筆者が諸資料、特に憲章五十一条の制定過程に関するものを渉猟した限り、その問題を体系的に論じたという文献は見られなかった。わずかに、合計で八〇回近い会議が開催されたアメリカ代表団会議[67]の中で、後述の第二九回会議においてのみ議論されたに過ぎなかった。それだけでなく、それがアメリカ代表団の見解として集約されることもなかった。上記クンツも、脚注（66）で一部紹介したが、サンフランシスコ国際会議では、いかにして地域機構、具体的には、チャプルテペック協定を締結し、米州機構の結成に向けて結束を強めつつあった米州諸国体制を普遍的国際機構と調和させるかということが主要な目的とされたこと、そしてそれは、地域機構問題を検討対象とした第Ⅲ／4専門委員会[68]によって憲章第五十一条が創出されるという結果を生み出したことを指摘するととに、それらの事実は、サンフランシスコの歴史を検証すれば明らかであると述べている。[69] 以上からしても、結論的に言えば憲章第五十一条の集団的自衛権はもっぱら地域機構への適用を想定して創設されたものであると言ってよいと思われる。

この問題は、これまでの議論からも推察されるように、端的に言えば、二国間同盟を国連憲章第五十一条の適用対象と考えるか否かという問題、より具体的には、軍事力の行使を前提とした同盟の結成やそれによる武力の行使は憲章第五十一条で認められた集団的自衛権規定によって正当化されるのかという問題である。これまでの検討結果からするとそれは少なくとも積極的には認められなかったというのが筆者の結論であった。

そこで、その結論に至る理由を以下に整理しておきたい。サンフランシスコ会議の中で議論された第八章C節第二項に関連して直接的・間接的に議論された集団的自衛権の二国間同盟への適用に関する見解はほぼ四つに分類できると思われる。第一は、もっぱら地域機構にのみ適用されるというものである。第二は既に見たフランスを中心とする見解で、国際機構の中でも、場合によっては同盟を認めるというもの、第三は上記アメリカ代表団内で一部見られた見解であり、第四はその他個別的に示された見解である。そこで、以下それぞれについて略述する。

まず第一の見解は、すでに何度も検討してきたように、第五十一条問題、すなわちダンバートン・オークス提案第八章C節問題はもっぱら米州機構を代表とする地域機構の新国際機構内における安全保障問題をめぐる位置づけ乃至両者の権限関係に関する問題と関連していた。

すでに前節で紹介したように、その問題を検討した第Ⅲ／4委員会の議長で、南米コロンビア代表団のカマルゴ団長は、集団的自衛権の地域機構への適用、すなわち、地域機構による主体的な集団防衛行動の正当性をチャプルテペック協定を例に挙げながら主張した。

また、ステティニアス米国代表団団長も、第五十一条がまだ最終的に承認される前の五月十二日の段階で、ほぼ確信をもって次のように述べている。[70]

「米国代表団は、本日長時間に亘って、顧問団によって提案された米州諸国の利益と世界的な安全保障の必要性との調整に関する見解を検討した。その提案には、個別的国家だけでなく、一国に対する侵略は他のすべての国家に対する侵略とみなされるべきであるとの考えに同意する国家集団にも自衛権はあるとの考えが含まれている。」「武力攻撃に対して自衛手段をとる権利はチャプルテペック協定に内在化されているように、そのもとで、すべての加盟国が、いかなる一国に対する攻撃も他の全てに対する攻撃とみなすことに同意する地域機構に適用される」

ここに示された考え方はほとんどの米州諸国が共有していると言ってよいと思われるが、あらためてここに示された集団的措置に注目しておく必要があると思われる。ここには、一国に対する攻撃は他のすべての国に対する攻撃とみなすという、国際連盟規約第十六条に規定された、いわゆる集団安全保障体制概念[71]に類似した考え方が具体的に表明されているからである。もちろん、第一章で見たように、戦後、特に冷戦期に結成された地域機構は、本質的に地域機構の外部に武力攻撃国を想定している点で、それは、敵対国をも含む普遍的な国際機構の安全保障体制である集団安全保障体制とは異なり、あえて言えば地域的集団防衛機構と呼ぶべきものであるが、そこでは、慣例的には、通常の二国間同盟は想定されてはいないと言ってよいと思われる。

なお、米州諸国の上の見解とは別に、二国間同盟に対し、典型的な軍事同盟に反対する立場から意見表明したエジプトの見解、及び集団的自衛権の適用対象に関するオーストラリアの見解を部分的にではあるが紹介しておきたい。先ずエジプトであるが、同国は、以前、地域機構を重視する国として例示した際に言及したように「軍事同盟は一時的な性格を持つものであり望ましくないばかりか、勢力均衡に基づく旧秩序の現れである。新国際機構は集団安全保障によって平和を維持することを目的としており、旧秩序を廃止しようとするものである」と述べ、軍事的色彩の強い二国間同盟などを間接的に批判した[72]。他方、オーストラリアは、集団的自衛権について、オーストラリア自身は、それを幅広く拡大して解釈したいとの意向を開陳するが、憲章第五十一条の集団的自衛権は、サンフランシスコにおける会議の期間中、「唯一、地域的自衛」について論じられたと述べ、それに不満の意を表明しながら、二国間同盟には言及されなかったことを認めている[73]。

第二の見解は、既に検討したような、フランスやソ連が主張した特殊な同盟の締結は安保理事会の承認なしに行動できるようにするとの主張であった。当時フランスとソ連との間には同盟が締結されていたことはすでに言及したが、それは具体的には、「現在の敵国による侵略政策の再現を防止する」ことが目的であった。そこでこの問題は、以前に示したダンバートン・オークス提案第八章C節第二項を修正し、その第二項を継承した国連憲章第五十三条の中に、いわゆる旧敵国条項を設け、さらに第百七条に規定された旧敵国に対する経過措置によって解決されたと言うことができ、その点についてはすでに述べた通りである[74]。すなわち、旧敵国が新たな侵略政策を打ち出したときは、それに対抗するために、憲章第百七条、或いは第五十三条の地域機構の下で、防衛行動をとる権利があると規定されたのである。

第三の見解は、前記のように、アメリカ代表団の第二九回会議で断片的に表明された見解であった。二国間同盟が地域機構に含まれるかどうかについては、米国代表団の会議においてそのメンバーから断片的な質問等が出される程度で、それを集約して米国の見解を示すというような作業は、関連資料を検証する限り、行われた形跡はない。したがって他の国との協議の場で、具体的には地域機構問題を中心に審議する第Ⅲ／4委員会で公式に議論はされなかったと言ってよいと思われる。こうした状況の中で、前記の通り、五月四日に開催された第二九回の米国代表団会議では特に「二国間同盟の問題」として意見交換が行われた[75]。しかしここでも統一した米国案を作成することはなかった。ただ、次に紹介するように、何人かの意見には注目すべき見解も含まれていた。

ダンバートン・オークス提案をまとめた中心人物であり、サンフランシスコ会議においても米国案をまとめるに当たって主要な役割を果たしていたパスヴォルスキーやノッターは意外にも第八章C節には二国間同盟は含まれるという見解であった。両者は、前に紹介した通り、ハル国務長官の忠実な支持者であり、ハルのいわゆる国際主義に賛同していたと思われるだけに若干の違和感を禁じ得ない。パスヴォルスキーは、地域機構という用語だけでなく二国間同盟を意識して「他の機構、或いは機関」と言う用語を使用したと述べている[76]。国連憲章第八章「地域的取極」の第五十二条、五十三条、及び五十四条には「地域的取極又は地域的機関」というフレーズが七回使われているが、その「地域的機関」を同盟も含む概念であるとは通常は解されないであろう。

また、上記のように、彼はハルに信頼され、ダンバートン・オークス提案作成はもとより、その準備段階から国連憲章の作成に至るまで、国務省における国際問題のエキスパートとして国務長官の特別顧問を務め、さらには、言わば各種草案作成の実質的な当事者として主要な役割を果たして来た人物であった。その彼が新国際機構の検討過程において、二国間同盟には言及したことがないと推定されるうえに、それが含まれるとする地域機構の独自の行動をダンバートン・オークス会議で事実上否定しておきながら、それから半年あまり後の翌年五月の段階でそれを否定するような発言をすることには、彼の発言の真意に関し大いに疑問があると言わざるを得ないであろう。そもそも二国間同盟が含まれるとするなら、それを明記しない理由を示す必要があるであろう。しかしその点についての言及はない。もっとも彼は、国連憲章の調印直後の一九四五年の七月に行われた上院公聴会においては、前記五月四日の発言とは異なり、「集団的」という用語は、「地域機構」という意味であると同時に、「自衛を目的としてとられるどんなグループの行動」とも関連があると述べるとともに、「集団的自衛権」の意味するところは、チャプルテペック協定に謳われたような、「米州諸国のどの一国に対する武力攻撃も他のすべての米州共和国に対する攻撃とみなす」ということであると述べ[77]、同盟について直接的な言及を回避している。これは議会における証言だけにより示唆的である。

他方、サンフランシスコ会議に共和党員ながら、民主党政府の要請で、超党派的な立場から米国代表団顧問の資格で参加することになったダレスは、後の国務長官時代にパクト・マニアとソ連から指弾されたことからすると意外と言わざるを得ないかもしれないが、国際主義者でもある彼は、二国間同盟よりは地域機構を重視すべきとの立場に立っていた。その点については本章の第二節において指摘した。なお、上記第二九回会議においても、この問題に関連して、「問題は第八章C節の文言が二国間同盟に適用されるとは明確に書かれていない[78]」ことだと述べる一方、フランスとソ連が主張する二国間同盟を認めると「集団安全保障の全体系を崩壊させてしまう[79]」としてそれを批判したのである。

ダレスは第一章で検証したように、戦後、特にアジアにおいて、冷戦の激化とともに軍事同盟の結成に尽力し、時に交渉の当事者となり、条約への署名も行っていることはすでにみた通りである。しかし、同盟における共同防衛、すなわち、武力行使の法的根拠として憲章第五十一条の集団的自衛権を挙げなかったことも、集団的自衛権と同盟の関係についての上記の、及び次に示す彼の考え方の反映であったとみることができると思われる。

以下は、ダレスの上下両院の公聴会における発言の中から、憲章第五十一条に関連する箇所を抜粋したものである。彼の法律の専門家としての見方や権力政治的国際政治観は後景に退き、第五、六、七章において垣間見られたようなな穏健なリベラルとも言える国際主義者の見方が披瀝されていて大変興味深いものがある。

最初は、国連創設直後の一九四五年の七月に開催された上院外交委員会における公聴会での発言である。

「一般に次のようなことが言われている。すなわち、この憲章により、われわれは軍事同盟の方向に行くのではないかと。それは、少なくとも私の軍事同盟についての認識に照らせばそうはならない。軍事同盟とは何でしょうか。軍事同盟とは二国間の間の協定であり、それによって、将来、第三国による武力攻撃のような緊急事態が生じた場合には、それらの国が攻撃を受けた国の防衛に向かうとの合意を事前にしておくものである。この憲章では、米国が事前に米国の軍事力を使用することを約束した文言は一つもない[80]。その決定は、安保理事会のメンバーとしての米国の置かれた状況に照らして、及び判断に基づいて行われるだろう。」

このダレスの見解は、憲章第五十一条の「……国連加盟国に対して武力攻撃が発生した場合には……」という文言を厳格に解釈したことによるものと考えられる。したがって彼によれば、事前に協定などによって同盟を結成してはならないし、集団的自衛権はそうした同盟の正当性の根拠にもならないことになる。

次に示したものは、一九四八年五月に開催された下院の外交委員会における公聴会記録の一部である。

「私は、第五十一条の下における社会は何がしか民族主義を包摂するものと信じている。第五十一条は……地理的にも制度の点でも……関係を持たない二つの国家が、単に防衛のため、或いは攻撃のために結合することを意図しているのではない。それは五十一条の精神ではない。私はサンフランシスコにおける第五十一条についての作業を思い出す。……私はそこで一人の男性と彼の家族のイラストを使った。……そこには自分たちの間の絆を有し、お互いを守ろうとする人間のある種の自然の権利が存在する。それは単に人工的に且つ便宜的に結ばれたものとは全く異なるものである[81]。」

以上は、下院の公聴会における発言であるが、ここには後の国務長官ダレスの面影はすくなくとも表面的には認められない。いずれにしても憲章第五十一条の同盟への適用については否定的であったし、すでに言及したが、第一章で同盟の法的根拠として集団的自衛権を挙げなかった理由の一端については、この二つの証言が示唆しているように思われる。

いずれにしても以上のように、地域機構と二国間同盟に関する米国の立場については、サンフランシスコ会議中、曖昧なまま深く議論されなかったことを指摘することができる。ただ、断片的な例示ではあるが、同盟への適用を積極的に支持する見解はあまり見られないことからして、米国代表団の中では、その点、すなわち憲章第五十一条の二国間同盟への適用については、初めから想定されていなかったと言うことができると思われる。

最後に、個別的に示された見解について言及しておきたい。

先ず、エジプトが地域機構の軍事同盟化に反対であったことは第二節で言及したが、それと関連して、六月一日に開催された第Ⅲ／4／A専門小委員会において、エジプトは地域機構と軍事同盟を明確に区別すべきであるとの提案を行った。それに対し、米国代表（筆者注：ヴァンデンバーグ）[82]は、「露骨な攻撃的且つ防衛的軍事同盟は相互援助条約とは全く異なるものであり、明らかに憲章上の地域機構とは異なっている。」と述べ、したがって、上記小委員会は、違いは明白であるので、敢えて区別する必要はないとした。[83]この事実からも五十一条の対象が軍事同盟ではないことが明らかだと思われる。

また、ヤーレム（Ronald J. Yalem）教授は、彼の著書の中で「第五十一条に基づく地域機関」、「憲章第五十一条で認められた集団的自衛機構と（ダンバートン・オークス提案）第八章C節の地域機構の違い[84]」といった用語を使用しているが、そこからも同盟が第五十一条の積極的な対象にされていないことが推定できるように思われる。

最後に、オーストラリアはどのように認識していたのかを見ておきたい。オーストラリアの代表のフォード（Francis M. Forde）首相代理とエヴァット（Herbert V. Evatt）外相は、四五年六月二日に本国のチフリー（Ben Chifley）首相に電報を送り、地域機構に関連して次のように述べている。すなわち、「この議論の過程において、〝集団的自衛〟

という文言は、もっぱら地域的自衛を指していると言われてきた。そこでオーストラリアは、その〝集団的自衛〟という言葉を、特に、オーストラリアの修正案の中で言及した〝どんな取極も〟という文言を含む広い意味で解釈したということを記録するよう依頼した。その目的は、〝地域的〟取極という範疇に適合しない自衛の取極の活動はこの方式から排除されないことを明確にすることであった。[85]」ここでは、「どんな取極も」や「自衛の取極」が具体的に何を指しているのかが問題であるが、前段の文脈からすると、少なくともサンフランシスコでは、集団的という文言を地域的な広がり、乃至枠組みとの関連で認識していたと言うことができると思われる。

以上の検討から、憲章第五十一条で認められた集団的自衛権は、具体的には、地域機構による共同防衛行動を正当化するための規定であったと言ってよいと思われる。

第九章　サンフランシスコ国際会議におけるダレス

第一節　ダレスの超党派的協力の三つの条件

戦後構想を進めるために、当時の国務長官コーデル・ハルが克服すべき課題の一つとして超党派的アプローチの必要性を認識し、それに取り組んできたことについては、第二章で検討したところであるが、ここでは、それに協力したダレス側の条件をできるだけ重複を避けながら見ておきたい。

ところで、ダレスが民主党政権の超党派的アプローチに関与するためには、当時の政治状況に鑑みて、三つの条件が満たされる必要があったと思われる。それらは先ず第一に、言うまでもなく時の政権、すなわち民主党ローズヴェルト政権が超党派的アプローチを選択するかどうかということであった。第二は、元来孤立主義的傾向が強かった共和党の外交路線が転換され、民主党の戦後構想に近づくことができるのかどうかという問題、そして第三に、当時、共和党員ではあっても、在野にあったダレスを民主党政権に橋渡しをする人物の存在であった。そこで次に、それらを個々に検討したい。

(1)　民主党政権の戦後国際機構創設のための超党派的アプローチ

すでに述べたように、国連創設構想を進めるに当たってローズヴェルト政権がもっとも留意した問題の一つは、条約批准権をもつ上院の支持を取り付けることができなかったために、自ら提唱して創設された国際連盟に米国を加盟させることに失敗したウィルソン大統領の轍を、いかにして再び踏まないようにするのかという問題であった。より具体的には、上院による外交問題に関する意思決定に決定的な影響力をもつ上院外交委員会の協力、特に同委員会の野党共和党議員の協力をいかにして獲得し、この問題をいかにして国内政治の争点からはずすのかという問題であった。[1]というのは、特に共和党には孤立主義的傾向が強い議員が多く、戦後の国際安全保障問題に深く関わろうとする民主党に対する彼らの批判を回避する必要があった。そのことは、一九四二年に行われた中間選挙において共和党が大幅に勢力を拡大し、上院においては、民主党の議席が、単独で条約を承認するのに必要な三分の二を下回ったことで益々強く意識されることになった。[2]

こうした問題に対応するためにローズヴェルトやハルが採用した方法こそ、超党派的アプローチであった。[3]すなわちローズヴェルト政権が戦後国際平和機構の検討を開始する一九四二年春には、同政権の意を受けて、民主、共和両党の最初の会談が行われたが、[4]その後国連憲章が上院で批准される一九四五年七月[5]までのほぼ三年余りの間、同政権は議会、特に上院の外交委員会や政権内外の有力な政党指導者、特に共和党指導者と密接な関係を構築し、同党の協力を得ながら国連創設計画を進めようとしたのである。この国連の創設をめぐる超党派的アプローチは、ローズヴェルトからトルーマン政権に続く戦後の民主党政権において展開された超党派外交の嚆矢として位置付けられるものでもあった。

超党派的アプローチはまず、民主、共和両党間の調整という形で、主として上院外交委員会を媒介として公式、非公式に行われたが、一九四四年になると、より体系化された形で超党派体制が確立されることになる。すなわちハルは、三月に上院外交委員会のコナリー委員長に対し、戦後構想についてハルとより綿密に協議するための超党派を基礎とした小委員会の結成を要請するが、[6]その結果、一九四四年三月には、超党派を基礎とする八人の上院議員から成るいわゆる八人委員会が結成されることになった。この八人委員会は民主党四、共和党三、進歩党一の各上院議員によって構成されていたが、共和党のメンバーには、超党派外交の成否の鍵を握っていたと言っても過言ではない人物で、ダレスの能力を高く評価していた同党の重鎮、ヴァンデンバーグも含まれていた[7]。

またローズヴェルト政権は、政権の外部からの超党派的協力をフーバー前大統領を含む有力な共和党員から得ることになるが[8]、特にこの超党派的アプローチに関連して特筆すべきことは、議会に議席をもたない東部国際派の論客で、この時期をもっぱら教会活動を通して国際機構の創設の必要性を訴えることに専念し、さらに、一九四四年の大統領選挙に向けて、共和党の有力大統領候補であったT・デューイの外交顧問を務め、アメリカの外交政策の決定に間接的ながら一定の影響力をもっていたダレスの登用であった。

そこで以下では、共和党の有力議員やダレスが超党派的協力を行うに到る共和党側の環境を検討することとする。

(2)　共和党の孤立主義から国際主義路線への転換

改めて述べるまでもなく、米国は、今日ではさまざまな国際問題に関与し、自由貿易と低関税政策を支持しているが、歴史的には、共和党はそうした政策に批判的であり、孤立主義的な傾向が強い政党であった。しかしながら第一次世界大戦は、否応なしに米国を世界最大の債権国家として登場させ、十九世紀的な孤立主義外交が非現実的であると認識されたばかりでなく、第二次大戦の危機が迫り、それが現実のものとなると米国の国際主義的な役割に対する期待と必要性は決定的なものとなる。ローズヴェルト政権がいち早く、米国の戦後外交政策についての検討を開始したのもそうした認識があったからに他ならない。

こうした内外の政治経済情勢の変化に鑑み、共和党の孤立主義外交の主張もいずれは清算されねばならない運命にあったと言うべきであるが、米国の戦後外交の構想、特に国際機構の創設を巡る議論はそのよい契機となった。

すなわち共和党は、第二章でも言及したように、第一次大戦後の一九二〇年に行われた大統領選挙において、孤立主義への回帰を意味する「常態への復帰」を選挙スローガンとし、ハーディングを党の候補者に指名して大統領の地位を奪還するが、そのスローガンに典型的に示されているように、共和党は、第一次大戦後は一貫して国際連盟への加盟を拒否する姿勢を示した。それればかりでなく、第二次大戦が勃発した後の一九四〇年に行われた大統領選挙には、一般の予想に反して、元民主党員で理想主義的な国際主議を唱えるW・ウィルキー（Wendell Willkie）を共和党の大統領候補者に指名したにもかかわらず、同党の綱領には、国際機構について一言も言及されず、「共和党は、この国が対外戦争に参加することに強く反対する」と謳われたのである。(9)

しかしながら、戦争の進展とともに、同党の孤立主義も徐々に国際主義の方向に転換される。それを助長したものとして、言うまでもなく国務省において検討が開始された戦後構想に関する議論の展開を挙げることができるが、それに加え、世論の動向も無視できないであろう。一九四二年末に行われたいくつかの世論調査によると、米国民の七〇％以上が「戦後何らかの国際機構」に米国が参加すること、及び政府が「戦争の終結前に新しい国際機構を創設するための方策を講ずる」ことに賛意を示していた。(10)

こうした世論の動向にも影響されて、東部の国際主義者やその団体、それにジャーナリズムは戦後国際機構の創設の必要性を主張する活発な活動を展開する。(11) もっぱらキリスト教会グループを足場にしたダレスの活動もその有力なものの一つであった。ただダレスの活動はかなり早くから開始されており、世論調査の結果に見られる戦後国際機構の創設への高い支持には、むしろダレスを含む教会グループの活動が影響を与えていたとみることもできるであろう。少なくともダレスはそのように考えていた。(12)

このような共和党を取り巻く外部環境の変化に加え、同党の内部からも国際主義への転換の動きが急速に表れるようになる。

その典型的且つ共和党の国際主義への転換に決定的な影響を与えたケースは、共和党の重鎮で、孤立主義のリーダー且つそのシンボル的存在であったヴァンデンバーグの動静であったと言ってよいであろう。そして彼こそダレスの超党派的活動の直接的な道を開いた人物であった。

ヴァンデンバーグは周知のように、米国中北部のミシガン州選出の上院議員であったが、当時彼は、上院外交委員会に所属するとともに、同委員会共和党議員の最高幹部の地位にあり、言わば共和党を代表する権威を有するとともに、共和党の政策決定、特に外交政策の決定に大きな影響力を持っていた。因みに一九四六年の中間選挙で共和党が上院を制すると、翌年に始まる第八〇会期には、彼は上院外交委員会の委員長に就任するのである[13]。

ところでヴァンデンバーグは、一九二八年に上院議員となるが、彼は、伝統的に共和党色の強かった出身地域、すなわち中北部ミシガン州の政治環境を反映して、元々国際連盟に反対し、ハーディングを支持する孤立主義者であった。また一九三〇年代の後半、世界に戦争の危機が迫りくる状況の中で、ヨーロッパの戦争へのアメリカの参入はもちろん、交戦国への援助にも反対した[14]。彼のこうした態度から、ヴァンデンバーグは米国国内では孤立主義者の代弁者として知られ、共和党の孤立主義路線に大きな影響を与えていた。しかし、一九四一年十二月に真珠湾が日本軍によって攻撃されるという新たな事態に直面すると、彼は平和の実現のためには「国際協調と集団的安全保障」が必要であることを確信し、それまでの「孤立主義者」から「現実主義者」に転向した[15]。彼が公式に孤立主義を放棄するのは一九四五年一月十日の上院本会議における「アメリカ外交」に関する演説においてであったと言われるが[16]、彼が日本の真珠湾攻撃の翌日にいち早く大統領秘書に電話を入れ、無条件で大統領を支持したこと[17]に現れているように、彼はその後は民主党政権の大戦関連政策を支持するとともに、同政権の特に戦後国際機構創設構想に対し、超党派的協力を行うことになるのである。共和党の重鎮であるヴァンデンバーグ上院議員が民主党政権に協力したことは、ローズヴェルト政権、特にハル国務長官の超党派的アプローチが成功することを意味していた[18]

と言っても過言ではなかった。

しかしながら、こうした共和党の重鎮ヴァンデンバーグの転向にもかかわらず、共和党全体が孤立主義を脱却したと認識されるためには、もう少しの時間と共和党としてのより明確な意思表示が必要であった。その契機となったものは、ヴァンデンバーグによって起草され、一九四三年九月八日にヒューロン・ミシガン両湖を結ぶ水路に浮かぶマキナック島で開催された共和党の戦後諮問会議において承認されたいわゆるマキナック宣言であった。以下に述べるように、それは共和党が、党として初めて、戦後の国際協力機構への参加に賛意を示したものであったのである。[19]

共和党では、一九四四年の大統領選挙を一年余り前に控えた一九四三年になると、外交政策をめぐって、急進的な国際主義者グループ[20]とそれに対抗する元来は孤立主義者であった人々を中心とするグループとの間の対立が深まっていたが、同年五月末には、前回一九四〇年の共和党の大統領候補であったウィルキーの再度の候補者指名を獲得しようとする前者に対抗して、共和党全国委員長のハリソン・スパングラー（Harrison Spangler）は、より穏健な国際主義に基づいた戦後世界に関する共和党の統一した外交政策を作成するために、共和党戦後諮問会議を結成する。この戦後諮問会議には、第二次大戦前までは孤立主義者であった人々が多く含まれていたが、上下両院議員、知事、および全国委員会委員等総勢四九人の共和党リーダーから成る戦後諮問会議が創設されたことは、穏健な「共和党国際主義者にとって重要な勝利であった。[21]」それと言うのもこのメンバーの中にはヴァンデンバーグ上院議員やニューヨーク州知事で一九四四年の共和党大統領候補の指名獲得が濃厚であったデューイなど穏健且つ有力な共和党員が含まれていたからである。[22]ヴァンデンバーグは「われわれは国際的な進歩勢力と協調することに熱心でなければならないが、われわれは、独立国家、且つ主権国家としてのアメリカ合衆国の地位を放棄することはない」と、急進派とは異なる見解を述べ[23]、同諮問会議のメンバーになることに同意した。

ところでスパングラーは、以上のようにして結成された共和党の戦後諮問会議を足掛かりにして、戦後の外交政策についての共和党のコンセンサスを獲得し、一九四四年の大統領選挙に向けて同党の外交政策をめぐる分裂を回避するとともに、それを大統領選における同党の外交政策綱領とすることを目指していた。そこで彼は、一九四三年七月、共和党の包括的な戦後外交政策を作成するために、戦後諮問会議を九月初めにミシガン湖のリゾート地であるマキナック島で開催すると発表し、併せてヴァンデンバーグをその諮問会議の外交政策作成委員会の委員長に選任した。[24]

このようにして共和党の戦後外交のあり方、特に戦後構想、とりわけ戦後国際機構への対応についての同党の基本政策の作成を委ねられたヴァンデンバーグは、共和党が戦後政策をめぐって分裂の危機にあるとの認識をスパングラーと共有しており、同党の重鎮としての立場からも、彼はその分裂を何としても回避せねばならなかった。その分裂を回避するために彼が目指した外交路線は、いわゆる「中道路線」であった。言うまでもなく、それは具体的には、党内の過激な急進的国際主義者と過激な完全孤立主義者との間の「中道路線」[25]であった。すなわち彼は、一方で、平和に脅威を与える侵略を防止するために、主権国家間の戦後の協力体制にアメリカも参加するとの意思を表明しつつ、他方で、主権の保持、およびアメリカの死活的な利益の確保を強調した草案を作成した。そこでは彼自身が非現実的と考えていた超国家機構[26]、すなわち世界政府と誤解される恐れのある国際機構という言葉の使用は注意深く避けられていた。

ヴァンデンバーグによって起草されたその草案は、当時のデューイ・ニューヨーク州知事やタフト上院議員等の共和党有力者から、重要部分についての事前の了承を得ていたが[27]、九月に開催された戦後諮問会議では、急進派からの強い要請で部分的な修正を余儀なくされた[28]。しかしその結果、九月八日の本会議では全会一致でヴァンデンバーグ草案を基礎とするいわゆるマキナック宣言が採択されることとなった。このようにして採択されたマキナッ

ク宣言では、戦後諮問会議において最重要課題であった戦後構想については次のように謳われた。すなわち共和党は、

「軍事的な侵略を防止し、自由世界に、体系化された正義に基づく恒久的な平和を実現するために、アメリカが主権国家から成る戦後の協力機構に責任を持って参加することを支持する」[29]と。

すでに明らかなように、マキナック宣言は共和党内における孤立主義者と国際主義者との間の妥協の産物であった。そのため宣言自体はやや曖昧で具体性を欠くものであったが、それが、孤立主義者、および国際主義者を含む全会一致をもって採択されたことにより[30]、共和党の分裂は回避されただけでなく、同党が一九四四年の大統領選挙に向けて孤立主義的立場を脱却し、穏健な国際主義に転換したことを明確に示したものでもあった。すなわちマキナック宣言によって共和党の国際主義路線は公式の約束となり、戦後構想を進展させようとしていた民主党にとって、それは超党派外交を推進するための政治的環境が整ったことを意味していた。国務長官のハルが、政府内でマキナック宣言の曖昧性を指摘する声が多い中で、マキナック会議の結果を評価し、その結果は、共和党員が国際機構の問題を党派的な論争の対象にせず、政府に喜んで協力するという意思を表明した証拠であると述べたことからもそれは明らかであった[31]。

それでは、このように超党派外交への環境が整う中で、ダレスはどのような経緯でそれに協力することになったのか、以下では、まず、民主党との橋渡し役としてダレスの超党派的関与に大きな役割を果たした二人の人物、すなわちデューイ、ヴァンデンバーグとダレスの関係を検討することとする。

(3) デューイ、ヴァンデンバーグとダレス

第六章で論じたように、ダレスは一九三〇年代の後半から一九四〇年代の前半にかけて、教会活動を通じて国際平和の実現のための活動を展開してきた。特に一九四〇年代の前半には、米国連邦キリスト教会評議会が一九四〇年末に設立した「公正且つ永続的な平和に関する委員会」の委員長として、国際機構の設立の必要性を説き、一九四三年三月には、アメリカ国内で大きな反響を呼ぶことになったいわゆる「平和の六支柱」を発表した。ダレスの、上記委員会における三年近くに及ぶ活動の集大成とも言えるこの「六支柱」の発表を契機にして、ダレスは戦後国際機構の創設を目指す穏健派国際主義者として、共和党の内外にいっそう強く印象付けられるようになる。さらにそれだけでなく、彼は、共和党の大統領候補者デューイの外交顧問を務めることにより、国際問題に関する共和党の指導的なスポークスマンとしてにわかに注目を集め、一九四四年を迎える頃には、デューイが当選した暁には彼の国務長官就任は議論の余地がないものと考えられるようにもなっていたが[32]、それとともに彼は、四四年以降、アメリカ外交の政策形成過程におけるいわゆる超党派外交の創始者となりその実践者となるのである。ただダレスによる最初の超党派外交、すなわち民主党政権の戦後政策に対する彼の超党派的協力は、当時ニューヨーク州知事であり、且つ共和党の大統領候補であったデューイや共和党上院議員のヴァンデンバーグとの関係が直接的な契機となっていた。と言うのも、すでに言及したようにヴァンデンバーグは勿論、デューイも超党派外交の必要性を認識していただけでなく、以下に検討するように、この三人は、一九五〇年にヴァンデンバーグが病魔に倒れるまでの短い期間であったが、互いに友情と信頼関係で結ばれており[33]、言わばこれら三人が、民主党政権による戦中戦後の超党派外交に対する共和党側の主要な協力者であったからである。そこで次に、ダレスと他の二人との関係を概観する。

先ずはじめにデューイとダレスの関係から見てみよう。一九〇二年生まれのトーマス・デューイは一九四〇年の

共和党の大統領候補者指名選挙に三八歳の若さで挑戦し、ウィルキーには敗れたものの、彗星のごとく政界に登場し、一躍脚光を浴びることとなった。元々ニューヨークの法律家であったデューイは、一九三五年にニューヨーク州知事レーマン（Herbert Lehman）によってニューヨーク市の特別検察官に任命されると、犯罪の摘発に辣腕を発揮して全国的な名声を獲得し、一九三七年にはニューヨーク郡の地方検事に選出される。翌三八年にはニューヨーク州知事に立候補、現職のレーマン知事に敗北するが、票差がそれほど大きくなかったことは、彼の人気の高さと彼が瞬く間に政治的スターの地位に押し上げられたことを逆に証明するものでもあった。さらに彼は、一九三九年には地方検事在任のまま、翌四〇年の共和党大統領候補者指名選挙への出馬を宣言する。上記のように、四〇年の選挙はウィルキーに敗れたものの、四二年には、レーマン知事の退任にともなう知事選挙で楽勝し、一九四四年および一九四八年の共和党大統領候補の指名を獲得するのである。[34]

さてダレスは、三〇年代の早い頃からデューイの存在に気づいていたが、両者の最初の出会いは一九三七年ニューヨークでの法律家の昼食会の席であった。[35] 二人はそれを契機に互いに信頼し得る友人になる。と言うのは、同年ダレスは、デューイが第一級の資質を持った検事であることを確信し、彼に自分の法律事務所サリバン&クロムウェルの共同経営者に就任することを提案したのである。その提案が行われたのは、デューイが地方検事に選出される直前であったが、彼の将来は未だ必ずしも約束されていたわけではなかった。デューイは結局地方検事に選出され、ダレスの申し出を受け入れることにはならなかったが、彼はダレスの提案に深く感謝し、以後、両者の関係は非常に緊密になるのである。[36] すなわちダレスは、それ以後、若きデューイの「良き師」となり、「デューイの重大な弱点」である「国際政治分野」[37]の問題について助言を与えるとともに、デューイの三回の大統領選挙には外交顧問として彼を支えることになった。

ところで一九四四年の大統領選挙では、共和党は、急進的な国際主義者であったウィルキーではなく、上記のように、デューイを共和党の候補者として指名したが、デューイは国際問題についてはほとんど門外漢で、穏健派国際主義者として認知されるためには、ダレスの知見や助言を必要とした。[38]

すなわち一九四三年九月に開催されるマキナック会議に参加するためマキナック島を訪れていたデューイは、会議開催の前日に記者会見を行い、戦後も「恒久的な米英の軍事同盟」を継続して維持すべきであり、より拡大された安全保障体制へのソ連や中国（中華民国）の参加に反対しないとの見解を表明したが、その記者会見は全米の新聞が翌日に特集記事を組むほどの注目を浴び、[39] デューイをして一躍共和党の指導的な国際主義者にしてしまった。[40] しかし、その記者会見の内容は、戦後の国際秩序を大国主導で支配することを意味しており、ダレスのいわゆる「平和の六支柱」やヴァンデンバーグを中心に作成されたマキナック宣言の趣旨、すなわち、主権国家が原則として平等の立場で参加する国際機構を創設することによって平和的秩序を実現しようとするものとは異なっていたため、ダレスには大いに不満であった。[41] そこで、一九四四年四月四日のウィスコンシン州における予備選挙においてデューイが勝利し、共和党の指名獲得がほぼ確実になると、[42] ダレスはデューイに対し、四月二十七日にニューヨークで開かれたアメリカ広告、新聞協会事務局の晩餐会における演説において、「将来の戦争を防止するため、十分な軍事力に支えられた平和機構を他の諸国と協力して組織すること」は「アメリカの圧倒的な世論」であると表明させ、デューイが穏健な国際主義者であり、戦後の外交に関してダレスやヴァンデンバーグともども「中道路線」に立っていることを印象付けた。[43]

こうしてダレスは、大統領選挙の表舞台に登場するようになり、[44] デューイが共和党の大統領候補の指名を獲得した一九四四年は、ダレスにとって彼の政治経歴上、一大転機となった年であった。すなわち彼は、デューイやヴァンデンバーグとともに、国際主義者として共和党の新しい流れを形成し、[45] 現実の政治に関わりをもつようになる。

それはすでに述べたように、ローズヴェルト、トルーマン両民主党政権の超党派外交への積極的な協力によって実践されることになるのである。

ところで、選挙戦におけるデューイの優勢が確実になると、共和党では、六月の末にシカゴで開催される全国党大会に向けた同党の綱領の作成が重要な課題となるが、ダレスは、その外交政策綱領の作成をめぐって、ダレスの超党派的アプローチに決定的な影響を与えたもう一人の人物、すなわち、すでに述べた「八人委員会」等を通して超党派活動に参加していたヴァンデンバーグと新たな関係を構築することとなる。

ダレスとヴァンデンバーグを知る多くの識者が観察しているように、二人は大変親しい関係にあり、強い友情の絆で結ばれていたが(46)、二人の最初の出会いは、上のように、一九四四年の共和党の外交政策綱領の作成を契機としていた。

すなわち、四四年の共和党外交政策綱領は、マキナック宣言を取りまとめたヴァンデンバーグによって作成されることになったが、ダレスも最初はデューイを媒介として、次には直接ヴァンデンバーグと調整のための話し合いの機会を持つことによって綱領の作成に関与することとなった。綱領案は基本的にはマキナック宣言に即したものであったが、ヴァンデンバーグは草案を作成すると、共和党候補の指名獲得が確実なデューイの了承を得るため、彼にそれを送付したのである(47)。デューイはそれを外交顧問のダレスに送付して彼の助言を求めるとともに、五月には、ダレスをワシントンに派遣してヴァンデンバーグとの調整に当たらせた結果、六月十日にはダレスの助言をすべて取り入れた最終案が作成されることになった(48)。

この綱領作りはヴァンデンバーグ、ダレス両者にとって、相互の信頼と友情を深める契機となったばかりでなく、共に民主党政権の戦中戦後の超党派外交に協力する契機にもなった。ダレスは、六月二十六日から二十九日にかけて開催されたシカゴでの共和党全国大会が終了すると、早速、翌三十日にはヴァンデンバーグに書簡を送り、「党大会がすばらしい結果に終った今、私は、外交政策綱領の作成に当たって、党がいかに多くを貴方に負っていたかということを申し上げたいと思います。……貴方が、前もって献身的な努力を弛まず行い、共通の基礎を見出してくれたお陰で、（党の）深刻な分裂を回避することができました」と述べ、外交政策綱領の作成に当たったヴァンデンバーグを称賛した。[49] 一方ヴァンデンバーグは、綱領の作成に当たっては、上記のように、ダレスによる助言をほとんどすべて取り入れるとともに、[50] 日記には「私はダレスに非常に感銘し、我々は完全に意見が一致した」と記し、[51] さらにダレスからの上記書簡には、「恐らくデューイの国務長官になるだろう」とメモ書きするとともに、[52]「私は貴殿のどんな助言も歓迎しますので、どうぞ、いつでも自由に、まったく気がねなく助言をして下さい」との返書を送り、ダレスを高く評価するとともに、彼に対し、全幅の信頼を寄せていることを表明したのである。[53]

このように、共和党にとって重要な責任を、デューイを媒介にした緊密な協力関係を構築しながら果たしたダレスとヴァンデンバーグは、それを契機に個人的な友情関係を深めるとともに、穏健な国際主義者として戦後構想を含む国際政治観を共有し、その後ヴァンデンバーグが病魔に倒れる五〇年までのほぼ六年に亘って、国際政治情勢が冷戦に向かう時期のアメリカ外交に超党派外交の足跡を刻むことになるのである。

特に両者は、国際関係への関心、乃至取り組みに関しては別々の道を歩んできたが、この時期には、基本的には両者とも穏健な国際主義の立場に立っていたと言ってよいであろう。例えば戦後国際機構に関しては、すでに言及したように、両者とも世界政府、世界連邦には反対であり、どちらかというと国際連盟に類似した国民国家の連合体を想定していた。また上記のように、国際問題に関してダレスほどの知見や経験をもたないヴァンデンバーグは、ダレスの外交に関する能力を高く評価するとともに、超党派的アプローチへのダレスの関わりを強く支持することになるのである。一方ダレスは、議会における共和党の秀でた外交スポークスマンとしてのヴァンデンバーグを単に友人としてだけではなく、共和党議員をデューイ支持に結びつけることのできる貴重な存在と考えていたと言うこともできるであろう。[54]

なお、ヴァンデンバーグを中心にして作成され、共和党の全国大会で承認された同党綱領の外交政策綱領部分、特に戦後構想に関する部分は次の通りであった。この綱領はそれほど体系的なものとは言えないが、それには、主権国家を構成国とする国際平和機構を創設することが明確に謳われていた。ただ、侵略が発生した場合の制裁措置を含む安全保障措置については曖昧な言及に留められた。しかし総じて言えば、共和党綱領は、それまでに示されてきた民主党政府の戦後構想、すなわち国際連盟に類似する国際機構構想とほとんど差異はなく、ニューヨーク・タイムズは、党大会終了日の六月二十八日に、「共和党と民主党の間には、今やいかなる争点もない」と記したのである。(55) こうして戦後構想に対する両党の超党派的協力の条件は整えられることとなった。


〈共和党外交綱領〉

「我々は、世界国家ではなく国際協力機構を通じてそのような目的を達成しようとするであろう。我々は自由世界において、組織化された正義を含む恒久的な平和を実現し、軍事侵略を防止するために、主権国家によって創設される戦後協力機構に責任を持って参加する」

「そのような組織は、軍事侵略を防止し、あるいは撃退するための平和部隊を指揮する効果的な協力手段を開発すべきである。それまで、我々はこれら究極的な目的を保証するために連合国と継続して協力することを約束すべきである。」

「しかしながら、我々は、平和と安全は武力による制裁のみに依存すべきではなく、これらの安全保障協定において承認された相互利益や精神的価値によって勝ち取られるべきものであると信ずる(56)」


なお、共和党の全国党大会後の七月に開催された民主党の全国党大会で採択された同党の綱領（外交関係）は、次の通りであった。

「我々は、世界が国際的な無法者や犯罪者によって再び血塗られることを許さないことを誓約する。すなわち、侵略を防止し、国際平和と安全を維持するために、他の連合国と協力して、すべての平和愛好国の主権平等の原則に基づく、大小すべての国家に加盟が許される国際機構を創設すること。

諸国家が戦争を防止し、戦争の準備を不可能なものとするのに必要な、そして必要なら共同行動のために利用可能な十分な武力を保持するような、効果的で必要なすべての協定や制度を創ること。

そうした組織は、必要なら侵略を防止し平和を守るために武装軍隊を使用する権限を付与されねばならない。[57]」

因みに民主党では、共和党の全国大会に先んじて、国務省の戦後構想に関する既述のアジェンダ・グループが作成した構想案を、一九四四年三月から四月にかけて与党の立場を利用して検討し、[58]さらに、これもすでに述べた一九四四年四月に民主党のコナリー上院外交委員会委員長を中心に召集されたいわゆる八人委員会における検討を踏まえ、待望久しかった六月六日のノルマンディー上陸作戦によって近い将来の戦争の決着が確実になると、共和党大会の開催予定の約一〇日前の六月十五日には戦後構想の政府案を発表すると同時に、次のようなやや曖昧ではあるが、戦後安全保障構想に関する大統領声明を出して共和党の機先を制した。すなわち、「我々は、警察部隊や他の強制装置をもった超国家機構を考えているのではない。我々は、諸国家が、自らの能力に応じて、戦争の防止……のために必要で、且つ必要なら共同行動のために供することのできる十分な軍事力を維持する効果的な協定と体制を模索している」[59]と。

この声明では戦後構想の重要な争点と考えられた強制力の問題、より具体的には、国際警察部隊、四大国による理事会支配と拒否権、平和維持機構の具体的機能等の問題には直接言及されなかったが、ディヴァイン（Robert A. Divine）によれば、これは国家主権を放棄せず、かつ永続的な平和を約束する国際機構の創設を主張する中道路線の意思表示であり、ローズヴェルト政権に対して共和党から加えられていた、秘密主義、荒唐無稽の国際主義といった批判を封じ込めるものであった。彼は、これはルーズヴェルトとハルの戦術的勝利であり、共和党にはこの後、ハルの超党派外交を受け入れ、政府案を承認する以外に選択肢はなかったと述べているが、ヴァンデンバーグも示した中道路線以外の選択肢では、共和党には、何としても避けねばならない分裂を招く恐れがあったことも否定できず、共和党全国党大会が開催される前の民主党の上記のような一連の行動が、共和党の外交綱領の作成に影響を与えたであろうことは想像に難くないであろう[60]。

第二節　ダレスの顧問への登用と集団的自衛権規定創設への関与

(1) 超党派外交の嚆矢——ハル・ダレス会談再論

ハル・ダレス会談については、すでに第二章において略述したが、ここでは重複をできるだけ避け、ダレスを登用する直接的契機となる点を中心に、その前後関係に亘って検討する。

六月の共和党の全国党大会において、マッカーサー（Douglas MacArthur）に投じられた一票を除く一〇五六票の圧倒的多数の代議員票を獲得して共和党大統領候補に指名されたデューイ[61]は、大会最終日の六月二十八日に行った指名受託演説において、ローズヴェルト政権を「年老いて疲れきった」人々からなる政権であると酷評し、国内では新しいリーダーシップが必要であると主張した。他方で彼は、国際問題、特に第二次大戦に関連する軍事行動については、それを大統領選挙の争点にしないと表明する一方、国際機構の創設に関しては、アメリカは「他の主権国家とともに平和協力機構に参加するであろう」と述べ、同時に、改めて両極端の主張、すなわち世界の動きから超然とした孤立主義、および国家がすべての主権を放棄して参加する超国家機構の創設の主張を排除するとともに、すでに言及した共和党のマキナック宣言、および同党の外交政策綱領において承認された路線に従うとの意思を表明した[62]。

一方、共和党によるデューイ指名に続き、七月十一日にはローズヴェルトの事実上の立候補宣言が行われ、その一週間後の十九日に開催された民主党の全国党大会においては、現職のローズヴェルトが大統領候補者に指名され、結局、一九四四年の大統領選挙はローズヴェルトとデューイによって戦われることとなった。大統領選挙の争点は、次の理由により、もっぱら国内問題に限定されることが予想された。すなわち、米国民は、国家が戦争のような危機的状況に置かれた場合には、軍の最高司令官でもある大統領の下に結束する傾向が強く、外交の最高責任者たる大統領を批判することが事実上難しいことに加え、すでに述べたように、民主党側ではハル国務長官を中心に、外交問題、特に戦後構想については超党派的アプローチで処理したいという意向が強かったこと、さらに共和党側の事情として、戦時下における大統領批判は逆に非愛国的として批判される恐れがあったこと等である。

しかし共和党では、政策綱領は決まったものの、戦後構想のあり方について論争が続いていた。すなわち一九四〇年の共和党の大統領候補者でもあり、依然として影響力を維持していたウィルキーを中心とする急進的な国際主義者は、従来通り、米軍もその中に統合される国際警察部隊の創設を主張し、場合によってはローズヴェルト支持に回る可能性も懸念された[63]。他方、穏健派国際主義者や孤立主義者にとって主権の保持は譲れない条件であり、共和党はこの両者の間で分裂の危機にさらされていたと言っても過言ではなかった。言うまでもなく、共和党の分裂はデューイにとって悪夢であり、それは絶対に回避されねばならなかった。ミシガン州選出の上院議員で中西部の共和党の孤立主義的傾向をよく知ると同時に、これまでに、曖昧ではあるが中道路線のマキナック宣言、および共和党の外交綱領を取りまとめ、且つすでに述べたように、四四年四月に結成された八人委員会のメンバーとして国務省の戦後構想案の検討に関わっていたヴァンデンバーグは、ダレスに宛てた書簡の中で、中西部が以前より孤立主義的傾向を強めているとの見解を示すと共に、選挙戦においては、基本的にはマキナックの穏健路線を踏襲すること、およびデューイとヴァンデンバーグとの間に食い違いが生じないようにすることが重要であると指摘した。(64)このようにして、共和党の外交政策に関する選挙戦略、特に戦後国際機構に関するそれは、結局、上記ニューヨーク・タイムズが述べたように、基本的には政府、乃至民主党の政策と変わらないものとなった。

こうした中で、ハル国務長官は、民主党の全国党大会が終了して間もない七月十七日に、米国は新国際機構計画の草案を作成するための会議を八月に首都ワシントンのダンバートン・オークスで開催すること、(65)及びその会議、すなわちダンバートン・オークス会議には、新たな国際平和機構の創設の必要性が盛り込まれたモスクワ宣言の署名国であるイギリス、中国、およびソ連の代表を招待したことを明らかにした。(66)アメリカを含む当時の主要な四大国が招待されたことは、それらの大国が、ハルが主張するように、今次戦争の主要な当事者であるとしても、また限定された諸国による予備的な会議の必要性は認められるとしても、(67)新国際機構が大国主導で創設されること、さらにはその国際機構の中でそれら大国に優先的地位が与えられるであろうことは容易に想像することができた。それを証明するかのように、ニューヨーク・タイムズは、ダンバートン・オークス会議が開催されるほぼ一週間前の八月十五日に、ソ連はすべての加盟国に平等の発言権を与えるのではなく四大国に支配権を与える構想を提案したと報道した。(68)

この報道に対し、デューイは翌十六日に、ダレスの助言に従って次のような厳しい批判を行った。(69)すなわち、ダンバートン・オークス会議では、「参加四か国の強制力に他のすべての国を従属させようと計画されており」、新国際機構は「泥沼の権力政治」体制を意味し、「非道徳」且つ「最も下品な帝国主義」である。新国際機構においては、小国へのより多くの配慮が必要であり、「大国、小国を問わずすべての国家の平等な権利が保証されねばならない」と。(70)

すでに述べたように、また八人委員会の結成にも典型的に見られるように、戦後構想の検討を超党派的アプローチによって進め、大統領選挙の争点にすべきではないという考え方に立っていたハルにとって、このデューイの半ば挑戦的な論評は極めて憤慨に堪えないものであったであろう。[71] ハルは翌日の十七日に国務省で早速記者会見を行い、デューイの批判は「まったく、且つ完全に根拠のない」ものであると反論するとともに、ダンバートン・オークス会議では小国の利益が守られること、また国際機構創設の最終決定はすべての連合国が参加する国際会議で行われることを表明した。そして最後に記者の質問に答え、国際機構について「超党派的精神」で話し合うためにデューイがワシントンを訪れることを歓迎するとの意思を明らかにした。[72]

デューイの側には、ハルの招待を「政治的陰謀」であると考えた向きもあったが、[73] デューイは、ダレスの了解をとった後の翌十八日、ハルに電報を打ち、ハルの超党派的協議に賛成であること、デューイの代わりに彼の外交顧問であるダレスをハルとの協議のために派遣することを伝えた。[74] 一方、ローズヴェルト大統領は、共和党指導者との超党派的合意には依然として懐疑的であったが、ハルがダレスとの協議に同意する返答をデューイに送ることには同意した。[75]

こうして、瞬く間のうちに政府（民主党）の外交責任者と共和党の指名を獲得して、同党の事実上の党首となったデューイの代理人たるダレス外交顧問との会談がセットされることになった。それは言わば、民主、共和両党の外交の最高責任者の会談と認識されるべき会談であった。例えば、ハルの側では、ダレスとの会談が戦後構想の成否に関わることであったことにもよるが、「ダレスとの会談を行うに当たり、他の事ではめったにないほどの熱心さで、その準備と実行に努力し」、会談中も共和党との会談に懐疑的な大統領やその補佐官、さらに民主党指導者、および国務省の同僚たちと繰り返し打ち合わせを行った。[76] 他方でダレスも、「多くのことが」彼らの「努力の成否如何に係っている」との認識をもってハルとの会談に臨もうとした。すなわち彼は、会談に先立ち、当時はまだ知事の地位にあったデューイと州都オルバニーで会い、次いでニューヨークに戻ると前回の大統領候補者であったウィルキーと会談、さらにワシントンでは上院外交委員会の共和党の実力者であるヴァンデンバーグやオースティン（Warren R. Austin）達と事前の協議を行ったのである。[77]

以上のような経緯を経て、ハル・ダレス会談は八月二十三日に始まり、それから当初の予想を超えて二十五日まで行われた。[78]

二十三日の会談では、[79]まず基本的前提として、国際機構の創設はきわめて重要な課題であるため、政府は言うまでもなく、民主、共和両党とも党派に関わりなく、すべての米国民の支持を獲得するよう努力をしなければならないということが、ハル、ダレス双方によって異論なく確認された。次いでハルから、七月十八日に作成された戦後国際機構についての最新案[80]とその国際機構における小国の役割の重要性を示したメモが示されると、ダレスは大統領選挙の争点から国際機構問題を喜んで除外すると述べ、超党派的アプローチへの賛意を明らかにした。ただハルが外交問題のすべてを選挙の争点から除外することを要求したのに対し、ダレスはそれに強く反対し、一般的に外交政策はあらゆる側面から議論されるべきだと主張した。結局、ハルも戦後問題、特に国際機構の創設に限定して超党派的協力を進めることに同意した。この最後の点の意見の相違は、実は両者の間の「超党派」という言葉の意味と用語法についての見解の相違とも微妙に関係していた。

すなわちダレスは、両党が同等の立場で外交政策の作成に関与するという意味で両党外交（Bipartisan Foreign Policy）という言葉を使用したが、ハルはそれに反対する。彼は、超党派外交を無党派（Nonpartisan）外交と呼び、それによって、民主、共和両党が対等の立場で協力するというよりは、野党は政府案に対して党派的立場から反対しないという点に力点を置こうとしたのである。[81]彼によれば、米国憲法下では、外交政策の遂行に当たっては、両党は責任を分かち合うことはできず、責任は政権与党のみが負っているのであり、野党は政府案にたとえ反対であっても、それを党派的な観点から反対しないという道徳的責任を負っているのである。[82] このハルの憲法観は、議会や政党の独立性や自由な活動が保証されていることに鑑みて直ちに首肯できるものではないが、結局、この点に関する両者の合意は得られなかった。ただ、最後の共同声明を出す段階においてはダレスが譲歩し、〝bipartisan〟ではなく〝nonpartisan〟を「超党派」の意味で使用することになった。[83]

翌二十四日の会談では、ダレスは、新しい国際機構案および上記メモをよく検討した結果、今回の会談が設定された直接的な理由であった小国の新機構内における地位に十分な配慮が施されているとして米国草案に支持を表明した。[84] その配慮とは、ハルによれば、新機構案は、主権平等の原則に立って、大小すべての平和愛好国に門戸が開放されていること、すべての加盟国は総会において平等の投票権を有すること、さらに小国もすべて等しく理事会のメンバーになる資格があり、且つ理事会メンバーを選出する選挙に参加できること、および理事会の安全保障に関する決定には一定数の小国の同意が必要であること等であった。[85]

こうして両者は国際機構創設問題を超党派で進めることでほぼ合意に達し、翌日の二十五日には、デューイの若干の修正意見を容れてハルとダレス両者が署名した共同声明が、共同記者会見の場で発表された。共同声明では、ダレスとハルは、国際機構創設の問題は「政治的争点から完全に除外し、超党派的課題として」取り組むことで合意したと謳われた。また、記者の質問に答え、ダレスは、この了解事項は国際機構問題のみに適用されるものであり、「この協定には、もちろん、他のすべての問題は含まれない」と従来からの見解を表明した。[86] ここに明らかなように、ハル・ダレス合意は、新国際機構の創設問題に限定して、それを大統領選挙の争点とはせず、政府および民主、共和両党の超党派的協力によって実現することを約束したものであった。

この合意はハルにとっては、たとえ限定的なものであったとしても、党派的な思惑のために実現を妨げられたウィルソンの悪夢の再現を回避することができたことを意味しており、それだけでも大きな収穫であった。一方、この会談を受けてたったデューイも大きな得点を勝ち得たと言ってよいであろう。すなわちデューイは、この合意によって、ローズヴェルトの再選がなくとも戦後構想を実現できるということを示したと言うことができるし、国際連盟への加盟阻止以来、共和党に向けられた暗いイメージを払拭するとともに、米国民の国際主義への強い期待に応えることにもなった。またハルからは、ダンバートン・オークス会議における交渉経過に関する情報を常に提供してもらい、且つこの問題に関するデューイの助言に配慮するとの約束を取り付けることができたのである。(87)

言うまでもなくハル・ダレス合意の立役者の一方の当事者はダレスであった。彼はデューイの使者として、ハル国務長官との会談を成功に導いたと言ってよいであろう。それはハル、デューイそれぞれに一定の利益をもたらすことになったが、会談におけるダレスの活躍は、これ以後数年に亘って、ダレスに超党派外交の代弁者としての名を与えることになったと言っても過言ではないであろう。そして自らも超党派外交の一翼を担ったヴァンデンバーグは、この会談は、さまざまな議論があるものの、超党派外交の公式、且つ最初の起源となったと述べたのである。(88)

ダレスはこの後、民主党政権下において、サンフランシスコにおける国際連合の創設会議にアメリカ代表団の実質的な主席顧問（形式的には、健康上の理由で同会議に出席できなかった前国務長官ハルが最高顧問であった）として参加し、国連が創設されると、一九四六年一月にロンドンで開催された第一回国連総会アメリカ代表団に加わり、さらに一九四五年九月（ロンドン）、一九四七年三月（モスクワ）同年十一月（ロンドン）、一九四九年五月（パリ）には、それぞれの都市で開催された外相会議に国務長官顧問として参加、言うまでもなく一九五一年には対日特使として対日講和条約の作成に当たるなど、一九五三年に国務長官に就任するまでの数年間に亘り、民主党政権への超党派的協力を行ったのである。そこで、以下では、サンフランシスコにおける国連創設会議における、特に国連憲章第五十一条の創設へのダレスの関与について検討することとする。

(2) サンフランシスコ会議への参加と地域取極条項への関与

国連の創設のための国際会議は、ヤルタ会談中の二月八日、米国において四月二十五日に開催されることが合意され[89]、開催場所は同じヤルタ会談中の二月十日に、ステティニアス国務長官の進言とローズヴェルトの裁断によりサンフランシスコと決定された[90]。なおステティニアスは、すでに述べたように、前年の一九四四年十一月末に病気療養のため国務長官を辞任したハルに代わって、十二月一日に国務次官から国務長官に昇格していた[91]。彼は、ハル国務長官時代は四三年十月からハルが辞任する四四年十一月末までの一年余り、国務次官の地位にあり、ダンバートン・オークス会議ではアメリカ代表団の団長を務めた。そして国務長官に就任後は、ヤルタ会談にローズヴェルトに同行するとともに、サンフランシスコ会議の議長を務めることとなった。

ところで、ローズヴェルトとステティニアスは、サンフランシスコ会議を迎えるに当たり、アメリカ代表団をどのように構成するかという課題を抱えていた。すでにステティニアスは国務長官に就任するとハルの超党派政策を継承し、就任後一週間余りの間に、いわゆる八人委員会等、上下両院の超党派支持グループと意見交換を行い、議会のメンバーが参加しなかったダンバートン・オークス会議の状況を拒否権問題などの未解決問題を含めて報告するとともに、十二月八日には、今や共和党の重要人物となったダレスとも同じように会談を行った。その会談の後、デューイとダレスは、政府の政策を支持し国際機構問題を政争の具にしないとの声明を出し、ステティニアスの超党派的アプローチを支持したのである[92]。一方ローズヴェルトもヤルタ会談から帰国すると、三月一日には病身を押して議会に出向き、ヤルタでの成果を報告するとともに国際機構の創設のための超党派的な協力の継続を求めた[93]。

以上から明らかなように、ローズヴェルト、ステティニアスともにサンフランシスコ会議へのアメリカ代表団の人選は、超党派的観点から進めようとしていたが、それは、実際にはヤルタ会談中にローズヴェルトとステティニアス国務長官との間で検討された[94]。すなわち前記のように、すでに国連創設に向けて超党派的アプローチの必要性を認識していたローズヴェルトは、上下両院の民主、共和両党議員を含む七人の代表の人選をステティニアスに要請した。ステティニアスは民主党のコナリー上院外交委員長、共和党ヴァンデンバーグ上院議員を含む七人を推薦したが、ルーズヴェルトは選挙戦を戦ったデューイと関係が深く、且つ彼自身がひどく嫌っていたヴァンデンバーグの人選に難色を示した。それに対しステティニアスは、ヴァンデンバーグは上院の有力な古参議員で影響力も大きく、国連憲章の批准のために不可欠の存在であるとしてローズヴェルトを説得した。こうして二月十三日には、アメリカ代表団はステティニアスが推薦した六人とステティニアス団長、および上級顧問として参加することになったハル前国務長官によって構成されることが決定された。[95] なお、米国代表団の具体名は前章脚注（5）で紹介した。

以上のように、ダレスは、当初、アメリカ代表団への参加を求められたわけではなかったが、その後、代表団全体の主席顧問としてサンフランシスコ会議に出席することが決定された。それは、上記アメリカ代表団の一員に加わったヴァンデンバーグの強い要請によるものであった。すなわち、代表団が三月に最初の打ち合わせをおこなった折、ステティニアスは、出席者は二人のスタッフを抱えてもよいとの考えを明らかにした。そこでヴァンデンバーグは、ダレスをヴァンデンバーグ直属の顧問としたい旨を申し出たのである。それに対してステティニアスは、彼自身は「ダレスを非常に尊敬している」が、ローズヴェルトが「デューイとダレスをひどく嫌っている」ので難しいかもしれないと述べる一方で、ダレスを代表団全体の顧問とする考えを示した。[96] 結局ステティニアスは、超党派政策を堅持するために、ルーズヴェルトを説得し、上記の通り、アメリカ代表団全体の主席顧問にダレスを任命したのである。ダレスはデューイやヴァンデンバーグと相談した後の四月五日、「国際機構を創設するために」ハルと彼が始めた「超党派政策を確実なものにすること」を欲していると述べてそれを受託した。[97]

こうしてダレスは、一九一九年のパリ講和会議に参加して以来初めての国際会議となるサンフランシスコ会議に参加することになった。しかも彼にとって同会議は、彼自身交渉の当事者ではなかったが、実質的にはそれ以後長期にわたって続くソ連との外交上の対決の最初の舞台でもあった。

ところでサンフランシスコ会議における重要な論争点の一つは、これまでにも言及してきた通り、新しい普遍的な国際機構と今後結成される可能性のある地域機構との関係に関するものであった。ダンバートン・オークス提案[98]では、新「国際機構の目的と原則に一致するものであれば、地域行動として適切な、国際平和と安全の維持に関する事柄を処理するための地域機構の存在は排除されるべきではない」と、地域機構による紛争の解決を慫慂しながら、その一方で、「地域機構によるいかなる強制行動も安全保障理事会の承認なしに行ってはならない」と定められていた。[99]すなわちそこでは、地域機構は国際機構の枠組みの中でのみ存在が認められていたと言ってよいが、ラテンアメリカ諸国の代表は、その提案の、特に前半部分を根拠にして、米州諸国間の安全保障のために、必要な場合には西半球において、安全保障理事会の束縛を受けずに軍事行動を行うことができるような規定を設定することを要求した。[100]

この要請に対するアメリカ代表団の見解は、前章でも検討したように、賛否両論に分裂する。なお、地域主義に対するほぼ三つに大別される米国や米州諸国をはじめとする各国の見解については第八章で検討した。

ところでダレスは、言わば条件付で、安全保障理事会にあまり拘束されない地域機構の役割を評価した。前章でも検証したように、彼は、もし国家行動の適否を具体的に示したルールが確立されるなら、安全保障理事会から独立して、地域機構は強制行動をとってもよいと主張する。すなわち「強制力の行使は、法に基づいて行われるべきで、そうであればそれは自動的に発動されるであろう。またそれは、世界的枠組みの中でよりも地域機構の中でよりよく機能するであろう。それゆえ、安全保障理事会は、地域機構の発展を促すべきである。もし、地域機構でとられた手続きを、常に安全保障理事会に付託しなければならないとすれば、大国は拒否権を発動することができるし、その場合、国際機構は平和への障害になってしまう」と。[101]

このダレスの中間案の一方で、アメリカ代表団の中では反対論が強く出された。例えばハル前国務長官の特別顧問を務め、政府の戦後平和構想の立案の責任者であり、ダンバートン・オークス会議にも参加してアメリカ案を作成したパスヴォルスキーは、「米州機構が破壊されることは望まないが、地域問題に対する安全保障理事会の権威を弱体化させることは、全ヨーロッパをソ連の手中に投げ入れることを意味し、世界を地域群に解体することになるであろう」と述べて批判した。[102]

同様の批判はアメリカ以外の国の代表からも提示された。すなわちイギリスやソ連の代表も、それは、国際機構とは独立して活動する多くの地域機構を出現させることになるとして反対した。[103]

こうした中で、ヴァンデンバーグはラテンアメリカ諸国の要請を支持する立場から、四月五日付けの書簡をステティニアスに送りつけた。それは非常に厳しい口調で、モンロー・ドクトリンとチャプルテペック協定を守ることが可能な地域機構の創設を承認させよと主張するものであった。しかも彼は、もしそれが認められなければ上院の批准が得られないかも知れないと脅迫的でもあった。[104]この突然の主張は、ラテンアメリカ問題担当国務次官補で米州機構の強い擁護者でもあり、アメリカ代表団顧問としてサンフランシスコ会議に出席していたロックフェラーに影響されたと推定できるが、[105]ヴァンデンバーグが上院の動向を決定する重要な存在であることを十分認識しているステティニアスは、該問題をアメリカ代表団に披露し、彼らの見解を聞くこととした。[106]ラテンアメリカ諸国の要求よりも過激とも言えるこのヴァンデンバーグの主張には、代表団の多くが、それでは国際機構が破壊されてしまうとして批判的であった。[107]

すでに一部紹介したように、彼らの見解では、もしダンバートン・オークスやヤルタ案がさらに間口を広げて、独立した地域的強制行動を許容するとすれば、国際機構は決して有効な存在になり得ない。世界は弱小国群に取り巻かれた大国の勢力圏に分割され、これらの地域群団は軍事基地といった性質を帯び、普遍的な秩序を創る可能性は消滅してしまう。[108]

こうして、アメリカ代表団内部における意見調整は難航し、地域機構問題は手詰り状態に陥ってしまうが、それを打開したのはダレスによる「自衛権」(self-defense) 概念の導入とそれによる地域主義の合理化であった。

国連憲章第五十一条の創設過程の概略については前章で検討したが、ここでは、米国代表団内における意見集約の過程をダレスに注目して略記する。すでに第七章で言及したように、ダレスは、不戦条約にかかわらず、国家は自衛権を保有しているとの考えを示していたが、彼はこの「自衛権」に注目する。すなわち彼は、「固有の自衛権」の概念を持ち出して妥協案を作成し、五月十日にステティニアスに提出したのである。[109]それは、自衛権は国家の固有の権利として認められており、安全保障理事会の許可なしに必要な行動をとることができる。したがって中米諸国のために特別の免除規定を設ける必要はないというものであった。[110]ここでは個別的自衛権と集団的自衛権の区別が明確にされていないが、ダレスは五月十二日のアメリカ代表団会議において、「米国は、米州諸国のいかなる国に対する攻撃も米国に対する攻撃とみなし、その場合には、米国は自衛権を集団的に行使することを望む」と述べ、[111]いわゆる集団的自衛権も固有の権利として認められることが示唆されたのである。

このダレスの案を中心にしてさらに議論が行われた結果、ステティニアスは五月十五日声明を発表し、トルーマン大統領の了解を得た[112]地域機構と国際機構の集団安全保障体制との関係について三つの提案を行った。それらは第一は、すべての強制行動の最高権威は国際機構にあること、第二は、個別的あるいは集団的自衛の固有の権利は侵害されないこと、そして第三は、地域機構を地域紛争を平和的に解決する重要な機関として明確化することであった。[113]これらはアメリカ代表団だけでなく、ソ連を含む諸外国の代表からも承認され、地域機構問題はここに漸く決着を見た。すなわち上記提案を基礎にダンバートン・オークス提案の第八章が加筆され、五月二十二日にはそれが前述の地域的取極問題を検討する第Ⅲ／4専門委員会に付議されることによって承認されたのである。[114] 結局、最終的には、相互に関連する自衛権条項（第五十一条）と地域的取極条項（第五十二条、及び五十三、五十四条）が国連憲章に盛り込まれることになったのである。

以上のように、地域機構問題に関連してダレスは重要な役割を果たした。特に共和党の重鎮で超党派外交論者でもあるヴァンデンバーグがアメリカ代表団に加わり、且つ上述のように地域機構問題委員会のメンバーであったことは、超党派的協力を進めるダレスにとっても好都合であったであろう。

よく知られているように特に憲章五十一条では次のように謳われた。

「この憲章のいかなる規定も、国際連合加盟国に対して武力攻撃が発生した場合において、安全保障理事会が国際的平和および安全の維持に必要な措置をとるまで、個別的または集団的な固有の自衛権を害するものではない」

(3)　サンフランシスコにおけるダレスの活躍と集団的自衛権規定発案者の可能性

以上、検討してきたように、ダレスは顧問としての立場であったが、国連創設のためのサンフランシスコ国際会議に参加し、集団的自衛権規定の創設に最も重要な役割を果たしたと言っても過言ではないと思われる。

ここでは、サンフランシスコにおけるダレスの活躍ぶりを各種委員会参加者を含む米国代表団によって紹介し、併せてダレスの集団的自衛権規定への関与について、かなり確定的と言ってよい資料に基づき言及することとする。

最初にダレスの活躍ぶりを示す関係者の証言を紹介する。

まず、ヴァンデンバーグがダレスの能力を高く評価していたことは既に述べたが、サンフランシスコ会議を終えた彼のダレス評を改めて見ておきたい。ヴァンデンバーグは次のように記してダレスの活躍ぶりを絶賛した。すな

わち、

「私は、アメリカの全参加者の中で、最も高い価値を示したのはダレスであったと思う。彼は名目上は一顧問であったが、あらゆる危機に際し、常にその中心にいた。彼の助言と活躍は不可欠であった。彼は単に鋭敏な法律家であるだけでなく、国際問題のような外交問題を処理する優れた能力を持っている。彼はどのアメリカ人よりも、ここに出席している外国人のことを知っている。ついでに言えば、彼は落ち着きがあり、忍耐強く性格も良い。彼は非常に優れた国務長官になるであろう。[115]」

このように述べて、ヴァンデンバーグはダレスのサンフランシスコ会議における活躍を言葉を尽くして賞賛した。ヴァンデンバーグは米国の正式の代表であり、各種委員会で名前が表に出ることが多かったと言ってよいが、その彼が、ダレスに依存し、或いは信頼を置いていたことについて、ダレスと同じ顧問として参加したヒッカーソン（John D. Hickerson）国務省欧州局長代理は「ダレスは少人数による地域機構問題の検討グループの中で徹夜の作業をし、ヴァンデンバーグもダレスの判断を絶対的に信頼していた」と述べ[116]、国務省の技術専門家コーディア（Andrew W. Cordier）は、サンフランシスコでは、無数の問題に対するアメリカの立場を検討したが、ダレスはそれに大きく関わり、ヴァンデンバーグは彼を歩く辞書と呼ぶとともに、彼の国際問題についての知識と知恵に非常な敬意を示したと述べている[117]。さらに、ダレスの専任補佐官を勤めたモード（Douglas G. Mode）は、ダレスとヴァンデンバーグは、米国代表団の中で憲章の帰趨に明確なアイディアを示した最強のメンバーであったと述べるとともに、「ダレスはヴァンデンバーグに対して膨大な助言を与え、且つ一般にあまり知られていないが、ダレスはサンフランシスコで最も活動的であった」と指摘している[118]。これらは、サンフランシスコ会議における米国の意思決定に、顧問であったダレスが非常に大きな影響力を及ぼしたことを具体的ではないが率直に示していると言ってよいと思われる。

それでは、集団的自衛権の設定にダレスはどのように関与したであろうか。ダンバートン・オークス提案の第八章C節第二項をめぐって、国際主義と地域主義の相克があり、その調整の過程で憲章第五十一条が提案されたことはすでに検討した通りであるが、その発案者に関しては、必ずしも明確にされていない。ここでは、ダレスが発案者の一人である可能性について検討してみたい。

地域的取極について検討するサンフランシスコ会議における第Ⅲ委員会の第4専門委員会（地域的取極）は一九四五年五月七日から始まったが[119]、特にC節第二項をめぐって、米州諸国やフランスなどから異議や修正案が出され、米国代表団内における議論や各国との調整が行われてきたが、前項で紹介したように、五月十一日に開催された第三六回米国代表団会議において、ダン顧問は新米国案を提示した。それは「固有の権利としての自衛権」という、これまでの草案にはない文言が含まれており、最終的に第五十一条に帰結する修正案であったが、その案の作成には実はダレスが関与した可能性が高い。

その理由は以下の通りである。すなわち、ステティニアスによれば、彼と五人の顧問たち[120]は第三六回会議の前日の五月十日に国際連合の組織を損なうことなく米州システムを守ることができるような妥協案を作成する作業を徹夜で行った[121]。その妥協案はいわゆる「固有の自衛権」に焦点が当てられており、それがダレスから提案されたことは前項で言及した。そしてその本質は、自衛権は国家の固有の権利として認められており、且つ、もし国連が侵略行為に対応することに失敗した場合には、ある地域内の国家は、この自衛権に訴えることができるというものであった[122]。ここでは個別的自衛権と集団的自衛権の区別が明確になっていないが、ダレスは五月十二日の米国代表団会議において、前記の通り「米国は、米州諸国のいかなる国に対する攻撃も米国に対する攻撃とみなし、その場合には、米国は自衛権を集団的に行使することを欲する」と述べ[123]、いわゆる集団的自衛権も固有の権利として認められることを示唆したのである。

ところで上の五月十日の徹夜の作業の後、ダレスは、次の日に行われる予定の米国代表団会議において、ステティニアスが討議の基礎資料として使用できるようなメモを彼に手渡したのである。[124] それは、公表されていないが、翌十一日にこの作業に加わったダンが発表した新米国案そのものか、説明資料のいずれかと思われる。

このようにしてダレスは集団的自衛権規定の発案者であった可能性が高いが、そのことは幾つかの資料によっても垣間見ることができる。ここでは二つほど取り上げる。

第一は、数十回行われた米国代表団の会議の議事録である。ダレスは首席顧問としてそのほとんどの会議に出席しているが、その際、固有の自衛権や集団的自衛権が議論され、それらに関する質疑が出されたときの説明役はもっぱらダレスである場合が多い。質疑には発案者でなければ分からないようなものもあり、したがって彼が発案者であると推定されるのである。[125] もうひとつは、前章でも紹介したが、上下両院における公聴会の議事録に表れたものである。すなわち、一九四五年七月の上院外交委員会における公聴会で、ダレスは米国代表団に対し、憲章は「自衛の教理」としてのモンロー・ドクトリンを侵害するものではないと述べたと証言し、[126] 四八年五月の下院外交委員会での公聴会では、すでに部分的に言及したように、五十一条の自衛権条項の作成に関わったこと、及び米国代表団に固有の権利である自衛権についてのメモを準備し、イラストによって説明したこと等を証言している。[127] 公聴会に呼ばれること自体、ダレスが主要な役割を果たしたことを間接的に示唆しているが、上記証言、特に下院での証言からは、ダレスが第五十一条の設定に深く関わったことを推定できると思われる。

第三節　小括

本章では、サンフランシスコ会議におけるダレスの活動についての検討は、地域機構に関連するものに限定されたが、アメリカ代表団に加わったヴァンデンバーグは国連憲章の調印の三日前の日記でダレスを絶賛した。前項で紹介したダレス評と重複するが、ヴァンデンバーグは、改めて「私は、アメリカの全参加者の中で最も高い価値を示したのはダレスであったと思う。彼は名目上は一顧問であったが、あらゆる危機に際し、その中心にいた。彼の助言と活躍は不可欠であった。彼は単に鋭敏な法律家であるだけでなく、国際問題のような外交問題を処理する優れた能力を持っている。彼は他のどのアメリカ人よりも、ここに出席している外国人のことを知っている。ついでに言えば、彼は落ち着きがあり、忍耐強く、性格もよい。彼は非常に優れた国務長官になるであろう(128)」と記し、ダレスのサンフランシスコ会議における活躍を言葉を尽くして賞賛した。二人の友情関係を割り引いて考えてみても、彼の活躍は群を抜いていたと言うことができるであろう。

このダレスの活躍は、民主党政権の戦後構想を推進するための超党派政策に協力した結果実現されたものであった。すでに検討したとおり、ダレスは、自らも参加したヴェルサイユ講和会議において、ダレスのプリンストン大学時代に政治学の教官でもあったウィルソン大統領が提唱した国際連盟構想が、こともあろうに、主としてアメリカ国内の党派的争いのために、アメリカ議会で承認されなかったことに大きな衝撃を受け、重要な外交政策は超党派的アプローチによって展開すべきであると確信するに至った。すなわちアメリカでは、二大政党が主要な政策について協力しなければ、平和のための連帯を首尾よく実現できないとの確信を人一倍強く持っていたと言っても過言ではなかった。

もちろん彼は、超党派的アプローチの問題点、たとえば自由な議論が否定され、野党の役割が薄れる恐れがあること等への認識をもっており、したがって、その利用は控えめにし、必要と危機が切迫しているため、例外的な措置をとらなければならない非常時に限るべきであると考えていた。

そしてまさに、第二次大戦後の国際平和機構をどのようにして創設するのかという問題こそ、世界最大の債権国家として、世界の平和に責任を負うべき立場に立つことが確実なアメリカにとって、重要で緊急な政策課題であった。時の民主党政権は、ニューディール政策等に対する共和党の批判が熾烈を極めたこともあって、本質的には共和党との超党派的協力による政策の推進にあまり乗り気ではなかったが、それにもかかわらず、すでに見たようにハル国務長官は、戦後構想は、尊敬するウィルソンの失敗を繰り返さないためにも共和党の超党派的協力を得ながら実現しなければならないと考えていたのである。

戦中から戦後にかけての極めて不安定な時期に民主党政権が超党派外交によって、戦後構想の実現を企図したことは至極当然のことであったであろう。しかし問題は超党派のパートナーとなるべき共和党にあった。すなわち共和党は伝統的に孤立主義的傾向が強く、東部国際派の人々を除くと国際機構への参加には消極的であった。そこでダレスによる超党派的協力が可能となるか否かは、第一に、共和党が孤立主義を脱却できるかどうか、第二に、議席をもたない言わば在野の国際主義者であったダレスと民主党との橋渡しをいかにして設定するかにかかっていた。特に第一の問題については、超党派的協力は、単に数人の有力者のみが協力するだけでは、自由な投票行動を原則とするアメリカにおいては成功の確率は少なく、したがって党全体の転換が必要になるのである。

第一の共和党の孤立主義から国際主義への転換は、ヴァンデンバーグ上院議員などの努力が功を奏し、一九四三年に実現することとなり、第二の課題もヴァンデンバーグやデューイといった有力な共和党員との知己を得ることによって解決された。こうして、時期、政党および協力の当事者を取り巻く環境は、ダレス自身の能力および意思とあいまって、戦後国際機構の創設という政策課題は、民主党政権が超党派政策を選択するにふさわしい格好の課題であったのである。

ダレスは弁護士としての資質も発揮して、ヴァンデンバーグが述べたように、サンフランシスコ会議では代表団顧問としての役割以上の活躍をした。それが評価され、彼はその後、一九五三年に国務長官に就任するまでの間、ロンドン、パリ、モスクワで開催された何回かの外相会議には、国務長官顧問として参加し、一九五一年の対日講和に際しては、対日特使として活躍するなど民主党政権に超党派的立場から協力したのである。

終章

本書の目的は、国際連合創設のためのサンフランシスコ国際会議において、憲章第五十一条の集団的自衛権規定と地域機構及び二国間同盟との関係はどのように論じられたのか、換言すれば、集団的自衛権規定の地域機構及び二国間同盟への適用について同会議ではどのように論じられたのかを明らかにし、併せて、その際、米国代表団の事実上の最高顧問として同会議に参加したダレスがどのような国際政治観を基礎としてどの程度の役割を果たしたのかを検証することであった。

まず前者について、結論から言えば、これまでにもしばしば言及したような集団的自衛権の概念、すなわち「ある地域機構のいかなる加盟国に対する武力攻撃も他のすべての加盟国に対する攻撃とみなし、それに対してすべての加盟国が協力して対処する」という考え方（筆者注：それは必ずしも確定されたものではないとしても、これまで見てきたように、憲章五十一条関係の議論の中で集団的自衛権概念として登場するほとんど唯一の考え方であると言ってよいと思われる。）に照らして考えると、サンフランシスコにおける議論では、集団的自衛権は二国間や三国間同盟などのいわゆる同盟ではなく、地域機構が適用対象として想定されていたとみるべきであろうと思われる。因みに我が国では、集団的自衛権は、政府の統一見解として、「自国と密接な関係にある外国に対する武力攻撃を、自国が直接攻撃されていないにかかわらず、実力をもって阻止する権利」であると説明されており、集団的自衛権は、いわゆる同盟関係にある国家に対して適用される権利であると認識されていると言ってよいと思われるが、そのような見方は、サンフランシスコにおける上の議論からすると大きな違和感があると言わざるを得ない。

そこでそのような結論が引き出される理由について、状況証拠に過ぎないとの批判を覚悟の上で、議論の経過乃至実態を検証しながら五点ほど指摘しておきたい。

まず第一は、この問題、すなわち憲章第五十一条の特に集団的自衛権の適用範囲、乃至適用対象の問題は、国際法学者のクンツの指摘[1]にもかかわらず、サンフランシスコ会議において、正面から議論された形跡は認められないことである。本文で言及したように、集団的自衛権がいわゆる同盟にも適用されるのかどうかという問題については、合計八〇回近く開催された米国代表団会議の中で、[2]一回だけ議論されたに過ぎず、同盟への適用を積極的に認める発言も一部にはあったが、最終的に米国の統一見解が集約されたわけでもなく、大勢は同盟への適用に否定的であった。別の見方をすれば、集団的自衛権は同盟を対象としていないがために最初から議論の対象にならなかったと言うこともできるであろう。第二は、憲章五十一条の創設の直接的契機となった米州諸国の自立的な地域的集団防衛機構の設立に向けた議論の過程においても二国間同盟が検討課題として議題に上ったことがないことである。それは米州諸国の結束を図ることが最大の目的であったことから当然の成り行きであったとも言えるが、それと共に、本文でも言及したように、同盟への適用はむしろ軍事力を基礎とした勢力の拡大につながるとして警戒する見方の方が支配的であったと思われる。第三は、地域機構、特に地域的集団防衛機構の設立は、場合によっては、冷戦期のNATOとワルシャワ条約機構のように地域機構間の対立関係を惹起し国際関係を不安定化させる恐れを含んでいるが、他方で二国間同盟は、多くの場合、仮想敵国を想定した軍事同盟である場合が多く、第二の指摘とも関連するが、地域機構以上に国際秩序を不安定化すると認識されてきたことである。因みに、英国外務省顧問のグラッドウィン・ジェブ（Gladwyn Jebb）は、一九四五年四月に「米国は個別的条約を受容れることはないであろう。なぜなら……米国国民は米国が権力政治に巻き込まれることを懸念している」[3]からであると述べ、米国による二国間同盟の締結の可能性を否定した。ついでに言えば、ダレスは冷戦が激化していく状況の中で、一九五〇年代の初め、東アジアにおいてハブ・アンド・スポークシステム（Hub & Spoke System）と呼ばれる同盟網を構築したが、それらの基本条約では、第一章で検証したように、条約前文で集団的自衛権に言及することはあっても、最も重要な共同防衛条項の法的根拠として集団的自衛権規定には何ら言及されていないことも注目すべきであろう。第八章で見たように、ダレスは、集団的自衛権の同盟への適用には批判的であり、法律の専門家としても、二国間同盟に基づく共同防衛行動に憲章第五十一条を適用することはできないと判断したのではないかと思われる。もちろん、第一章でも付言したが、共同行動の法的根拠を締約国それぞれの憲法上の手続きに従うとしたことは、共同行動に対する国内世論、特に米国では重要な議会の意向に配慮したとも解することができるが、その場合は国連の安全保障の枠組みとの衝突も予想されることからして、ダレスは前者の理由から五十一条に直接言及しなかったと思われるのである。第四は集団的自衛権に関する多くの論考において、その二国間同盟への適用についてほとんど言及されていないことも指摘できると思われる。例えば著名な国際法学者ケルゼン（Hans Kelsen）は、「国際連合の集団安全保障と集団的自衛権」と題する講演の中で[4]、二国間同盟については一回も言及しなかった。このことは、多くの論者が、第五十一条の創設過程から判断して、それは二国間同盟には適用されないとの認識を持っていたことを示唆しているように思われる。最後に、国連憲章が調印された日に、アメリカ代表団の団長であるステティニアス国務長官は、創設会議の内容をトルーマン大統領に報告しているが、その中で、憲章第五十一条と同盟との関係について積極的な言及がないことも、集団的自衛権が同盟による共同防衛行動の法的根拠として適用されないことの傍証として指摘できるであろう。これらの理由から、第一章で検証したように、実際に締結された同盟条約における共同防衛条項の法的根拠として第五十一条が言及されていないと言ってよいと思われる。

以上のようにして、少なくともサンフランシスコ会議においては、集団的自衛権規定が二国間、乃至三国間同盟に適用されることは想定されていなかったと言ってよいように思われる。しかし現実を見る時、元来、ハルの国際主義から出発した戦後構想であったが、集団安全保障による平和と安全の維持という理想（筆者注、但しこの時期のダレスが、新集団安全保障体制も制裁措置として軍事力に依存していることに批判的であったことはすでに述べた。）は、第五十一条によって現実との妥協を余儀なくされ、さらに冷戦の進行によって、それは第五十一条では想定されていなかったと思われる二国間同盟の世界、換言すれば、不安定要素が多い勢力均衡的世界秩序になし崩し的に移行してしまったと言うことができるように思われる。

次に、この間、ダレスが果たした役割について述べておきたい。ダレスが民主党の超党派外交に協力してサンフランシスコに赴いたことは縷々述べた通りであるが、ここでは先ず、その背景、及び当時の彼の考え方を検証しておきたい。

ダレスは一九三〇年代の後半から一九四〇年代の前半にかけて、教会活動を通じて国際平和の実現のために活動を展開してきた。特に一九四〇年代の前半には、米国連邦キリスト教会評議会（Federal Council of Churches of Christ）が一九四〇年末に設立した「公正且つ永続的な平和に関する委員会」（Commission on a Just and Durable Peace）の委員長として、国際機構の設立の必要性を説き、一九四三年三月には、そのエッセンスを列挙した「平和の六支柱」（Six Pillars of Peace）[5]を発表した。ダレスの、上記委員会における三年近くに及ぶ活動の集大成とも言える「六支柱」発表を契機として、ダレスは戦後国際機構の創設を目指す穏健派国際主義者として、共和党の内外にいっそう強く印象付けられるようになる。さらにそれだけでなく、既に言及したように、彼は共和党大統領候補者デューイの外交顧問を務めることにより、国際問題に関する共和党の指導的なスポークスマンとしてにわかに注目を集め、一九四四年を迎えるころには、デューイが当選した暁には彼の国務長官就任は議論の余地がないものと考えられるようにもなっていた。[6]

ダレスが民主党政権への超党派的協力を行う契機となったのは、この一九四四年の大統領選挙であった。すなわち、この年にはダンバートン・オークス会談が開催されるが、開催のほぼ一週間前に、新国際機構が大国主導で創設される旨の新聞報道があり、[7] それに対してデューイがダレスの助言に従って政権側を次のようにして厳しく批判したのである。[8] すなわち、ダンバートン・オークス会議では「参加四カ国の強制力に他のすべての国を従属させようと計画されており」、新国際機構は「泥沼の権力政治」体制を意味し、「不道徳」である。新国際機構においては、小国へのより多くの配慮が必要であり、「大国、小国を問わず、すべての国家の平等な権利が保証されねばならない」と。[9]

この批判に対し、政権側は反論するが、結局両者は話し合いを行うことになり、ハルとデューイの代理としてダレスが会談し、戦後構想については選挙の争点から外すことで合意したのである。[10] 以後、新国際機構の創設をめぐっては超党派的アプローチがとられることは既に述べたが、最後に、一九四四年から翌年にかけてのダレスのダンバートン・オークス提案に対する評価を記しておきたい。ダレスは同提案そのものについては、国際平和のための一定の協調の枠組みが提示されたという点では評価できるが、平和と安全に責任を負う安全保障理事会は「もし必要なら、軍事力の行使によって戦争の勃発を防止しようとしている」[11] として、平和維持のためとは言え、「正義の原則に基づかない軍事力」の役割を強調する同提案を批判する。[12] さらに、地域機構に関連して、以前見たように、同提案では地域機構より国際機構全体の枠組み、特に安全保障理事会に優越的地位を与えていたが、それにもかかわらず、ダレスは、軍事大国を中心とする地域主義に懸念を抱くなど、[13] この時期のダレスにはハル国務長官に近い考え方が示されていると言ってよいと思われる。ただそうは言いながら、彼は、基本的には大国中心の、且つ軍事的制裁を紛争解決の最終手段とするような当時構想中の集団安全保障体制には批判的であり、それよりも地域機構に光を見出そうとしていたと言ってよい。それは換言すれば、第七章でも言及したように、聯盟規約第十九条の、基準が曖昧であるが、いわゆる「平和的変更」システムの欠如した「集団安全保障体制」では真の平和は実現できないという彼の基本的な平和観に裏打ちされたものであった。

すでに本文で言及したように、ダレスは敬虔なクリスチャンを両親にもち、ウィルソンの理想主義を学ぶとともに、戦間期にはどちらかと言うと持てる者、彼によれば現状維持勢力に紛争の原因を見出していた。単純化に過ぎるかもしれないが、そこから彼の、現実主義的な国際政治観を基調にしながら、時としてリベラルな平和観や総じて穏健主義的な国際政治観が、少なくともこの時期には生み出されたと言うことができると思われる。そのことが、国連創設に当たっては、ともすると軍事的考慮が常に優先され、且つ第二次大戦を惹起した遠因になったとも言える同盟に対して否定的な立場が示されたと言ってよいと思われる。

補遺　アメリカの超党派外交に関する若干の考察

第一節　はしがき

本稿は一九四〇年代からいわゆる「冷戦コンセンサス」が崩壊し始める一九六〇年代半ばまで[1]、アメリカ外交の典型的なスタイルであった[2]超党派外交（Bipartisan Foreign Policy）について、その意味、目的および方法、さらには超党派外交を惹起する諸条件等について若干の検討を加えようとするものである。

改めて述べるまでもなく一九四〇年代から六〇年代に至るアメリカ外交の二大争点は、戦後の国際秩序形成にアメリカはどう関るべきか、換言すれば国際の平和と安全の維持のための国際機構にアメリカは積極的に参加すべきか否かという問題および冷戦にどう対応すべきかという問題であった。前者は冷戦の激化とともに地域機構への参加の問題へと移行していくが、こうした問題の処理に当ってアメリカでは超党派外交が頻繁に採用された。この二つの争点はもちろん相互に密接に関連しており、両者を切り離した政策形成は、冷戦が本格化する一九四七年以前においても現実味の乏しいものであったが、本稿では敢えて前者が問題とされる一九四〇年代前半を念頭に置き、且つ以下の二点に留意しながら稿を進めることとする。

第一は超党派外交のアンビバレントな性格とアメリカ的価値との関係である。超党派外交とは大雑把に言えば、政策上の争点に関する議論は「水際まで[3]」とし、様々な調整によってそれを統一し一致した方針で外部に臨むことである。超党派外交はこのようにして政策形成に関係する人々の全般的な支持を背景にして外交を展開することができるため、極めて安定的且つ強力な外交が可能となる。しかし他方で超党派外交には、政策調整乃至妥協のために、或いは政党間の緊張関係がともすると弛緩するために、場合によっては重要な争点が曖昧にされ看過される惧れがあり、さらには少数派の意見が黙殺される危惧もある。超党派外交のこうした側面はそれが「両刃の剣」と化す危険を常に内包していることを示しているが、特に「自由」を社会生活の絶対価値として尊重するアメリカにおいて、それが制約を受ける惧れのある超党派外交が暫々展開される理由は何か、この点にまず留意しておきたい。

第二はアメリカの超党派外交の特に共和党側の推進者の考え方である。アメリカの超党派外交は「冷戦コンセンサス」が形成される戦後の四〇年代後半から五〇年代にかけてその最盛期を迎えるが、その端緒はすでに第二次大戦中に開かれていた。すなわち一九四四年八月に成立する民主党政権代表のコーデル・ハル国務長官と共和党代表のジョン・F・ダレス（共和党の大統領候補者トーマス・デューイの外交顧問で彼の代理として交渉に当った）との間の合意をもって戦後に続く超党派外交の嚆矢とされる。[4] 民主党政権下におけるこのような超党派外交の成立と展開過程において、共和党側のスポークスマンとして重要な役割を果たしたのはアーサー・H・ヴァンデンバーグ上院議員であり、戦後の国際平和機構設立の必要性を説く「国際主義者」としてヴァンデンバーグにも影響を与えたダレスであった。[5] 両者はヴァンデンバーグが病魔に倒れる一九五〇年初めまで、緊密な関係を維持しながら超党派外交を推進した。

第二節　超党派外交とは何か

(1) 三つの用語法――ハル、ヴァンデンバーグ、ダレスの場合

超党派外交とは何か、はしがきで略記したようにこの問いに答えることは一般にそれほど困難ではないかも知れない。すなわちそれは、複数政党を有する国家において外交の安定性および継続性を維持し「強力な外交」を展開するために、主として行政府が「各党の外交政策を調整し」「外部に対して一致した方針をもって臨むこと」[6]であると一応答えることができるであろう。

しかしすでに述べたように、一九四〇年代から冷戦コンセンサスが崩壊し始める一九六〇年代半ばまで、アメリカ外交の典型的なスタイルとなったアメリカの超党派外交を説明するにはそれだけでは必らずしも十分ではない。アメリカにおける超党派外交の核心は、行政府が外交政策の形成に当って議会、特に上院の協力を獲得するところにある。[7]しかもそれは第三節で略記するようなアメリカの政治システム或いは政党システム等アメリカ固有の政治条件、及び時のアメリカ内外の政治環境等と密接に関連しており、議論は「水際まで」とし外部に対し「一致した方針」で臨むにしてもその方針を確立するプロセス乃至方法は多様となる。その際、超党派外交に参加しようとする政党乃至人物の性格や意図もそれらに影響を与えるであろう。

このようにアメリカにおける超党派外交を理解するにはその目的や方法に関連して多面的な検討が必要であるが、アメリカの超党派外交理解の複雑さはその用語法にも現れる。そこで以下では、まずそれぞれの用語法とその意味について概観し、その中からアメリカの超党派外交の包括的な意味（目的および方法）を探っていきたい。

まず超党派外交にどちらかというと消極的であったフランクリン・D・ローズヴェルト政権[8]のハル国務長官は戦

後国際機構の創設の問題に関連した超党派外交における政府側の中心人物であったが、彼は「行政府と議会には超党派外交を堅持する不可避的な責任がある[9]」との一般原則を示す一方、行政府のイニシアティブに重点を置き、「行政府と議会との密接な協力、すなわち超党派外交」を「共和党員と信頼を分かち合うことを拒否する[10]」という彼の基本的立場を強調するために〝Nonpartisan Foreign Policy〟（無党派外交）と呼ぶ。彼によれば、「外交の責任」は「憲法上」、「政権党」が負うものであって与野党間で分担することはできない。しかも野党は、「政府提案に対して党派的立場から反対しない」という「道義的責任」を負っている[11]。換言すれば「政策の立案は国務省が行うのであって共和党はそれを支持するか沈黙をする[12]」ことが望ましいということになる。すでに述べたように、彼はダレスと「国際（機構）問題を政治論争から除く[13]」ことで合意に達し、しかも後の回顧録で、共和党指導者はその協定を真摯に守ろうとしたと評価しているが[14]、彼もまた、多くの民主党指導者と同様[15]、基本的には超党派外交に否定的であったと言ってよいであろう。それは、ハルがダレスとの交渉で、ダレスの〝Bipartisan Foreign Policy〟（両党協調外交）という用語法を批判し、それは「両党が政略的立場から政策に関与することを意味しており」、「両党とも政略的立場から政策に関与しないことを意味する〝Nonpartisan Foreign Policy〟という用語法の方が適切であると主張した[16]ことにも示されている。もっともダレスによれば、ハルやローズヴェルトの政治顧問は〝Bipartisan Foreign Policy〟という用語が、政治的に有利な政策形成に当って、共和党にも対等の地位を与えることになりかねないことを怖れたが故に〝nonpartisan〟という用語を使用した[17]。ダレスは彼の著『戦争か平和か』の中で、一九四四年に行われた会談における用語の問題についてハルに譲歩したことを認める一方、「ハル長官は将来の平和問題はすべて政治から除外されなければならない〝nonpartisan〟（無党派的）課題であるという立場に固執した。私の方は永続的平和を達成する手段については完全に公開の〝nonpartisan〟の討議を行わねばならないと主張した[18]」と記している。

　こうしたハルの用語法とその意味するところは、時の民主党政権の外務閣僚としての立場を強く反映したものであったと言わざるを得ない。それは言わば「政府主導型」の超党派外交観であった。彼はこのように"nonpartisan"という言葉を使うことによって野党（共和党）の政策決定過程への参加を否定しようとしたが、戦後問題、特に戦後国際機構の設立の問題に関しては野党の協力を得なければならなかった。すなわち彼は、一九四四年四月には、ダンバートン・オークス会議を前にして、国連憲章のアメリカ草案を作成するために上院外交委員会に超党派の協議機関（八人委員会）の設置を求めた。[19] またその一方で元上院議員（一九三一〜一九三三年）として上院の外交上の役割の重要性を十分認識していたハルは、国務省と議会、特に上院外交委員会メンバーとの接触を計り、彼らに情報を提供するとともに議会と国務省間の連絡のために国務次官補をその任に配する措置を講じたりした。[20] なお、一九四九年当時の議会関係担当国務次官補であったアーネスト・A・グロス（Ernest A. Gross）は、"bipartisan"という用語を使いつつ、行政府は議会多数党ばかりでなく少数党とも健全な関係を築くべきだと一方で主張しながら、他方で「忠実な野党」の義務を強調し、妥協によって「重大な分裂」を回避することを核心とするいわば官製の超党派外交解釈を示した。[21]

これに対しヴァンデンバーグは"bipartisan"[22]および"nonpartisan"[23]の二つの用語を使用はするが、他方で"Unpartisan Foreign Policy"（非党派外交）の方がより適切な用語法であると述べている。[24] ヴァンデンバーグは超党派外交を「党派的利益」を超えた「国家的利益」の実現を目指すためのものと考えており、[25] いわば「中立型」超党派外交観を示していると言ってよいであろう。ヴァンデンバーグは元来、第二次大戦、それも日本の真珠湾攻撃が始まるまでは共和党孤立主義者のシンボル的存在であったが、真珠湾以後は彼によれば「現実主義者」[27]に転向した。[26] 彼が公式に孤立主義を放棄するのは上院における一九四五年一月十日の演説においてであったが、彼はすでに民主党政権の大戦関連政策を支持するとともに、国連憲章草案作成のためにハルの要請で四四年四月に創られた超党派的な性格をもつ前記「政府・議会協議会」（八人委員会）にも参加した。[28] その後はサンフランシスコで開催された国連創設会議における共和党側首席代表、或いは上院外交委員会委員長等として戦後秩序形成のために超党派的活動を積極的に行った。

彼は超党派外交に関連して、アメリカは「水際における国論の統一」[29]により「自由世界を分裂させ征服しようとする人々に対抗する最大限の権威」を獲得することができると述べ、さらに民主・共和両党の共同行動について次のような見解を表明する。

「この共同行動は、我々が共和党員或いは民主党員であることをやめることを意味するものではないし、誤謬に対する批判を黙らせたり、世論の同意のない統一を見せかけたりすることを意味するものでもない。それは、我々が協力することによって外交政策を党派的論争の埒外に置き、各党個別党員としてではなく正真正銘のアメリカ人として世界に表明できる最大限の合意を獲得する試みである」[30]と。

彼によれば、「率直な協力と自由討論は本来の合意にとって不可欠」であり、「あらゆる外交政策はあらゆる角度から議論されねばならず、〝忠実なる野党〟はそれが実際に行われているかどうか監視する特別の義務を負っている」。このように述べつつ、彼は超党派外交を「一言で言えば国家安全保障を党派的利害に優先させる」よう努力することである旨定義した。[31]

以上のようにヴァンデンバーグは、国家安全保障の実現が超党派外交の目的であるとする一方、ハルとは異なり、そのためには民主・共和両党が率直に協力すること、その過程で議論は徹底的に行うことが必要であると主張する。

ハルおよびヴァンデンバーグの以上の用語法と異なり、ダレスは「最も広く受け入れられ、使用されている」[32]用語、すなわち〝Bipartisan Foreign Policy〟(両党協調外交)を使用するが、同時に彼はそれを定義することは容易ではないと述べている。[33] いずれにしてもそれは言わば「両党協力重視型」の超党派外交観を示すものである。

元来、弁護士として出発したダレスは、周知のように、一九五〇年代に登場するアイゼンハウアー政権の国務長官に就任するが、政治、特に戦争と平和の問題を中心とする国際政治には、国務長官経験者を祖父（ジョン・W・フォスター）や叔父（ロバート・ランシング）にもった偶然もあって早くから関心をもっていた。特にヴェルサイユ会議に賠償委員会アメリカ代表部の法律顧問として出席した経験はそれに拍車をかけた。就中、ウィルソンの上院説得の失敗は彼に強い印象を与え、リアリストとしての外交感覚或いは国際政治観を彼に植えつけるとともに超党派外交の重要性を強く認識させた。[34] ダレスは、一九四四年の大統領選挙に際し共和党候補デューイの外交顧問に招聘され本格的な政治活動を開始するが、それらの多くは超党派的基礎に立脚していた。一九四四年夏のハル国務長官との合意についてはすでに言及したが、ダレスは、一九四五年の四月からサンフランシスコで開催された国連創設会議にはアメリカ代表団の事実上の首席顧問として出席するとともに、後には国連総会のアメリカ代表メンバーとして活躍した。また戦後の一連の四大国外相会議にも民主党国務長官の顧問として出席、一九五〇年から五一年にかけては対日講和特使として講和を実現するなど、正に彼は超党派外交の強い信奉者であり実践者でもあった。

ダレスは超党派外交を前記の通り〝Bipartisanship〟（両党協調主義）と呼ぶが、彼によればアメリカは「二大政党が主要な政策について協力しなければ平和のための連合を首尾よく実現することはできない。」そして「この事実が認められたからこそ、戦後〝両党協調主義〟と呼ばれる政策が発展を遂げた」のである。[35] ダレスはこのように民主・共和両党の協調の必要性を指摘した後で、「大統領は野党の責任ある人々を自己の外交政策の形成に参加させる必要があり、一方、野党のこうした人々は協力して立案した諸政策のため、議会並びに国内の支持を獲得するよう誠心誠意協調しなければならない[36]」と記し、政府と野党指導者との連携の必要性と野党指導者の責任を明確にする。

ダレスも指摘したように戦後の超党派外交は少なくとも政府の立場に立つ限り成功したと言ってよい。しかし四〇年代後半に至ると、中国情勢の悪化および極東政策に関して超党派的アプローチが行われなかったことに対する共和党側の不満のために超党派的協力が崩壊する危険が生じた。こうした事態に直面したダレスは、超党派外交に関与する「人物」の重要性を指摘するとともに超党派外交が成功するためのいくつかの条件を提示した。

まず彼は、超党派外交の戦後の成功は「原理に依存するというより個人（の力）により多く依存していた」と述べた上で、「両党の強固な党員で、しかも外交政策の立案を助ける機会と能力をもった人々に依らない限り、本来の両党協調など有り得ない[37]」と主張した。またダレスが示した超党派外交の方法と当事者の心構えに関する原則は大略次の通りであった[38]。

① 超党派外交に対する本来の責任は時の政府にある。すなわち大統領は外交政策の決定権をもっており、彼の積極的な活動がなければ超党派外交は有り得ず、それは大統領の要請を通じてのみ実現される。
② 超党派外交への野党の参加の要請は、党首脳の信任を得た忠実な党員に対して行われなければならない。
③ 超党派外交に参加する野党の党員は、外交政策の形成に積極的、建設的役割を果たせる能力をもつ者でなければならない。
④ 野党の参加者は、外交政策形成の初期に参加する機会を与えられねばならず、またその途中で除外されてはならない。
⑤ 野党も政府も党利に基づいた政策を主張してはならない。

以上に概観してきたように、戦中から一九五〇年代に至る時期のアメリカでは超党派外交についてほぼ三通りの用語が使用された[39]。その中では前記の通り "Bipartisan Foreign Policy" が一般的に広く用いられていたが[40]、これら用語の使用動機等の中にアメリカにおける超党派外交の目的を含む意味或いは方法が、必ずしも体系的にではないが示されている。そこで以下ではこれらを集約しながら、アメリカにおける超党派外交についての一応の定義を試み、その目的や方法について簡単に検討しておきたい。

(2) 目的と方法

まず、アメリカにおける超党派外交を定義するとすれば大略次のようになるであろう。すなわち、「主として行政府のイニシアティブの下に、外交問題に関する直接的、間接的な政策当事者（政府、与野党指導者、議会内外の有力政治家、特に上院外交委員会メンバー）間の政策調整をある種の方法乃至実践を通して行い、統一した外交政策を形成する試みである」(41)と。それはすでに記したように行政府と議会の協力という点に大きな特徴がある。また、斉藤教授が指摘するようにそれは、イギリスの保守党と労働党のような主義・主張に大きな差異のある政党が国民的利益の名の下に暫定的に共通の政策を遂行しようとする超党派外交とは異なっている(42)。

超党派外交の目的に関しては、すでに外交の安定性および継続性の確保について言及した。その目的のために自由な討論が封殺されてはならないが、安定性と継続性を欠く外交の他国への影響を考えるとそれらが少なくとも超党派外交の主要な目的とされることに異論はないであろう。外交史上、孤立主義とグローバリズムの間を揺れ動いた経験をもつアメリカの場合(43)、特にそれは看過することはできない性質のものである。なお、トンプキンスは超党派外交の目的を「不安定な世界でアメリカのリーダーシップのために最も啓発され広範な基盤に立つ政策を形成することである」(44)と記している。この他セシル・クラブ（Cecil V. Crabb）がその利点として挙げているもの(45)、すなわち他国との交渉を有利に導くことができること、過激な外交を回避することができること、さらに国際政治の現実を野党側に共有させるいわば教育的効果等も、見方を変えれば、超党派外交の目的に加えることができるであろう。もっとも、たしかに強力な外交を展開するためには国内の一致したバックアップに基づく超党派外交が有効であるが、政治情勢によっては（たとえば「冷戦コンセンサス」が強固に形成されていた戦後の一時期）、それが硬直的な外交に結びつき、対外関係を危機的なものに陥れる危険もあることを指摘しておかねばならないであろう。なお教育的効果の例としてクラブは、孤立主義から転向し共和党のスポークスマンとして活躍したヴァンデンバーグを挙げている。(46) たしかに、ダレスも指摘したように、チャンスが与えられたことが彼の能力の存分な発揮を可能にしたと言えるが、言うまでもなくそれはすべての人について真であるとは限らず、教育効果の例としてヴァンデンバーグを挙げることは必らずしも適切ではない。彼の場合、その活躍は彼自身の資質およびダレス等他の共和党員の影響に負うところが大きかった。

それでは超党派外交はどのような方法で行われるのであろうか。結論から記せば、その方法乃至ルールは曖昧であり基本的なものが何かについては必ずしも合意があるわけではない。(47) すでに検討したようにハル、ヴァンデンバーグ、ダレスの場合は、それぞれの立場、特に政府と野党の立場を反映して力点の置き方が異なっていた。すなわち、ハルは元来超党派外交にそれ程積極的ではなかったが、政府の立場から政府と議会（野党）との協議、それも政府主導のそれを重視し、ヴァンデンバーグは両党間の対等の協議を主張した。他方ダレスは、大統領のイニシアティブによる政府と野党との協力および野党協力者の議会における説得工作が必要であると考えていた。

アメリカでは、次節で言及するように、対外政策の決定に当って議会、特に上院外交委員会の及ぼす影響は極めて大きい。それ故、大統領は議会の支持の獲得を最も重視し、そのために上院外交委員会の特に野党の有力議員、さらには民主・共和両党の指導者達と接触し、説得その他の手段（たとえば、重要な国際会議へのアメリカ代表としての任命）を通して、また場合によっては、助言を得て政策の修正に応じながら支持を獲得しようとする。特に野党が議会で多数を占める勢力関係が見られる場合、そうした超党派的合意形成の動きは顕著になる。こうした方法が超党派外交の典型的な姿であると言ってよいであろう。セシル・クラブは超党派外交を成立させるために行政府が必要とする基本的な「連携チャネル」として、上下両院の外交委員会、各政党の指導者、それにヴァンデンバーグやダレスのような特定の有力人物の三つを挙げている。彼によれば、行政府はこうしたチャネルに対し、事前協議の開催による情報伝達、国際会議への交渉当事者乃至オブザーバーとしての参加機会の提供、或いは定期協議による意見調整等を行うことによって超党派外交を実現することができる。(48)

なおロバート・ダール（Robert A. Dahl）は、一九五〇年に、超党派外交は三つの異なる方法で行われている旨を記している。すなわち第一は、政府と民主・共和両党の外交政策担当者との協力、第二は大統領選挙におけるある種の争点の除外、第三はいくつかの政策に対する議会での両党の支持であった。(49)

すでに明らかなようにアメリカの超党派外交は、二大政党が政党として政策協定を結ぶというものではない。(50)暫々言及してきたように、政府が議会の支持を獲得するために与野党の指導者と協力するところにアメリカの超党派外交の最大の特徴がある。

なお、アメリカの超党派外交が成功する条件として、情報が超党派に参加するメンバーに等しく与えられること、彼らの政策立案作業への当初からの参加、参加メンバーの意欲と能力等が重要であることを最後に指摘しておきたい。

第三節　超党派外交への誘因

アメリカの超党派外交の最も本質的且つ典型的な形式は、すでに述べたように、大統領を中心とする行政府が議会、特に上院の支持を獲得する点にあった。そのために政府は、いくつかのチャネルを状況に応じてしばしば利用することについても言及した。政府が外交政策を形成し展開するに当ってこのような超党派的努力を必要とする理由としては、アメリカにおける政治制度上の問題、或いは政党システムの問題等アメリカ固有の政治的条件、さらにはその時々のアメリカ内外の政治環境等を挙げることができるであろう。第一の問題は、外交の領域における行政府と議会の間の憲法上の関係に由来するものであり、第二の問題はいわば非憲法的領域に属する問題であるが、政治の担い手として事実上制度化されている政党に関する問題である。このように両者は密接に関連した問題であるが、ここでは便宜上、第三の政治環境の問題も含め、各々について別個に概観しておきたい。

(1)　制度的条件

①　議会の行政権抑制機能と上院外交委員会

よく知られているように、アメリカ憲法の一つの特徴は権力の集中を防止するためにかなり厳格な三権分立に基づく「抑制と均衡（チェック・アンド・バランス）」原則を政治システムに導入した点にある。これが連邦制とともにアメリカ政治システムの特徴である分権的性格の具体的な現われであることは言うまでもない。特に第一条で議会の権限について定めたことは植民地時代の専制政治の再現を拒否する憲法制定者達の強い意志を示すものであった[51]。

外交政策に関しても憲法は一方で大統領に対して大幅な権限を与えたが、他方で議会に対してもいくつかの方法で外交政策の形成に関与し影響を及ぼし得る権限を与え、場合によっては大統領の意思を実質的にチェックすることが可能な権能を与えている。それらを列挙すれば次の通りである。

第一は上院の条約締結同意権と言われる権能である。すなわち大統領は政府が調印した条約の批准に当って上院の（出席議員の）三分の二以上の賛同を得ることがその要件とされた（第二条第二節第二項一款）。様々な修正が試みられたにも拘らず、三分の二の賛成票が得られなかったために結局批准されなかったヴェルサイユ条約の例は余りにも有名である。第二は大統領は大使等の外交使節、各省長官などを任命するに当って上院の助言と同意を得るとされたことである（第二条第二節第二項二款）。第三は立法措置によるチェック機能である。アメリカでは、政策の多くは法律というかたちで明示的に示される。それゆえ議会の立法の役割は、アメリカの政策を形成するうえで、最も決定的で、かつ強力な手段である」[52]。条約や行政協定が締結された場合、通常それらに関連する諸立法が必要となるが、議会はその立法行為を通して間接的に対外政策に影響力を行使することができるわけである。それに加えて憲法では特に、対外通商、帰化、宣戦布告、陸海軍の編成、維持および統制等外交に関連する問題の立法を特に認めている（第一条第八節第三項、四項、一一項〜一四項）。もっとも、宣戦布告に関する権限はこのように憲法上は議会に属しているが、第二次大戦中から追求された超党派外交の成立、戦後の冷戦コンセンサスの形成等を通じて大統領のリーダーシップが拡大するとともに、ヴェトナム戦争時には議会の承認なしに戦争を遂行する等の専横が見られ、憲法が事実上無力化されるような事態が生じた。ヴェトナム戦争後、それに対する反省から大統領の行動を抑制しようとする動きが議会において強まり、一九七三年には米軍の軍事行動に一定の枠をはめる戦争権限法がニクソン大統領の拒否権を覆えして成立した。なお、上記対外問題に関連する法律は主として行政府によって提案されるケースが多いことから、議会はそれら法案を修正し拒否する「ネガティブな機能」をもつに過ぎないとの見方もできるが[53]、「大統領の立法提案を修正する議会の権限は、事実上、無制限」[54]であり、議会のチェック機能を過小評価することはできないであろう。第四は、第三の立法措置の一つでもある歳出立法によるチェック機能である。対外政策は予算措置を必要とするものが多いが、予算審議権は議会に与えられており、したがってそれを通じて議会は対外政策に影響を及ぼすことができる（第一条第九節第七項）。

以上の他に、憲法に明文規定はないが、議会はいくつかの方法でその意思を明らかにし或いは事実を究明する努力を行うことによって行政府に影響を与えることが可能である。前者は、外交問題に対する議会の態度を明らかにするもので、いわゆる「決議」がそれに当る[55]。一九四八年に採択された上院決議二三九号、すなわち地域的集団安全保障体制に積極的に参加すべきことを謳い、NATO結成の根拠を与えたヴァンデンバーグ決議はその一つの例である。決議には原則として法的拘束力はないが、それは議会の意思、すなわち建前としては国民全体の意思の表明であり、政治的影響力は極めて大きい[56]。後者としては立法過程における公聴会の開催や国政調査権に基づく特別委員会の開催等を挙げることができる。冷戦時代の産物とも言える非米活動委員会やヴェトナム戦争関連の公聴会が行政府に大きなインパクトを与えたことは否定できないであろう。

大略以上のような議会によるチェック機能の中で、超党派外交の必要性と最も密接に結びついているものは言うまでもなく第一に挙げた上院の機能である。すなわち、一般論として言えば、議会には行政府を支持しなければならない憲法上の義務はもちろんない。そればかりかアメリカにおいては、政党或いは政党システム上の理由（後述）により、与党の議員でさえ政府を支える義務を負ってはいない。個々の議員は立法過程等において所属政党の方針に拘束されず、原則として独立した態度表明を行うことができる。こうしてアメリカ議会の特徴の一つである「交差投票」が日常的に行われることになる。これらに加えてアメリカの政治制度の下では、大統領選挙と議員の選挙は別個に行われるため、大統領の与党が議会で少数派に転落する可能性もある[57]。まして与党だけで三分の二以上の議員を獲得することは極めて困難である[58]。ここに政府側にとって超党派外交を必要とする第一の契機が存在するのである。もちろん議会には、はじめに記したように、その成立の当初から行政府を抑制する重要な動機があり、憲法上も上述のようにそれが認められているが故に、「行政部が提案する政策にいささかでも異説を唱えなければならないという心理がある。」そこで政府はそうした「心理が表面化するのを防ぐために[59]」立法過程において議会の指導者に協力を求めねばならないという基本的な動機が制度上存在することも指摘する必要があるであろう。

もちろん外交問題をめぐる議会と行政府（大統領）との関係は、当然のことながらその時々のアメリカ内外の政治環境によって異なっており、対外政策の決定と展開に当って両者の合意形成が常に行われるとは限らない。概して言えば、第二次大戦以前の時期においては、両者の対立はしばしば顕在化し、もっぱら両者の力関係によって外交政策が決定される傾向が強かったのに対し、大戦中から戦後にかけての時期においては、アメリカ自身の軍事的、経済的大国化、国際平和を求める世論の高揚およびそれらに伴う国際主義的アプローチの必要性の認識等により[60]、また冷戦の進行に伴ういわゆる冷戦コンセンサスの形成により、行政府主導による両者の協力関係が形成される傾向が比較的強く見られた。しかし冷戦コンセンサスが崩壊する一九六〇年代後半以降は、それまでの間に肥大化し、時に専横化の様相さえ示す行政府の権限を抑制し、同時に議会の復権を求める傾向が強まっていると言ってよいであろう。

こうした中で、上院、特にその外交委員会は、アメリカの外交政策に大きな影響を与え、行政府も超党派的合意形成に当っては常に協力を要請する存在であった。そこで以下に同委員会、および特にその戦中から戦後期に至る活動について略述しておきたい。

アメリカ議会は周知のように、「常任委員会を中心に回転している」[61]。このいわゆる常任委員会制は戦後日本にも導入されることになったが、その立法過程における役割と重要性はアメリカの方がはるかに大きく、アメリカでは常任委員会における審議過程が議会政治そのものであるといっても過言ではない[62]。さらに立法過程で決定的な役割を演じる常任委員会委員長は、いわゆる「先圧順位制（Seniority Rule）に基づいて選出される。つまり委員長は与党によって選任されるのではなく、当該委員会での在籍年数の最も長い多数党の委員が与野党に拘らず就任するという原則であり、議会の勢力が逆転した時にはかつての少数党の最古参委員が委員長になる仕組みである。このようにして、アメリカ議会の権能は、各常任委員会に分散されていると同時に、それら委員会は特定政党の支配下に入ることなく、自立的な活動を通してその役割を果たすことが期待されていると言ってよいであろう。

ところで上院における有力常任委員会の一つである上院外交委員会は一八一六年に創設された常任委員会で[63]、上院の最も古い委員会の一つである。この上院外交委員会はその歴史と伝統故に、且つ上院が前記の通り、憲法上外交に関し重要な役割を与えられている上、外交問題はもっぱらこの外交委員会を中心として審議されるが故に上院の中でも「第一級」の委員会との評価を得ており[64]、その威信は極めて高い。こうして上院議員の多くが外交委員会のメンバーに指名されることを希望しており[65]、現実にも有力議員がそのメンバーとなるケースが多い[66]。しかも外交委員会の委員も先任順位制に基づいて指名されるため[67]、通常、外交委員会のメンバーは他の委員会のメンバーよりも議員としての経験年数が豊富である。豊富な経験年数は必ずしも政治的影響力の大きさを意味するものではないが、上院外交委員会のメンバーの場合、上述の理由から、所属政党に対する政治的影響力は、他の平均的議員よりはるかに大きいと言ってよい[68]。

一九四七年から四八年にかけて外交委員会委員長を務めたヴァンデンバーグ上院議員はそうした外交委員会の典型的なメンバーの一人であった。彼は共和党古参の外交問題専門政治家として大きな政治的影響力を保有しており、上院外交委員会と政府との間で成立した合意が共和党の多数によって支持されることを保証することもできたと言われている[69]。

いずれにしても行政府は対外政策の決定および展開に当って、以上のような大きな影響力をもつ上院外交委員会の支持を獲得する必要があり、ここに政府をして超党派外交に向かわせる一つの理由があるのである。すでに言及したように、戦中から戦後に至る時期において大統領（行政府）は、議会関係国務次官補を新たに任命して、公式、非公式に外交委員会との合意形成のための接触を計ったり、定期的に議会指導者や政党指導者をホワイトハウスに招待しては国際問題についての意見交換を行い、支持獲得のための努力を行ったのである[70]。

②　政党システム

アメリカの政党システムに由来する政党および政党所属議員の行動様式も行政府が超党派外交を志向する一つの

動機であると言うことができる。改めて述べるまでもなくアメリカは二大政党制をその政治過程の特徴としているが、二大政党、すなわち民主党および共和党の対立と政策決定過程等において議員の果たす役割との関係は一様ではない。

元来、アメリカの政党は同質性が高く、したがって政党間の争いも信条乃至イデオロギーをめぐるものではなく、主張の程度の差や力点の置き方の違いによるものが多いとされる。このことは厳格な党規律を政党がもっていないことと併せて、アメリカでは両党が協調する潜在的な条件がすでに存在することを示していると言えなくもない。[71]

しかし厳格な党規律を政党がもっていないことは、他方で党員が党の綱領に従わない行動をする可能性をも含んでおり、現実にも党規律の欠如およびその他の理由によって、政党間の対立、さらに争点によっては議会内における政党内部の対立等がしばしば生ずることになる。そのため大統領を中心とする行政府は、特に対外政策の推進に当って超党派的合意形成の必要に迫られるのである。

そこで以下ではアメリカの二大政党（制）の特徴乃至性格を簡単に見ておきたい。[72] 第一に指摘できることはアメリカの政党の非一元的乃至非中央集権的性格である。すなわちアメリカの政党は厳密には全国政党とは言い難く、州その他の地方政党の集合体としての性格の方が強い。したがって党の内部統制は弱く極めて分権的である。このことはアメリカでは政党の組織政党化が進んでいないことを示しており、前記の通り政党が厳格な党規律を保持していないことを示している。

第二は、第一の特徴を反映した議員の行動様式に関するものである。アメリカの政党には右のように厳格な党規律が欠如しているため、議会内の政党は議員の議会での行動を殆んど統制することができない。すなわち議員、特に上院議員は州全体を選挙母体として選出されるために独立意識が極めて強く、もっぱら独自の判断に基づいて行動する。[73] こうして前にも記したような、所属政党の方針に反する投票行動、すなわち「交差投票」がしばしば行われることになるのである。特にこの点が政府をして超党派的行動に向かわせる重要な契機であることはすでに言及した。

第三の特徴は、第二の問題とも関連するものであるが、アメリカでは議員は地域代表としての性格が強く、議会内での行動は議員独自の判断に基づいているとしても、それには地域的な利害や感情が反映される傾向が強いことである。そのため「政党は自立的諸政党の集合体である(74)」とも言われるように、分権的傾向が強いアメリカの政党は、同一政党でありながら地域によって基本方針が異なる場合がある。たとえば民主党に関して言えば、北部や東部ではリベラルな傾向が強いのに対し、南部では圧倒的に保守的な傾向が強いと言われてきた。なお、特に対外政策に関する政党の地域別態度に関して次のような分類の方法がある。すなわち、「東部と太平洋岸の民主党はかなり国際主義的、中西部の民主党と東部および太平洋岸の共和党はやや国際主義的、中西部の共和党はかなり孤立主義的、南部の民主党は対外援助などの問題に関しては孤立主義的である(75)」。こうした地域的特殊性も議会における政党および議員の行動様式を複雑なものとしている。

(2) 政治的条件

大統領を中心とする政府が超党派外交を志向する理由としては、右のアメリカ固有の制度的条件の他にアメリカ内外の政治環境を挙げることができるであろう。もちろん現実の超党派外交と政治環境との相互関係は絶対的なものではなく、特定の政治環境の下において必らず超党派外交が展開されるというわけではない。

そこで以下はどのような政治環境乃至条件の下で超党派的アプローチが行われる傾向が認められるかを、戦中から戦後にかけての状況等いくつかの例を挙げて仮説的に検討しておきたい。

超党派外交を誘発する政治環境として、まず第一に対外政策に関連してアメリカが重大且つ危機的な局面に立たされた場合を挙げることができるであろう。その最も単純なケースは、言うまでもなくアメリカが当事国となる戦争である。ただそのケースもアメリカが他国から何らかの攻撃を受けて当事国になる場合とアメリカが独自の判断で戦争状態に入る場合とを区別して考える必要がある。すなわち、前者の場合、超党派的合意は比較的容易に形成され、しかもそれは、二つの大戦のケースで見られたように、行政府のイニシアティブというよりは議会や世論の後押しで行われる傾向が強い。それに対し後者の場合は、それが政治争点化する可能性が多分にあり、政府をして超党派外交に向かわせる契機となるが、その成否は議会、特に上院外交委員会の支持を獲得できるか、さらには世論の動向によって左右される。ヴェトナム戦争時に超党派外交が失敗する一つの原因は、フルブライト上院外交委員長を中心とする議会の戦争批判にあった。なお戦後のいわゆる米ソ冷戦時代においては、主として政府のイニシアティブにより、世論、議会に亘って広範な「冷戦コンセンサス」が形成されたことが超党派的合意形成を容易にした。しかしその反面、こうしたゼロ・サム的選択を迫られる状況のケースでは、合意に反する言動が許されないという非民主的な政治的雰囲気が生まれる懸念があることを指摘しておく必要があるであろう。[76]第二のケースは、第一のケースの後段で言及した問題でもあるが、対外政策およびその争点をめぐる国内の政治的対立が激化する場合である。すでに記したように、アメリカの両政党は同質性が高いために両党の協力の可能性は潜在的にあると言ってよいが、前節で言及した理由から、両党間のみならず、同一政党内の対立の可能性も高い。初代大統領ワシントン（George Washington）が有名な告別演説（Farewell Address）で警告したように、[77]特に対外政策をめぐる対立は、アメリカ社会の地域的利害の多様性等を反映して政争の具とされる懸念もあり、対立が激しければそれだけ大統領には合意形成の必要性が生れるわけである。

この第二のケースとしては、第二次大戦中から戦後にかけて生じた国際平和維持機構への参加問題をめぐる対立を挙げることができる。この時期、アメリカでは孤立主義か国際主義かという外交政策上重要な問題が争点として浮かび上がっていたことはよく知られているが、対外政策に対するこの二つのアプローチは、元来、国際主義的アプローチの延長線上に位置づけられる民主党ウィルソン政権下のヴェルサイユ条約、すなわち国際連盟への対応問題を契機として対立を深め、[78]その結果、共和党＝孤立主義、民主党＝国際主義というイメージが定着することになった。しかし当該時期における対立は、前述した様々な理由により、両党間の対立というよりそれぞれの政党内部における孤立主義対国際主義の対立という色彩がかなり強かった。

そうした対立状況は次のように略記することができるであろう。まず共和党は党内に超党派外交を主張するグループと反超党派外交グループの対立があった。前者は、言うまでもなく民主党政権との協力によって国際主義に立脚した政策を支持するグループで、その中心人物はニューヨーク州知事で一九四四年と四八年の前後二回に亘って共和党大統領候補に指名された共和党の事実上の党首、トーマス・ディーイ、それにヴァンデンバーグやダレスであった。後者は、言わば孤立主義者グループであり、ロバート・タフト（Robert A. Taft）上院議員が中心人物であった。このグループはさらに穏健派（タフト）と過激派（ウィリアム・ジェナー（William E. Jenner））に分けることができる。次に民主党には、トルーマン大統領の国際主義的アプローチを支持する多数派グループと副大統領や商務長官を務めたヘンリー・ウォラス（Henry A. Wallace）を中心とするリベラル派、それに孤立主義を支持する保守派グループが存在したが、大統領派が党をリードしたことは言うまでもないであろう。[79]

なおアメリカの政治学者ジェイムズ・M・バーンズ（James M. Burns）は当時の政党間或いは政党内部の対外政策をめぐる対立に関連して、アメリカの二大政党はそれぞれ大統領派と議会派に分裂しており、その実質的な勢力は大統領派民主党員と大統領派共和党員、および議会派民主党員と議会派共和党員の四グループに分けられるとの認識を示した。[80]彼によれば、二つの大統領派はリベラルで国際主義的であるのに対し、二つの議会派は保守的で孤立主義的である。このうち大統領派共和党員は前記分類上の共和党内超党派主義者とほぼ符合していると言って差し支えないであろう。

なお、超党派外交の代表的信奉者であるヴァンデンバーグは、第二節でも言及したように、元来は議会派に属する孤立主義者であったが[81]「真珠湾」を契機に「現実主義者」に転向した。[82]その後彼は超党派主義者で大統領派国際主義者であるデューイおよびダレスに接近するとともに、第一節で述べたようにダレスの影響を強く受け公式にも孤立主義者から国際主義者への転向を表明する。[83]共和党の有力上院議員と大統領派共和党員であり事実上の党首であるディーイおよびダレスとの接近は、共和党の外交政策が概ね統一されることを保証するものであったと言っても過言ではないであろう。[84]もっともヴァンデンバーグは、一九四四年の大統領選挙直後にダレスに送った書簡の中で、「いわゆる〝孤立主義者〟といわゆる〝国際主義者〟は必らずしも遠く離れた存在ではなく、その内実は〝兄弟〟のようなものである[85]」と記しダレスとの見解の類似性を強調した。

いずれにしても以上のような政治状況は、行政府による超党派的アプローチを促進する重要な要因であると言ってよいであろう。

以上二つの条件の他に、戦中から戦後に至る時期の様々な政治状況から帰納し得る要因を列挙すれば次の通りである。ただし、④⑥は超党派外交成立の前提条件とも言うべきものである。

① 時の議会における与野党間の勢力比が伯仲状態、或いは一九四七年一月からの議会のように、与党が比較少数のため政策基盤が弱体である場合。もっとも、前に述べたように、議会（上院）で三分の二の多数議席を一党が占めることは殆んどなく、したがって超党派外交の契機は常にあるとも言える。

② 大統領が強力なリーダーシップをもっている場合。さらに大統領が上院議員の経験者で上院の審議過程に通暁している場合。トルーマンの場合、彼の上院議員としての経験が彼をして超党派外交を選択させた一つの理由であったと

される。[86]

③　有力な野党の政治指導者が存在し、超党派外交への意欲を強くもっていること。デューイ、ヴァンデンバーグ、ダレスがそうした政治家であったことは言うまでもない。もっともダリレク（Richard E. Darilek）は、共和党はその外交政策を転換するために超党派外交を選択したのではなく、それは孤立主義という選挙に不利に働く共和党の古いイメージを払拭するための戦略的対応であったと分析している。[87]

④　両党のある程度の同質性の存在および両党の指導者間にある種の個人的信頼関係が存在する場合。ヴァンデンバーグとマーシャルの親密な関係が、マーシャルプランやＮＡＴＯの実現を容易にした要因であった。[88]

⑤　一定の政策に対する世論の広範な支持の存在。ただし、情報操作によって世論形成が行われる場合には、事実の積み重ねによって真実が明らかとなり、且つ両者のギャップが大きい場合には、特に世論の分裂を招く公算が大きく、超党派外交も崩壊する可能性が高い。

⑥　外交問題と内政問題が強くリンクしていない場合。両者は程度の差こそあれ相互に関連した問題であるが、外交問題が特に国内産業の盛衰、或いは失業問題といった深刻な国内問題と関連している場合には超党派的合意の形成は困難になる。

第四節　問題点——あとがきにかえて——

アメリカの超党派外交ははじめに検討したように、対外政策に関する行政府対議会或いは政党間の論争を「水際まで」とするとともに、様々な方法でそれらの間の合意を形成し、一致して対外問題に対応しようとするものであった。それは主として政府側のイニシアティブによって、当面する国家的危機を乗り切るとともに、自己の政治的基盤を強固にするために行われる傾向が強いが、一方で、野党側にも、たとえば戦中から戦後にかけての共和党のように、超党派外交の一翼を担うことによって自己の古いイメージを払拭し、且つ党内の分裂を回避して外交の分野における活発な活動を国民に印象づけ自己の得点を稼ごうとする意図が隠されている場合があることを指摘することもできる。[89] その意味で超党派外交も、両党の政治戦略としての性格を強くもっている。[90] もちろんそれは、超党派外交が外交の安定性および継続性の確保を可能とし、同時に、少くとも政策決定段階における強力なバックアップ体制の確立によって一国の外交政策を強力に展開できるという利点を失わせるものではない。

ただ、超党派外交には、はじめに言及したように問題点がないわけではない。特に両党の政治戦略的側面が当事者によって過度に意図される時、それは無視できないものとなる惧れがある。以下では、相互に関連のある超党派外交の問題点を六項目ほど指摘しておきたい。

問題点の第一は、超党派的アプローチが自由な議論を否定する惧れがあることである。特に超党派外交が一般化すると両党間の党派的緊張が緩和され当然議論されるべき争点が曖昧にされる危険が生じてしまう。[91] 民主主義体制の下では少数派にも十分発言の機会が与えられなければならないことは言うまでもない。J・M・バーンズは超党派外交に批判的な立場から、「代案を出すことが野党の機能であり、義務である」[92] と述べ、タフトやH・フーバー元大統領等もそれを国家統制主義につながるものとして批判した。[93] またモーゲンソー（Hans J. Morgenthau）は、野党による政策批判が「民主的政治過程」にとって不可欠であるとの立場から、それが損われる惧れのある超党派外交は民主主義にもとり、「我々を盲目にさせる霧のようなもの」であると批判した。[94] もちろん超党派外交の擁護者であるヴァンデンバーグやダレスは、第二節で言及したように自由な論議を言葉の上では否定してはいない。例えばヴァンデンバーグは、たしかに超党派外交の場合、事前の協議等を行うことによって議論が「短縮」されることがあるかも知れないが、それは議論の「封殺」とは異なるとして肯定的に評価した。[95] さらに彼は、超党派外交が自由な討論を否定するものではないかという批判に関連して、それは「党派的な攻撃」の障碍となるが「真の争点の明確化」によって「事実による攻撃」を活発化することができると反論する。[96] 第二の問題は、第一の問題と関連するものであるが、民主主義的な手続きに関するものである。それは超党派的アプローチに際して、ともすると少数の政治指導者の意見に依存して政策が決定され、議会の総意が反映されないばかりか議会の審議自体が素通りされてしまう惧れがあることである。[97] モーゲンソーによる先の批判の根拠がこの点にあることは言うまでもない。第三は、情報の秘密性と外交の民主的コントロールの関係に関する問題である。超党派的アプローチでは、少数の指導者間で或る程度の政策の合意形成が行われるため情報が公にされない傾向があり、したがって世論が形成される前に政策が決定されてしまう可能性が高い。そのため人々は、たとえば選挙に際して的確な選択ができなくなり、世論、ひいては議会を媒介とするチェック機能が作動しなくなる惧れもある。もっとも、ダレスはそうした危惧に対して、民主・共和両党が外交政策の決定に参加した方がそうでない場合より議論が公になり、世論の影響も受け易いと、彼の経験を基礎として述べている。[98] 第四は、超党派外交が外交の硬直化を惹起する惧れがあることである。[99] すなわち当事者間の協調的側面が重視されるとき、相互批判は抑制され外交の柔軟性も限定的になる。また超党派外交は愛国心と結び付きやすく、[100] 特に危機の時代には、ともすると自由な議論が封殺され「外交のイデオロギー的硬直化」[101]をもたらしかねない。第五の問題は政党活動への影響である。すなわち、超党派外交の展開過程においては政党、とくに野党による政策批判が自己規制される傾向があり、その結果、野党の独自性或いは活力が失われる惧れがある。[102]

なお、以上の問題と関連して第六に大統領、すなわち行政府の権限が強大化してしまう危惧も指摘することができるであろう。ヴェトナム戦争後、議会の復権の試みが表面化してきたことはすでに述べた通りである。言うまでもなく、これらの問題点はすべてアメリカの超党派外交に固有のものという訳ではない。しかしいずれにしても、超党派的アプローチが必要とされる「危機の時代」に、愛国的且つイデオロギー的求心力が特に強く働くと言われるアメリカにおいては、それによって民主主義的な政治過程が犠牲にされる惧れもあることを否定することはできないと思われる。

注

序章

（1）コーデル・ハルは、一九四五年十二月のほぼ一年前の一九四四年十一月末には、健康上の理由から、国連の創設を待たずしてローズヴェルト政権における十一年九か月に及ぶ国務長官職を辞任した。そのハルを最初に「国際連合の父」と呼んだのはローズヴェルト大統領であった。彼は、ハルの感謝の念と任期途中の辞任に対する無念さを吐露した彼宛の書簡への返信（一九四四年十一月二十一日付）の中でそう述べた。

Julius W. Pratt, *The American Secretaries of State and Their Diplomacy, Vol. XII, Cordell Hull* (NY, Cooper Square Publishers, Inc., 1964) pp. xiii, 738, 766 ; Dept. of State, *Dept. of State Bulletin*, Vol. XI, No. 284, Dec. 3, 1944, (Washington, DC, US GPO) p. 650.

（2）*Ibid*., p. 4 ; Cordell Hull, *The Memoirs of Cordell Hull*（以下 *Memoirs* とする）(NY, Macmillan, 1948) p. 120 ; Richard E. Darilek, *A Loyal Opposition in Time of War* (Westport, Conn., Greenwood Press, 1976) p. 45.

（3）*Ibid*..

（4）集団安全保障とは、対立関係にある国家を含む普遍的な国際機構において、加盟国すべてが、互いに戦争や武力行使に訴えないことを約束すると同時に、いずれかの国家がこの約束に違反して他の国家を攻撃した場合には、それを他のすべての加盟国に対する攻撃とみなして、他の加盟国が共同して集団で軍事的強制行動を含む制裁を行うことにより、国際平和と加盟各国の安全を保障しようとするものである。

田畑茂二郎『国際法下』有信堂、一九六四年、一三六-一四〇頁。

なお、一部の論者、特に米国では、米州機構やＮＡＴＯのような地域機構もしばしば集団安全保障体制と呼ばれることがある。ただし、それは定義の仕方にもよるが、必ずしも正しくはない。それらは、当該地域機構の非加盟国、すなわち当該地域機構外の国家による侵略から被侵略国の安全を他の加盟国が集団で守る目的で結成された地域機構であるので、地域的集団防衛機構と呼ぶ方が妥当であると思われる。

（5）集団的自衛権について、国連憲章上の定義はないが、我が国政府は、それを「自国と密接な関係にある外国に対する武力攻撃を、自国が攻撃されていないにもかかわらず、実力をもって阻止する権利」と定義し、一般にもこのような意味で使用されている。これは、集団的自衛権が同盟、典型的には二国間同盟に適用されることを前提にした定義であると考えられる。換言すれば、その定義は、二国間同盟による武力行動に正当性の根拠を与えるものであり、つまりは同盟の結成を正当化するための定義であると言ってよい。しかし、憲章第五十一条が設定される過程において展開された議論を検証すると、後に本書で詳しく論じられるように、それは、地域機構が域外国家からの侵略に対して、安全保障理事会の承認を得ることなく、地域機構独自の判断と力、すなわち武力によって、それに対抗することを認めた権利であることが判明する。すなわち、集団的自衛権は、憲章第五十二、五十三条を超えて、換言すれば、安保理事会とは独立して防衛行動を行える地域機構の結成を正当化するために創設された権利であったと言うことができる。

なお上の定義は、我が国政府の統一見解でもある。

防衛庁『日本の防衛』（平成十七年版防衛白書）ぎょうせい、平成十七年八月、八〇頁、及び資料九（三五二頁）。

（6）ダンバートン・オークスは、十九世紀にワシントンD・C・のジョージタウンに建てられた大邸宅で、一九二〇年に元駐アルゼンチン大使のロバート・ブリス夫妻の所有となったが、一九四〇年にハーバード大学に譲渡された。*DUMBARTON OAKS* (pamphlet)

ここで、第三章で検討するように、国連憲章草案作成のためのダンバートン・オークス会議が開かれた。

（7）決定が先送りされた問題としては、安全保障理事会の拒否権問題、国際司法裁判所の規定作成問題、信託統治問題、原加盟国問題、及び国際連盟の清算問題等があった。

Hull, *Memoirs*, p. 1706 : Harley Notter, *Postwar Foreign Policy Preparation, 1939-1945*（Washington, D.C., US GPO, 1949）pp. 276, 324, 341 : US Department of State Publication, *Foreign Relations of the United States*（以下 *FR* とする）1944, Vol. I（Washington, D.C., US GPO, 1966）p. 890.

（8）Hull, *Memoirs*,, p. 1713.

（9）*Ibid.*, pp. 1722, 1723.

（10）国連憲章では、第二条三項・四項によって武力の行使は原則として禁止され、戦争は違法化されたが、例外として四つのケースで武力行使の合法性が認められている。それらは、この憲章第五十一条に基づく個別的自衛権の行使と集団的自衛権の行使の二つのケース、それらに加えて、憲章第七章により、平和の破壊行動に対し、国連が武力による強制行動を発動する場合、及び第百七条並びに第五十三条一項但し書き後段により認められた第二次大戦中の旧敵国に対する特別措置として武力が行使される場合である。

田畑茂二郎、前掲書、一二八-一二九頁。

参考までに、右の三つの条文を以下に示しておきたい。

第五十一条（個別的・集団的自衛権）

　この憲章のいかなる規定も、国際連合加盟国に対して武力攻撃が発生した場合には、安全保障理事会が国際の平和及び安全の維持に必要な措置をとるまでの間、個別的又は集団的自衛の固有の権利を害するものではない。この自衛権の行使に当たって加盟国がとった措置は、直ちに安全保障理事会に報告しなければならない。また、この措置は、安全保障理事会が国際の平和及び安全の維持又は回復のために必要と認める行動をいつでもとるこの憲章に基づく権能及び責任に対しては、いかなる影響も及ぼすものではない。

第五十三条（地域的取極と強制行動）
　1　安全保障理事会は、その権威の下における強制行動のために、適当な場合には、前記の地域的取極又は地域的機関を利用する。但し、いかなる強制行動も、安全保障理事会の許可がなければ、地域的取極に基づいて又は地域的機関によってとられてはならない。もっとも、本条2に定める敵国のいずれかに対する措置で、第百七条に従って規定されるもの又はこの敵国における侵略政策の再現に備える地域的取極において規定されたものは、関係政府の要請に基づいてこの機構がこの敵国による新たな侵略を防止する責任を負うときまで例外とする。
　2　本条1で用いる敵国という語は、第二次世界戦争中にこの憲章のいずれかの署名国の敵国であった国に適用される。
第百七条（旧敵国に関する行動）
　この憲章のいかなる規定も、第二次世界戦争中にこの憲章の署名国の敵であった国に関する行動でその行動について責任を有する政府がこの戦争の結果としてとり又は許可したものを無効にし、又は排除するものではない。

（11）Joseph L. Kunz, "Individual and Collective Self-Defense in Article 51 of the Charter of the United Nations", *The American Journal of International Law*, Vol. 41, 1947, p. 872.
（12）サンフランシスコ国際会議の組織等については第八章参照。
（13）Kunz, *op. cit.*
（14）前掲脚注（5）。
（15）Louis L. Gerson, *The American Secretaries of State and Their Diplomacy*, Vol. XVII, *John Foster Dulles* (NY, Cooper Square

Publishers, Inc. 1967) p. 9 ; Ronald W. Pruessen, *John Foster Dulles : The Road to Power* (NY, The Free Press, 1982) p. 11.

（16） Gerson, *ibid.*, pp. 11, 12.

（17） 安全保障の法的基盤の再構築に関する懇談会「安全保障の法的基盤に関する従来の見解について」平成二十五年十一月十三日（内閣官房副長官補）

www.kantei.go.jp/jp/singi/anzenhosyou2/dai4/siryou.pdf (accessed Dec. 5, 2014)

（18） 斎藤　真『アメリカ外交の論理と現実』東京大学出版会、一九六二年、八四頁。

第一章

（1） この時期、すなわち冷戦期に結成される地域機構が当該地域機構加盟国の安全保障を目的とする地域的集団防衛機構であったことは序章ですでに述べた。

（2） 同盟の目的や性格は当事国間の事情や時代的背景により一様ではないが、本書では、安全保障、具体的には共同防衛と勢力均衡の維持を主要目的として結成されるもので、二国間、乃至三国間に限定された国家間関係を想定している。

（3） United Nations（以下 UN とする）, *Treaty Series*, Vol. 9, 1947, pp. 188–194.

（4） 奥脇直也編『国際条約集』（二〇〇八年版）有斐閣、二〇〇八年。

（5） UN, *op. cit.*, Vol. 177, 1953, pp. 133–139.

（6） UN, *ibid.*, Vol. 131, 1952, pp. 84–89.

（7） 日米関係に「日米同盟」という言葉が使われたのは、一九八一年五月に行われた日米首脳会談（鈴木・レーガン会談）後の五月八日に出された日米共同声明で言及されたのが最初である。外務省編『外交青書　一九八二年版（第二六号）』四六五-四六八頁。

（8） 前掲『国際条約集』

（9） 同上書。

（10） 同上書。

（11） UN, *op. cit.*, Vol. 119, 1952, pp. 48–92.

（12） UN, *ibid.*, Vol. 19, 1948, pp. 53–63.

（13） 前掲『国際条約集』

(14) UN, *op. cit.*, Vol. 209, 1955, pp. 28–35.

(15) 前掲『国際条約集』

(16) Charter of Arab League, March 22, 1945,
http://www,refworld.org/cgi-bin/texis/vtx/rwmain?page=printdoc&docid=3ae6b3ab18（acccssed Nov. 1, 2016）

(17) UN Information Organization and US Library of Congress, *Documents of the United Nations Conference on International Organization*, 1945, Vol. 12, p. 687.

(18) Telegram from Stettinius to Grew, May 12, 1945, *Cordell Hll Papers*, Library of Congress

第二章

(1) ここで戦後構想とは、言うまでもなく、第二次世界大戦後の国際の平和と安全を維持するために、国際連盟に代わって創設される予定の新国際機構を指しているが、国務省では、国際連盟設立時における苦い経験から、米国が戦後再び孤立主義に回帰することも懸念し、新国際機構は戦争が終結するまでに創設されねばならないと考えられていた。現に、国際連合は戦争終結前の一九四五年六月二十六日に設立された。

Harley Notter, *Postwar Foreign Policy Preparation, 1939–1945*（Washington, D.C., US GPO, 1949）pp. 88, 90, 98.

(2) ハル国務長官は米国史上最も長期間、すなわち一九三三年三月から一二年近くにわたって国務長官の地位にあったが、序章で述べた通り、健康上の理由で一九四四年十一月三十日に辞任し、後任にはステティニアス国務次官が昇格することになる。したがって、一九四五年四月二十五日からサンフランシスコで開催された国連創設のための国際会議には、米国代表団の一員、且つ代表団の最高顧問に任命されはしたが、参加できなかったこと、及び「国際連合の父」と呼ばれ、一九四五年十二月にはノーベル平和賞を受賞したこと等も序章で言及した。彼は、ウィルソンの「ニュー・フリーダム」や「国際機構による平和」を信奉するいわゆるウィルソン主義者で、理想主義の政治家と評されることが多いが、実際の政治外交活動は、道徳主義的色彩の強い発言から連想されるものよりは現実的であった。後に言及するように、国連創設構想をいわゆる超党派外交で進めたことも、それが米国の伝統とは言え、その好例であると言ってよい。

Julius W. Pratt, *The American Secretaries of State and Their Diplomacy, Vol. XIII, Cordell Hull*（NY, Cooper Square Publishers, Inc. 1964）p. 769；Franklin D. Roosevelt to Hull, Nov. 21, 1944, US Dept. of State, *Dept. of State Bulletin*（以下 *DS Bulletin* とする）, Vol. XI, No. 284, Dec. 3, 1944, pp. 649, 650.；UN, *Documents of United Nations Conference on International Organization*, Vol. I（San

Francisco, UN Information Organization, 1945) pp. 65–75 ; *Encyclopedia of US Foreign Relation*（NY, Oxford UP, 1997）pp. 319–321.

（3）奥脇直也編『国際条約集』（二〇〇八年版）有斐閣。

（4）Notter, *op. cit.*, p. 69.

（5）*Ibid.*.

（6）該諮問委員会の設置が実際に決定されたのは、日本による真珠湾攻撃が行われた後、戦後問題に関する検討作業が拡大強化された一九四一年十二月の後半であった。

Pratt, *op. cit.*, p. 719 ; Dept. of State, *Charter of the United Nations : Report to the President*（Washington, D.C., US GPO, 1945）p. 20. 最初の諮問委員会は、一九四二年二月十二日に召集された。Notter, *ibid.*, p. 78 ; Pratt, *op. cit.*, pp. 718–720.

（7）"Works in the Field of International Organization in the Department of State prior to October 1943", October 4, 1944, *Notter File*（Records of Harley A. Notter, 1939–1945）（Washington, D.C., National Archives）

なお、ノッターは、一九四四年一月時点では、国務省特別政治局の国際安全保障及び国際機構課課長の地位にあり、国連問題担当国務次官補顧問でもあった。*Finding Aids for Notter File* から。

（8）Hull to President, Dec. 22, 1941, Notter, *op. cit.*, p. 63.

（9）Notter, *ibid.*, pp. 96, 98.

（10）*Ibid.*, pp. 108, 160–164.

（11）*Ibid.*, pp. 167–172, 247–248, 302.

このアジェンダ・グループは、メンバーは固定されていなかったが、同グループには国務省ヨーロッパ局長のジェームズ・ダン（James Dunn）, 極東局長のホーンベック（Stanley Hornbeck）, ハル国務長官の特別顧問のパスヴォルスキー（Leo Pasvolsky）等五人の国務省レギュラーメンバーの他に、政府外からジョンズ・ホプキンス大学のボウマン（Isaiah Bowman）学長等四人のレギュラーメンバーが参加した。

Ibid., pp. 169–172 ; Ruth B. Russell, *A History of the United Nations Charter*（Washington, D.C., The Brookings Institution, 1958）p. 220–222.

（12）脚注（7）参照。

（13）Cordell Hull, *The Memoirs of Cordell Hull*（以下 *Memoirs* とする）（NY, The Macmillan Company, 1948）p. 1626 ; Thomas M.

Campbell, *Masquerade Peace : America's UN Policy, 1944-1945*（Florida State UP, 1973）p. 198.

（14） *Finding Aids for Notter File* ; Craufurd D. Goodwin, "Harold Moulton and Leo Pasvolsky of the Brookings Institution as Champions of a New World Order", in Malcolm Rutherford, *The Economic Mind in America : Essays in the History of American Economics*（NY, Routledge, 1998）p. 93.

（15） Julius W. Pratt, *A History of United States Foreign Policy*, 3rd（Englewood Cliffs, NJ, Prentice Hall, 1972）p. 412 ; Russell, *op. cit.*, pp. 1, 205-206 ; *Memoirs*, p. 120 ; Pratt, *The American Secretaries of State and Their Diplomacy*,（*op. cit.*）pp. 4, 718 ; Richard E. Darilek, *A Loyal Opposition in Time of War*（Westport, Conn., Greenwood Press, 1976）p. 45.

（16） 前掲『国際条約集』。

（17） モスクワ宣言は、その原タイトル"Declaration of Four Nations on General Security"が示唆しているように、一九四二年一月一日の連合国宣言に参加した国々が協力して枢軸国側を打倒し、平和と安全を維持するための国際機構を創設する意思を確認するための宣言であった。

Senate Committee on Foreign Relations, *American Foreign Policy : Basic Documents, 1941-1949*（NY, ARNO Press, 1971）pp. 1-2, 11-12.

（18） *Ibid.*,

（19） 「四人の警察官」構想は、一九四二年五月にワシントンを初めて訪問したモロトフソ連外相に対してローズヴェルト大統領から初めて明らかにされ、一九四三年十一月に開催されたテヘラン会談ではスターリンにも披瀝された。

Robert A. Divine, *Second Chance*（NY, Atheneum, 1967）pp. 86, 157-160 ; Russell, *op. cit.*, pp. 43, 96-98 ; Warren F. Kimball, ed., *Churchill & Roosevelt*（Princeton, NJ, Princeton UP, 1984）pp. 608-611 ; Bohlen Minutes（Roosevelt-Stalin Meeting, November 29, 1943）, US Dept. of State, *Foreign Relations of the United States*（以下 *FR* とする）1943, Conferences at Cairo and Teheran（Washington, D.C., US GPO, 1961）pp. 530-531.

（20） Russell, *op. cit.*, pp. 96-98, 101, 106, 110, 154-156.

（21） "Declaration by the United Nations, Jan. 1, 1942", Senate Committee on Foreign Relations, *op. cit.*, pp. 2-3.

（22） Bohlen Minutes, *op. cit.*, p. 530.

（23） *Ibid.*, pp. 530-532.「四人の警察官」構想以外の二つの構想は、ボーレンによれば、一つは、連合国三五か国による大きな組織を形成し、それが各地で定期的に議論を行い、より小さな組織に勧告を行うことであり、二つは、米英ソ中四か国と、ヨーロッパ二か国、南米一か国、近東一か国、極東一か国、及び英連邦一か国によって執行委員会を創設し、世界各地の非軍事的問題を処理することであった。これらはよく検討された構想と言うよりは思いつきに近い考えと言うべき性質のもので、問題も多く、実現性の乏しいものであった。

（24）*Ibid.*, pp. 530-531.

（25）*Ibid.*, pp. 531-533.

（26）Bohlen Minutes（Roosevelt-Stalin Meeting, December 1, 1943）*ibid.*, p. 595.

（27）Pratt, *A History of United States Foreign Policy*, p. 413.

（28）House, Congress Resolution 25, 78 Congress, 1 session（Sept. 21, 1943）, U.S. Congress, *Congressional Record*（以下、*Congressional Record* とする）Vol. 89, Pt. 6, 78 Cong., 1 sess.（Washington, D.C., US GPO, 1943 以下略）p. 7729.

（29）Senate, Res. 192, 78 Cong., 1 sess.,（Nov. 5, 1943）, *Congressional Record*, Vol. 89, Pt. 7, 78 Cong., I sess. 1943, p. 9222.

（30）Arthur H. Vandenberg, Jr., *The Private Papers of Senator Vandenberg*（London, Lowe and Brydone Limited, 1952）pp. 37, 58.

（31）Russell, *op. cit.*, p. 1 ; *Memoirs*, p. 1646 ; Thomas M. Campbell, *Masquerade Peace*（Gainesville. Fla, Florida State Univ. Press, 1973）pp. 5-6.

（32）ハルのウェルズに対する不満は、ローズヴェルトのウェルズに対する高い評価、例えば、彼は有能で経験豊富、それに志が高いといった評価にかかわらず、もっぱら、彼がハルを飛び越えて大統領と直接重要政策について話し合いを行い、時に進言したり決定を得たりするというような基本ルールを無視した仕事のやり方に向けられた。そうしたやり方は、彼が一九三七年に国務次官補から国務次官に昇進した後に顕著に見られた。それに対するウェルズの真意は必ずしも明らかではないが、ウェルズはローズヴェルト大統領とは旧知の間柄で、且つ彼に対するローズヴェルトの評価も高く、一九三三年四月に彼を国務次官補に抜擢したのもローズヴェルトであったことなども背景にあるとの見方もある。

Pratt, *The American Secretaries of State and Their Diplomacy*, pp. 18-20, 615 ; *Memoirs*, pp. 1227-1231.

なお、ハルとウェルズの軋轢は一九四二年一月末に開催された米州外相会議においても顕著に見られた（ウェルズは中南米問題の専門家でもあったPratt, *ibid.*, p. 18 ; *Memoirs*, p. 1227.）。また、同年六月には、ウェルズは、本来なら大統領か国務長官が行なうべき戦後構想についての演説を行い、ハルの怒りを買った。Pratt, *ibid.*, p. 815.

ウェルズの演説は *Dept. of State Bulletin*, Vol. VI, No. 153（May 30, 1942）, No. 156（June 20, 1942）pp. 485-489, 548-550.

（33）Pratt, *ibid.*, pp. 615-616, 618 ; Campbell, *op. cit.*, pp. 8, 14.

（34） Pratt, *ibid.*, p. 723 ; *Memoirs*, p. 1647

（35） *Memoirs*, pp. 1640–1641 ; Campbell, *op. cit.*, pp. 9–11.

（36） *Memoirs*, p. 1644.

（37） *Ibid.*, p. 1648.

（38） Kirk H. Porter & Donald B. Johnson, *National Party Platforms 1840–1964*（Urbana, University of Illinois Press, 1966）p. 390. 米国では、政党の統一的且つ具体的な基本政策は、四年ごとに行なわれる大統領選挙時の政策綱領に示される。

（39） 因みに、ヴァンデンバーグは、一九四六年の中間選挙で共和党が上院を制すると、翌年に始まる第八〇会期には上院外交委員会の委員長に就任する。

U.S. Congress, *Official Congressional Directory, 1947*（Washington, D.C., U.S. GPO, 1947）

（40） Letter from Vandenberg to Charles M. Rowan, June 24, 1949, *Vandenberg Papers*（Ann Arbor, Bentley Historical Library, Univ. of Michigan）; Thomas M. Campbell, *op. cit.*, p. 17. ここに言う「現実主義者」は当然ながら「国際主義者」を意味していた。なお、彼が公式に孤立主義を放棄するのは一九四五年一月十日の上院本会議における「アメリカ外交」に関する演説においてであった。

Congressional Record, Vol. 91 pt. 1, 79th Congress 1st Session（U.S. GPO, 1945）pp. 164–167 ; Arthur H. Vandenberg, Jr., *op. cit.*, p. 131.

（41） Vandenberg Diary, December 8, 1941, Vandenberg, Jr., *ibid.*, p. 16.

（42） Robert A. Divine, *op. cit.*, p. 197.

（43） Vandenberg, Jr., *op. cit.*, p. 58.

（44） *Memoirs*, pp. 1258–1259 ; Divine, *op. cit.*, p. 132.

（45） Hull, *ibid.*, pp. 1656–1658, 1669 ; Cecil V. Crabb, Jr., *Bipartisan Foreign Policy*（White Plains, NY, Row, Peterson and Company, 1957）p. 44 ; Russell, *op. cit.*, p. 200

（46） 共和党綱領では、戦後構想に関連して、米国は、主権国家を構成国とする国際平和機構を創設するという意思が示された。

"Republican Platform", Arthur M. Schlesinger, Jr., ed., *History of American Presidential Elections 1789–1968*, Vol. Ⅷ（NY, Chelsea House Publishers, 1985）, pp. 3018, 3020.

（47） Schlesinger, Jr., ed., *ibid.*, pp. 3054–3055.

(48) *New York Times*, July 18, 1944 ; *Memoirs*, pp. 1673, 1675, 1676.
(49) *New York Times.*, August 15, 1944.
(50) Divine, *op. cit.*, p. 216 ; *New York Times*, August 17, 1944 ; Notter, *op. cit.*, p. 287.
(51) *New York Times*, August 18, 1944 ; *Memoirs*, p. 1689. ; Notter, *ibid.*, pp. 287-288.
(52) *New York Times*, August 18, 1944. ; Hull, *ibid.* ; John Foster Dulles, *War or Peace*（NY, Macmillan Company, 1950）p. 123.
(53) *Memoirs*, p. 1690.
(54) Notter, *op. cit.*, p. 288.
因みにダレスは会談は数時間で終わると考えていた。Dulles, *op. cit.*, p. 124.
(55) Notter, *ibid.*, p. 288 ; *Memoirs*, pp. 1692-1693 ; Robert A. Divine, *Foreign Policy and U.S. Presidential Elections*（NY, Franklin Watts, Inc., 1974）pp. 123-124 ; *Dept. of State Bulletin*, Vol. XI, No. 270, Aug. 27, 1944, p. 206.
(56) ハル・ダレス会談の内容については、*Memoirs*, pp. 1690-1693 ; Dulles, *op. cit.*, pp. 123-125 ; Divine, *Second Chance*, pp. 218-219.

第三章

(1) Pratt, *The American Secretaries of State and Their Diplomacy, Vol. XII, Cordell Hull*,（NY, Cooper Square Publishers, Inc. 1964）pp. 721-723.
(2) ダンバートン・オークスについては序章の脚注（6）参照。
(3) Harley Notter, *Postwar Foreign Policy Preparation, 1939-1945*（Washington, D.C., US GPO, 1949）pp. 169-170, 247-248, 276 ; Ruth A. Russell, *A History of the United Nations Charter*（Washington, D.C., The Brookings Institution, 1958）pp. 220-222, 393-394 ; なお、パスヴォルスキーについては以下のホームページも参照。
http://en.wikipedia.org/wiki/Leo（accessed Sept. 15, 2014）。
(4) Fulbright Resolution（House Concurrent Resolution 25—Seventy-Eighth Congress, Sept. 21, 1943）, Senate Committee on Foreign Relations, *American Foreign Policy, 1941-1949*（NY, Arno Press, 1971）p. 9.
(5) Connally Resolution（Senate Resolution 192—Seventy-Eighth Congress, Nov. 5, 1943）*ibid.*, p. 14.
(6) US House of Representatives Elections, 1942.
http://en.wikipedia.org/wki/United_States_House_of_Representatives_Elections_1942（accessed Sept. 10, 2014）

US Senate Elections, 1942
http://en.wikipedia.org/wki/United_States_Senate_Elections1942（accessed Sept. 10, 2014）

（7） Notter, *op. cit.*, pp. 247, 250.

（8） "Plan for the Establishment of an International Organization for the Maintenance of International Peace and Security, Dec. 23, 1943", Notter, *ibid.*, pp. 577–581.

（9） Notter, *ibid.*, p. 267.

（10） *Ibid.*, pp. 250–253.

（11） "Possible Plan for a General International Organization, Apr. 29, 1944" *ibid.*, pp. 582–591.

（12） *Ibid.*, p. 264.

（13） 第二章で言及した地域主義は、概略、世界を幾つかの地域にブロック化し、それぞれの地域の安全と平和を維持する体制を念頭に置いていたが、米州機構に関連する地域主義は、次章で検討するように、直接的には、最初は米州諸国の善隣友好を、そして第二次大戦の進行、あるいは冷戦の開始とともに域外からの侵略に対する米州諸国の防衛を主要な目的とするものであった。

（14） 脚注（11）参照。なお、「計画案」は、四月の時点では、全体の構成表に示した通り、第八、九、一一章は準備中であった。

（15） Notter, *ibid.*, pp. 582–583.

（16） *Ibid.*, p. 276, 特に注目すべきことは、すでに「計画案」に盛り込まれたことであるが、米国試案作成過程において、アジェンダ・グループでは、重要な検討項目の一つとして、一旦克服されたはずの地域機構と普遍的な国際機構との関係についての検討が継続して行われてきたことである。

（17） 米国試案については、Russell, *op. cit.*, pp. 995–1006；Notter, *ibid.*, pp. 595–606；*FR*, 1944, Vol. I, 1966, pp. 653–669.

（18） 例えば「試案」の第一章（国際機構の一般的性格）、C節（手段）のc項では、平和と安全の維持のための手段として、当該国際機構は地方の紛争の解決には地域機構を積極的に活用すべきだと主張している。Notter, *ibid.*, p. 596.

（19） Russell, *ibid.*, pp. 995, 996.

（20） Russell, *ibid.*, pp. 398, 995, 996, 1000；Notter, *op. cit.*, pp. 596, 600..

（21） Russell, *ibid.*, p. 393；Notter, *op. cit.*, p. 282.

（22） Russell, *ibid.*, pp. 399–400.

（23） The Casablanca Conference, Jan. 14–24, 1943, Senate Committee on Foreign Relations, *op. cit.*, pp. 6–7.

(24) Memorandum by Mr. Leo Pasvolsky, March 15, 1944, *FR*, 1944, Vol. Ⅰ, p. 627；チャーチルの地域機構に重点を置いた戦後構想は、一九四三年五月二十二日に英国大使館で開かれた昼食会においてより詳細に述べられた。*Ibid*., & Hull, *op. cit.* pp. 1640-1641.

(25) Bucknell to the Secretary of State, May 18, 1944, *FR*, 1944, Vol. Ⅰ, pp. 636-637.

(26) "Tentative Proposals by the United Kingdom for a General International Organization, July 22, 1944", *ibid*., pp. 670-693.

(27) *Ibid*., pp. 688, 689.

(28) "Memorandum by Stettinius to the Secretary of State", *ibid*., pp. 776-778.

(29) Russell, *op. cit*., pp. 399-400.

(30) "Tentative Chinese Proposals for a General International Organization, August 23, 1944", *FR*, 1944, Vol. Ⅰ, pp. 718-728.

(31) Russell, *op. cit*., p. 473.

(32) Notter, *op. cit*., pp. 317, 318.

(33) Russell, *op. cit*., pp. 399, 472.

(34) Memorandum on an International Security Organization, by the Soviet Union, August 12, 1944, *FR*, 1944, Vol. Ⅰ, pp. 706-711.

(35) *Ibid*., p. 716.

(36) *Ibid*., p. 825.

(37) *Ibid*., p. 825.

(38) Notter, *op. cit*., p. 266；*FR*, 1944, Vol. Ⅰ, pp. 638, 639；Russell, *op. cit*., p. 392.

(39) *FR*, 1944, Vol. Ⅰ, pp. 737-740. なお、この日（八月二十八日）の会談ではフランスを第五番目の常任理事国とすることについて合意されたが、それに加えて、米国代表のステティニアスは、米国が米州諸国から第六番目の常任理事国を選出することを望んでいる旨発言した。しかしそれはあまり注目もされず、立ち消えになった。*Ibid*., p. 739.

なお、当時（六月）フランスでは、ドゴールを中心に臨時政府が結成されていたが、それが米英ソの連合国によって承認されるのは、八月二十五日に連合国によってパリが解放された後の十月であった。

(40) *Ibid*., p. 713.

(41) Pratt, *A History of United States Foreign Policy*, p. 413；Notter, *op. cit*., p. 266；Russell, *op. cit*., p. 392；*FR*, 1944, Vol. Ⅰ, pp. 638, 639.

（42） Notter, *op. cit.*, pp. 301, 306.
（43） *FR*, 1944, Vol. Ⅰ, p. 714.
（44） *Ibid.*, p. 844. 第一フェイズ（米英ソ三か国による）の最終草案は九月二十七日に承認され、それと同じものが第二フェイズの十月七日に米英中の三か国によって承認され、ダンバートン・オークス提案となった。
（45） "Proposals for the Establishment of a General International Organization", *FR*, 1944, Vol. Ⅰ, pp. 890–900.
　ダンバートン・オークス提案では、安保理事会の常任理事国の拒否権の問題や国連創設会議に招聘される国の範囲等、未決定の問題も残された。なお、同提案のコピーは米国の全外交使節、ワシントン在住の外交使節、議会の顧問グループ、上下両院の外交委員会、及び最高裁判事の他に、超党派的観点から、デューイの外交顧問であるダレスに対しても配布された。*Ibid.*, p. 890.
（46） 新国際機構の名称「国際連合」は、原文の The United Nations を翻訳（意訳）したものであり、元来は「連合国」という意味である。その「連合国」という用語の語源が一九四二年一月一日のローズヴェルトによるいわゆる三国同盟諸国に対抗しそれを打倒するための「連合国」宣言に由来するものであることも周知の通りである。ステティニアスによれば、ローズヴェルト大統領はそのことを念頭におきながら「連合国」によって創設される新国際機構の名称をそのように、つまり The United Nations として提案し推奨した。
　"Diary, August 24, 1944", Thomas M. Campbell & George C. Herring（eds.）, *The Diaries of Edward R. Stettinius, Jr., 1943–1946*（NY, Franklin Watts. Inc., 1975）p. 109；ステティニアス日記からの抜粋は、*FR*, 1944, Vol. Ⅰ, p. 731. そこで彼は、「大統領は連合国という名称に好意を示した」と記している。
　なお、ダンバートン・オークス会議の参加国のソ連は九月十二日にそれに賛意を示し、中国は、いわゆる中国フェイズ開催中の十月二日にその名称を米英両国とともに確認した。
　Memorandum by the Under Secretary of State（Stettinius）to the Secretary of State, Sept. 12, 1944, *FR*, 1944, Vol. Ⅰ, p. 795；Informal Minutes of Meeting No. 2 of the Joint Steering Committee Held on Oct. 2, at Dumbarton Oaks, *FR*, 1944, Vol. Ⅰ, p. 857.
　この名称問題は、サンフランシスコ会議でもその検討委員会で議論されたが、言うまでもなく米国代表は「連合国」という名称を強く支持し、他の国の多くの代表者もその提唱者であるローズヴェルトに敬意を表してそれを支持した。上記委員会では、その名に好意的な圧倒的な雰囲気の中、全会一致してその名称が採択された。
　Dept. of State, "Charter of the United Nations：Report to the President on the Result of the San Francisco Conference" by the Chairman of the United States Delegation, the Secretary of State, June 26, 1945（Dept. of State, Publication 2349, Conference Series

71）pp. 32, 33.

（47）Russell, *op. cit.*, p. 411.

（48）*FR*, 1944, Vol. Ⅰ, pp. 895–898.

（49）*Ibid.*, p. 898.

（50）*Ibid.*, pp. 895–896.

（51）*Ibid.*, pp. 896–898.

（52）Notter, *op. cit.*, p. 336；*DS Bulletin*, Vol. Ⅺ, No. 276, Oct. 8, 1944, p. 366.

（53）"Columbus Day" Address by the President, *DS Bulletin*, Vol. Ⅺ, No. 277, Oct. 15, 1944, p. 398.

（54）Remarks by the Under Secretary of State（Edward Stettinius）at the Blair House on Columbus Day, Oct. 12, 1944, *Ibid.*, p. 398.

（55）*Ibid.*.

第四章

（1）*FR*, 1945, Vol. Ⅸ, pp. 1-3.；Address by Secretary of State Stettinius（Feb. 22, 1945）Department of State, *Department of State Bulletin*（以下 *DS Bulletin* とする）Vol. Ⅻ, No. 296, Feb. 25, 1945, pp. 277–281；G. Munro, "the Mexico City Conference and the Inter–American System" *ibid.*, Vol. Ⅻ, No. 301, Apr. 1, 1945, pp. 525–527.

（2）Notter, *Postwar Foreign Policy Preparation 1939–1945*（Washington, D. C., US GPO, 1949）pp. 405, 406；*DS Bulletin*, Vol. Ⅻ, No. 297, March 4, 1945, p. 340.

（3）*DS Bulletin*, Vol. Ⅲ, Vol. 61, Aug. 24, 1940, p. 136.

（4）Act of Chapultepec, *DS Bulletin*, Vol. Ⅻ, No. 297, March 4, 1945, pp, 339, 340.

（5）リオ条約第三条（全米相互援助条約）前掲『国際条約集』。

（6）Julius W. Pratt, *A History of United States Foreign Policy, third ed.*,（Englewood Cliffs, NJ, Prentice–Hall, Inc., 1972）pp. 351, 352.

（7）Arthur M. Schlesinger, Jr., gen. ed., *The Dynamics of World Power：A Documentary History of United States Foreign Policy 1945–1973*, Vol. Ⅲ–Pt. 1,（NY, Chelsea House, 1983）p. xxv.

（8）よく知られているように、ほとんどの中南米諸国によって憎悪されたセオドア・ローズヴェルトのモンロー・ドクトリンの拡大解釈による米国の中南米諸国介入政策の正当化（いわゆるローズヴェルトの系論 Roosevelt Corollary）は、フーバー政権によって否定された。具体的には、時の国務次官クラーク（Joshua Reuben Clark）によって一九二八年に作成された、いわゆるクラーク・メモランダムが一九三〇年に公表されたことによって次の通り否定された。すなわち「モンローの宣言は純粋に米州間の関係に適用されるものではないし、この西半球諸国の相互関係を支配するようないかなる原則も規定しようとするものでもない。モンロー・ドクトリンは米国とヨーロッパとの関係について述べたものであって、米国とラテン・アメリカとの関係について述べたものではない」と。

J. Reuben Clark, *Memorandum on the Monroe Doctrine*（Washington, D.C., US GPO, 1930）p. xix.；Alexander DeConde, *A History of American Foreign Policy, third ed.*, Vol. Ⅱ（NY, Charles Scribner's Sons, 1978）p. 119.

（9）「善隣友好政策」は、フーバー（Herbert Hoover）政権時から採用されるが、それがより明確化されるのはローズヴェルト大統領の時からである。すなわち、ローズヴェルトは、一九三三年三月四日に行われた第一期大統領就任演説で「対外政策においては……この国を善隣友好政策にささげる」と述べ、さらにハル国務長官は同年十二月にウルグアイのモンテヴィデオで開催された第七回中南米諸国会議において「国家の権利義務に関する協定」に調印した。その第八条では、「いかなる国家も他国の問題に介入する権利を有しない」と規定されたが、それは軍事介入の否定であり善隣友好政策の本質を示す（名実ともに確認する）ものでもあった。

FR, 1933, Vol. Ⅳ, pp. 44, 139, 214-218：Bruce W. Jentleson, Thomas G. Paterson, eds., *Encyclopedia of the U.S. Foreign Relations*, Vol. 2（NY, Oxford U.P., 1997）p. 227.

（10）Alexander DeConde, ed., *Encyclopedia of American Foreign Policy*, Vol. Ⅱ（NY, Charles Scribner's Sons, 1978）p. 594.

（11）*Ibid.*

（12）*Ibid.*

（13）Inaugural Address, March 4, 1933, *Public Papers of the President of the United States：Franklin D. Roosevelt.* http://quod.lib.umich.edu/p/ppotpus/4925381.1933.001/40?page = root; r...（accessed Dec. 9, 2014）

（14）一九二八年の十一月にはニューヨーク州の知事選挙が大統領選挙と同時に行われ、ローズヴェルトは民主党の候補者としてその知事選に初めて当選するが、彼は一九三〇年の知事選挙で再選されると、一九三二年には、改めて述べるまでもなく、民主党の大統領候補者としての指名を受け大統領選挙戦に勝利する。この経緯から推して、一九二八年夏の寄稿論文（「我々の外交政策──民主党の見解──」）は、そのタイトルも示唆しているように、米国の将来を見据えて彼及び民主党の基本的な中南米政策、それも従来のそれとはまったく異なる新しい中南米政策を表明したものであった。

(15) Franklin D. Roosevelt, "Our Foreign Policy : A Democratic View", *Foreign Affairs*, July 1928, Vol. 6, No. 4, pp. 584-586.

(16) Roosevelt, *ibid.*, p. 586.

(17) Cordell Hull, *The Memoirs of Cordell Hull*, Vol. I (NY, The Macmillan Comp., 1948) pp. 309-310.

(18) *Ibid.*, p. 310.

(19) *Ibid.*

(20) 正式名称は米州諸国会議（International Conference of American States）。第一回米州諸国会議は、米国の提唱により一八八九年から一八九〇年にかけてワシントンで開催された。これはいわゆる汎アメリカ主義の一環として制度化された会議で、以後数年おきに中南米諸国の首都で開催されてきた。この会議では、当初は南北アメリカ間の貿易不均衡の問題や中南米地域の国境紛争の解決、すなわち西半球の平和の問題等が主要な議題であったが、二十世紀、特に第一次大戦後の米国による中南米諸国に対する軍事的な干渉（一九二四年時点で米国はニカラグア、ハイチ、ドミニカ、及びホンジュラスを軍事占領し、且つキューバとパナマに対する干渉権を保有していた）に対し、中南米諸国は強く反発し、一九二八年にキューバの首都ハバナで開催された第六回米州諸国会議では、米国の中南米諸国、特にカリブ海諸国に対する干渉を汎アメリカ主義と相容れない行動であるとして強く非難した。こうした状況の中で、フーバー政権、及びローズヴェルト政権は善隣友好政策を推進する必要に迫られるとともに、既に述べたとおり、戦争の脅威が迫りくる中、米国にとって米州諸国のいっそうの結束が喫緊の課題となったのである。

Alexander DeConde, ed., *Encyclopedia of American Foreign Policy*, Vol. II, pp. 730-737.

(21) Convention on Rights and Duties of States, Signed at Montevideo, December 26, 1933, *FR, 1933, Vol. IV*, pp. 214-218.

"Montevideo Convention on the Rights and Duties of States" December 26, 1933

http://www.cfr.org/sovereignty/montevideo-convention-rights-duties-st... (accessed 2013/05/20)

なお、モンテヴィデオ協定の成立過程については以下を参照。

草野大希『アメリカの介入政策と米州秩序』東進堂、二〇一一年、pp. 399-419.：五十嵐正博「国際機構と国家主権―国家の権利及び義務に関するモンテビデオ条約の成立過程」国際法学会（編）『国際機構と国際協力』三省堂、二〇〇一年、pp. 75-102.

(22) もっとも米国は、モンテヴィデオ協定の採択に際し、米国は「一般に認められた国際法」に従って行動するとの当たり前とも言うべき留保条件を付けたが、それも三年後の一九三六年にブエノスアイレスで開催された臨時の中南米諸国会議において、内政不干渉の原則が再確認された時に削除された。*FR*, 1933, Vol. IV, p. 218.

(23) *Ibid*.. p. 217.

(24) 一九二三年のサンチャゴにおける第五回の、及び一九二八年のハバナにおける第六回の米州諸国会議を指す。Julius W. Pratt, *op. cit*., p. 352.

(25) *Ibid*..

(26) Hull, *op. cit*., pp. 327–329. サアベドラ・ラマス外相は西半球においてもっとも残忍な戦争と言われたパラグアイ、ボリビア間の半世紀以上にわたる紛争（チャコ戦争）を一九三五年に終息させた（*Ibid*., p. 347）ことが評価され、一九三六年には中南米で初めてのノーベル賞（平和賞）を受賞した。

(27) *Ibid*., pp. 342, 351.

(28) Arthur M. Schlesinger, Jr., ed., *op. cit*., p. xxv.

(29) President Roosevelt to the President of Argentina, January 30, 1936, *FR*, 1936, Vol. V, pp. 3–5.

(30) Inter–American Conference for the Maintenance of Peace, Buenos Aires, Argentina, December 1–23, 1936, *Ibid*., pp. 3–33.

なお、一九三三年から四五年にかけて開催された平和や安全のための各種米州諸国会議は以下の通りである。

①定期的米州諸国会議（通常五年ごとに開催）

第七回米州諸国会議　一九三三年十二月三日〜二十六日　開催地：モンテヴィデオ

第八回米州諸国会議　一九三八年十二月九日〜二十六日　開催地：リマ

②平和と安全保障に関する特別会議

・平和の維持のための米州諸国特別会議　一九三六年十二月一日〜二十三日　開催地：ブエノスアイレス

・戦争と平和の問題についての米州諸国特別会議　一九四五年二月二十一日〜三月八日　開催地：メキシコ・シティー

③外相会議

第一回米州諸国外相会議　一九三九年九月二十三日〜十月三日　開催地：パナマ

第二回米州諸国外相会議　一九四〇年七月二十一日〜三十日　開催地：ハバナ

第三回米州諸国外相会議　一九四二年一月十五日〜二十八日　開催地：リオデジャネイロ

Senate Committee on Foreign Relations, *American Foreign Policy : Basic Documents, 1941–1949*（NY Arno Press, 1971）p. 411.

(31) Pratt, *op. cit*., p. 354.

(32) Whitney H. Shepardson & William O. Scroggs, *The United States in World Affairs, 1936*（NY, Harper & Brothers, 1937）pp.

206, 264.

（33） *Ibid.*, pp. 207, 264.

（34） *Ibid.*, p. 209.

（35） 脚注（22）参照。なお、内政不干渉原則は、米国が無条件で承認したことに加え、一国の内政外交に対するいかなる干渉も他のすべての署名国にとって関心事であるとの認識が示されることにより強化された。この認識は集団安全保障という考え方と深く結びついていることは注目されるべきであろう。Whitney H. Shepardson & William O. Scroggs, *op. cit.*, p. 213；Alexander DeConde, *A History of American Foreign Policy, third ed.*, Vol. Ⅱ, p. 122.

（36） Schlesinger, Jr., ed., *op. cit.*, p. xxvi；Whitney H. Shepardson & William O. Scroggs, *ibid.*, pp. 212, 213；Pratt, *op. cit.*, p. 354.

（37） Pratt, *op. cit.*, p. 354.

（38） Whitney H. Shepardson & William O. Scroggs, *The United States in World Affairs, 1938*（NY, Kraus Reprint Co., 1972）p. 280.

（39） *Ibid.*, pp. 284, 285 ほとんどの参加国は、米州諸国の結束について何らかの宣言を共同で行うことを望んでいたが、アルゼンチンは、西半球における明確な防衛同盟の結成と解されるような動きに反対した。因みに米国のハルは、米国は軍事同盟の結成には反対であるが、一九三六年のブエノスアイレス会議で採択された協議規定を実行に移すことを望んでいると明言した。*Ibid.*, p. 285.

（40） “Declaration of Lima, December 24, 1938”, *Ibid.*, pp. 376, 377.

（41） Whitney H. Shepardson & William O. Scroggs, *The United States in World Affairs, 1939*（NY, Harper & Brothers, 1940）p. 190. ただし、本文では外相会議と表記する。

（42） Pratt, *op. cit.*, p. 355.

（43） アルゼンチンは、第二次大戦時には、親枢軸的中立を維持した。

DeConde, *op. cit.*, pp255, 256；Hull, *The Memoirs*, Vol. Ⅱ, p. 1144. など。

（44） Meeting of the Foreign Ministers of the American Republics for Consultation under the Inter-American Agreements of Buenos Aires and Lima, held at Panama September 23-October 3, 1939, *FR, 1939*, Vol. V,（US GPO, 1957）p. 15.

（45） “Declaration of Panama” *ibid.*, pp. 36, 37.

（46） Pratt, *op. cit.*, p. 396；DeConde, *op. cit.*, pp. 124, 125；Explanatory Note Regarding Declaration of Panama Map with the Restricted Zone Map, *FR, 1939*, Vol. V., p. 35.

(47) American Delegate（Welles）to the Secretary of State, Oct. 3, 1939, *FR, 1939*, Vol. V., pp. 33, 34；*The United States in World Affairs, 1939*, p. 199.

(48) DeConde, *op. cit.*, p. 124；Pratt, *op. cit.*, p. 397. なお、オランダ領としては、スリナム、オランダ領ギアナ、キュラソー等があり、フランス領としては、仏領ギアナ、マルティニク諸島、グアドループ諸島等があった。*The United States in World Affairs, 1940*, p. 120.

(49) *Congressional Record*, pp. 7354-7355, June 3, 1940；pp. 8360-8361, 8535, 8539, June 17, 18, 1940；.*The United States in World Affairs, 1940*, p. 122.

(50) Hull, Note of the United States to Germany and Italy（European Possessions in the Western Hemisphere）. *DS Bulletin*, June 22, 1940, Vol. II pp. 681, 682.；Pratt, *op. cit.*, p. 397；*The United States in World Affairs, 1940*, p. 123.

(51) *Congressional Record*, June 17, 18, 1940, pp. 8361, 8535, 8539.

(52) *Congressional Record*, June 17, 1940, p. 8361.

(53) Act of Havana Adopted at the Second Meeting of the Ministers of Foreign Affairs of the American Republics, July 30, 1940, *DS Bulletin*, Vol. III, Aug., 24, 1940. pp. 138, 139；*The United States in World Affairs, 1940*, pp. 333, 334.

(54) Declaration on Reciplocal Assistance and Cooperation for the Defense of the Nations of the Americas,（at the Second Meeting of Ministers of Foreign Affairs of the American Republics）US Senate, *American Foreign Policy, Basic Documents, 1941-1949*,（NY, Arno Press, 1971）p. 412；*DS Bulletin*, Vol. III, No. 61, Aug. 24, 1940, p. 136.

(55) *Ibid.*.；*DS Bulletin*, Vol. III, Aug. 24, 1940, p. 136.

(56) DeConde, *op. cit.*, p. 126.

(57) Havana Conferance of 1940
http://en.wikipedia.org/wiki/Havana_Conference（accessed July 21, 2013）

(58) Pratt, *op. cit.*, p. 397；DeConde, *op. cit.*, p. 254；Declaration by United Nations, Jan. 1, 1942, US Senate, *American Foreign Policy, Basic Documents, 1941-1949*, pp. 2, 3.；Schlesinger, Jr., ed., *op. cit.*, p. xxvii

(59) *DS. Bulletin*, Vol. VI, No. 137, Feb. 7, 1942, pp. 117-141.

(60) *Ibid.*, pp. 118, 119. なお、リオデジャネイロ会議終了までにはアルゼンチンとチリを除くすべての米州諸国が枢軸国と断交した。このうち、チリは、非常に長い無防備の海岸線に対する日本の報復への恐れと中立を望む勢力からの圧力のため、またアルゼンチンは、もともと同国が枢軸諸国の南米における活動の中心であったこと等により、断交の時期は後にずれ込んだ。Schlesinger, Jr., ed., *op. cit.*, p. xxvii.

（61）Schlesinger, Jr., ed. *Ibid.*.

（62）*Ibid.*.

（63）*Ibid.*, p. xxviii.
　ダンバートン・オークス提案の地域機構に関する条項については、既にその一部、すなわち第八章C節を集団的自衛権規定との関連で前章で紹介した。

（64）Hull, *op. cit.*, p. 1710；Ruth B. Russell, *A History of the United Nations Charter*（*Washington, D. C., The Brooking*s Institution, 1958）p. 551；Harley Notter, *op. cit.*, p. 399.

（65）Russell, *ibid.*；Notter, *ibid.*,；"Columbus Day"（Address by the Presidenct, Oct. 12）*DS. Bulletin*, Vol. XI, No. 277, Oct. 15, 1944, pp. 397-398.

（66）*DS Bulletin*（*ibid.*）, p. 398.

（67）*Ibid.*, p. 399.

（68）Notter, *op. cit.*, pp. 400, 401.

（69）Russell, *op. cit.*, p. 552.

（70）Notter, *op. cit.*, p. 401.

（71）Russell, *op. cit.*, p. 553.

（72）Notter, *op. cit.*, p. 401；*DS Bulletin*, Vol. XII, No. 290, Jan. 14, 1945, pp. 60, 61.

第五章

（1）John R. Beal, *John Foster Dulles*（NY, Harper & Brothers Publishers, 1957）；Louis L. Gerson, *The American Secretary of State and their Diplomacy, Vol. XVII*：*John Foster Dulles*（NY, Cooper Square Publishers, Inc., 1967）；Ronald W. Pruessen, *John Foster Dulles*：*The Road to Power*（NY, The Free Press, 1982）；Michael A. Guhin, *John Foster Dulles*（NY, Columbia University Press, 1972）；Townsend Hoopes, *The Devil and John Foster Dulles*（Boston, Mass., Little, Brown and Company, 1973）；Leonard Mosley, *Dulles*（NY, Dial Press, 1978）；Eleanor Lansing Dulles, *John Foster Dulles*：*The Last Year*（Harcourt, NY, Brace & World, 1963）；

拙稿「ダレスと国際連合の成立㈠」『名城法学』第四四巻、第一号、一九九四年。

（2）　たとえば R. Pruessen, *ibid*., p. 11.

（3）　R. Pruessen, *ibid*., pp. 12, 13.

（4）　John Foster Dulles, *War or Peace*（NY, Macmillan Company, 1950）p. 180；*New York Herald Tribune*, Jan. 18–19, 1949；Dulles to Lawrence H. Fuchs, Dec. 5, 1949, *Dulles Papers*.（Princeton, NJ, Mudd Manuscript Library, Princeton Univ.）

（5）　ダレスの教会活動については次章。

（6）　John Foster Dulles, *War, Peace and Change*（NY, Harper & Brothers, 1939）.

（7）　「平和の六支柱」とは①連合国間、およびいずれは中立国、敵国を含む国家間の継続的な協力のための政治的枠組みの提供、②国際紛争の拡大の原因となった各国政府による経済、財政上の諸行動を国際的合意の範囲内で行わせるような規定の設定、③条約構造を世界の諸条件の変化に適合させる国際機構の設立、④すべての従属民族の自治の実現と、それを保証し監督する国際機構の創設、⑤世界の軍事体制を管理する手続きの確立、⑥あらゆる地域における信教の自由、および知的自由の権利の確立、であった。なお、「平和の六支柱」については次章で詳しく言及する。

Dulles Commission, “A Just and Durable Peace” *Dulles Papers*；拙稿、前掲「ダレスと国際連合の成立㈠」一九七～二〇二頁。なお、この「平和の六支柱」が発表されると、デューイはそれを共和党の戦後諮問会議において、同党の綱領として採用するよう進言したとダレスに書き送っている。

Dewey to Dulles, June 7, 1943, *Dulles Papers*.

（8）　Memo on conference with FDR, March 26, 1943, *Dulles Papers*；Robert A. Divine, *Second Chance*（NY, Atheneum, 1967）p. 89；Albert N Keim, *John Foster Dulles and the Federal Council of Churches, 1937–1949*（Dissertation, The Ohio State Univ., 1971）pp. 124–126.

（9）　Memo. on Conference with the President at the White House on Friday, March 26, 1943, *Dulles Papers*；Dulles to Sumner Welles, March 29, 1943, *Dulles Papers*.

（10）　Dulles to Hull, November 17, 1943, *Dulles Papers*, なおダレスは、ハル宛て書簡に同封した文書「平和の六支柱とモスクワ宣言との比較分析」の中で、国際機構についていかなる提案もせず、植民地問題や経済問題に言及されていない大西洋憲章よりも、二、三の軍事同盟に基礎を置くのではなく、すべての国家に基礎を置く国際機構の創設を想定しているモスクワ宣言の方が健全であると述べている。Dulles, “Analyses of Moscow Declarations in the Light of the Six Pillars of Peace” November 16, 1943,

Dulles Papers.

（11）　Townsend Hoopes, *The Devil and John Foster Dulles*（Boston, Mass., Little Brown and Company, 1973）p. 48；なお、ダレスの前半生を中心に研究書を執筆したプリュッセンは、一九三〇年代のダレスは国際弁護士として非常な成功と富を獲得しており、現制度の受益者として根本的な社会改革を考えてはいなかったと述べている。Ronald W. Pruessen, *John Foster Dulles*（NY, The Free Press, 1982）p. 177.

（12）　拙稿、「ダレス外交の基調」『名城法学』第三二巻、第三・四合併号（一九八二年三月）参照。

（13）　John Foster Dulles, "The Road to Peace", *The Atlantic Monthly*, Vol. 156, No. 4, Oct. 1935, pp. 492–493.

（14）　例えば、Robert C Clothier（Rutgers Univ.）to Dulles, Sept. 25, 1935；Edmund E. Day（The Rockefeller Foundation）to Dulles, Sept. 25, 1935, *Dulles Papers*

（15）　D.C. Poole to Dulles, Nov. 26, 1935, *Dulles Papers.*

（16）　John Foster Dulles, *War, Peace and Change*（NY, Harper & Brothers）p. ix.

（17）　*Ibid.*, pp. 1–5.

（18）　John R. Beal, *op. cit.*, p. 17.

（19）　Mark G. Toulouse, *The Transformation of John Foster Dulles*（Macon, Georgia, Mercer University Press, 1985）pp. xiv– xxix.

（20）　President Leonard Carmichael to Dulles, Apr. 12, 1939, *Dulles Papers.*

（21）　Dulles, *op. cit.*, p. 1.

（22）　*Ibid.*, pp. 2–3；John Ladenburger, *The Philosophy of International Politics of John Foster Dulles 1919–52*（Ann Arbor, Michigan, University Microfilms, 1970）pp. 24–25.

（23）　Dulles, *op. cit.*, pp. 2–5；Pruessen, *op. cit.*, pp. 155–156. なお、グヒンは、「ダレスが『悪魔』の理論や単純な解決法に極めて批判的になった」のは、ヴェルサイユ講和会議における経験、及びその後の戦間期における国際問題、特に国際経済問題に金融・経済専門の弁護士として関わった経験が影響したと述べている。

M. Guhin, *op. cit.*, p. 66.

（24）　Dulles, *ibid.*, pp. 6, 52.

（25）　*Ibid.*, pp. 55–56.

（26）　*Ibid.*, p. 6.

（27） Dulles, "The Road to Peace", p. 493.
（28） Dulles, *War, Peace and Change*, pp. 6–7.
（29） *Ibid.*, p. 7.
（30） *Ibid.*, p. v.
（31） Guhin, *op. cit.*, p. 69.
（32） Dulles, *War, Peace and Change*, pp. 4, 7, 8.
（33） *Ibid.*, pp. 53, 56.
（34） Dulles, "Peaceful Change Within the Society of Nations", Address delivered at Princeton University, March 19, 1936, reprinted as a pamphlet, p. 6, *Dulles Papers*
（35） Dulles, *War, Peace and Change*, pp. 55–58.
（36） *Ibid.*, p. 169；Dulles, "Peaceful Change Within the Society of Nations", p. 31, 32.
（37） Dulles, *War, Peace and Change*, p. 9.
（38） Dulles, "The Church's Contribution Toward a Warless World", Article in *Religion in Life*, Winter, 1940（Copyright, 1939, by Abington Press）in Henly P. Van Dusen（ed）, *The Spiritual Legacy of John Foster Dulles*（Philadelphia, The Westminster press, 1960）p. 138.
（39） Dulles, *War, Peace and Change*, pp. 10–14, 52.
（40） Ladenburger, *op. cit.*, p. 21.
（41） Dulles, *War or Peace*（NY, Macmillan Company, 1950）p. 260.
（42） *Ibid.*, p. x, 1；Dulles, "The Road to Peace", p. 493；Pruessen, *op. cit.*, p. 156；Guhin, *op. cit.*, p. 70.
（43） Dulles, *War, Peace and Change*, pp. 7, 30；Pruessen, *ibid.*, p. 156；Guhin, *ibid.*, p. 69；松岡完「ジョン・フォスター・ダレスの国際政治哲学」『立命館国際研究』五－一（May 1992）六九頁。
（44） Dulles, *ibid.*, p. 30. ダレスはダイナミックとスタティックという用語を使用することによって、彼の見方が単純な二分法的社会観とは異なることを間接的に示したと言ってよいように思われる。「持てる者」と「持たざる者」という用語法は、まったく対立する概念であると考えられるのに対し、彼によれば、両者の場合、例えば「スタティック勢力に属する人は、どのような情熱や野望ももっていないということを必ずしも意味しない。……すべての国は、二つの要素を持っており」、ある国家群がダイナミック、或いはスタティックであると言うとき、それはそれらの諸国が上に定義されたような性格を圧倒的に強く持っているということを示すに過ぎない。*Ibid.*

(45) *Ibid.*, p. 138.

(46) Dulles, "The Road to Peace", pp. 492, 496.

(47) Dulles, *War, Peace and Change*, pp. 140–141.

(48) *Ibid.*, pp. 139, 141.

(49) *Ibid.*, p. 144.

(50) *Ibid.*, pp. 144–145 ; Pruessen, *op. cit.*, p. 157.

(51) *Ibid.*, pp. 145–146.

(52) *Ibid.*, p. 147 ; Dulles, "The Road to Peace", p. 495 ; Pruessen, *op. cit.*, p. 157.

(53) Pruessen, *ibid.*, p. 157.

(54) *War, Peace and Change*, pp. 149–150.

(55) Dulles, "The Road to Peace", p. 492 ; Dulles, "Peaceful Change Within the Society of Nations", pp. 3–4.

(56) Dulles, *War, Peace and Change*, p. x. ; John Robinson Beal, *op. cit.*, p. 17 ; 拙稿、「ダレス外交の基調」六、七頁。

(57) Dulles, "The Church's Contribution Toward a Warless World", pp. 142–143.

(58) Dulles, *War, Peace and Change*, pp. 115–116 ; Dulles, "Peaceful Change Within the Society of Nations", p. 15 ; John R. Beal, *op. cit.*, p. 89 ; Townsend Hoopes, *op. cit.*, p. 50.

(59) Mark G. Toulouse, *op. cit.*, p. 99 ; Dulles, "Peaceful Change Within the Society of Nations", p. 15.

(60) Dulles, *War, Peace and Change*, pp. 57–58.

(61) *Ibid.*, pp. 114–115.

(62) *Ibid.*, pp. 6, 115.

(63) Dulles, "The Church's Contribution Toward a Warless World", pp. 147–148 ; *Ibid.*, p. 115.

(64) Dulles, *War, Peace and Change*, p. 118.

(65) *Ibid.*, p. 115.

(66) *Ibid.*, pp. 64, 116 ; Dulles, "The Church's Contribution Toward a Warless World", p. 148.

(67) Dulles, *War, Peace and Change*, p. 115.
(68) *Ibid.*, pp. 59, 63, 116.
(69) Dulles, "The Church's Contribution Toward a Warless World", p. 149.
(70) 拙稿「ダレスと国際連合の成立(一)」『名城法学』第四四巻、第一号（一九九四年七月）を参照；Mark Toulouse, *op. cit.*, pp. 96, 97.
(71) Dulles, *War, Peace and Change*, p. 85；Toulouse, *ibid.*, p. 99.
(72) Dulles, *ibid.*, p. 123.
(73) *Ibid.*, p. 121；Toulouse, *op. cit.*, pp. 99, 100.
(74) Dulles, *ibid.*, p. 123.
(75) Pruessen, *op. cit.*, p. 163.
(76) Dulles, "The Road to Peace", p. 499.
(77) Dulles, *War, Peace and Change*, pp. 2, 3, 57, 58.
(78) Toulouse, *op. cit.*, p. 102.
(79) Dulles, *War, Peace and Change*, p. 134.
(80) *Ibid.*, p. 63.
(81) *Ibid.*, p. 62.
(82) *Ibid.*, pp. 34, 35.
(83) *Ibid.*, p. 58.
(84) *Ibid.*, pp. 58, 59.
(85) *Ibid.*, p. 108.
(86) *Ibid.*, pp. ix, x；Dulles, "The Road to Peace", p. 492.
(87) Dulles, "The Road to Peace", p. 492.
(88) *Ibid.*, p. 497；Dulles, "Peaceful Change Within the Society of Nations", p. 4.
(89) Pruessen, *op. cit.*, pp. 12, 172；Guhin, *op. cit.*, p. 23；Hoopes, *op. cit.*, p. 46；Ladenburger, *op. cit.*, p. 27.
(90) Dulles, "The Road to Peace", p. 493.

(91) Dulles, "Peaceful Change Within the Society of Nations", pp. 3–5.

(92) Dulles, "The Road to Peace", p. 496.

(93) *Ibid.*, pp. 494, 496；Pruessen, *op. cit.*, p. 160.

(94) Dulles, "The Road to Peace", p. 497.

(95) *Ibid.*, p. 497；Dulles, "Peaceful Change Within the Society of Nations", p. 31.

(96) Dulles, "The Road to Peace", p. 494.

(97) *Ibid.*, p. 499；Dulles, "Peaceful Change Within the Society of Nations", p. 26；Ladenburger, *op. cit.*, p. 61.

(98) Dulles, "Peaceful Change Within the Society of Nations", pp. 26, 27；Dulles, *War, Peace and Change*, p. 124.

(99) Dulles, "Peaceful Change Within the Society of Nations", p. 27；Dulles, *War, Peace and Change*, p. 126；Ladenburger, *op. cit.*, p. 62.

(100) Dulles, *War, Peace and Change*, p. 124.

(101) *Ibid.*, p. 127；Dulles, "Peaceful Change Within the Society of Nations", pp. 27, 28.

(102) Dulles, *War, Peace and Change*, p. 127.

(103) Dulles, "The Road to Peace", p. 499；Dulles, "Peaceful Change Within the Society of Nations", pp. 23, 24, 28, 29；*Ibid.*, pp. 124, 128；一九三六年のプリンストンにおける講演の後、ある公使館員が、ダレスの論調は経済に偏重し過ぎているとの疑問を呈したのに対し、彼もそれに同意しつつ、その位置づけは難しく、さらに研究を加えたいと述べている。John Pelenyi to Dulles, April 4, 1936 & Dulles to Pelenyi, April 8, 1936, *Dulles Papers*.

(104) Beal, *op. cit.*, p. 61；Pruessen, *op. cit.*, p. 24；Toulouse, *op. cit.*, p. 37；拙稿「ダレス外交の基調」一三頁。

(105) Dulles memorandum, August 1917, *Dulles Papers*；Pruessen, *ibid.*, pp. 56, 57, 172.

(106) Dulles, "Peaceful Change Within the Society of Nations", p. 21.

(107) *Ibid.*, p. 12.

(108) Dulles, "The Treaty of Versailles", March 5, 1941, p. 6, *Dulles Papers*.

(109) Dulles, *War, Peace and Change, p.* 97；Ladenburger, *op. cit.*, pp. 65, 66.

(110) Dulles, *ibid.*, p. 50.

(111) *Ibid.*；Dulles, "The Road to Peace", p. 496；聯盟規約第十九条は、田畑茂二郎・高林秀雄編『国際条約・資料集』東信堂、一九九五年。

(112) Dulles, "The Road to Peace", p. 497.

(113) Dulles, "Peaceful Change Within the Society of Nations", p. 14.

(114) Dulles, "The Road to Peace", p. 496.

(115) Dulles, *War, Peace and Change*, pp. 50, 51..

(116) Dulles, "The Road to Peace", p. 497.

(117) Dulles, "The Treaty of Versailles", p. 2.

(118) Ibid., pp. 3, 4.

(119) Ibid., pp. 4, 5.

(120) Ibid., pp. 5, 9.

(121) Dulles, *War, Peace and Change*, pp. 100, 101.

(122) *Ibid.*, pp. 9, 10.

(123) Toulouse, *op. cit.*, p. 114.

(124) Dulles, *War, Peace and Change*, pp. 10, 12.

(125) *Ibid.*, pp. 12, 18.

(126) 拙稿「ダレス外交の基調」、七、八頁。

(127) Dulles, *War, Peace and Change*, p. 114.

(128) *Ibid.*, p. 17.

(129) *Ibid.*, pp. 17–21, 26.

(130) *Ibid.*, pp. 21–25.

(131) *Ibid.*, pp. 25, 26.

(132) *Ibid.*, pp. 12, 18, 20.

(133) *Ibid.*, p. 105.

(134) *Ibid.*, pp. 106, 110, 111.

(135) *Ibid.*, pp. 112, 113, 133.

(136) *Ibid.*, p. 114.
(137) *Ibid.*, pp. 127, 129, 133 ; Toulouse, *op. cit.*, p. 115.
(138) Dulles, *ibid.*, pp. 118, 119.
(139) *Ibid.*, p. 9.
(140) 拙稿「ダレス外交の基調」、四、五頁。
(141) Pruessen, *op. cit.*, p. 160.
(142) Dulles, "The Road to Peace", p. 493.
(143) Dulles, "The Churches and World Order", 1944, H.P. Van Dusen (ed.), *op. cit.*, p. 29.
(144) Dulles, *War, Peace and Change*, pp. 135, 136.
(145) *Ibid.*, p. 159.
(146) *Ibid.*.
(147) *Ibid.*, pp. 28, 29, 33, 34.
(148) *Ibid.*, p. 135 ; Ladenburger, *op. cit.*, p. 23 ; Dulles, "The Church's Contribution Toward a Warless World", p. 140.
(149) Dulles, *War, Peace and Change*, p. 136 ; Dulles, "Peaceful Change Within the Society of Nations", p. 9.
(150) Quated in Ladenburger, *op. cit.*, p. 30.
(151) Dulles, "Peaceful Change Within the Society of Nations", p. 10.
(152) Dulles, *War, Peace and Change*, p. 136.
(153) Dulles, "The Church's Contribution Toward a Warless World", p. 146 ; Ladenburger, *op. cit.*, p. 35.
(154) Dulles, *War, Peace and Change*, p. 32.
(155) *Ibid.*, p. 136 ; Dulles, "The Church's Contribution Toward a Warless World", p. 146.
(156) Dulles, *War, Peace and Change*, pp. 157, 158 : Dulles, "The Road to Peace", p. 495.
(157) Dulles, "The Road to Peace", p. 497.
(158) Dulles, *War, Peace and Change*, p. 166.
(159) *Ibid.*, p. 150.
(160) Dulles to Quincy Wright, December 19, 1939, *Dulles Papers*.

(161) Dulles, *War, Peace and Change*, p. 151.

第六章

（1） A・トクヴィル著、井伊玄太郎訳、『アメリカの民主政治』、中巻、講談社、一九八七年、二四六-二六七頁。その他、例えば、John C. Bennett and Harvey Seifert, *U.S. Foreign Policy and Christian Ethics*（Philadelphia, Pa., The Westminster Press, 1977）pp. 15, 218；A. James Reichley, "Religion and the Future of American Politics", *Political Science Quarterly*, Vol. 101. No, 1, 1986, p. 23

（2） John C. Bennett and Harvey Seifert, *ibid.*, p. 126；Transcript of an Interview with Henly P. van Dusen. 1965, *Dulles Oral History Project*（Princeton, NJ, Mudd Manuscript Library, Princeton Univ.）

（3） 連邦キリスト教会評議会は一九〇八年に結成されたプロテスタントを中心とするアメリカ最大の全国連絡調整機関で、一九四〇年前後は二五教派、教会員二五〇〇万人（上院の下記公聴会記録による。カイムの下記の論文によれば、その数は三〇〇〇万人）を擁して世論の形成等に大きな影響力をもっていた。同評議会はその後、一九五〇年に全国キリスト教会評議会（National Council of Churches of Christ in the USA）として拡大改組された。U.S. Senate, *The Charter of the United Nations, Hearings before the Committee on Foreign Relations, U.S. Senate*（Washington, D.C. U.S. GPO, 1945）p. 713；Albert N. Keim, *John Foster Dulles and the Federal Council of Churches, 1937-1949*, Dissertation, The Ohio State University, 1971, p. 2；『世界キリスト教百科事典』教文館、一九八六年、一三三頁。

（4） Cordell Hull. *The Memoirs of Cordell Hull*（NY. The Macmillan Company. 1948）pp, 1625, 1626.

（5） Andrew H. Berding, *Dulles on Diplomacy*（Princeton, NJ, Nostrand, 1965）p. 9.

（6） John R. Beal, *Iohn Foster Dulles*（NY, Harper & Brothers Publishers, 1957）p. 89.

（7） Interview with Dulles by Martin Agronsky on NBC TV, Sept. 15, 1957, *Dulles Paperss*（Prjnceton. NJ, Mudd Manuscript Library, Princeton Univ.）

（8） Berding, *op. cit.*, p. 139；Townsend Hoopes, *The Devil and John Foster Dulles*（Boston Mass., Little Brown and Company, 1973）p. 148.

なお、ダレスの世論観については、藤田文子「ジョン・フォスター・ダレスの世論観と世論対策」『教養学科紀要』（東京大学）第三号、一九七〇年を参照。

（9） Beal, *op. cit.*, p. 89；Albert N. Kejm, "John Foster Dulles and the Protestant World Order Movement on the Eve of World War

II" *Journal of Church and State*, Vol. 21, Winter 1979, pp. 74, 75.

タイム誌の記者ビールはダレスの教会活勤について、「平和のための教会活動と平和の研究に情熱を燃やした弁護士としてのエネルギーは、相互に補足し合う要素であった」と論ずるとともに、彼は、宗教界の指導者を「政治の道具」と考え、「宗教界の圧力を利用し、これを実際的な法律家的感覚と結びつけて成果を挙げることができる」と考えたと結論付けている。Beal, *ibid.*, p. 94.

なお、グヒンもダレスがキリスト教に関心を持ったのは、それが国際協力を推進するうえで極めて効果的な力となることに気付いたからだとして、彼の「実利主義的」な性格を指摘している。Michael A. Guhin, *John Foster Dulles*（NY, Columbia University Press. 1972）pp. 117, 120, 121.

（10）ここでは、国際主義を、戦争や平和の問題を一国の枠組ではなく、国際的な枠組の中で考えようとする立場で、紛争の解決のためには国際協調を基本とする立場、さらに、特にアメリカの国際機構への参加とその役割を重視する立場と解する。なおリベラリズムについては、宗教的には原理主義に反対し、政治的には人種等による差別に批判的、且つ現状維持的な保守主義に反対する立場で、一定の枠内での政治的、および経済的変革を容認する立場と解する。また運動が過激な闘争主義に至らない場合を穏健主義と理解する。

（11）Louis L. Gerson, *The American Secretaries of State and their Diplomacy, Vol. XVII, John Foster Dulles*（NY, Cooper Square Publishers, lnc., 1967）p. 7；Dulles, "Faith of Our Fathers", Address, Aug. 28, 1949 in H.P. van Dusen（ed.）, *The Spiritual Legacy of John Foster Dulles*（Philadelphia, The Westminster Press, 1960）pp. 5-6.

（12）ダレスに関する記述の伝記的部分については、前章の脚注1を参照。

（13）脚注（10）を参照。

（14）Quated in Hoopes, *op. cit.*, p. 11.

（15）Guhin, *op. cit.*, pp. 11, 12；Eleanor Lansing Dulles, *John Foster Dulles*；*The Last Year*（Harcourt, NY, Brace & World, 1963）pp. 126, 128.

（16）Beal, *op. cit.*, p. 23. 宣教師であった父方の祖父はダレスが生まれた翌年に他界した（*jbid*, p. 23）；Hoopes, *op. cit.*, p. 11.

（17）Berding, *op. cit.*, p. 12.

（18）Pruessen, *op. cit.*, p. 10.

（19）Guhin, *op. cit.*, . p. 19.

(20) William R. Castle, Jr., *The American Secretaries of State and their Diplomacy, Vol. VIII : John Watoson Foster* (NY, Cooper Square Publishers, Inc., 1963) p. 187.

(21) Beal, *op. cit.*, p. 25.

(22) Gerson, *op. cit.*, p. 5 ; Hoopes, *op. cit.*, p. 11 ; Beal, *ibid.*, p. 23.

(23) Interview with Dulles by Martin Agronsky on NBC TV, Sept. 15, 1957, *Dulles Papers*

(24) Dulles, "Faith of Our Fathers", Address, Aug. 28, 1949. in Dusen (ed.), *op. cit.*, p. 6.

(25) Interview with Dulles by Martin Agronsky on NBC TV, Sept. 15, 1957, *Dulles Papers* ; Beal, *op. cit.*, p. 23.

(26) ダレスの妹のエレノアは、ダレスが牧師を目指して入学したプリンストン大学を卒業し、約一年間のソルボンヌ大学留学を終る頃、進路について家族共々いろいろと思い悩んでいた旨書き記している。またダレス自身も「プリンストン卒業時には、長老教会の牧師になるのか、それとも国際問題の分野に進むのかはっきりしていなかった。……祖父は私が国際問題の分野に進むことを強制しなかった」と語っている。

Eleanor, *op. cit.*, pp. 126–128 ; Berding, *op. cit.*, p. 12.

(27) Gerson, *op. cit.*, p. 5.

(28) Dulles. "Faith of Our Fathers", p, 6.

(29) Dulles, "Patriotism and the American Tradition", Address, June 12, 1955 in Dusen (ed.), *op. cit.*, p. 37.

(30) Deane & David Heller, *John Foster Dulles : Soldier for Peace* (NY, Holt, Rinehart & Winston, 1960), p. 30.

(31) Beal, *op. cit.*, p. 29 ; Eleanor, *op. cit.*, p. 127 ; Hoopes, *op. cit.*, p. 9 ; グヒンは父アレン・ダレスをリベラルに近い穏健主義者であったとし、それは教会のあり方に関する三つの見解、即ち社会的有用性、知的探究、科学性に見られるとしている。Guhin, *op. cit.*, p. 13

(32) Guhin, *ibid.*, pp. 14–16 ; Transcript of an Interview with Henly P. van Dusen, 1965, *Dulles Oral History Project*

(33) Eleanor, *op. cit.*, p. 126.

(34) Beal, *op. cit.*, p. 28 ; Hoopes, *op. cit.*, p. 10 ; Gerson, *op. cit.*, pp. 6, 7 ; Eleanor, *ibid.*, p. 126.

(35) Gerson, *ibid.*, p. 7.

(36) Quated in Hoopes, *op. cit.*, p. 10.

(37) Eleanor, *op. cit.*, p. 126.

(38) Quated in Beal, *op. cit.*, p. 28.
(39) Quated in Gerson, *op. cit.*, p. 7.
(40) Dulles, "Faith of Our Fathers" p. 7.
(41) Eleanor, *op. cit.*, pp. 126. 127.
(42) Eleanor, *ibid.*, pp. 126–127 ; Hoopes, *op. cit.*, pp. 17, 20, 46 ; Gerson, *op. cit.*, p. 8 ; Beal, *op. cit.*, p. 32 ; Guhin, *op. cit.*, pp. 22, 23. エレノアは、ダレスのプリンストン入学は、本文中に記した理由により自明のことであったと述べている。
(43) Eleanor, *ibid.*, pp. 127, 128.
(44) Berding, *op. cit.*, p. 12 ; Eleanor, *ibid.*, p. 128.
なおデュセンは、ダレスは卓越した俗人教会指導者の「先駆者」であったと評価している。Dusen (ed), *op. cit.*, p. x, iv.
(45) Dusen (ed.), *ibid.*, pp. x, iv, 231 ; Eleanor, *ibid.*, p. 128.
(46) Hoopes, *op. cit.*, p. 51.
(47) Dulles, "Faith of Our Fathers" p. 6 ; Transcript of an Interview with Henly P. Van Dusen, 1965, *Dulles Oral History Project.*
(48) John C. Bennett and Harvey Seifert, *op. cit.*, p. 126.
(49) Beal, *op. cit.*, p. 89 ; Hoopes, *op. cit.*, p. 50.
(50) Dulles, "Faith of Our Fathers", pp. 6, 7.
(51) Dulles, "The Road To Peace", *The Atlantic Monthly*, Vol. 156, No. 4, Oct. 1935, p. 492.
(52) Albert N. Keim, "John Foster Dulles and the Protestant World Order Movement on the Eve of World War Ⅱ" 1979, p. 74 ; Dulles, "As Seen By a Layman", *Religion in Life*, Vol. Ⅶ, No. Ⅰ, Winter 1938, p. 36.
(53) Keim, *ibid.*, p. 75.
(54) Dulles, "As Seen By a Layman", pp. 36–44 ; Keim, *ibid.*, p. 75.
(55) Keim, *ibid.*, p. 76.
(56) Guhin, *op. cit.*, p. 117.
(57) Keim, *John Foster Dulles and the Federal Council of Churches*, pp. 16, 17.
(58) *Ibid.*, pp. 26–28.
(59) Keim, "John Foster Dulles and the Protestant World Order Movement on the Eve of World War Ⅱ", 1979, pp. 76, 77, 79.

(60) *Ibid.*, p. 78；Dulles to Lionel Curtis, 19 July 1939, *Dulles Papers.*

(61) Dulles to Lionel Curtis, 19 July 1939, *Dulles Papers.*

(62) Keim, "John Foster Dulles and the Protestant World Order Movement on the Eve of World War Ⅱ", p. 78.

(63) Dulles to Quincy Wright, 19 December 1939, *Dulles Papers.*

(64) Quated in Keim, "John Foster Dulles and the Protestant World Order Movement on the Eve of World War Ⅱ", p. 79.

(65) *Ibid.*, pp. 79, 80.

(66) *Ibid.*, p. 80.

(67) *Ibid.*, pp. 80, 81；en.wikipedia.org/wiki/Reinhold Niebuhr（accessed Oct. 5, 2014）

(68) Dulles to Quincy Wright, 24 January 1940, *Dulles Papers.*

(69) Keim, "John Foster Dulles and the Protestant World Order Movement on the Eve of World War Ⅱ", p. 81.

(70) Dulles, *War, Peace and Change*（NY, Harper & Brothers, 1939）, p. 30.

(71) Dulles to Hellen Miller, 7 March 1940, Dulles to Thomas Debevoice, 30 April 1940, *Dulles Papers*；Keim, "John Foster Dulles and the Protestant World Order Movement on the Eve of World War Ⅱ", pp. 81, 82.

(72) Keim, *ibid.*, pp. 83, 84.

(73) Dulles to American First Committee, 4 December 1940, *Dulles Papers.*

(74) Keim, "John Foster Dulles and the Protestant World Order Movement on the Eve of World War Ⅱ", p. 85.

(75) 特に「国際連盟協会」、「外交政策協会」（The Foreign Policy Association）、「外交問題評議会」の三団体にはアメリカの多くの国際主義者が関係していた。Robert A. Divine, *Second Chance*（NY, Atheneum, 1967）p. 22.

(76) Divine, *ibid.*, p. 31.

(77) *Ibid.*, pp. 22, 35, 36.

(78) *Ibid.*, p. 37；Pruessen, *op. cit.*, p. 190；Beal, *op. cit.*, p. 90.

(79) Keim, *John Foster Dulles and the Federal Council of Churches*, pp. 56, 57；Transcript of an Interview with H.P. Van Dusen, 1965, *Dulles Oral History Project.*

(80) ダレスは当時はまだ三一歳になるかならないかの年であったが、ヴェルサイユ会議には賠償委員会アメリカ代表部の法律顧問、実際にはアメリカ案の起草者として出席した。

（81）Keim, *John Foster Dulles and the Federal Council of Churches*, p. 60.

（82）ダレスはプリンストン大学在学中の一九〇七年、祖父の秘書として第二回ハーグ平和会議に出席する機会を得、国際政治問題に対して強い関心をもつことになった。

（83）Keim, *op. cit.*, p. 61；Beal, *op. cit.*, pp. 86, 87.

（84）Transcript of an Interview with H.P. Van Dusen, 1965, *Dulles Oral History Project.*

（85）*Ibid.*；Dusen（ed.）, *op. cit.*, p. 231.

（86）*Ibid.*；Transcript of an Interview with Roswell P. Barnes, 1964, *Dulles Oral History Project*；Pruessen, *op. cit.*, p. 190.

（87）Quated in Guhin, *op. cit.*, p. 117.

（88）Keim, *op. cit.*, p. 69.

（89）*Ibid.*, pp. 70–74.

（90）Speech before the National Board of the YMCA, Detroit, Michigan, January 13, 1941, *Dulles Papers.*

（91）Stephen A. Flanders & CarI N. Flanders, *Dictionary of American Foreign Affairs*（NY, Macmillan Publishing Company. 1993）pp. 39, 40；John E. Findling, *Dictionary of American Diplomatic History*（Westport, Connecticut, Greenwood Press, 1980）pp. 28, 29；Divine, *op. cit.*, p. 44.

（92）例えば、Speech before the NationaI Board of the YMCA. Detroit, Michigan, January 13, 1941, *Dulles Papers.*

（93）もっとも、著名な国際主義者であった平和機構研究委員会のアイケルバーガー（Clark Eichelberger）をはじめとして多くは、大西洋憲章を評価し、第八項に言う「より広範、且つ恒久的な一般的安全保障システム」とは国際機構を意味していると確信していた。Quated in Divine *op. cit.*, p. 44.

（94）Dulles, "Long Range Peace Objectives", Sept. 18, 1941, pp. 8, 9, *Allen Dulles Papers*（Princeton. NJ, Mudd Manuscript Library, Princeton Univ.）

（95）*Ibid.*, p. 9.

（96）*Ibid.*, pp. 15, 17.

（97）*Ibid.*, 15, 17；Pruessen, *op. cit.*, p. 191；Dulles., "Church's Contribution toward Warless World", Article, Winter, 1940 in Dusen（ed.）*op. cit.*, pp. 146–148.

（98）Dulles, "Long Range Peace Objectives", pp. 16, 19；Dulles, "Church's Contribution toward Warless World", p. 146；Divine, *op.*

cit., p. 45.

(99) Keim, *John Foster Dulles and the Federal Coucil of Churches*, pp. 90, 91.

十二の指導原則とは、以下の通りである。即ち、①道徳律は今日の世界の基礎となっている。②今日の社会の病根は道徳律の無視にある。③復讐と報復は道徳律に反する。④道徳秩序に内在し、公正且つ永続的な平和にとって必須な協力と相互配慮の原則は真の国際機構を必要とする。⑤経済的安全保障は政治的安全保障と同じく重要である。⑥生きた存在であり、したがって常に変化している世界で当然に生ずる経済的、政治的緊張を解決する国際機構が必要である。⑦自治の原則は植民地人にも適用される。⑧軍事体制は国際的に管理される。⑨すべての人間の権利は、人種、皮膚の色、信条によって差別を受けない。⑩国際関係を道徳律に一致させるうえで、アメリカは大きな責任を負っている。⑪キリスト教徒として、その信仰を現実のものとするように努力し、道徳律の創出に対するアメリカの役割を支持する世論を創る。⑫最高の責任は教会にある。"Moral and Spiritual Bases for a Just and Lasting Peace". adopted by Federal Council of Churches, December 1942, in Dusen（ed.）*op. cit.*, pp. 102–106.

(100) Quated in Keim, *ibid.*, p. 97.

(101) Keim, *ibid.*, pp. 92, 97.

(102) *Ibid.*, pp. 99, 100；Pruessen, *op. cit.*, p. 195.

(103) Keim, *ibid.*, pp. 100–103.

(104) *Ibid.*, p. 104.

(105) Divine, *op. cit.*, p. 67；*Ibid.*, p. 105.

(106) Keim, *ibid.*, pp. 107, 108.

(107) Quated in *ibid.*, p. 109.

(108) *Ibid.*, p. 110.

(109) Dulles, "The Need for a Righteous Faith", opening chapter in the Pamphlet "A Righteous Faith for a Just and Durable Peace", Oct. 1942 in Dusen（ed.）*op. cit.*, pp. 91, 93；Dusen（ed.）*op. cit.*, p. xiv.

(110) Dulles, "Righteous Faith", *Life*, December 28, 1942, p. 50.

(111) Divine, *op. cit.*, pp. 50–52.

(112) *Ibid.*, p. 68.

(113) *Ibid.*, p. 69.

(114) *Ibid.*, p. 73；Dulles to Welles, Nov. 26, 1942, *Dulles Papers*.
(115) Keim, *John Foster Dulles and the Federal Council of Churches*, p. 118.
(116) Quated in *ibid.*, p. 118.
(117) *Ibid.*, p. 119.
(118) Dulles, "Introductory Statement" in Dulles Commission, "A Just and Durable Peace"（pamphlet）March 19, 1943, pp. 4, 5. *Allen Dulles Papers*.
(119) Hoopes, *op. cit.*, p. 56；拙稿、前掲、一五頁。
(120) Dulles Commission, "A Just and Durable Peace"（pamphlet）p. 7.
(121) Dulles, "Six Pillars of Peace", March 18, 1943, *Vital Speeches of the Day*, Vol. Ⅸ, 13. April 15, 1943, p. 405.
(122) *Ibid.*, pp. 405, 406；Dulles, "Introductory Statement", pp. 4, 5；Dulles, Introduction of "Six Pillars of Peace", *Christianity and Crisis*, No. 3, May 31, 1943, p. 5.
(123) Hoopes, *op. cit.*, p. 56.
(124) Dulles, "Six Pillars of Peace", p. 406.
(125) Divine, *op. cit.*, p. 89；Keim, *John Foster Dulles and the Federal Council of Churches*, pp. 124, 125, 126；Memo on conference with FDR, March 26, 1943, *Dulles Papers*.
(126) *Christian Century*, May 26, 1943, p. 632.
(127) Mosley, *op. cit.*, p. 151；Divine, *op. cit.*, p. 89.
(128) Dewey to Dulles, June 7, 1943, *Dulles Papers*.
(129) Divine, *op. cit.*, p. 88.
(130) Dulles, *War or Peace*（NY, Macmillan Company, 1950）p. 34.

第七章

（１）実際には勢力均衡方式はすべて解消されたわけではないばかりか、国際連盟、国際連合の集団安全保障方式が機能不全に陥ったため、多くの国によって暗黙のうちに採用されている。
（２）田畑茂二郎『国際法Ⅰ』有斐閣（法律学全集五五）一九六二年、四五頁。

（3）聯盟規約第十六条第一項は「……約束ヲ無視シテ戦争ニ訴ヘタル聯盟国ハ、当然他ノ総テノ聯盟国ニ対シ戦争行為ヲ為シタルモノト看做ス。……」と規定する。田畑茂二郎、高林秀雄編『基本条約・資料集』東進堂、一九九五年。

（4）それに関し、国連憲章第二十五条は、加盟国は安保理事会の決定を受託し、履行する義務がある旨規定している。

（5）その点を是正乃至補完しようとして一九五〇年に総会で採択されたものが「平和のための結集決議」であることはよく知られている。

（6）特別協定によって加盟各国から提供される兵力で編成される国連軍の性格については、それを依然として提供国の国内軍隊であるという見方もあるが、香西教授は「この軍隊が国連の強制行動に使用され、国連軍に編入されている間は、安全保障理事会およびその補助機関たる軍事参謀委員会の戦略上の指揮を受けるものであり（憲章第四十七条）、国連軍の全構成員、指揮系統を通じて国連機関のコントロールに服することになる。従って、この点から見るとき、第四十二条の下で国連の強制行動に参加する加盟国の軍隊は、十分な意味において国際軍の名に値する」と述べている。

香西　茂「国連軍」田岡良一先生還暦記念論文集『国際連合の研究』第一巻、有斐閣、一九六二年、九二、九三頁。

（7）H・J・モーゲンソー著、現代平和研究会訳『国際政治』福村出版、一九八六年、四三四頁。

（8）Dulles to Elisha M. Friedman, Nov. 7, 1921 ; Christian Herter to Dulles, April 14, 1921 ; Dulles to Herter, Apr. 16, 1921 ; Dulles to Herbert Hoover, Apr. 7, 16, 1921, *The John Foster Dulles Papers* (Princeton, NJ, Mudd Manuscript Library, Princeton University)（以下、*Dulles Papers* とする。）

（9）国際連盟の集団安全保障に対するダレスの見解は、連盟が潜在的侵略国によって有名無実化される一九三〇年代にその多くが示された。例えば、Dulles, *War, Peace and Change* (NY, Harper & Brother, 1939) ; Dulles, "Peaceful Change Within the Society of Nations" March 19, 1936, *Dulles Papers*.

（10）前掲『基本条約・資料集』

（11）Dulles, "The Renunciation of War", 1929, *Dulles Papers*.

（12）Ibid., p. 1.

（13）Ibid.

（14）Ibid., p. 2. なお、聯盟規約第十条は「聯盟国ハ、聯盟各国ノ領土保全及現在ノ政治的独立ヲ尊重シ、且外部ノ侵略ニ対シテ之ヲ擁護スルコトヲ約ス。……」と規定する。また第十六条は脚注（3）（ただし第一項前段のみ）を参照。前掲『基本条約・資料集』

（15）Ibid., pp. 2, 3

（16）聯盟規約第十六条第二項は「聯盟理事会ハ、前項ノ場合ニ於テ聯盟ノ約束擁護ノ為使用スヘキ兵力ニ対スル聯盟各国ノ陸海又ハ空軍ノ分担程度ヲ関係各国政府ニ提案スルノ義務アルモノトス。」と規定する。前掲『基本条約・資料集』。

（17）Anthony C. Arend, *Pursuing a Just and Durable Peace*（NY, Greenwood Press, 1988）p. 41. なお、ダレスがそれを問題にしなかった理由としては、第一次大戦後のアメリカ国内における孤立主義的な政治環境、および二〇年代には国際政治危機があまり表面化していなかったことなどを挙げることができるであろう。

（18）Dulles, "The Renunciation of War", p. 3, *Dulles Papers.*

（19）Ibid.

（20）Ibid., pp. 3, 4.

（21）Ibid., p. 4.

（22）Ibid., p. 6.

（23）Ibid.. ここから容易に推測できるように、ダレスは自衛権を国家固有の権利として認めている。Ibid., pp. 4, 5. またこの認識が後に検討するように、一九四五年のサンフランシスコ国連創設会議における集団的自衛権の提案につながっていると言ってよいであろう。拙稿「国際連合の創設をめぐるダレスの超党派的関与」『名城法学』第五三巻、第三号、二〇〇四年三月。

（24）Dulles, "Conceptions and Misconceptions Regarding Intervention", *Annals of the American Academy of Political & Social Science*, No. 233, July 1929, p104. ダレスはこの中で、国際法が未だ未成熟なこの時期にあっては、知的で且つ純粋に抽象概念であるため過激に陥らないような世論に期待している。なお、このことから推察できるように、ダレスは、世論が政治的「プロパガンダ」によって影響を受けやすいことを認識しており、世論の絶対視には慎重であった。Dulles, "Should Economic Sanctions Be Applied in International Disputes?", 1932, p. 103, *Dulles Papers.*

（25）Dulles, "The Renunciation of War" p. 4.

（26）Ibid., p. 6.

（27）Dulles, "The General Assembly", *Foreign Affairs*, Vol. 24, No. 1, Oct. 1945.

（28）Dulles, "The Renunciation of War", p. 7,「純粋な自衛目的」の具体的内容については言及されていないが、国家固有の権利としての自衛権については脚注（23）参照。

（29）Ibid., pp. 7, 8.

（30）Dulles, "Should Economic Sanctions Be Applied in International Disputes?", 1932, p. 103. *Dulles Papers.*

(31) Ibid., p. 108.

(32) Dulles, Ibid. ; Dulles, "Economic Sanctions", 1932 ; "Memorandom on First Draft of The Report of The Committee on Economic Sanctions", 1932, *Dulles Papers*.

(33) Dulles, "Should Economic Sanctions Be Applied in International Disputes?", p. 104.

(34) Ibid., pp. 103, 104, 106, 107 ; "Economic Sanctions", pp. 5. 7.

(35) "Should Economic Sanctions Be Applied in International Disputes?", p. 103.

(36) 聯盟規約の経済制裁に関する規定の中核部分は、第十六条第一項後段で「……他ノ総テノ聯盟国ハ、之ニ対シ直ニ一切ノ通商上又ハ金融上ノ関係ヲ断絶シ、自国民ト違約国国民トノ一切ノ交通ヲ禁止シ、且聯盟国タルト否トヲ問ハス他ノ総テノ国ノ国民ト違約国国民トノ間ノ一切ノ金融上、通商上又ハ個人的交通ヲ防遏スヘキコトヲ約ス。」と規定されている。前掲『基本条約・資料集』。

(37) "Should Economic Sanctions Be Applied in International Disputes?", p. 104.

(38) Ibid. ; Dulles, "Economic Sanctions", p. 2.

(39) "Should Economic Sanctions Be Applied in International Disputes?", p. 104.

(40) Ibid..

(41) 脚注（36）を参照。

(42) "Should Economic Sanctions Be Applied in International Disputes?", p. 104.

(43) Ibid., pp. 104, 105 ; "Economic Sanctions", pp. 2, 3.

(44) "Economic Sanctions", p. 3.

(45) Ibid..

(46) Ibid., pp. 3, 4.

(47) "Should Economic Sanctions Be Applied in International Disputes?", p. 106.

(48) Ibid.

(49) Ibid..

(50) Ibid., pp. 106, 107 ; "Economic Sanctions", p. 5.

(51) Quated in "Should Economic Sanctions Be Applied in International Disputes?", p. 107.

(52)　"Economic Sanctions", p. 5.

(53)　"Should Economic Sanctions Be Applied in International Disputes?", p. 107.

(54)　Ibid., p. 108.

(55)　Ibid., p. 107.

(56)　Ibid., p. 108.

(57)　"Economic Sanctions", p. 7.

(58)　ダレスは第五章でも言及したように、「物質領域においては、利己的な欲求間の紛争は基本的には現状に満足しており、現に保有しているものを維持しようとする人々と、現状に不満を持ち、他人を犠牲にしても（自己の欲するものを）獲得しようとする人々との間の闘争となる」と考え、前者をスタティック（静的）勢力、後者をダイナミック（動的）勢力と呼ぶ。なお、この呼び方は、持てる者（国）、持たざる者（国）という呼び方よりも意味内容が正確に伝えられ、より望ましいとしている。Dulles, *War, Peace and Change*（NY, Harper & Brother, 1939）, p. 30；拙稿「ダレスの基本的世界観と国際平和秩序構想」『名城法学』第四五巻、第二号、一九九五年、十一月、八、一二頁。

(59)　Dulles, "The Road to Peace", *The Atlantic Monthly, Vol. 156, No. 4,* Oct. 1935；Dulles, *War, Peace and Change*（NY, Harper & Brother, 1939）

(60)　John Ladenburger, *The Philosophy of International Politics of John Foster Dulles, 1919-52*（Ann Arbor, Michigan, University Microfilms, 1970）, p. 65.；拙稿「ダレスの基本的世界観と国際平和秩序構想」二九、三〇頁。

(61)　Statement re. Kellog Briand Treaty, Sept. 16, 1939, *Dulles Papers.*

(62)　Dulles, *War, Peace and Change*, p. 95.

(63)　*Ibid.*；Anthony C. Arend, *op. cit.*, pp. 44, 45.

(64)　Dulles, "Collective Security v. Isolation for THE NATION", March 28, 1938, *Dulles Papers.*

(65)　拙稿「ダレスの基本的世界観と国際平和秩序構想」二六-四四頁。

(66)　Dulles, "The Treaty of Versailles", March 5, 1941, p. 6, *Dulles Papers.*

(67)　John Ladenburger, *op. cit.*, pp. 65, 66.

(68)　Dulles, *War, Peace and Change*, p. 97.

(69)　*Ibid.*, p. 50.

(70) 前掲『基本条約・資料集』。

(71) Dulles, *War, Peace and Change*, p. 50；Dulles, "The Road to Peace", p. 496.

(72) Dulles, "The Road to Peace", p. 497.

(73) Dulles, "Peaceful Change Within the Society of Nations", Address delivered at Princeton Univ., March 19, 1936, reprinted as a pamphlet, p. 14.

(74) "The Road to Peace", p. 496.

(75) *War, Peace and Change*, pp. 50, 51.

(76) Dulles to Quincy Wright, Dec. 19, 1939, pp. 1, 2, *Dulles Papers*.

(77) Quincy Wright to Dulles, Jan. 2, 1940, p. 1, quoted in Anthony C. Arend, *op. cit.*, p. 45.

(78) Quincy Wright to Dulles, Jan. 20, 1940, p. 2, *Dulles Papers*. Quincy Wright to Dulles, Jan. 20, 1940, p. 2, *Dulles Papers*.

(79) Dulles to Quincy Wright, Feb. 19, 1940, p. 1, *Dulles Papers*.

(80) Dulles, "The Aftermath of The World War", *International Conciliation*, Apr. 1941, No. 369, p. 265.

(81) Dulles to James P. Pope, Apr. 28, 1942, p. 1, *Dulles Papers*.

(82) すでに述べたように、ローズヴェルト政権は、第二次世界大戦の開始から二年余り経った一九四二年には、連合国側が最終的に勝利するとの確信をもつに至り、米国にとって重要な国際問題を研究し、大統領に対し、「米国の戦後政策に関する勧告」を行うために、国務省内にハル国務長官を最高責任者とする戦後外交政策に関する諮問委員会を設置するとともに、いくつかの特定分野ごとに、専門的に検討を行うための小委員会を設置した。そして国際機構の設立に関する検討は、政治問題小委員会において新たに設置することが決定された国際機構特別小委員会に委ねられた。

Harley Notter, *Postwar Foreign Policy Preparation, 1939–1945*（Washington, D.C., US GPO, 1949）pp. 69, 78, 96, 98；拙稿「国際連合の創設をめぐるダレスの超党派的関与」『名城法学』第五三巻第三号、二〇〇四年三月、二四、二五頁。

(83) Dulles, *War, Peace and Change*, p. 15.

(84) Dulles to Helen H. Miller, Mar. 7, 1940, p. 1, *Dulles Papers*. なお、ダレスは、アメリカ合衆国の連邦制を平和的変更を可能とするモデルの一つと考えた。*War, Peace and Change*, pp. 124, 126：拙稿「ダレスの基本的世界観と国際平和秩序構想」二七、二八頁。

(85) Dulles to Walter W. Van Kirk, Sept. 25, 1941, p. 1, *Dulles Papers*.

(86) Dulles, "Long Range Peace Objectives", Sept. 18, 1941, p. 1, *Dulles Papers.*

(87) "Long Range Peace Objectives", pp. 8. 9.

(88) Ibid., p. 15.

(89) Ibid., p. 17.

(90) Ibid., p. 19.

(91) Ibid..

(92) Ibid..

(93) The Commission to study the Bases of a Just and Durable Peace, "A Just and Durable Peace"（Pamphlet：Statement of Guiding Principles）Dec. 11, 1942, *Dulles Papers.*

(94) The Commission to study the Bases of a Just and Durable Peace, "SIX PILLARS OF PEACE：A Study Guide"（Pamphlet）May, 1943, *Dulles Papers.*

(95) その間の事情については、第六章参照。

(96) The Text of the remarks by Dulles on "six pillars of peace", Mar. 18, 1943, p. 8., *Dulles Papers.*

(97) Ibid., pp. 10, 11.

ダレスにとって、制裁、すなわち強制的軍事行動は、飽くまでも、第二義的なものでしかなかった。彼によれば、その意味はまず国際平和秩序を形成することが課題であり、その後に初めて制裁の問題も決定されるというものであった。

Dulles to James P. Pope, Apr. 28, 1942, p. 1, *Dulles Papers.*

(98) ダンバートン・オークス会議は、第三章で検討したように、八月二十一日から九月二十八日まで米英ソ三国の間で、九月二十九日から十月七日までは米英中三国の間で開かれた。ダンバートン・オークス提案は正式には「普遍的国際機構創設のための提案」と言われ、一二章によって構成されていたが、周知のように、安保理事会の表決手続き問題等いくつかの重要な問題は、依然検討中で、最終決定は翌年のサンフランシスコ国連創設会議に持ち越された。

Dept. of Public Information, UN, *Yearbook of the U.N. 1946-47*（NY Lak Success, 1947）, pp. 4-9.

(99) 例えば、Dulles to Richard S. Childs, Feb. 29, 1944, p. 1, *Dulles Papers.*

(100) Dulles, "The Dumbarton Oaks Proposals"（Portion of address at the Biennial Meeting of The Federal Council of the Churches of Christ in America, at Pittsburgh, Pa., Nov. 28, 1944）, pp. 5, 6, *Dulles Papers.*

(101) *Yearbook of the U.N. 1946–47*, pp. 6, 7.
(102) Radio Address（Station WJW）by Dulles, Jan. 16, 1945, *Dulles Papers.*
(103) Dulles, "The Dumbarton Oaks Proposals", p. 1,
(104) Ibid., pp. 1, 6.
(105) Ibid., p. 2.
(106) Ibid..
(107) Ibid..
(108) Anthony C. Arend, *op. cit.*, p. 49.
(109) "The Dumbarton Oaks Proposals", p. 1.
(110) Dulles to Bishop Oxman, Nov. 8, 1944, quoted in Ronald W. Pruessen, *op. cit.*, p. 237.
(111) "The Dumbarton Oaks Proposals", p. 3.
(112) Ibid.
(113) Ibid..
(114) Dulles to Richard S. Childs, Feb. 29, 1944, p. 1, *Dulles Papers.*
(115) "The Dumbarton Oaks Proposals", p. 4.
(116) Ibid., p. 5.
(117) Ibid., pp. 5, 6.
(118) Memorandum by Dulles, Oct. 3, 1944（Enclosure in the letter from Dulles to Dewey, Oct. 7, 1944）, p. 2, *Dulles Papers.*

第八章

(1) Dept. of Public Information, UN, *Yearbook of the United Nations*, 1946–1947（NY, Lake Success, 1947）p. 9.
(2) 連合国宣言（原署名国二六か国）の本文は以下の通りである。比較的短い宣言であり、国際連合という名称の由来となったものでもあるので全文を記しておきたい。

「この宣言の署名国政府は、大西洋憲章として知られる一九四一年八月十四日付のアメリカ合衆国大統領並びにグレート・ブリテン及び北部アイルランド連合王国総理大臣の共同宣言に包摂された目的及び原則に関する共同綱領書に賛意を表し、各政府の敵国に対する完全な勝利が、生命、自由、独立及び宗教的自由を擁護するため並びに自国の領土および他国の領土において人類の権利及び正義を保持するために欠くことのできないものであること並びに、これらの政府が、世界を征服しようと努めている野蛮で獣的な軍隊に対する共同の闘争に現に従事していることを確認し、次の通り宣言する。

(1) 各政府は、三国条約の締約国及びその条約の加入国でその政府が戦争を行っているものに対し、その政府の軍事的又は経済的な全部の資源を使用することを誓約する。

(2) 各政府は、この宣言の署名国政府と協力すること及び敵国と単独の休戦又は講和を行わないことを誓約する。

この宣言は、ヒトラー主義に対する勝利のための闘争において物質的援助及び貢献をしている又はすることのある他の国が加入することができる。

奥脇直哉、小寺彰編『国際条約集』(二〇一四年版)有斐閣、二〇一四年、八五三頁。

(3) Dept. of Public Information, UN, *op. cit.*, p. 10.

(4) ポーランドは、ルブリン臨時政府の承認問題で結論が遅れ、親ナチ的であったアルゼンチン、それにソ連のベラルーシ、及び同じくソ連のウクライナは四月三十日に参加が認められた。また、六月五日に解放されたデンマークも同日招聘された。*Ibid.*, pp. 12, 13.

(5) 因みに米国代表団は、以下の通りであった。

エドワード・ステティニアス国務長官(団長)

コーデル・ハル前国務長官(上級顧問、以前述べた通り、健康上の理由もあり、サンフランシスコには赴かず、ワシントンD・C・で会議を見守った。)

トム・コナリー民主党上院議員

アーサー・ヴァンデンバーグ共和党上院議員

ソル・ブルーム民主党下院議員

チャールズ・イートン共和党下院議員

ハロルド・スタッセン前ミネソタ州共和党知事

ヴァージニア・ギルダースリーヴ、バーナード・カレッジ学長

UN Information Organization and US Library of Congress, *Documents of the United Nations Conference on International Organization, 1945*, Vol. I (Buffalo, NY, William S. Hein & Co., Inc., 1998)(以下、*UNCIO*とする。) pp. 39-44.

（6） 一四人は、四主催国代表団議長、及びオーストラリア、ブラジル、カナダ、チリ、チェコスロバキア、フランス、イラン、メキシコ、オランダ、ユーゴの代表で構成された。

Dept. of Public Information, UN, *op. cit.*, p. 13.

（7） 残る二つの一般的委員会は、執行委員会を補佐し、国連憲章の最終草案を決定する調整委員会 Co-ordination Committee（メンバーは執行委員会を構成する一四か国のメンバーから各々一人ずつの代表者によって構成された）、及び代表者の資格を点検する資格委員会 Credentials Committee であった。*Ibid.*, p. 13.

（8） *Ibid.*.

（9） "Assignment to Commissions and Committees of Delegates, Advisers, and Technical Experts of the United States Delegation" US Gen. 75, May 7, 1945, Records of Harley A. Notter, 1939-1945（Washington, D. C., National Archives）（以下、*Notter File* とする。）

（10） Anthony C. Arend, *Pursuing A Just and Durable Peace*（NY, Greenwood Press, 1988）p. 108.

（11） U. S. Department of State, *Foreign Relations of the United States*（以下 *FR* とする）1945, Vol. Ⅰ（Washington, D. C., US GPO, 1967）p. 303.

（12） いわゆる旧敵国条項は憲章第五十三条第一項後段、及び憲章第百七条に規定された。

脚注（49）参照。ダンバートン・オークス提案では、移行措置としていわゆる敵国条項と言われる第一二章を設定し、「この憲章のいかなる規定も、敵国に関する行動でその行動について責任を有する政府がこの戦争の結果としてとり又は許可したものを排除してはならない」と規定した。

（13） *FR*, 1945, Vol. Ⅰ, 1967, p. 596（Minutes of the Twenty-Ninth Meeting of the US Delegation）, p. 620（Thirty-First Meeting）

（14） Arthur H. Vandenberg, Jr., *The Private Papers of Senator Vandenberg*（Ann Arbor, Bentley Historical Library, Univ. of Michigan）p. 187；*Ibid.*, pp. 591, 635, 648.

（15） Dept. of State, *Charter of the United Nations*：*Report to the President on the San Francisco Conference* by the Chairman of the United States Delegation, The Secretary of State, June 26, 1945（Dept. of State, Publication 2349, Conference Series 71）pp. 102, 103.

（16） *FR*, 1944, Vol. Ⅰ, 1966, p. 898.

（17） Dept. of State, "Charter of the United Nations：Report to the President on the San Francisco Conference", p. 103.

（18） Vandenberg, Jr., *op. cit.*, p. 187.

(19) Vandenberg Diary, May 19, 1945, *ibid.*, p. 194. ; John Lewis Gaddis, *The United States and the Origins of the Cold War* (NY, Columbia UP, 1972) p. 228.

(20) *FR*, 1945, Vol. Ⅰ, 1967, p. 303.

(21) Vandenberg, Jr., *op. cit.*, p. 190.

(22) ボリビアは五月五日の提案の中で、多大な犠牲を払って第二次大戦の勝利に貢献した大国が世界の平和と安全に責任を持つのは当然で、大国が恒久的な議席を持つ安全保障理事会の存在をボリビアは無条件に支持すると述べていた。*UNCIO*, 1945, Vol. 3, p. 577.

(23) *FR*, 1945, Vol. Ⅸ, 1969, pp. 63, 147, 148

(24) Joint Draft Amendment to Chapter Ⅷ, Section C, of the Dumbarton Oaks Proposals by the Delegations of Chile, Colombia, Costa Rica, Ecuador and Peru, May 6, 1945, *UNCIO*, 1945, Vol. 3, pp. 620, 621.

(25) Amendments to the Dumbarton Oaks Proposals Submitted by the Delegations of Brazil, The Dominican Republic, and The United States of Mexico, May 5, 1945, *UNCIO*, 1945, Vol. 3, p. 602.

(26) Observations of the Government of Venezuela on the Recommendations adopted at the Dumbarton Oaks Conferences for the Creation of a Peace Organization, October 31, 1944, *UNCIO*, 1945, Vol. 3, p. 215.

(27) Inter-American Conferencs on Problems of War and Peace, Feb. 27, 1945, *UNCIO*, 1945, Vol. 3,, pp. 241, 347 ; Delegation of Equador to the United Nations Conference on International Organization, May 1, 1945, p. 416.

(28) Amendments to the Dumbarton Oaks Proposals Presented by the Egyptian Delegation, May 5, 1945, *UNCIO*, 1945, Vol. 3, p. 461.

(29) Amendments to the Dumbarton Oaks Proposals submitted on behalf of Australia, May 5, 1945, *UNCIO*, 1945, Vol. 3, p. 552.

(30) *Ibid.*.

(31) Suggestions of the Belgian Government, Feb. 5, 1945, *ibid.*, p. 334 ; Observations of the Czechoslovak Government, *ibid.*, pp. 468, 470.

(32) *FR*, 1945, Vol. Ⅰ, 1967, p. 303.

(33) *Ibid.*, p. 304.

(34) *FR*, 1945, Vol. Ⅰ, 1967, p. 596.

（35）　Address of Dulles on the Churches and a Just and Durable Peace, Jan. 16, 1945, pp. 2-4, *Dulles Papers.*

（36）　*Ibid.*.

（37）　*FR*, 1945, Vol. Ⅰ, 1967, p. 303.

（38）　Dulles, *War or Peace*（NY, Macmillan Company, 1950）p. 91.

（39）　Ruth B. Russell, *A History of the United Nations Charter*（Washington, D. C., The Brookings Institution, 1958）p. 699.

（40）　*UNCIO*, 1945, Vol. 3, pp. 376-387.

（41）　*Ibid.*, p. 387.

（42）　*Ibid.*, p. 385.

（43）　*FR*, 1945, Vol. Ⅰ, pp. 479, 547.

（44）　*Ibid.*,

（45）　*Ibid.*, pp. 618-621.

（46）　*Ibid.*, p. 392

（47）　*Ibid.*, pp. 575（英国案）, 598（米国案）

（48）　*UNCIO*, 1945, Vol. 12, p. 739.

（49）　最終決定された国連憲章の旧敵国に関する規定は次の通りである。

憲章第五十三条第一項前段：「安全保障理事会は、その権威の下における強制行動のために、適当な場合には、前記の地域的取極又は地域的機関を利用する。但し、いかなる強制行動も、安全保障理事会の許可がなければ、地域的取極に基づいて又は地域的機関によってとられてはならない」

第一項後段：「……もっとも、本条二に定める敵国のいずれかに対する措置で、第百七条に従って規定されるもの又はこの敵国における侵略政策の再現に備える地域的取極において規定されるものは、関係政府の要請に基づいてこの機構がこの敵国による新たな侵略を防止する責任を負う時まで例外とする」

憲章第百七条：「この憲章のいかなる規定も、第二次世界大戦中にこの憲章の署名国の敵であった国に関する行動でその行動について責任を有する政府がこの戦争の結果としてとり又は許可したものを無効にし、又は排除するものではない」

『国際条約集』（二〇一四年版）有斐閣。

（50）　ステティニアス国務長官は、国連憲章が調印された六月二十六日と同じ日に、トルーマン大統領に対して、サンフランシスコ会議の結果を『国連憲章』と題して報告した。
脚注（15）参照。

（51）Dept. of State, *Charter of the United Nations：Report to the President on the San Francisco Conference*, p. 104.

（52）*Ibid*., p. 104, 105.

（53）*Ibid*., p. 106.

（54）*Ibid*., p. 107.

（55）『国際条約集』（二〇一四年版）有斐閣。

（56）Dept. of State, *Charter of the United Nations：Report to the President on the San Francisco Conference*, p. 107.

（57）*Ibid*..

（58）*FR*, 1945, Vol. Ⅰ, pp. 617–623.

（59）*Ibid*., p. 664.

（60）*Ibid*., p. 674.

（61）ステティニアスによれば、固有の自衛権を「個別的自衛権或いは集団的自衛権」として提案したのは、当時のイーデン外相であった。
Stettinius to Grew, May 12, 1945, *Cordell Hull Papers*.

（62）*UNCIO*, 1945, Vol. 12, p. 680.

（63）Dept. of Foreign Affairs and Trade（Australia）, *Documents on Australian Foreign Policy 1937–1949*, Vol. Ⅷ, Australian Government Publishing Service, 1989, pp. 190–192.

（64）Summary Report of Fourth Meeting of Committee Ⅲ/4, May 23, 1945, *UNCIO*, 1945, Vol. 12, pp. 679, 680；*Ibid*., p. 191.

（65）*Ibid*., pp. 680, 681,

（66）Joseph L. Kunz, "Individual and Collective Self Defense in Article 51 of the Charter of the United Nations" *The American Journal of International Law*, Vol. 41, 1947.
米国の国際法学者であるクンツは、国連憲章第五十一条には三つの問題があるとして、個別的、集団的自衛権の概念の意味、及び憲章の他の部分との関連、さらには（自衛権）の範囲の三つを挙げている。そのうえで彼は、「集団的自衛権は米州諸国の相対的な独立を守るための手段であった。……それは地域機構、特に米州体制を普遍的な国際機構に適合させることが目的であった。……そのことはサンフランシスコ会議の歴史に明確に示されている」と述べている。

Kunz, *ibid.*, p. 872.

(67) アメリカ代表団の会議はサンフランシスコ会議が開催される前の三月十三日に国務省で第一回会議が開かれ、以後ワシントンで一二回、サンフランシスコ国際会議が開催された後の同地で六七回の会議が開催された。

FR, 1945, Vol. Ⅰ, p. 116.

(68) Dept. of Public Information, UN, *op. cit.*, p. 13.

(69) Kunz, *op. cit.*, p. 872.

(70) Stettinius to Grew, May 12, 1945, *Cordell Hull Papers*.

(71) 聯盟規約第十六条では、「第十二条（筆者注、「紛争の平和的解決」条項）、第十三条（「裁判」条項）又は第十五条（「紛争解決手続き」条項）に依ル約束ヲ無視シテ戦争ニ訴ヘタル聯盟国ハ、当然他ノ総テノ聯盟国ニ対シ戦争行為ヲ為ナシタルモノト看做ス。……」

田端茂二郎、高林秀雄、『国際条約・資料集』有信堂、一九六四年。

(72) *UNCIO*, 1945, Vol. 3, p. 461.

(73) Department of Foreign Affairs and Trade (Australia), *Documents on Australian Foreign Policy, 1937–49*, Vol. Ⅷ, 1945, p. 192.

(74) 脚注（49）を参照。

(75) *FR*, 1945, Vol. Ⅰ, p. 597.

(76) *Ibid.*.

(77) "The Charter of the United Nations", *Hearings before the Committee on Foreign Relations*, United States Senate, 79th Congress 1st Session, July 9–13, 1945, pp. 304, 305.

(78) *FR*, 1945, Vol. Ⅰ, p. 592.

(79) *Ibid.*, p. 596.

(80) "The Charter of the United Nations", *Hearings before the Committee on Foreign Relations*, United States Senate, 79th Congress 1st Session, July 9–13, 1945, p. 642.

(81) "Structure of the United Nations and the Relations of the United States to the United Nations", *Hearings before the Committee on Foreign Affairs*, House of Representatives, 80th Cong. 2nd Session, May 12, 1948, p. 300.

（82）“Assignment to Commissions and Committees of Delegates, Advisers, and Technical Experts of the United States Delegation”, May 7, 1945, *Notter File*

（83）Summary Report of Eighth Meeting of Subcommittee Ⅲ/4/A, June 1, 1945, *UNCIO*, 1945, Vol. 12, p. 858；Ruth B. Russel, *A History of the United Nations Charter* pp. 705, 706.

（84）Ronald J. Yalem, *Regionalism and World Order*（Washington, D. C., Public Affairs Press, 1965）p. 58.

（85）Department of Foreign Affairs and Trade（Australia）, *op. cit.*, p. 192.

第九章

（1）Cordell Hull, *The Memoirs of Cordell Hull*（以下、*Memoirs* とする）（NY, The Macmillan Company, 1948＜以下略＞）pp. 1656–1658, 1669；Cecil V. Crabb, Jr., *Bipartisan Foreign Policy*（NY, Row, Peterson and Company, 1957）p. 44.

（2）共和党は、一九四二年に行われた中間選挙において、上院は九、下院は四六の議席をそれぞれ増加させた。その結果、民主党の上院の議席数は上院全議席の三分の二を下回ることになり、民主党は単独で条約を承認することができなくなった。
　アメリカ合衆国商務省編、斎藤　真、鳥居泰彦監訳『アメリカ歴史統計』第Ⅱ巻、原書房、一九八七年、一〇八三頁。

（3）Hull, *Memoirs*, p. 1656. なお、ハル国務長官の超党派外交観は共和党のヴァンデンバーグやダレスの見方とは異なっていた。すなわち彼は超党派外交を（Bipartisan Foreign Policy）を無党派外交（Nonpartisan Foreign Policy）と呼び、民主、共和両党が平等の立場で協力するというよりは、野党は政府案に対して党派的立場から反対しないという点に力点を置いていた。詳しくは補遺「アメリカの超党派外交に関する若干の考察」を参照。トンプキンスは、ハルもローズヴェルト同様、議会が外交政策の形成に関与することに不信感をもっていたと記している。C. David Tompkins, *Senator Arthur Vandenberg*（East Lansing, Mich., Michigan State Univ. Press, 1970）p. 195.

（4）Cecil V. Crabb, Jr., *op. cit.*, p. 44, 45.

（5）アメリカ上院は、一九四五年七月二十八日、八九対二の圧倒的多数の賛成で国連憲章を承認した。US Congress, *Cogressional Record*, 79th Congress, 1st Session, Vol. 91.（Washington, D.C., US GPO, 1945）p. 8190.

（6）Harley Notter, *Postwar Foreign Policy Preparation, 1939–1945*（Washington, D.C., US GPO, 1949）, pp. 259, 261；Cecil V. Crabb, Jr., *op. cit.*, p. 46.

（7）Notter, *ibid.*, p. 259, 八人委員会のメンバーは、民主党のコナリー、ジョージ、バークレイ、ジレット各上院議員、共和党のホワイト、オースティン、ヴァンデンバーグ上院議員、それに進歩党のラフォレット上院議員であった。；Crabb, Jr., *ibid*., pp. 46–48.

（8） Crabb, Jr., *ibid*., p. 48.

（9） Kirk H. Porter & Donald B. Johnson, *National Party Platforms 1840–1964*（Urbana, University of Illinois Press, 1966）p. 390. 米国では、政党の統一的且つ具体的な基本政策は、四年ごとに行われる大統領選挙時の政策綱領に示される。

（10） 例えばギャラップの世論調査によれば、現段階（一九四二年）における国際機構へのアメリカの取組を支持する世論は、十二月の時点では六四％、また戦後「国際連盟」に加盟すべきかとの問い（七月）には七二％がイエスと答えている。

George H. Gallup（ed.）, *The Gallup Poll*, Vol. I, 1935–1948（NY, Random House, 1972）pp. 340, 361.

（11） Robert A. Divine, *Second Chance*,（NY, Atheneum, 1967）pp. 85–89.

（12） Andrew H. Berding, *Dulles on Diplomacy*（Princeton, NJ, Nostland, 1965）p. 5.

（13） U.S. Congress, *Official Congressional Directory*, 1947（Washington, D.C., US GPO, 1947）.

（14） 例えばヴァンデンバーグは、一九三七年の中立法の制定に貢献し、一九三九年の武器の禁輸の禁止に反対した。

Vandenberg Diary, Sept. 15, Oct. 27, 1939, Arthur H. Vandenberg, Jr., *The Private Papers of Senator Vandenberg*（London, Lowe and Brydone Limited, 1952）pp. 2, 3.

（15） Letter from Vandenberg to Charles M. Rowan, June 22, 1949, *Vandenberg Papers*（Ann Arbor, Bentley Historical Library, Univ. of Michigan）; Thomas Campbell, *MasqueradePeace : America's UN Policy*, 1944–1945（Florida State Univ. Press, 1973）p. 17.

（16） *Congressional Record*, Vol. 91, pt. 1, 79th Congress 1st Session（Washington, D.C., US GPO, 1945）pp. 164–167 ; Arthur Vandenberg, Jr., *op. cit*., p. 131.

（17） Vandenberg Diary, Dec. 8, 1941, Arthur Vandenberg, Jr., *ibid*., p. 16.

（18） Divine, *op. cit*., p. 197.

（19） Arthur H. Vandenberg, Jr., *op. cit*., p. 37.

（20） ここで急進主義的な国際主義者とは、ウィルキーの『一つの世界』に代表されるように、国際警察力を保有する国際機構の創設を目指す人を指す。共和党では B_2H_2 決議案の起草者である Joseph H. Ball 上院議員など。なお B_2H_2 決議案とは一九四三年三月に共和党のボール（Joseph H. Ball）、バートン（Harold H. Burton）、および民主党のハッチ（Carl A. Hatch）、ヒル（Lister Hill）の四人の上院議員によって出されたもので、国際警察権をもつ集団的国際安全機構の創設を主張するものであった。この決議案は採択されなかったが、それは国際主義者の活動が米国中で脚光を浴びる契機となり、米国が世界のリーダーとなり得るもう一つのチャンス（a second chance）を与えるものでもあった。

Robert A. Divine, *Second Chance*（NY, Atheneum, 1967）pp. 93–97；*New York Times*, March 16, 17, 1943.

（21）Divine, *ibid.*, pp. 106, 107；Richard E. Darilek, *A Royal Opposition in Time of War*（Westport, Connecticut, Greenwood Press, 1976）pp. 98–100.

（22）Divine, *ibid.*, p. 106；Darilek, *ibid.*, p. 208.

（23）quoted in Divine, *ibid.*, p. 106.

（24）Divine, *ibid.*, p. 129；C. David Tompkins, *op. cit.*, p. 210.

（25）Vandenberg to Thomas W. Lamont, August 4, 1943, Arthur H. Vandenberg, Jr., *op. cit.*, p. 55.

（26）*Ibid.*, p. 56.

（27）Divine, *Second Chance*, p. 130；Vandenberg, Jr., *ibid.*, p. 56.

（28）マキナック会議は九月六日に開催されたが、最初スパングラーは外交政策決議案を詰めるための、ヴァンデンバーグを委員長とする外交政策委員会を創設した。その委員会に急進派が修正の圧力を加えたのである。修正要求の一つは、ヴァンデンバーグ草案の in postwar cooperation を in postwar cooperative organization に変え、「国際機構」の創設を印象付けることであった。

Divine, *ibid.*, p. 131；Vandenberg, Jr., *ibid.*, p. 58.

（29）Vandenberg, Jr., *ibid.*, p. 58.

（30）Divine, *Second Chance*, p. 131；Richard E. Darilek, *op. cit.*, p. 109.

（31）Cordell Hull, *Memoirs*, pp. 1258–1259；Divine, *ibid.*, p. 132；なおディバインは、「マキナック宣言は、共和党が新国際連盟の創設作業に、政府とともに参加する意思を示したものである」と述べている。Divine, *Foreign Policy and U.S. Presidential Elections*（NY, Franklin Watts, Inc., 1974）p. 93.

（32）Louis L. Gerson, *The American Secretary of State and their Diplomacy, Vol. XVII：John Foster Dulles*（NY, Cooper Square Publishers, Inc., 1967）p. 31；Vandenberg, Jr., *op. cit.*, p. 88；Herbert Browell Oral History Interview, March 5, 1965, p. 13, *Dulles Oral History Project*（NJ, Mudd Manuscript Library, Princeton University）なお、デューイ自身は、「国務長官問題について誰とも話し合ったことはないが、もし大統領に当選したら、ダレスを国務長官に任命する積りであった」と語っている。Dewey Oral History Interview, January 22, 1965, pp. 12, 28–29, *Dulles Oral History Project.*

（33） Browell Oral History Interview, March 5, 1965, *ibid.*, p. 9.

（34） Leonard W. Levy & Louis Fisher（eds）*Encyclopedia of the American Presidency*（NY. Simon & Shuster, 1994）pp. 372, 373；Divine, *Foreign Policy and U.S. Presidential Elections*, pp. 13, 14. なおディバインは、デューイの政治的資質として、甘く鳴り響く演説、攻撃的政治スタイル、および犯罪摘発の成功者としての名声の三つを挙げる。ただその一方で彼には友人が少なく、ユーモアのセンスに欠け、情熱、強い確信、使命感もないと酷評している。Divine, *ibid.*, pp. 14, 98.

（35） Dewey Oral History Interview, *op. cit.*, p. 1.

（36） Leonard Mosley, *Dulles*（NY, The Dial Press/James Wade, 1978）p. 102；Dewey Oral History Interview, *ibid.*, pp. 1, 2, 28.

（37） Mosley, *ibid.*, p. 102；Divine, *Foreign Policy and U.S. Presidential Elections*, p. 14.

（38） ダレスは後年、デューイはダレスから学んだこと以外は何も知らなかったと述べているが、それにはかなりの誇張があると言うべきであろう。Elliott V. Bell Oral History Interview, July 7, 1964, pp. 24–25, *Dulles Oral History Project*；Dewey Oral History Interview, *ibid.*, pp. 5, 29.

（39） 例えば *New York Times*, September 6, 1943.

（40） Divine, *Second Chance*, p. 131；Dewey Oral History Interview, *op. cit.*, pp. 5, 29,

（41） Dulles to Mrs. Albert G. Simms, September 21, 1943, *Dulles Papers*.

（42） ウィスコンシン州の予備選挙において、デューイが一七の代議員を獲得したのに対し、前回四〇年の共和党候補者で、四四年の大統領選挙におけるデューイの有力な対抗馬と見られたウィルキーは一人の代議員も獲得できず、彼は同予備選挙の翌日、選挙戦からの撤退を表明した。その結果、共和党の全国大会の三か月前に、共和党の大統領候補者が事実上決定したと言って過言ではなかった。なおデューイは四二年の知事選挙において、四年間の任期を全うすると公約したため、公然とした選挙運動はしなかったが、四四年の一月から四月にかけて数回行われた世論調査では常に一位の支持率を獲得し、四月には五〇％を超える勢いであった。

Arthur M. Schlesinger, Jr.（ed.）, *History of American Presidential Elections 1789–1968*, Vol. Ⅷ（NY, Chelsea House Publishers, 1985）pp. 3018, 3020.

（43） Thomas E. Dewey, "Foreign Policy Must Be Handled Constitutionally", *Vital Speeches of the Day*, May 15, 1944, p. 451；Divine, *Foreign Policy and U.S. Presidential Elections*, pp. 97–100；Richard Darilek, *op. cit.*, pp. 150–151.

（44） Herbert Browell Oral History Interview, March 5, 1965, p. 9, *Dulles Oral History Project*.

（45）Browell Oral History Interview, March 5, 1965, pp. 8, 9.

（46）John D. Hickerson Oral History Interview, October 11, 1965, pp. 2, 7；Herbert Browell Oral History Interview, March 5, 1965, p. 7, *Dulles Oral History Project.*

（47）Vandenberg, Jr., *op. cit.*, p. 87；Divine, *Foreign Policy and U.S. Presidential Elections*, p. 114；Darilek, *op. cit.*, pp. 152–155.
ヴァンデンバーグは綱領草案を作成すると、オースティン（Warren Austin）、タフト（Robert A. Taft）両上院議員にも意見を求めた。Vandenberg, Jr., *ibid.*.
なお、ヴァンデンバーグは四四年の大統領選挙では、当初はマッカーサーを支持していたが、四四年になってデューイの支持率が世論調査などによって急激に高まると、支持をデューイに転換した。Divine, *ibid.*, p. 99；Vandenberg to Frank E. Gannet, April 11, 1944, quoted in Darilek, *ibid.*, p. 152.

（48）Vandenberg, Jr., *ibid.*；Dulles to Thomas E. Dewey, May 16, 27, 1944, *Thomas E. Dewey Papers*（Rochester, NY, Rush Rhees Library, The University of Rochester）；Dulles to Vandenberg, May 27, June 12, 1944, *Dulles Papers*；Vandenberg to Dulles, May 29, June 2, 1944, *Dulles Papers*；Vandenberg to Dulles, June 10, 1944, *Vandenberg Papers*（Ann Arbor, Michigan, Bentley Historical Library, University of Michigan）；Darilek, *ibid.*, p. 156.

（49）Dulles to Vandenberg, June 30, 1944, *Dulles Papers.*

（50）Vandenberg to Dulles, June 10, 1944, *Vandenberg Papers* & *Dulles Papers.*

（51）Vandenberg Diary, June 26–29, 1944, Vandenberg, Jr., *op. cit.*, p. 87.

（52）Vandenberg, Jr., *ibid.*, p. 88.

（53）Vandenberg to Dulles, July 2, 1944, *Dulles Papers.*

（54）Elliott V. Bell Oral History Interview, July 7, 1964, p. 21；Douglas G. Mode Oral History Interview, April 23, 1966, pp. 4, 16, 33, *Dulles Oral History Project.*

（55）*New York Times*, June 28, 1944.

（56）Republican Platform, Arthur M. Schlesinger, Jr., *op. cit.*, pp. 3042, 3043.

（57）Democratic Platform, *ibid.*, p. 3040.
なお民主党、および共和党の外交政策綱領の決定過程については、Divine, *Second Chance*, pp. 190–208. を参照。

（58）Divine, *ibid.*, pp. 192–203.

(59) Statement by the President, "Postwar Security Organization Program", Department of State, *Department of State Bulletin, Vol X*, June 17, 1944, p. 553.

(60) Divine, *Second Chance*, pp. 206–208. なおダリレクもこの点に関して「民主党は外交政策について再びイニシアティブをとり、共和党を防衛的立場に引き戻した」と述べている。Richard Darilek, *op. cit.*, pp. 156, 157.

(61) Arthur M. Schlesinger, Jr.（ed.）, *op. cit.*, p. 3022, なお一〇五六対一という票差の勝利は、それまでの共和党の歴史における現職大統領ではない候補者の勝利としては最も一方的なものであった。*Ibid.*.

(62) *Ibid.*, pp. 3054, 3055.

(63) Divine, *Foreign Policy and U.S. Presidential Elections*, pp. 134, 135.

(64) Vandenberg to Dulles, July 2, 1944, *Dulles Papers*.

(65) ダンバートン・オークスについては第二、三章で言及した。

(66) *New York Times*, July 18, 1944；Cordell Hull, *ibid.*, pp. 1673, 1675, 1676. ハルは、すでに第三章で検討した通り、会議はまず米英ソ（八月二十一日～九月二十八日）で行い、次いで米英中（九月二十九日～十月七日）で行うと表明した。なお七月十八日には新たなアメリカの国際機構案が作成されたが、それによると理事会は一一か国によって構成され、常任理事国は米英中ソの四か国に新たにフランスを加えることになっており、この時点では拒否権問題は議論されていなかったものの、明らかに大国に優先的地位を与えるものであったと言ってよいであろう。Hull, *ibid.*, pp. 1673, 1674.

なお、ダンバートン・オークス会議は十月七日に終了し、四か国で合意されたいわゆるダンバートン・オークス提案（「一般的国際機構の創設のための提案」）が発表された。ハルはそれをハル・ダレス会談における「情報を伝達する」という合意（*Ibid.*, p. 1694）にしたがって、事前に全上院議員とデューイおよびダレスに送付した。Divine, *Second Chance*, p. 227；

(67) Hull, *ibid.*, p. 1686.

(68) *New York Times*, Aug. 15, 1944.

(69) Divine, *Second Chance*, p. 216.

(70) *New York Times*, Aug. 17, 1944.

(71) 前掲脚注（1）、（3）。

(72) *New York Times*, Aug. 18, 1944；Hull, *Memoirs*, p. 1689.

(73) Elliott V. Bell Oral History Interview, July 7, 1964, pp. 21, 22, *Dulles Oral History Project*.

（74）前掲脚注（72）；Dulles, *War or Peace*, p. 123.
（75）Hull, *Memoirs*, p. 1690.
（76）*ibid.*, p. 1693.
（77）Dulles, *War or Peace*, pp. 123–124.
（78）因みに、ダレスは会談は数時間で終わると考えていた。*Ibid.*, p. 124.
（79）会談内容については、Hull, *Memoirs*, pp. 1690–1693；Dulles, *War or Peace*, pp. 123–125；Divine, *Second Chance*, pp. 218–219.
（80）前掲脚注（66）、及び第三章参照。この最新案とは、米国が八月二十一日から開催中のダンバートン・オークス会議に提案するために作成した戦後構想（新国際機構）に関する米国試案のこと。詳しくは第三章参照。
（81）前掲脚注（3）及び補遺を参照；Vandenberg, Jr., *op. cit.*, p. 113.
（82）Hull, *Memoirs*, p. 1690.
（83）Dulles, *War or Peace*, p. 125.
（84）Hull, *Memoirs*, p. 1691.
（85）*Ibid.*.
（86）*Ibid.*, pp. 1692–1693；Divine, *Foreign Policy and U.S. Presidential Elections*, pp. 123–124；*Dept. of State Bulletin*, Vol. XI, No. 270, Aug. 27, 1944, p. 206.
（87）Dulles, *War or Peace*, p. 125；Divine, *ibid.*, p. 124.
（88）Vandenberg, Jr., *op. cit.*, p. 112.
（89）Thomas M. Campbell & George C. Herring（eds）, *The Diaries of Edward R. Stettinius, Jr., 1943–1946*（NY, Franklin Watts, Inc., 1975）p. 251.
（90）Stettinius, Jr., *Roosevelt and The Russians*：*The Yalta Conference*（NY, Doubleday, 1949）中野五郎訳、『ヤルタ会談の秘密』六興出版社、一九五三年、一六八頁。
なお、ステティニアスによれば、太平洋側のサンフランシスコが推薦された理由の一つは、第二次大戦が終結に近づき、日本をこれからまだ征服せねばならぬことを世界中に強く銘記させる絶好の機会であることであった。同上書、一六六頁。
（91）Hull, *Memoirs*, p. 1719；Notter, *op. cit.*, p. 347；Divine, *Second Chance*, p. 244. ローズヴェルトはハルの辞任に当たり、彼は「国際連合の父」の称号を獲得したと述べ、ハルの戦後国際機構創設に向けた功績を称えた。*Dept. of State Bulletin*, Vol. XI, No. 284,

Dec. 3, 1944, pp. 649–650.

(92) Russell, *A History Of The United Nations Charter*, pp. 498–499 ; Divine, *Second Chance*, p. 255 ; *New York Times*, Dec. 9, 1944.

(93) Divine, *ibid*., pp. 269–270 ; *New York Times*, March 1, 1945.

(94) Stettinius, Jr., *op. cit*., 中野訳、前掲書、一五二頁。

(95) Divine, *Second Chance*, pp. 270–271 ; *Dept. of State Bulletin*, Vol. XII, No. 295, Feb. 18, 1945, p. 215 ; *FR*, 1945, Vol. I, 1967, p. 70 ; 同上書。

(96) Vandenberg, Jr., *The Private Papers*, pp. 156– 157 ; Divine, *ibid*., pp. 272–273 ; Vandenberg Diary, March 13, 1945, *Vandenberg Papers*.

(97) Memorandum by Dulles regarding Acceptance of Appointment as General Adviser to U.S. Delegation, Apr. 5, 1945, *Dulles Papers* ; Divine, *Second Chance*, pp. 272–273 ; *New York Times*, March 22 & Apr. 6, 1945 ; Campbell & Herring（eds）, *The Diaries of Edward R Stettinius, Jr*., pp. 298–299 ;

(98) ダンバートン・オークス提案についての詳細は、第三章。

(99) UN Dept. of Public Information, *Year Book of the U.N., 1946–47*（NY, Lake Success, 1948）p. 8.

(100) Anthony C. Arend, *Pursuing A Just and Durable Peace*（NY, Greenwood Press, 1988）p. 108. ラテンアメリカ諸国代表は、その要求は、四五年二月から三月にかけてメキシコシティで開催された米州諸国会議で調印されたチャプルテペック協定に沿うものと考えていた。Vandenberg, Jr., *The Private Papers*, pp. 187–188.

(101) *FR, 1945, Vol. I*, p. 303.

(102) *Ibid*..

(103) Russell, *op. cit*., p. 699.

(104) Vandenberg to Stettinius, May 5, 1945, Campbell & Herring（eds.）*op. cit*., pp. 349–350.

(105) *FR, 1945, Vol. I*, p. 303 ; Dulles, *War or Peace*, p. 90.

(106) Campbell & Herring（eds.）*op. cit*., p. 351.

(107) *Ibid*., pp. 351–353.

(108) Dulles, *War or Peace*, pp. 90–91.

(109) Thomas M. Campbell & George C. Herring（eds.）, *The Diaries of Edward R. Stettinius, Jr., 1943–1946*（NY, Franklin Watts,

Inc., 1975) p. 359.

なお、「自衛権」概念の導入について、かつて高野雄一教授は、それはヴァンデンバーグの着想であると述べておられる（高野雄一「集団的自衛と地域的安全保障」『国際法外交雑誌』第五五巻、第二・三・四合併号、一九六六年、一九二頁。）が、文献によれば、ダレスが提案者である可能性が高いと思われる。それは、ここで示したステティニアスの日記からも推定できる。

(110) *FR*, 1945, Vol. I, p. 665.

(111) *Ibid.*, p. 700.

(112) Vandenberg, Jr., *op. cit.*, p. 193 ; Stettinius Diary, May 12, 1945, Campbell & Herring (eds.) *op. cit.*, pp. 361, 362, 368–370.

(113) Statement by secretary of State, May 15, 1945, *Dept. of State Bulletin*, Vol. XII, No. 308, May 20, 1945. 930. この米国案は公表されることによって既成事実化され、当初、異を唱えたソ連も最終的にはそれを認めることになった。Dulles, *War or Peace*, p. 91.

(114) Statement by Secretary of State, May 21, Dept. of State, *DS Bulletin*, No. 309, May 27, 1945, pp. 949, 950 ; *UNCIO*, Vol. 12, p. 680

(115) Vandenberg, Jr., *op. cit.*, p. 215.

(116) John D. Hickerson Oral History Interview, Oct. 11, 1965, pp. 3, 4, *Dulles Oral History Project* (Princeton, NJ, Mudd Manuscript Library, Princeton Univ.).

(117) Andrew W. Cordier Oral History Interview, Feb. 1, 1967, pp. 2–4, *ibid.*.

(118) Douglas G. Mode Oral History Interview, Apr. 23, 1966, pp. 11, 23, *ibid.*.

(119) *UNCIO*, 1945, Vol. 12, p. 664.

(120) 新提案作成の共同作業を行った顧問は、ダレス、ダン、ボーマン、アームストロング、パスヴォルスキーの五人であった。Thomas M. Campbell & George C. Herring (eds), *The Diaries of Edward R. Stettinius, Jr., 1943–1946* (NY, Franklin Watts, Inc., 1975) p. 500 (notes).

(121) *Ibid.*, p. 359.

(122) *Ibid.*.

(123) *FR*, 1945, Vol. I, p. 700.

(124) Campbell & Herring (eds) *op/cit.*, p. 359.

(125) 例えば *FR*, 1945, Vol. I, p. 676.

(126) "Charter of the United Nations", *Hearings before the Committee on Foreign Relations*, U.S. Senate, 79th Cong. !st Session, July

9–13, 1945, p. 650.

(127) "Structure of the United Nations and the Relations of the United States to the United Nations", *Hearings before the Committee on Foreign Affairs*, House of Representatives, 80th Cong. 2nd Session, May 4–14, 1948, pp. 297, 298, 300

(128) Vandenberg, Jr., *op. cit.*, p. 215.

終　章

(1) 米国の国際法学者であるJ・クンツは、国連憲章第五十一条には三つの問題があるとして、個別的、集団的自衛権の概念の意味、及び憲章の他の部分との関連、さらには（自衛権の）適用の範囲の三つを挙げている。その上で彼は、「集団的自衛権は米州諸国の相対的な独立を守るための手段であった。……それは地域機構特に米州体制を普遍的な国際機構に適合させることが目的であった。……歴史的には、憲章五十一条と米州体制とのつながりは明らかである」と述べている。Joseph L. Kunz, "Individual and Collective Self-Defense in Article 51 of the Charter of the United Nations" *The American Journal of International Law*, Vol. 41, 1947, p. 872., 873.

(2) 第八章脚注（67）参照。

(3) Gladwyn Jebb "World Organisation or Alliance" Apr. 15, 1945, *FO371/50703*（UK, National Archives）

(4) Hans Kelsen, "Collective Security and Collective Self-defense under the Charter of the United Nations" *American Journal of International Law*, Vol. 42, 1948, p. 796.

(5) The Commission to study the Bases of a Just and Durable Peace, *Six Pillars of Peace*：*A Study Guide*（Pamphlet）May, 1943, *Dulles Papers.*

(6) Louis L. Gerson, *The American Secretary of State and their Diplomacy, Vol. XVII*：*John Foster Dulles*（NY, Cooper Square Publishers, Inc., 1967）p. 31；Vandenberg Jr., *op. cit.*, p. 88；Herbert Browell Oral History Interview, March 5, 1965, p. 13, *Dulles Oral History Project*；Dewey Oral History Interview, Jan. 22, 1965, pp. 12, 28–29, *ibid.*.

(7) *New York Times*, Aug. 15, 1944.

(8) Divine, *Second Chance*, p. 216.

(9) *New Nork Times*, Aug. 17, 1944.

(10) Hull, *Memoirs*, pp. 1690–1693；Dulles, *War or Peace*（NY, Macmillan Company, 1950）pp. 123–125；Divine, *Second Chance*, pp.

218, 219.

(11) Dulles, "Dumbarton Oaks Proposals" p. 1, *Dulles Papers*.

(12) Dulles to G. Bromley Oxnam, Nov. 2, 1944, *ibid.*.

(13) *Ibid.*.

補遺

(1) 「冷戦コンセンサス」の崩壊の時期を特定することは困難であるが、多くの研究者はヴェトナム戦争に深入りし始めた時期、すなわち一九六〇年代後半にそれを認識する。C. David Tompkins, "Bipartisanship", Alexander DeConde (ed.), *Encyclopedia of American Foreign Policy*, Vol. I (NY, Charles Scribner's Sons, 1978), p. 88；Graham Allison & Peter Szanton, *Remaking Foreign Policy：The Organizational Connection* (NY, Basic Books, Inc., 1976) pp. 56–58；有賀貞、宮里政玄編『概説アメリカ外交史』有斐閣、一九八三年、一八〇–一八二頁。；西崎文子『アメリカ外交とは何か』岩波新書、二〇〇四年、一五八–一六二頁。

(2) *Ibid.*, p. 79.

(3) Arthur H. Vandenberg, Jr., *The Private Papers of Senator Vandenberg* (London, Lowe and Brydone Limited, 1952)（以下 *Private Papers* とする）, p. 552.

(4) 一九四四年八月、ダレスとハルはワシントンで会談し、戦後国際機構の実現に向けて相互に協力を確認し、同時に当時の大統領選挙の争点の対象から国際機構の問題を除外することで合意した。John F. Dulles, *War or peace* (NY, Macmillan Company, 1950), pp. 123–125.

(5) Arthur H. Vandenberg to John F. Dulles, Jan. 4, 1945, *Dulles Papers*, Box 27 (Princeton, Mudd Manuscript Library, Princeton University)；*Private Papers*, pp. 87, 215；Vandenberg to Dean Acheson, Mar. 31, 1950 & Vandenberg to Douglas G. MacArthur, June 1, 1950, *Vandenberg Papers*, Box 3 in Michigan Historical Collections (Ann Arbor, Bentley Historical Library, Univ. of Michigan). これら資料にはヴァンデンバーグがダレスを高く評価していること、およびダレスから深い感銘を受けたこと等が記されている。

(6) 中村・丸山・辻編『政治学事典』、平凡社、一九五四年、九三三頁。

(7) モーゲンソーは、アメリカでは「行政部は説得・圧力・取引という伝統的な外交技術を、外国とより、議会との関係において適用する」必要があると指摘している。斉藤　真『アメリカ外交の論理と現実』、東京大学出版会、一九六二年、一九五頁に引用。

(8) ハル国務長官は、彼の回顧録の中で、ローズヴェルト大統領は超党派外交に常に懐疑的であったと記し、その理由としてローズヴェルトが共和党員を信頼していなかったことを挙げている。また、同様の理由から、多くの民主党指導者および大統領顧問もそれに強く反対していたと記している。Cordell Hull, *The Memoirs of Cordell Hull*, Vol. 2（NY, Macmillan Co., 1948), pp. 1657, 1690, 1693.

(9) *Ibid.*, p. 1734.

(10) C. David Tompkins, "Bipartisanship", Alexander DeConde（ed.), *op. cit.*, P. 78.

(11) Cordell Hull, *op. cit.*, P. 1690.

(12) C. David Tompkins, *Senator Arthur Vandenberg*（East Lansing, Michigan State Univ. Press, 1970）P. 226. トンプキンスは、ハルもローズヴェルトと同様、議会が外交政策の形成に関与することに不信感をもっていたと記している（*ibid.*, p. 195)。

(13) Robert A. Divine, *Second Chance*（NY, Atheneum, 1967）p. 219；Cordell Hull, *op. cit.*, pp. 1690-1694.

(14) Cordell Hull, *Ibid.*, p. 1694.

(15) 前掲脚注（8)。

(16) Cordell Hull, *Ibid.*, p. 1690.

(17) John Foster Dulles, *War or Peace*（NY, Macmillan Company, 1950）p. 124.

(18) *Ibid.*, p. 125.

(19) 福田茂夫「戦後世界政治の始点」、川端正久編『一九四〇年代の世界政治』、ミネルヴァ書房、一九八八年、一九頁。

(20) C. David Tompkins, *op. cit.*, p. 195. ハルは一九四三年にBreckinridge Long国務次官補を最初の議会関係担当国務次官補に任命した（Hull, *op. cit.*, p. 1656）なお彼は、条約批准のために必要な「上院議員の三分の二以上の同意」という条件を単純過半数に変更すべきだと主張する（Hull, *ibid.*, p. 1734）

(21) Ernest A. Gross, "What is a Bipartisan Foreign Policy", US Dept. of State, *Department of State Bulletin*, Vol. XXI, No. 535, Oct. 3, 1949, pp. 504, 505.

(22) たとえば*Private Papers*（Oct. 4, 1948）p. 450

(23) *Ibid.*, p. 547

(24) Vandenberg to Homer Ferguson, May 31, 1950, *Vandenberg Papers*, Box 3（Ann Arbor, Univ. of Michigan).

(25) C. David Tompkins, "Bipartisanship", Alexander Deconde（ed.), *op. cit.*, p. 78.

(26) *Private Papers*, p. 1-2.
(27) *Ibid.*, p. 131-135.
(28) この間の経緯については、前掲福田論文、一九、二〇頁。
(29) *Private Papers*（Jan. 5, 1950）, p. 552.
(30) *Ibid.*（Oct. 4, 1948）, pp. 450-451.
(31) *Ibid.*（Jan. 5, 1950）, p. 553.
(32) C. David Tompkins, "Bipartisanship", Alexander DeConde（ed.）, *op. cit.*, p. 78.
(33) John F. Dulles, *op. cit.*, p. 122.
(34) *Ibid.*, p. 180. その他、拙稿「ダレス外交の基調」（『名城法学』第三一巻、第三・四合併号、一九八二年）を参照。
(35) *Ibid.*, p. 122
(36) *Ibid.*,
(37) *Ibid.*, pp. 178, 179.
(38) *Ibid.*, pp. 182-184.
(39) C・トンプキンスは第四の用語法として政治学者H・B・ウェスターフィールドが"extrapartisan"という語を使っていることを紹介している。前掲脚注（32）。
(40) セシル・V・クラブも"Bipartisan"という用語の方が「望ましい外交」を表現するのにより正確であるとする。Cecil V. Crabb, Jr., *Bipartisan Foreign Policy : Myth or Reality?*（NY, Row, Peterson and Company, 1957）, p. 5.
(41) クラブは超党派外交を「両党に受け入れ可能ないくつかの手段および実践によって外交の統合を達成する企み」として定義した。*Ibid.*, p. 6.
(42) 斉藤　真、前掲書、二〇一頁。
(43) モーゲンソーは「今世紀においてアメリカの外交政策は、見さかいのない孤立主義と見さかいのない国際主義乃至グローバリズムの両極端の間を揺れ動く傾向にあった」と指摘している。ハンス・J・モーゲンソー『アメリカ外交政策の刷新』（木村修三・山本義彰共訳）鹿島研究所出版会、一九七四年、一九頁。
(44) C. David Tompkins, "Bipartisanship", Alexander（ed.）, *op. cit.*, p. 79.
(45) Cecil V. Crabb, Jr., *op. cit.*, pp. 231-237.

(46) *Ibid.*, p. 235.

(47) *Ibid.*, pp. 159, 171.

(48) *Ibid.*, pp. 156–172.

(49) Robert A. Dahl, *Congress and Foreign Policy* (NY, W.W. Norton & Company Inc., 1950), p. 228.

(50) 斉藤　真、深谷満雄編『アメリカの対外政策決定と議会』日本国際問題研究所、一九六五年、五八頁。

(51) R・L・ピーボディ「二大政党内のリーダーシップ」、日本国際交流センター編『アメリカの議会・日本の国会』サイマル出版会、一九八二年。

(52) チャールス・モリソン「議会で煮つめられる政策」同上書、二四四頁。

(53) 斉藤　真、深谷満雄編、前掲書、二三頁。

(54) チャールス・モリソン前掲論文、二四六頁。

(55) 斉藤　真・深谷満雄編、前掲書、二五頁。なお決議には、上・下両院の同文による決議である合同決議（Joint Resolution）、上・下両院による同趣旨の決議である協同決議（Concurrent Resolution）及び上・下院それぞれの決議である各院決議（Single Resolution）がある。同上書同頁。

(56) 同上書。

(57) たとえばトルーマン時代の第八〇議会第一会期（一九四七年一月〜）には、上院では民主党四五、共和党五一、下院では民主党一八七、共和党二四四各議席であった。アメリカ商務省編『アメリカ歴史統計』第二巻（斉藤　真、鳥居泰彦監修）原書房、一九八六年。

(58) 戦後上院で三分の二以上の多数を獲得した政党の例は一九六二年（ケネディ時代の中間選挙）および一九六四年（ジョンソン時代）の民主党の二回のケースだけである。同上書。

(59) 斉藤　真・深谷満雄編、前掲書、五七頁。

(60) C・トンプキンスは、第二次大戦中にアメリカ国民の態度が劇的に変化し、それが議会に反映されたと論じている。彼によればその変化とは、従来の孤立主義的な立場から、第三次大戦防止のためにアメリカは積極的な行動を起こすべきであり国際平和維持機構の設立のためにイニシアティブをとるべきであるという立場、すなわち国際主義的な立場への転換であった。C. David Tompkins, "Bipartisanship", Alexander DeConde (ed.), *op. cit.*, p. 79.

(61) 織完「日米議会の特徴比較」、日本国際交流センター編、前掲書、二九四頁。常任委員会一般に関する記述に当っては、もっぱら同論文を参考とした。

(62) 常任委員会のメンバーは民主・共和両党とも原則として seniority（先任順位制）に基づいて指名される（Robert A. Dahl, *op. cit.*, p. 145.）ため、専門知識の習得が比較的容易となり、それも一因となってアメリカの委員会の審議を実のあるものにしていると考えられる。

(63) 上院の常任委員会は一八一六年に初めて創設された。Donald A. Ritchie, *Know Your Government : The senate* (NY, Chelsea House Publishers, 1988), p. 29.

(64) Cecil V. Crabb, Jr., *American Foreign Policy in the Nuclear Age, 3rd* (NY, Harper & Row, Publishers, Inc., 1972), p. 104.

(65) *Ibid.* クラブはこの中で、上院議員が外交委員会のメンバーに任命されることが最も望ましいと考える理由を三つ挙げている。すなわち第一は外交委員会がアメリカにとって死活的な問題を取り扱うこと、第二は議員が直接外交政策決定過程に関与することが可能であること、第三は議員が政府および議会が外交政策を決定するに当って外交委員会の影響力をより大きくすることを望んでいることである。

(66) 有力な外交委員会メンバーとしては、第七代大統領となるアンドリュー・ジャクソンおよびケネディ第三五代大統領、さらに後に国務長官に就任するヘンリー・クレイ、ダニエル・ウェブスター、ウィリアム・シュウォード、およびエリュー・ルート、その他スティブン・ダグラス、ヘンリー・キャボット・ロッジ、チャールズ・サムナー、ウィリアム・ボラ、アーサー・ヴァンデンバーグ、トム・コナリー、ウィリアム・フルブライト、マイク・マンスフィールド等の有力議員がいる。Robert A. Dahl, *op. cit.*, p. 146 : *Congressional Directory.*

(67) 前掲脚注（62）。

(68) Cecil V. Crabb, Jr., *Bipartisan Foreign Policy : Myth or Reality?* (NY, Row, Peterson and Company, 1957), p. 188.

(69) *Ibid.*, p. 190.

(70) *Ibid.*, pp. 186–187.

(71) *Ibid.*, pp. 196–198.

(72) 以下の諸論稿を参考にした。織完前掲論文、斉藤・深谷前掲書、Paul Seabury, *Power, Freedom and Diplomacy : The Foreign Policy of the United States of America* (NY, Random House, 1963)

(73) 元上院議員ポール・ダグラスは、一九四九年に上院における投票行動に関連して次のように述べている。すなわち「上院で採決が行われるときには、上院議員は他の誰が反対で誰が賛成であるかにかかわりなく、実質的問題についての自己の深い信念に基づいて投票すべきである」と。Quoted in Robert Dahl, *op. cit.*, p. 13.

（74）Paul Seabury, *op. cit.*, p. 221.

（75）斉藤・深谷前掲書、四六頁。

（76）一九四八年から五二年に至る超党派外交を詳細に分析したD・ケプレイは冷戦コンセンサスは反対者の意図を疑い、且つ沈黙させることになったとして批判的な評価を下している。David R. Kepley, *The Collapse of the Middle Way*（NY, Greenwood Press, 1988）, pp. 151, 153.

（77）ワシントンは党派的争いを、主としてそれが外国の介入を招く恐れがあるという理由で批判した。Washington's Farewell Address, Sept. 17. 1796, *Annals of Congress, Vol. 6, 4th Congress, 2nd Session, 1796–1797*（Washington, Gales and Seaton, 1855）, pp. 2870–2879.

（78）国際連盟をめぐる対立は孤立主義対国際主義の対立として理解されるが、それは同時に行政府対議会の対立、さらにはウィルソンに対する共和党議員の個人的憎悪という性質をもっていた。Richard E. Darilek, *A Loyal Opposition in Time of War*（Westport, Connecticut, Greenwood Press, 1976）, p. 11.

（79）David R. Kepley, *op. cit.*, pp. 1–17

（80）Quoted in Richard E. Darilek, *op. cit.*, p. 7

（81）Richard E. Darilek, *ibid.*, p. 19

（82）前掲脚注（26）。

（83）前掲脚注（27）および Darilek, *op. cit.*, pp. 165, 177. ダリレクは、一九四四年の大統領選挙戦時における超党派的合意のためのハル・ダレス会談後に行われたダレス・ヴァンデンバーグ会談が、ヴァンデンバーグを転換させた直接的な契機となったことを示唆している。

（84）Quoted in Darilek, *ibid.*, p165 ; James Reston Interview, *Dulles Oral History Project.*（Princeton, NJ, Mudd Manuscript Library, Princeton Univ.）. なおレストンも、ヴァンデンバーグの転向にはダレスの影響が大きかったことを強調している。

（85）Vandenberg to Dulles, Nov. 11, 1944, *Vandenberg Papers*, Box 2（Ann Arobor, Bentley Historical Library, Univ. of Michigan）. なお修正主義学派は、アメリカ外交の目的に関する基本的な合意がその政策形成の基礎となっており、政策の相違は目的の対立ではなく手段をめぐって生ずる。したがって孤立主義者と国際主義者との間の相違は表面的なものであると主張する。Richard E. Darilek, *op. cit.*, p. 177.

(86) David R. Kepley, *op. cit.*, p. 8.
(87) Darilek, *op. cit.*, pp. 182, 183.
(88) Cecil V. Crabb, Jr., *op. cit.*, pp. 218, 219.
(89) 前掲脚注（87）。
(90) Darilek, *op. cit.*, p. 17.
(91) D・パーキンス『アメリカの外交政策』（入江通雅訳）時事通信社、一九六一年、二七三頁。
(92) Quoted in Darilek, *op. cit.*, p. 6.
(93) David R. Kepley, *op. cit.*, p. 3.
(94) Hans J. Morgenthau, *The Decline of Democratic Politics*（Chicago, The Univ. of Chicago Press, 1962）, pp. 382, 383.
(95) Vandenberg to David Lawrence, Nov. 17, 1949, *Vandenberg Papers*, Box 3（Ann Arbor, Bentley Historical Library, Univ. of Michigan）
(96) *Ibid.*；*Private Papers*, p. 550.
(97) Blair Bolles, "Bipartisanship in American Foreign Policy", *Foreign Policy Reports*, Vol. XXIV, Jan. 1, 1949, p. 198.
(98) John F. Dulles to Lawrence H. Fuchs, Dec. 5, 1949, *Dulles Papers*, Box 41,（Princeson, NJ, Mudd Manuscript Library, Princeton university）.
(99) Cecil V. Crabb, Jr., *op. cit.*, pp. 243, 244
(100) *Ibid.*, p. 258.
(101) 斉藤　真、前掲書、一九一頁。
(102) Cecil V. Crabb, Jr., *op. cit.*, pp. 247–248, 258–259.

参考文献

一　一次資料

（一）　未公刊資料

John Foster Dulles Papers, Princeton, N. J., Mudd Manuscript Library, Princeton University.

John Foster Dulles Oral History Project, Princeton, N. J., Mudd Manuscript Library, Princeton University.

Allen Dulles Papers, Princeton, NJ, Mudd Manuscript Library, Princeton Univ.

Arthur Vandenberg Papers, Ann Arbor, Michigan, Bentley Historical Library, University of Michigan.

Harley A. Notter File（Records of Harley A. Notter, 1939-1945）, Washington, D. C., National Archives.

Edward Stettinius, Jr., Papers, Charlottesville, Va., University of Virginia.

Thomas E. Dewey Papers, Rochester, NY, Rush Rhees Library, University of Rochester.

Robert Lansing Papers,, Manuscript Division, Washington, D. C., Library of Congress.

Cordell Hull Papers, Manuscript Division, Washington, D.C., Library of Congress.

Records of the Foreign Office, FO 371, London, Public Record Office（二〇〇三年から National Archives に変更）

Materials relating to John Foster Dulles and U. S. Foreign Policy, Washington, D. C., National Archives.

（二）　公刊資料

Porter, Kirk H. & Donald B. Johnson, *National Party Platforms 1840-1964*, Urbana, University of Illinois Press, 1966

U. S. Department of State, *Foreign Relations of the United States*（*FR*）, 1933 Vol. Ⅳ, Ⅴ, 1936 Vol. Ⅴ, 1938 Vol. Ⅴ, 1939 Vol. Ⅴ, 1940 Vol. Ⅴ, 1942 Vol. Ⅴ, 1943 Vol. Ⅲ, 1944 Vol. Ⅰ, 1945 Vol. Ⅰ, Ⅵ, Ⅸ, 1946 Vol. Ⅷ, 1947 Vol. Ⅰ, Ⅵ, 1948 Vol. Ⅲ, Washington, D. C., US GPO.

US Congress, *Congressional Record*. 1940, 1943, 1945.

Annals of Congress, Vol. 6, 4th Congress, 2nd Session, 1796-1797, Washington, Gales and Seaton, 1855.

U. S. Congress, *Official Congressional Directory*, 1947（Washington, D. C., US GPO, 1947

US Senate Committee on Foreign Relations, *American Foreign Policy：Basic Documents, 1941–1949*, NY, Arno Press, 1971.

U. S. Senate, Committee on Foreign Relations, Hearings, *The Charter of the United Nations*, 79th Cong., 1st Sess. 1945, Washington, D. C. U. S. GP0, 1945.

U. S. House, Committee on Foreign Affairs, Hearings, *Structure of the United Nations and the Relation of the United States to the United Nations*, 80th Cong., 2nd Sess. 1948.

United States, Department of State, *Department of State Bulletin*, 1939 Vol. Ⅰ, 1940 Vol. Ⅱ, Ⅲ, 1942 Vol. Ⅵ, 1943 Vol. Ⅸ, 1944 Vol. Ⅹ, Ⅺ, 1945 Vol. Ⅻ, XIII, 1948 Vol. Ⅲ, 1949 Vol. XXI, Washington, D. C., US GPO.

Kay, Robin（ed）, *Documents on New Zealand External Relations*, Vol. Ⅲ, Wellington, NZ, V. R. Ward, Government Printer, 1985.

Department of Foreign Affairs and Trade（Australia）, *Documents on Australian Foreign Policy, 1937–1949*, Vol. Ⅷ,1945, Camberra, Australian Government Publication Service, 1989.

United Nations, *Treaty Series*, Vol. 9, 1947, Vol. 19, 21, 1948, Vol. 131, 1952, Vol. 177, 1953, Vol. 209, 219, 1955, Vol. 233, 238, 248, 1956

United Nations, *United Nations Conference on International Organization.*（*UNCIO*）1944, Vol. Ⅰ, 1945. Vol. 1, 2, 3, 11, 12, 15, 17, 18, 19, United Nations Information Organization

UN Dept. of Public Information, *Year Book of the U. N., 1946–47* NY, Lake Success, 1948.

Public Papers of the President of the United States：Franklin D. Roosevelt

Vital Speeches of the Day, Phoenix, Arizona, McMurry Inc.（Monthly）

（3）　日記類

Foster, John Watson, *Diplomatic Memoirs*, Boston & NY, Houghton Mifflin Company, 1909.

Hull, Cordell, *Memoirs*：2 vols. NY, The Macmillan Company, 1948.

Vandenberg, Arthur H. Jr., ed., *The Private Papers of Senator Vandenberg*, London, Lowe and Brydone Limited, 1952

Campbell, Thomas M. & George C. Herring（eds）, *The Diaries of Edward R. Stettinius, Jr.*, 1943–1946（NY, Franklin Watts,

Inc., 1975.

二 二次資料

(1) 記録資料

The Council on Foreign Relations, *The United States in World Affairs, 1936, 1937, 1938, 1939, 1949, 1940, 1948–1949*, New York, Harper & Row.

US Department of State, *Digest of International Law*, Vol. 5. US GPO, 1963.

(2) ダレスの著書

Dulles, John Foster. *War, Peace and Change*. New York, Harper and Brothers, 1939.

Dulles, John Foster. *War or Peace*. New York, Macmillan Company, 1950.

(3) ダレス関係書

Arend, Anthony C., *Pursuing A Just and Durable Peace* NY, Greenwood Press, 1988

Beal, John Robinson, *John Foster Dulles*, New York, Harper & Brothers Publishers, 1957.

Berding, Andrew H., *Dulles on Diplomacy*, Princeton, NJ, D. Van Nostrand Company, 1965

Cantrell, Phillip A., *A Talented and Energetic Young Man：John Foster Dulles and His Preparation for Statesmanship, 1888–1937*

Comfort,Mildred Houghton, *John Foster Dulles：Peacemaker*, Minneapolis, T. S. Denison, 1960.

Drummond, Roscoe and Gaston Coblentz, *Duel at the Brink：John Foster Dulles' Command of American Power*, London, Weidenfeld & Nicolson, 1960.

Dulles, Eleanor Lansing, *John Foster Dulles；The Last Year*, Harcourt, NY, Brace & World, 1963.

Finer, Herman, *Dulles Over Suez：The Theory and Practice of His Diplomacy*, Chicago, Quadrangle, 1964.

Gerson, Louis L., *The American Secretaries of State and Their Diplomacy：John Foster Dulles*, New York, Cooper Square Publishers, Inc., 1967

Goold-Adams, Richard, *The Time of Power : A Reappraisal of John Foster Dulles*, London, Weidenfeld & Nicolson, 1962.
Guhin Michael A., *John Foster Dulles*, NY, Columbia University Press, 1972.
Heller, Deane, and David Heller. *John Foster Dulles : Soldier for Peace*, New York, Holt, Rinehart & Winston, 1960.
Hoopes, Townsend, *The Devil and John Foster Dulles*, Boston Mass., Little Brown and Company, 1973.
Immerman, Richard H., *John Foster Dulles*, Wilmington, Delaware, A Scholary Resources Inc., 1999.
Keim, Albert N., *John Foster Dulles and the Federal Council of Churches, 1937–1949*, Dissertation, The Ohio State Univ. 1971.
Ladenburger, John F., *The Philosophy of International Politics of John Foster Dulles 1919–52*, Dissertation, Univ. of Connecticut, 1969 (Ann Arbor, Michigan, University Microfilms, 1970).
Marks Ⅲ, Frederick W., *Power and Peace : The Diplomacy of John Foster Dulles*, Westport, Conn., Praeger Publishers, 1993.
Mosley, Leonard, *Dulles : A Biography of Eleanor, Allen, and John Foster Dulles and Their Family Network*, NY, The Dial Press/James Wade, 1978.
Pruessen, Ronald W., *John Foster Dulles*, NY, The Free Press, 1982.
Toulouse, Mark G., *The Transformation of John Foster Dulles*, Macon, Georgia, Mercer University Press, 1985.
Van Dusen, Henry P., ed., *The Spiritual Legacy of John Foster Dulles*, Philadelphia, Westminister Press, 1960.
Yates, Lawrence A., *John Foster Dulles and Bipartisanship, 1944–1952*, Dissertation, Univ. of Kansas, 1981.

(3) ダレスの論文及び演説等

Dulles, John Foster, "The Aftermath of the WorldWar", *International Conciliation*, No. 369, April 1941.
Dulles, "Analyses of Moscow Declarations in the Light of the Six Pillars of Peace" November 16, 1943, *Dulles Papers*.
Dulles, "An Appraisal of the Crimia Conference" Feb. 21, 1945, *Dulles Papers*.
Dulles, "The Church's Contribution Toward a Warless World", Article in Religion in Life, Winter, 1940 (Copyright, 1939, by Abington Press) in Henly P. Van Dusen (ed), *The Spiritual Legacy of John Foster Dulles* (Philadelphia, The Westminster press, 1960).
Dulles, "Collaboration Must Be Practical", *Vital Speeches of the Day*, Feb. 1, 1945.

Dulles, "Collective Security v. Isolation for THE NATION", March 28, 1938, *Dulles Papers.*
Dulles, "Conceptions and Misconceptions Regarding Intervention", *Annals of the American Academy of Political & Social Science*, No. 233, July 1929.
Dulles, "The Dumbarton Oaks Proposals" (Portion of address at the Biennial Meeting of The Federal Council of the Churches of Christ in America, at Pittsburgh, Pa., Nov. 28, 1944), *Dulles Papers.*
Dulles, "Economic Sanctions", 1932 ; "Memorandom on First Draft of The Report of The Committee on Economic Sanctions", 1932, *Dulles Papers.*
Dulles, "Faith of Our Fathers", Address, Aug. 28, 1949 in H. P. van Dusen (ed.), *The Spiritual Legacy of John Foster Dulles* (Philadelphia, The Westminster Press, 1960).
Dulles, John Foster, "A First Balance Sheet of the United Nations, "*International Conciliation*, No. 420, April 1946, pp. 117–182
Dulles, John Foster, "The Future of the United Nations", *International Conciliation*, No. 445, November 1948, pp. 579–590
Dulles, John Foster, "The General Assembly", *Foreign Affairs*, October 1945.
Dulles, "Long Range Peace Objectives", Sept. 18, 1941, *Allen Dulles Papers*, Princeton, NJ, Mudd Manuscript Library, Princeton Univ.
Dulles, "Moral and Spiritual Bases for a Just and Lasting Peace", adopted by Federal Council of Churches, December 1942, in Dusen (ed.), *op. cit.*.
Dulles, "The Need for a Righteous Faith", opening chapter in the Pamphlet "A Righteous Faith for a Just and Durable Peace", Oct. 1942 in Dusen (ed.) *op. cit.*
Dulles, "Patriotism and the American Tradition", Address, June 12, 1955 in Dusen (ed.), *op. cit.*
Dulles, "Peace Without Platitude", *Fortune*, XXV, January 1942
Dulles, John Foster, "Peaceful Change", *International Conciliation*, No. 369, April, 1941, pp. 493–498.
Dulles, "Peaceful Change Within the Society of Nations", Address delivered at Princeton University, March 19, 1936, reprinted as a pamphlet, *Dulles Papers*
Dulles, "Policy for Security and Peace", *Foreign Affairs*, April 1954 pp. 363–364

Dulles, "The Renunciation of War", 1929, *Dulles Papers.*
Dulles, "Righteous Faith", *Life*, December 28, 1942
Dulles, John Foster, "The Road to Peace", *The Atlantic Monthly*, Vol. 156, No. 4, October 1935.
Dulles, "Six Pillars of Peace", March 18, 1943, *Vital Speeches of the Day*, Vol. IX, 13. April 15, 1943.
Dulles, Introduction of "Six Pillars of Peace", *Christianity and Crisis*, No. 3, May 31, 1943.
Dulles, John Foster, "Should Economic Sanctions Be Applied in International Disputes?", *Annals of the American Academy of Political and Social Science*,July 1932, pp. 103-108
Dulles, "The Treaty of Versailles", March 5, 1941, p. 6, *Dulles Papers.*
Dulles, John Foster, "What Shall We Do with the U. N. ?", *The Christian Century* ,September 3,1947, pp. 1041-1042.
Dulles Commission, "A Just and Durable Peace" (pamphlet) March 19, 1943, *Dulles Papers*
Dulles, "As Seen By a Layman", *Religion in Life*, Vol. VII, No. I, Winter 1938.

（４） その他関連論文

Bolles, Blair, "Bipartisanship in American Foreign Policy", *Foreign Policy Reports*, Vol. XXIV, Jan. 1, 1949
Carter, J.F., "Review of John Foster Dulles：A Biographyby John Robinson Beal", *Saturday Review*, XL, April 27, 1957.
Claude, Inis L. "The United Nations and the Use of Force," *International Conciliation*, No. 532, March 1961.
Dewey, Thomas E., "Foreign Policy Must Be Handled Constitutionally", *Vital Speeches of the Day*, May 15, 1944.
Goodwin, Craufurd D., "Harold Moulton and Leo Pasvolsky of the Brookings Institution as Champions of a New World Order", in Malcolm Rutherford, *The Economic Mind in America：Essays in the History ofAmerican Economics*, NY, Routledge, 1998.
Gross, Ernest A., Ernest A. Gross, "What is a Bipartisan Foreign Policy", *Department of State Bulletin*, Vol. XXI, No. 535, Oct. 3, 1949.
肥田進「ダレス外交の基調」『名城法学』第三二巻、第三・四合併号、一九八二年三月。
肥田進「国際連合の創設をめぐるダレスの超党派的関与」『名城法学』第五三巻、第三号、二〇〇四年三月。
肥田進「ダレスの基本的世界観と国際平和秩序構想」『名城法学』第四五巻、第二号、一九九五年十一月。

福田茂夫「戦後世界政治の始点」川端正久編『一九四〇年代の世界政治』、ミネルヴァ書房、一九八八年。
藤田文子「ジョン・フォスター・ダレスの世論観と世論対策」『教養学科紀要』（東京大学）第三号、一九七〇年。
五十嵐正博「国際機構と国家主権—国家の権利及び義務に関するモンテビデオ条約の成立過程」国際法学会（編）『国際機構と国際協力』三省堂、二〇〇一年。
伊藤裕子「「太平洋条約」構想の変容」『国際関係紀要』第一〇巻、第三号、二〇〇〇年。
Kejm, Albert N., "John Foster Dulles and the Protestant World Order Movement on the Eve of World War II" *Journal of Church and State*, Vol. 21, Winter 1979.
Keim, "John Foster Dulles and the Federal Council of Churches, Memo on conference with FDR", March 26, 1943, *Dulles Papers*.
Kelsen, Hans, "Collective Security and Collective Self-defense under the Carter of the United Nationas" *The American Journal of International Law*, Vol. 42, 1948.
香西茂「国連軍」田岡良一先生還暦記念論文集『国際連合の研究』第一巻、有斐閣、一九六二年。
高坂正堯、「国際連合の成立」田岡良一先生還暦記念論文集『国際連合の研究』有斐閣、一九六二年。
Kunz, Joseph L., "Individual and Collective Self Defense in Article 51 of the Charterof the United Nations" *The American Journal of International Law*, Vol. 41, 1947.
松岡完「ジョン・フォスター・ダレスの国際政治哲学」『立命館国際研究』五—一、May 1992。
松葉真美「集団的自衛権の法的性質とその発達—国際法上の議論—」『レファレンス』二〇〇九年一月。
Munro, G., "The Mexico City Conference and the Inter-American System" ibid., Vol. Ⅻ, No. 301, Apr. 1, 1945.
Roosevelt, Franklin D., "Our Foreign Policy", *Foreign Affairs*, Vol. No. 4, July 1928.
鈴木尊紘「憲法第九条と集団的自衛権」『レファレンス』二〇一一年十一月。
森　肇志「集団的自衛権の誕生」『国際法外交雑誌』第一〇二巻、第一号、二〇〇三年。
織完「日本議会の特徴比較」日本国際交流センター編『アメリカの議会・日本の国会』サイマル出版会、一九八二年。
ピーボディ R.L.「二大政党内のリーダーシップ」日本国際交流センター編『アメリカの議会・日本の国会』サイマル出版会、一九八二年。
Reichley, A. James, "Religion and the Future of American Politics", *Political Science Quarterly*, Vol. 101. No, 1, 1986.

高野雄一「集団的自衛と地域的安全保障」『国際法外交雑誌』第五五巻、第二、三、四合併号、一九六六年。
Tompkins, C. David, "Bipartisanship", Alexander DeConde ed., *Encyclopedia of American Foreign Policy*, Vol. I, NY, Charles Scribner's Sons, 1978.

(5) 国連創設関係

Arend, Anthony C., *Pursuing A Just and Durable Peace* NY, Greenwood Press, 1988.
Campbell, Thomas M., *Masquerade Peace : America's UN Policy, 1944-1945*, Florida State UP, 1973.
Goodrich, Leland M., Edvard. Hambro, *Charter of the United Nations, 2nd*, Boston, World Peace Education, 1949.
Goodrich, Leland M., Edvard. Hambro and Anne P. Simons, *Charter of the United Nations, 3rd*, NY, Columbia University Press, 1969.
Graebner, Norman A., ed., *An Uncertain Tradition : American Secretaries of State in the Twentieth Century*, New York, McGraw-Hill, 1961.
Graebner, Norman A., ed., *Ideas and Diplomacy : Readings in the Intellectual Tradition of American Foreign Policy*, New York, Oxford University Pres, 1964.
Hilderbrand, Robert C., *Dumbarton Oaks*, Chapel Hill and London, The University of North Carolina Press, 1990.
Luard, Evan, *A History of the United Nations*, Vol. I : The Years of Western Domination, 1945-1955, London, The Macmillan Press, 1982.
Notter, Harley, *Postwar Foreign Policy Preparation, 1939-1945*, Washington, D. C., US GPO, 1949.
Regional Arrangements for Security and the United Nations, NY, Commission to Study the Organization of Peace, 1953
Russell, Ruth B., *A History of the United Nations Charter*, Washington, D. C., The Brookings Institution, 1958.
Simma, Bruno, *The Charter of the United Nations : A commentary*, Oxford, Oxford UP, 2002.
US Dept. of State, *Charter of the United Nations : Report to the President on the San Francisco Conference* by the Chairman of the United States Delegation, The Secretary of State, June 26, 1945, Washington, D. C., US GPO, 1945.

（6） その他関連書籍

Adler, Selig, *The Isolationist Impulse：Its Twentieth Century Reaction* NY, The Free Press, 1957.

Allison, Graham & Peter Szanton, *Remaking Foreign Policy：The Organizational Connection*（NY, Basic Books, Inc., 1976）

浅井基文『集団的自衛権と日本国憲法』集英社新書、二〇〇二年。

Bailey, Thomas A., *A Diplomatic History of the American People*, New York, F. S. Crofts & Company, 1940.

Beloff, Max. *Foreign Policy and the Democratic Process*, Baltimore, Johns Hopkins Press, 1955.

Bennett, John C. and Harvey Seifert, *U. S. Foreign Policy and Christian Ethics* Philadelphia, Pa., The Westminster Press, 1977.

Bentwick, Norman, *The Religious Foundations of Internationalism*, London, George Allen & Unwin, 1933.

Bohlen, Charles E., *Witness to History 1929–1969*, NY, Norton & Company, 1973.

Boorstin, Daniel J., *The Genius of American Politics*, Chicago, University of Chicago Press, 1953.

Castle, William R., Jr., *The American Secretaries of State and their Diplomacy, Vol. Ⅷ：John Watson Foster*, NY, Cooper Square Publishers, Inc., 1963.

Clark, J. Reuben, *Memorandum on the Monroe Doctrine*, Washington, D. C., US GPO, 1930.

Claude, Inis L. Jr., *Power and International Relations*, NewYork：Random House, 1962.

Crabb, Cecil Van Meter, Jr., *American Foreign Policy in the Nuclear Age：Principles, Problems and Prospects*, 2d., New York, Harper & Row, 1965.

Crabb, Cecil V. Jr., *Bipartisan Foreign Policy*, White Plains, NY, Row, Peterson and Company, 1957.

Dahl, Robert A., *Congress and Foreign Policy*, NY, W. W. Norton & Company Inc., 1950.

Dallek, Robert, *Franklin D. Roosevelt and American Foreign Policy, 1932–1945*, NY, Oxford UP, 1979.

Darilek, Richard E., *A Royal Opposition in Time of War*, Westport, Connecticut, Greenwood Press, 1976.

DeConde,Alexander ed., *Encyclopedia of American Foreign Policy*, Vol. Ⅰ, Ⅱ, NY, Charles Scribner's Sons, 1978.

DeConde, Alexander, *A History of American Foreign Policy*, third ed., Vol. Ⅰ, Ⅱ, NY, Charles Scribner's Sons, 1978.

DeConde, Alexander, *The American Secretary of State：An Interpretation*, New York, Frederick A. Praeger, 1962.

Divine, Robert A. ed., *American Foreign Policy*, Cleveland, Ohio, The World Publishing Company, 1960.

Divine, Robert A., *Foreign Policy and U.S. Presidential Elections, 1940–1948* NY, Franklin Watts, Inc., 1974.

Divine, *Second Chance*, NY, Atheneum, 1967.

Dunn, Frederick Sherwood. *Peaceful Change : A Study of International Procedures*, New York, Council on Foreign Relations, 1937.

Findling, John E., *Dictionary of American Diplomatic History*, Westport, Connecticut, Greenwood Press, 1980.

Flanders, Stephen A. & Carl N. Flanders, *Dictionary of American Foreign Affairs*, NY, Macmillan Publishing Company. 1993.

Gaddis, John Lewis, *The United States and the Origins of the Cold War*, NY, Columbia UP, 1972.

Gallup, George H.（ed.）, *The Gallup Poll*, Vol. Ⅰ, 1935–1948, NY, Random House, 1972.

Graebner, Norman A., ed., *An Uncertain Tradition : American Secretaries of State in the Twentieth Century*, NY, McGraw–Hill Book Company, Inc., 1961.

Green, Michael J. & Patrick M. Cronin, *The US–Japan Alliance*, NY, Council on Foreign Relations Press, 1999.

Harriman, Averell W., *Special Envoy to Churchill and Stalin, 1941–1946*, NY, Random House, 1975.

五百旗部　真『米国の日本占領政策』上下、中央公論社、一九八五年。

Jentleson, Bruce W., Thomas G. Paterson, eds., *Encyclopedia of the U.S. Foreign Relations*, Vol. 2, NY, Oxford U. P., 1997.

川端正久編『一九四〇年代の世界政治』ミネルヴァ書房、一九八八年。

菅　英輝『米ソ冷戦とアメリカのアジア政策』ミネルヴァ書房、一九九二年。

菅　英輝『アメリカの世界戦略』中公新書、二〇〇八年。

菅　英輝編『冷戦と同盟』松籟社、二〇一四年。

Keim, Albert N., *John Foster Dulles and the Federal Council of Churches, 1937–1949*, Dissertation, The Ohio State University, 1971.

Kepley, David R. *The Collapse of the Middle Way*, NY, Greenwood Press, 1988.

Kimball, Warren F., ed., *Churchill & Roosevelt*, Princeton, NJ, Princeton UP, 1984.

草野大希『アメリカの介入政策と米州秩序』東進堂、二〇一一年。

Levin, N. Gordon, Jr., *Woodrow Wilson and World Politics : America's Response to War and Revolution*, NY, Oxford UP, 1968.

Levy Leonard W. & Louis Fisher eds. *Encyclopedia of the American Presidency*, NY., Simon & Shuster, 1994.

Morgenthau, Hans J., *The Decline of Democratic Politics*, Chicago, The Univ. of Chicago Press, 1962.

Neustadt, Richard E., *Alliance Politics*, New York and London, Columbia University Press, 1970.

Niebuhr, Reinhold, *Moral Man and Immoral Society* : *A study in Ethics and Politics*, New York, Charles Scribner's Sons, 1960.

西崎文子『アメリカ冷戦政策と国連一九四五—一九五〇』東京大学出版会一九九二年。

パーキンス、D著、入江通雅訳『アメリカの外交政策』時事通信社、一九六一年。

Porter, Kirk H. & Donald B. Johnson, *National Party Platforms 1840-1964*, Urbana, University of Illinois Press, 1966

Pratt, Julius W., *A History of United States Foreign Policy*, 3rd, Englewood Cliffs, New Jersey, Prentice-Hall, Inc. 1972.

Pratt, *The American Secretaries of State and Their Diplomacy, Vol. XIII, Cordell Hull*, NY, Cooper Square Publishers, Inc. 1964.

Ritchie, Donald A., *Know Your Government* : *The senate*, NY, Chelsea House Publishers, 1988.

Rutherford, Malcolm, *The Economic Mind in America* : *Essays in the History of American Economics*, NY, Routledge, 1998.

斉藤真『アメリカ外交の論理と現実』、東京大学出版会、一九六二年。

佐瀬昌盛『集団的自衛権』ＰＨＰ新書、二〇〇一年。

Schlesinger, Arthur W. Jr., ed., *The Dynamics of World Power* : *A Documentary History of United States Foreign Policy 1945-1973*, Vol. Ⅲ-Part 1., NY, Chelsea House, 1983.

Schlesinger, Arthur W. Jr., ed., *History of American Presidential Elections 1789-1968*, Vol. Ⅷ NY, Chelsea House Publishers, 1985.

Seabury, Paul, *Power, Freedom and Diplomacy* : *The Foreign Policy of the United States of America*, NY, Random House, 1963.

Smith, Richard N., *On His Own Terms* : *A Life of Nelson Rockfeller*, NY, Random House, 2014.

Stettinius, Jr., *Roosevelt and The Russians* : *The Yalta Conference*, NY, Doubleday, 1949 中野五郎訳、『ヤルタ会談の秘密』六興出版社、一九五三年。

Stoessinger, John G., *Crusaders and Pragmatists* : *Movers of Modern American Foreign Policy*, NY, W. W. Norton & Company, 1979.

外岡秀俊、本田優、三浦俊章『日米同盟半世紀』朝日新聞社、二〇〇一年。

高野雄一『集団安保と自衛権』東信堂、一九九九年。

田畑茂二郎『国際法I』有斐閣（法律学全集五五）一九六二年。

筒井若水『国連体制と自衛権』東京大学出版会、一九九二年。

トクヴィル・アレクシス著、井伊玄太郎訳『アメリカの民主政治』中巻、講談社、一九八七年。

Tompkins, C. David, *Senator Arthur Vandenberg*, East Lansing, Mich., Michigan State Univ. Press, 1970.

豊下楢彦『集団的自衛権とは何か』岩波書店、二〇〇七年。

豊下楢彦『安保条約の成立』岩波新書、一九九六年。

Wolfers, Arnold, ed. *Alliance Policy in the Cold War*, Westport, Conn., Greenwood Press Inc., 1976.

Yalem, Ronald J., *Regionalism and World Order*, Washington, D. C., Public Affairs Press, 1965.

関係論文初出一覧

一．「アメリカの超党派外交に関する若干の考察」『名城法学』第四一巻別冊（柏木還暦記念号）（一九九一年）

二．「ダレスと国際連合の成立（一）―教会活動および超党派的関わりを中心にして―」『名城法学』第四四巻第一号（一九九四年）

三．「ダレスの基本的世界観と国際平和秩序構想―戦間期に展開された所論を中心にして―」『名城法学』第四五巻第二号（一九九五年）

四．「国際連合の創設をめぐるダレスの超党派的関与」『名城法学』第五三巻第三号（二〇〇四年）

五．「国連創設とダレスの集団安全保障観の軌跡―道徳性の強調と非軍事的措置へのこだわり―」『名城法学』第五五巻第四号（二〇〇六年）

六．「国連憲章第五一条の成立過程から見た集団的自衛権の意味と同条成立過程へのダレスの関わり（一）（二完）」『名城法学』第六〇巻第三・四合併号（二〇一一年）及び第六三巻第四号（二〇一四年）

あとがき

本書は、副題を含むそのタイトルからして、特に集団的自衛権に関する現在の我が国における論争状況、乃至今日までの通説に対する挑戦を意図したものと解されるかも知れない。もちろんそうした側面が、資料等に基礎をおいて結果的に語られている場合があることは否定できないが、本書の目的は飽くまでも、できるだけ資料の忠実な検証結果に基づいて、事実関係を明らかにし、その解釈を全体構造、乃至多角的な文脈の中で行うことであった。その目的が達成されたかどうかについては読者諸兄諸姉の判断に委ねなければならないが、少なくとも集団的自衛権に関しては、本文で繰り返し言及してきたように、その適用に関する議論（これは、該権利がいわゆる同盟を適用対象と想定したものなのか、それとも地域機構を対象としたものか、或いはそのどちらも対象としているものなのかという問題であるが、我が国で今日行われている議論は、いわゆる同盟への適用を前提として、どのようなケースにその権利を行使できるのかという点を巡って行われていることは周知の通りである）が欠落していることは明らかと思われる。本書では、結論として、集団的自衛権は同盟ではなく、地域機構への適用を想定したものであることが明らかにされた。またダレスに関しては、彼がこの問題に実質的に関わっていたことは、これまでの研究においてはほとんど言及されてこなかったことを検証しながら、彼の国務長官時代の「冷戦の戦士」としての対ソ強硬外交、或いはタカ派的イメージ（その解釈については諸説存在し、筆者もかつて拙稿「ダレス外交の基調」で論じたことがある）とは異なる穏健的な国際主義者としてのダレスを諸文献によって明らかにし、且つ、彼が集団的自衛権の創設に深く関わっていたことを同時に明らかにしたつもりである。

ところで、これまで本書に至る過程において、多くの諸先生や諸学兄にお世話になった。まず、京大の学部時代に講義やゼミを通じてご薫陶を賜った故猪木正道先生は圧倒的であった。先生からは、学問の厳しさと奥深さ、それに幅広い知見とそれに伴う知的謙虚さを様々な機会を通して直接、間接にご教示いただく幸運に恵まれた。先生には、先生が防衛大学校校長にご転任された後も、また平和安全保障研究所においても大変お世話になった。次の住友時代は、多くの同僚及び諸先輩のお蔭で、民間企業にもかかわらずゆとりをもって心地よく仕事をさせていただいた。絶ち難い住友への愛着にかかわらず、それに背くような突然の退職の申し出には、却って筆者の行く末を案じ、且つ寛大な御心をもってご了解賜った。続く早稲田の大学院時代には、回り道等のために研究の遅れがちな筆者を慈父の眼差しをもって温かく見守っていただいた故吉村健蔵先生に大変お世話になった。先生からは、先生の学識と包容力を慕って集う大学院の諸学兄を交えた議論の過程で多くの学問的刺激を賜った。ダレス研究に入るきっかけも先生に与えていただいた。

また筆者は、一九八五年から一九八六年にかけ、初めての在外研究でプリンストン大学に客員研究員として滞在中、同じく客員研究員として同大学に来ておられた冷戦研究の泰斗で当時は北九州大学の菅英輝先生と偶然にも机を並べる幸運を得、すでに多くの業績を上げておられた先生からアメリカ外交史研究、特に資（史）料研究の難しさと醍醐味を身をもってご教示いただいた。爾来、先生からは陰に陽に有り難い激励のお言葉を賜った。

さらに、筆者は研究上、プリンストン大学のダレス文庫やワシントンDCの国立公文書館（一九九四年からは、メリーランド州の新館）をはじめとして、海外の公文書館や大学の資料館を利用させていただいたが、その際、各館のキューレーターや司書の方々が示してくれた助言や大変好意的なホスピタリティーにはいつも助けられた。

以上、大変舌足らずであるが、上の先生方や諸学兄、及び、同じくこれまで大変お世話になりながら、ここでのご紹介を割愛させていただいた諸先生に対し、改めて深く感謝申し上げたい。

最後に、名城大学法学部のすでにご退職された先生、それに現役の諸先生には、日頃から自由で質の高い研究環境を与えていただいただけでなく、本書の刊行に多大なご支援を賜ったことに対し厚く御礼申し上げたい。ただ、偏に筆者の怠慢が原因であるが、索引の作成を割愛するなど不十分な箇所を残しながら刊行することになったことをお詫び申し上げたい。

なお、本書の刊行に際し、特に文献の整理やパソコンの操作ノウハウに関して、大学院博士後期課程の張鴻鵬君に大変お世話になった。彼の献身的な協力なしには本書は時間切れになった可能性が高く、ここにお礼申し上げたい。また、出版社成文堂の篠崎雄彦、小林等両氏には原稿の遅れを忍耐強く待っていただくなど、多方面に亘ってお世話をいただいた。改めてお礼申し上げる次第である。

二〇一五年一月

肥田　進

著 者 略 歴

肥田　進（ひだ　すすむ）

1942 年　兵庫県生まれ
1967 年　京都大学法学部卒業
1967～1973 年　住友化学工業株式会社調査部
1980 年　早稲田大学大学院政治学研究科博士後期課程修了
1980～1981 年　（財）平和安全保障研究所
1981 年　名城大学法学部専任講師
1985～1986 年　プリンストン大学客員研究員
現　在　名城大学法学部教授

集団的自衛権とその適用問題
――「穏健派」ダレスの関与と同盟への適用批判――
名城大学法学会選書 11

2015 年 3 月 10 日　初版第 1 刷発行

著　者　肥　田　　進
編　者　名城大学法学会
会長　佐　藤　文　彦
発行者　阿　部　耕　一

〒 162-0041　東京都新宿区早稲田鶴巻町 514 番地
発行所　株式会社　成　文　堂
電話 03(3203)9201　Fax 03(3203)9206
http://www.seibundoh.co.jp

製版・印刷　三報社印刷　　製本　弘伸製本

ISBN978-4-7923-3332-4 C3031　検印省略

定価（本体 6000 円＋税）